U0909566

尖 峰 国 际 教 育 咨 询 丛 书

如何跨入
世界顶尖法学院之门

(美）理查德·蒙托克（Richard Montauk）著
尖峰国际教育策划顾问组 译

陕 西 师 范 大 学 出 版 社

目录

第六章　申请时间表

第二部分　法学院入学申请

第七章　充分利用你的各种资格证明

第八章　推销自己

第十一章　推荐信

第十二章　面试

第三部分　通向法学院之路

第四部分　申请短文范例（英文）

译者序

策略有三：全力以赴，试试看，或放弃。中间的最愚蠢。

当你的目光移到此处，可想而知你对顶尖法学院发生了兴趣。也许梦想早已开始：如果我有了 JD，今后的职业 …… 同你一样，每年成千上万人不知不觉踏上了这条道路。不久的将来，也许你也会加入他们的行列。然而你又有了问题：这是一条什么道路、需要我做什么、付出怎样的努力、有多大的可能性到达成功的彼岸？

“道路是曲折的，前途是光明的。”没有什么比这句话更准确地描绘了法学院之路。感受它究竟有多曲折，请耐心穿过这些数据：2001 年 6000 中国人申请，120 人被 TOP30 学院录取，录取率为 2%；申请人数每年以 49% 的速度增长，而顶尖法学院录取人数却维持不变，说明录取率在迅速下降；以申请书的质量而言，随申请人专业工作经验的不断丰富，申请陈述制作时间的延长（许多人的制作时间长达 18 个月），其内容质量明显提高；而考试方面，乃国人自古擅长，LSAT、TOEFL 平均成绩的不停上涨更不在话下；最后，协助竞争的服务机构应运而生。由于申请人广泛采用各种服务，个人推介力度大为提高。由此可见，激烈的竞争还在不断加剧。对此，你最好的策略只有两个：放弃或者全力以赴。而最愚蠢的策略则是：试试看，因为其结果必然是“白试”。既浪费时间和金钱，又破坏美好心情。

道路如此曲折，尚未知前途何在，岂能奢谈光明？稍安勿躁，请看答案：在 10000 名感兴趣顶尖法学院的人当中，8000 人想了想便放弃了，2000 人提交了申请；其中 1940 人用“试试看”的策略，剩下仅仅 60 人真正在全力以赴，而其中多达 40 人被录取。试想：若采用全力以赴的策略，你将成为这 60 人当中的一位，成功的机会高达 67%，平均不到两人与你竞争。你的前途将是多么光明！

由此可见，光明的前途等于全力以赴。它虽然不简单，但绝对为常人力所能及。请让我简单解释什么是全力以赴。翻开了本书是你全力以赴的第一步；第二步，迅速树立正确的观念。它将有助于你批判性地吸收准确的信息、增长你的智慧。主要手段是研究中外招生体制的差异，了解招生办官员的想法，以及认清中国申请人特有的思维障碍；第三步，及时掌握申请的战略战术。包括，如何有效进行申请全程的时间管理、深入了解自我和学校文化，以及准确制定自我推销战略；第四步，树立明确的质量标准。你的申请陈述到底是什么质量水平，可以通过与范文的对比而获知。因此，阅读各类陈述范本和掌握范本精华是十分必要的。第五步，广泛利用资源。请亲朋好友、同学同事出主意，让他们阅读你的申请陈述等等，都将有利于质量的提高。要知道，你认为写出来的意思通常并非读者所获得的感受。欲求展现最高水平，可考虑用专业申请服务。高质量完成这五个步骤可谓全力以赴。显然，完成其中任何一步都不需要天才的本事。更令人欣喜的是，本书将奉献给你如何完成这五大步骤的秘诀。

欲进一步了解相关学校信息和最新资料、阅读最新样板范文等等，请发E-mail：ming@topsmba.com；或登录：www.topsmba.com；或致电：010—65150858垂询。

高　明

尖峰JD策划与咨询顾问

2002年3月12日

译者简介：

本书由尖峰国际教育策划顾问组编译。尖峰是一家专业化的国际教育咨询策划顾问机构，其顾问团队由哈佛、沃顿、斯坦福等顶尖商学院的MBA、法学院的法学博士以及来自美国的升学策划专家等组成的。专门为MBA、法学院以及名牌大学的申请者提供申请过程的全程或单程策划服务，帮助申请者完成高质量的论文、推荐信和做好充分的面试准备工作。使申请者在竞争中获胜，最终达到成功迈入理想学校的目的。

另外，以下人员参与了本书的编译工作：张勤、牛小强、张文峰、梁春元、尹新桔、刘真、张佳佳、李晶、王玲、刘艳。在此，我们对他们的辛勤工作一并表示衷心的感谢。

前言

怎样才能做到书尽其用

要想获得顶尖法学院的毕业证书，最难莫过于取得顶尖法学院的录取资格

各顶尖法学院的招生部主任都承认，要想拿到他们学校的文凭，最难莫过于取得他们的录取通知书。尽管法学院的学习极为严格与苛刻，但99%以上的学生都能顺利毕业，获得法学学位。像 Yale 这样的学校，录取率只有 6%—8%。每年，有意申请顶尖法学院的人数要远远多于实际申请的人数；法学院每年都要发出高于实际申请人数 3 倍、4 倍甚至 5 倍的申请表格。而那些最终没敢提出申请的学生，往往都是被顶尖法学院过于苛刻的录取条件吓破了胆。

要拿到顶尖法学院的录取通知，困难是必然的。但另一方面，这些学校的毕业文凭却是价值连城的。总地说来，顶尖法学院毕业生赚取的薪水是一般院校毕业生的两到三倍（甚至更高）。即使是跟排名前 10 位或 20 位的学校相比，那些毕业于顶尖法学院的学生的收入也都要高出许多。除了不断上扬的薪水，顶尖大学的毕业生还面临着更多的择业机会、更有力的工作保障以及其他许多好处。因此，有那么多的人对顶尖法学院趋之若鹜也就不足为奇了。

鉴于上述原因，你有必要尽自己所能，以期进入最理想的法学院。现在就迈出你的第一步，认真阅读本书吧！

进入更好的学校

本书的目的是帮助申请者进入尽可能最好的学校。各顶尖法学院都希望自己的学生能成为各行各业中功成名就的律师、法律新闻工作

者、行政管理人员等。经过对大量客观数据与各种综合信息的分析，学校最终得以找到他们理想中的人选。而这些信息，有的是客观的、可量化的（如申请者的LSAT成绩）；而其他大多数的信息（如申请者将来的发展前途等方面）则不然。申请材料中的客观因素（即申请者的各种资格证明）显然是重要的。

Harvard的班级中被塞满了来自世界各地名牌大学的毕业生——这些人在其原来的班级中都名列前10%，LSAT成绩都在160分以上。尽管Harvard录取了一批这样的学生，但实际上，有更多符合条件的申请者被拒之门外了。原因很简单，学校不只是单看申请者的考试成绩，他们还有其他更多的因素需要权衡。

学校要招收的是有血有肉的人，而不只是生硬的分数。学校寻求的是领袖人物以及才华横溢的分析家——这些人都有极强的团队协作精神，希冀有所作为，并对自己未来的职业发展方向有着非常成熟的想法。在那些硬性的客观标准之上，各法学院所看重的不仅仅是申请者的GPA成绩或LSAT成绩，因为这些成绩并不能说明申请者就一定会是一个好的领导者和团队的协作者，或是表明申请者具备了其他某些重要的技能。同样，GPA成绩和LSAT成绩无法说明，申请者的工作经历或是在课外活动中的表现能为其他同学带来益处。

法学院确实认真考虑那些客观的资格条件，但同时，他们也认为，这并不能反映申请者的全貌。因此，他们会纵观申请者的申请短文、推荐信及面试结果，对申请者的资格进行权衡，借此来判断申请者是否会成为法学院里优秀的学生或是未来的优秀律师，最后，再做出录取与否的决定。**尤其是在那些顶尖的法学院里，你的成绩并不重要；重要的是，你究竟是怎样的一个人。**

事实上，个人陈述和其他的申请短文、推荐信以及面试结果对学校的招生工作有着双重作用。它们不仅反映了一个申请者的领导才能或其他一些素质，并能帮助学校对申请者的各种客观的成绩进行诠释。3.5分(满分为4分）的GPA成绩在不同情况下，其实质是不一样的。如果某位申请者为了生计，不得不每周工作30个小时，且工作的强度也非常地大，那么，这样的成绩就相当不错了。同样地，如果申请者是一位极有天赋的工程技术好手，花了大量时间进修自己较为薄弱的写作课程，那么，3.5分的GPA成绩也可以算是很好的了。撇开申请者的工作经历或是工作热情不谈，学校在对申请者的GPA成绩进行诠释的时候，惟一可以利用的就是申请者自己（及其推荐人）对该成绩所做的解释。换言之，个人陈述和其他的申请短文、推荐信及面试不仅提供了新的信息，还对其他客观的数据进行了界定。

《如何跨入世界顶尖法学院之门》一书告诉你，如何充分利用你的各种资格证明，使它们发挥最大的作用。书中，我们会告诉你：

- 顶尖法学院对于申请人有怎样的要求，他们究竟是如何理解申请材料的不同部分的。
- 招生工作的实质，包括将由谁来评审你的申请材料，以及他们是如何得出最后的录取决定的。
- 如何才能（且应当）加固你的申请定位——借助申请短文，推荐信和面试——以提高你进入理想的法学院的机会。

而整个申请过程的关键在于，形成你自身的**个人营销战略**。整个的营销战略必须保持一致性。要知道，如果申请短文之间互无关联，或者推荐信莫名其妙地说了些与你的个人陈述完全相左的东西，那你的申请肯定就算是泡汤了。为了提升你被录取的几率，你必须充分利用每一个展示自己的机会，表明你有多么地优秀；并说服招生官员，学校为什么应该录取你。

本书将告诉申请者，如何准备你的申请材料，使自己从申请者群体中脱颖而出，显得鹤立鸡群，光彩夺目。根据招生委员会主任的说法，有10%—20%的申请者在自我营销方面做得还不错。这就是说，你完全可以通过学习，学会如何较为专业地准备自己的申请材料，提高自己被录取的机会。

哪些人应该阅读本书

本书的写作对象是那些希望进入自己有可能进入的最好的法学院的申请者。尽管本书偏重于讲述如何跨入世界顶尖的法学院之门，但坦率地说，任何有意增强自己竞争力的申请者，不管你申请的学校是否排名在前20或不是，都可以借鉴本书列出的各种申请策略。

本书特色

《如何跨入世界顶尖法学院之门》一书，透彻地分析了如何才能进入你最理想的法学院。在该书的引导下，申请者将完成整个的申请过程。在每一个步骤的进展过程中，作者都会告诉你如何对自我进行包装与营销。

该书突出的特色：

- 20 多位招生办主任关于申请过程每一个侧面的建议
  ——来自就业咨询机构以及经济资助机构负责人的忠告与建议
- 30 篇申请短文范例，包括：
  ——已被顶尖法学院录取的申请者曾经提交的申请书
  ——来自各行各业的申请人的申请材料：不同的种族、不同的职业背景以及毕业于不同的院校或专业
- 对如何降低学习成本进行了深入透彻的分析
  ——指出：关键在于经济资助申请策略的实施，而不在于经济资助申请表格的填写
- 关于如何撰写具有说服力与影响力的短文的具体建议
- 首次对已被大多数法学院所采纳的招生手段——面试——进行了细致的分析
- 就以下问题提出了切实可行的建议：
  ——如何选择理想的法学院，并获得经济资助。
  ——如何为上法学院做好前期的准备工作；一旦被录取，又该如何抓住这一机会，出色地完成全部课程。
- 为你的申请程序提供了一份详尽的时间安排表。
- 诠释了顶尖法学院对申请人素质的要求；你如何去满足他们的要求。
- 一旦被目标学校拒绝了，你该怎么办？

如何使用本书

要使本书充分地发挥其作用，就必须尽早开始你的申请——比你原先认为的还要早。正如第 6 章“申请时间表”所述，在你期望入学的前一年或者更早地着手准备是最理想的。尽早动手，并在整个申请过程中都遵照本书的指导去做，会使你以最有效的方式准备好所有的申请材料，并使你的申请材料具有强劲的说服力。

本书在结构的安排上也使其可以满足不同需求的申请者的要求。有些人可能想从头读到尾，但有许多人或许只想阅读其中的某个章节，针对他们面临的问题，从本书中找到解决问题的方案。下面，针对不同的要求，我们提供如下建议，供你参考：

你正处在申请过程中

假如你的申请材料将于数周后寄出，我们建议你即刻阅读本书的核心章节，以免铸成大错。第5章和第7章告诉你，法学院会如何评估你的申请材料。而第8章告诉你，自我营销的基本要领。第9章和第10章告诉你，如何撰写个人陈述和其他申请短文。另外，如果你还没有找到合适的推荐人，或者说你的推荐信还没有递送到你的目标学校，我们建议你阅读第11章，看看能否借助推荐信来支撑你在申请短文中关于自己的陈述。面试之前（面试一般要等到你所有的申请材料都到位之后才有可能发生），务必阅读第12章的内容，该章会告诉你如何进行面试的准备工作。如还有时间，我们也建议你阅读本书其他的章节，或者是这些章节的内容概要，以对整个申请程序有一个全面的理解。**第三部分**涉及的是你提出申请后的这一段时期，在完成了全部的申请手续之后，该部分也值得一读。

假如申请的最后期限只剩下一周的时间了，怎么办？

切莫慌张！本书将帮助你提高工作效率。在进行下一步的申请准备工作之前，务必先阅读本书各个章节的内容概要，并通读第7、8两章。然后参看第9章（该章囊括了所有你眼前可能正在写作的题目）关于短文题目的论述，然后通读第10章关于如何写作具有说服力的申请短文的论述。同时，务必在寻找你的推荐人之前，阅读第11章的内容。

你打算在不久之后申请法学院

假设你打算在几个月后申请法学院的话，或许你想现在就阅读一下每个章节的内容概要，以对整个的申请程序有一个大概的了解。另外，你或许还想阅读第7、8两章的内容，这两章阐述了你在申请材料中应该讲述的内容。然后，阅读第6章后面的附录，即“申请备忘录”，以便决定你何时开始着手准备，以免延误了申请时机。接下来，从第9章和第10章（它们将告诉你如何撰写申请短文）入手，根据你的进度，逐步阅读其他章节。

你打算在几年后申请法学院

假如近两三年之内，你还不打算申请法学院，那现在就阅读第7、8两章。这两章将告诉你，当你还有机会大幅度地提升自己的录取资格时，应该如何为将来的入学做最好的准备工作。之后，阅读第6章的附录“申请备忘录”，以便决定何时开始申请的准备工作。再之后，阅读每个章节的内容概要（大约在申请工作开始前的15－18个月），以便为整个申请程序做好准备。

总地说来，某些章节并非与每一个人都息息相关。比如，那些已对学校进行过研究工作并已选定了自己的目标学校的申请者来说，完全可以跳过第3章“选择你理想中的法学院”。

最后的忠告：申请过程或许最终帮你圆了自己的梦想（也或许会是一次痛苦的历程）

许多申请者错误地认为，申请材料的准备就是对数以百计的生活琐事的罗列。结果，他们的申请短文中满是关于个人隐私的描述，主题晦涩、含混不清；他们躲着自己的老师，不愿意请他们给自己写推荐信，而他们本是可以成为朋友的。此外，他们把面试看成是“挨千刀”般地痛苦。他们以为，仅仅对学校进行一些调查，了解了他们对申请者的要求，就足够了。全然不理解申请程序是多么地精深复杂。

如果这就是你的看法，那么，请记住一点：尽管申请程序还没有结束，但也要求你对未来的人生和职业有一个明确的目标，并打算如何去实现这些目标。很少有人在人生的道路上做过这样的思考，更不要说在这样的一个人生的转折点上去这么做了。法学院的申请者，不管是大学的在校学生，还是已经在自己的工作岗位上奋斗了十多年的人，极有可能正处在这样一个时刻：此时，明智的决策可使他们终身受益；但如果欠缺思忖，则可能令他们错失良机，抱憾终身。要知道，机不可失，时不再来。有了顶尖法学院的教育经历，就能为你打开未来的大门。而或许，你从未梦想过有一天自己也可以如此地出人头地。

第一部分

法学院概况

第一章

选择名牌法学院的理由

内容概要

如果想读法学院，就应该力争进入你所能申请到的、最好的学校

—— *读名牌法学院的回报是丰厚的*

■

只有就以下问题进行过透彻的分析之后，你才可以最终选择去读法学院：

对你自己的了解

对法学院的了解

终身从业于法律界的决心

对能满足你事业发展的特定法律领域

以及职业选择的分析

■

不要在大学毕业后，直接进入法学院学习

—— *由于缺乏全职的工作经历，你可能并不清楚自己究竟适合于哪一类工作*

过去，凭借一纸高中毕业证书，就能获得一份理想的工作。后来，读大学的人逐年增多，高中学历也不足以让你谋得某个管理者的职位。曾经又有一段时期，大学学历风行。紧接着，越来越多的人开始攻读 MBA 和法学博士学位。这时，即便拥有一张大学毕业证书，也无法保证你获得一份高薪、高职位的工作。这都是发生在 70 年代的事了。从那以后，拥有 MBA 或法学博士学位的人也越来越多，以至于即便拥有这样的学历，也未必能够找到一份好差事。因此，你所选择的法学院的品质就成了决定性的因素。

以上这些并不意味着，你就一定要读法学院（参见本章后半部分的讨论）。可是，一旦你决定要攻读法学学位，就应该力争申请进入最有声望的法学院。

名牌法学院学位的价值

全球范围内，拥有法学博士学位的人越来越多，名牌法学院的法学博士学位也日渐炙手可热。

▶ 职业的选择

事实上，对于那些毕业于不知名法学院的学生来说，某些法律职位是他们所无法企及的。如，公益组织、大型律师事务所或政府的高级官员等职位。这些用人单位不会去那些自称是“一流”的法学院招聘，正如他们不会把一年的利润投向贫瘠的土壤一样。他们把目光更多地投向世界真正顶尖的法学院。他们十分清楚，那里的学生才是最优秀的。其他与法律相关的领域亦是如此。某些用人单位常因其挑选人才时的过分苛刻和挑剔（特别强调应聘者就读院校的知名度）而受到人们的谴责。公益组织就是其中之一。

▶ 身份与社会地位

这一部分基本上谈的是法学院自身的问题。不论是出于个人因素还是客观上的原因，与其他法学院的学生相比，Yale 大学的毕业生更容易引起人们更加强烈的反应，并给其雇主留下更加深刻的印象。这同时在一定程度上影响到该校毕业生薪水高低等各方面。不过，它也反映了这样一个事实：Yale只吸收绝对优秀的人才。

▶ 就业的灵活性

名牌法学院毕业生的足迹可以说是遍布全球。虽然某些学校的毕业生很少会离开他就读的城市，而去其他城市或地区就业，但在全国各地（甚至全球）的各大公司里，你随处可见名牌法学院毕业生们活跃的身影。

进入名牌法学院学习，不仅有助于你在毕业后找到第一份满意的工作。同时，如果你打算将来转换工作，甚至转换行业，你良好的教育背景会成为你成功实现这一转变过程的决定性因素。同样，它还会影响到雇主对你的评价，以及他们聘用你的可能性。在校期间建立的校友关系网以及私人关系网，也对你的成功转行起着至关重要的作用。如果能够获得他们的帮助，你的发展机会自然也大大提升。

▶ 收入的增加

学校声望越高，其毕业生挣得也就越多。例如，毕业于Harvard的自雇佣者，在工作的第一年就能挣到约10万美元，这在美国已属中等收入。排名前12位或前24位的学校的毕业生，与排名约第50位学校的毕业生相比，他们第一年的收入平均要高出50%到100%。美国共有200所颁发法学学位的法学院，排名越靠后，这一收入的差距也越明显。

在此，有必要指出，美国执业律师的年均收入其实不到7万美元。然而，自雇佣的、名牌法学院的毕业生从一开始就能挣到比这多得多的钱。事实上，那些毕业后第一年就进入一流律师事务所任职的律师，每年至少能挣到14万美元。

▶ 无形资产

读名牌法学院还是一笔丰富的无形资产。例如，法学院三年的学习时间，为你提供了一个能与众多名师和同学进行广泛交流的机会；而其中最宝贵的经历就是，你会接触到一群绝顶聪明、充满活力的优秀人才。事实上，如果你在毕业后，还能长期维持这些在校期间建立的友谊和学术关系，你会真正体味到在名牌法学院学习的好处。同样，它也给了你与国内最优秀的人才一起合作、竞争的机会。

经济方面的担忧

要想获得法学学位，你不仅需要投入大量的时间和精力，还要付出一大笔开支。三年的费用，可能会高达8万美元，或者更多。再加上为了学习所放弃的工资收入，所有的损失可能会是这个数目的两倍。另外，还有上千美元的书抄费、购置电脑的费用、交通费和其他各项开支。

法学学位真的值这么多钱吗？尽管并不是所有获得法学博士学位的人都会有可观的经济收入，但名牌法学院的毕业生可能争取到的各种机会无疑要多许多。因此，这笔开支只是逐年上涨的年收入中的一小部分罢了。此外，你选择工作的范围会更广，自信心也更足。这些，都为你提供了更加有力的工作保障。无论世界怎么变，名牌法学院的毕业生是永远不会失业的。同时，它还为你获得更高的社会地位打下坚实的基础。尽管攻读法学博士学位会是一笔巨大的开支，但如果单从经济层面上来衡量它的价值，这种做法显然是错误的。

你应该读法学院吗

本书旨在帮助你选择一所理想的学校，并且告诉你，如何提高自己被录取的机会。不过，在此之前，你必须明确一点：你是否应该选择法学院。

> 除非你想成为一名执业律师，并且对你最感兴趣的一两个法律领域十分了解；或者你想从事一些与法律密切相关的工作，比如，法律新闻报道等。否则，不要选择法学院。

▶ 法学文凭并非万能

迄今为止，人们普遍认为，法学文凭最具广泛的实用性。以为有了一纸法学文凭，便无所不能，这一观点是完全错误的。法学学位除了让你掌握法律条文的运用技能之外，并无其他可取之处。它既不能教会你如何管理企业，也不能教会你如何做生意。当然，在起草公司购并文件方面，它还是能起到一定作用的。当今，真正“万金油”的文凭是MBA学位，它的确能在诸多领域内为你提供帮助。

▶ 法学院适合你吗？

选择读法学院的人，往往也愿意从事法律工作；正如不喜欢读法学院的人，也不大会从事法律工作一样。但事实并非完全这样。因此，有必要将法律与法学院分开来，分别进行评价。

这时，需要把你的决定一分为二：首先，考虑你是否会喜欢法学院。如果你认定在法学院的三年时间将会是你一生中最美好的时光，那你就无需再担心自己是否一定会喜欢法律职业。至少，法学院的三年经历会是愉快的。相反，如果你认为法学院的生活有可能很痛苦，那么，你就一定要确认，法律这一行业究竟是否真正适合你。

多上几门法学课程，你很快就可以了解法学院的生活。如果你住在法学院附近，可以去该校的招生办，要求参加某一课程的学习；或者，只是简单地征得某位教授的同意即可。接下来，给自己一段适应期，在一两个法学课程班上旁听。假定你的成绩或一生的命运就决定于此了，就不要缺席任何一堂课，并按教授的要求进行案例阅读和预习。记住，多与其他同学交流，听听他们是怎么谈论法学院的学习与生活的。注意，法学院的声望越高，你所获得的信息越具有代表性，也就越有价值。与名牌法学院相比，知名度较低的法学院在教学目标、学生素质以及教学方法上会完全不同。

大学期间，你可能已经上过政治或法学预科等课程，所以，会自以为已经非常了解法学院的课程了。但实际上，法学院的课程与你想象的完全不同。因此，不要以为有了这些经历，你就会喜欢上法学院。

此外，不要过分轻信法学院的宣传手册，你应该亲身实地考察一番。如果怕麻烦，而不愿付出多一点努力，你今后会为此付出代价的。

▶ 法律专业适合你吗？

法律专业不是一门独立的、单一的学科，其中涉及许多不同领域的划分，以满足不同用人单位的需求。虽然，在各法律领域中，似乎总会有一些共通之处，但不同的法律领域，其差别也是显而易见的。那么，你可能会问，如何才能广泛涉猎法律的各个方面，然后找出适合自己的某一领域呢？注意，你应该先做两件事。第一，你不仅需要了解自己的兴趣爱好、个人能力和人生目标，你还要了解法律可能为你带来的价值；第二，对二者进行比较，看看它们是否能够相互满足。

本书并非职业策划手册。但有必要指出，你应该接受一些职业策划或资深顾问——所要求的就业测试。下面，罗列出一些需要你进行分析的问题（尽管比较简单），并附上一份提供就业指南的图书目录，可能会对你有所帮助。

▶ 明确你的兴趣所在、个人能力、价值观和人生目标

选择一份尽可能满足你人生目标的职业是相当重要的。可能没有一份职业完全适合于你——给你所想要的一切，完全满足你的需求，但是，随便选择一份完全不适合自己的工作一定会带来麻烦。许多律师从业后极不开心，他们后悔当初应该选择另一种行业。为了避免悲剧的发生，你应该在进入这一行之前，先认真分析你的人生需求。

从一开始，你就要问问自己，并咨询了解你的人（亲人、朋友、同事），**职业对你来说到底意味着什么？**你的兴趣何在？你是喜欢写作、骑马、旅行，或是喜欢关在实验室里忙得不见天日？你对哪些方面缺乏兴趣？毋庸置疑，你喜欢的职业肯定与你的兴趣爱好息息相关。

你最擅长什么？出于多方面的考虑，你的个人能力也是十分关键的因素。一个人会更喜欢做自己最擅长的事情。同样，你越擅长的事情，做起来才越有兴趣。所以，投身于某个能发挥你特长的领域，无疑是最明智的做法。

你的价值观是什么？换言之，你必须弄明白，你支持什么——是言论自由、是自由资本主义，还是环境保护主义或其他？从另一个角度讲，就是你希望以何种方式度过自己的一生。例如，你是愿意成为公司里薪水最高的律师呢，还是更珍惜与家人在一起的时光，享受天伦之乐？不同的价值观会对你的择业产生重大影响。

你的人生目标是什么？你希望自己有怎样的作为？无论长期的还是短期的。

以下罗列了一些参考资料，为你进行自我剖析提供了一个切入口。但同时，不要忘记接受专业的职业咨询顾问的帮助。注意，该顾问一定要对律师或准律师的事务有一个比较全面的了解。

▶ 参考资料

时下，许多专家都利用 Myers - Briggs Type Inventory（MBTI）系统来分析人们的性格特征以及他们对不同工作的适应度。而 The Keisey Temperament Sorter（sunsite. unc. edu/jembin/mb. pl）则是一套根据 MBTI 设计的、可以统计分值的在线性格测试系统。

下面的三本书采纳了 MBTI 中的观点，帮助你测试自己的性格特征以及对工作的适应度：

Type Talk at Work 作者：Otto Kroeger 和 Janet M. Thuesen

Work Types 作者：Jean M. Kummerov et al.

Do What You Are: Discover the Perfect Career for You Through the Secrets of Personality Type 作者：Paul D. Tieger 和 Barbara Barron - Tieger

在 Benjamin Sells 所著的*The Soul of the Law: Understanding Lawyers and the Law* 一书中，一位律师出身的心理医生分析了律师工作时的潜在激励因素。(大力推荐)

▶ 一旦从业法律界，你可能得花上数年时间才能抽身而出

选择读法学院是一次冒险，因为一旦踏出这一步，你就很难再回头。许多人选择法学院，或是由于没有别的更好的选择，或是没有考虑到一些关键问题。尽管相当一部分人对法学院并不感兴趣，但他们不会中途退学。(显然，Harvard 的退学率不到 1%。) 那些不喜欢法学院的人，以及那些没有把握自己是否会喜欢法律职业的人（他们在读法学院期间，有过不愉快的暑期工经历），仍会坚持从事法律工作。在工作的第一年，他们自我安慰说，不喜欢这一工作，是因为他们现在好比在一根图腾柱的底部，正处于上升的阶段，需要学习一些必要的技能，建立他们的信用。他们猜想，情形会随着时间的推移而有所改观。三年或更长的时间过后，那些仍然觉得不开心的人会在公司内调换部门（如果与同事相处融洽的话），或者换一家公司（如果并不特别在意他与同事之间建立的合作关系的话）。这样一来，他们就有望在未来几年中改善目前的状况。

通常，大多数的法律从业者目标性极强，因此，他们不会轻言放弃，除非是身不由己。只有再过六年或是更长的时间，这些律师才会承认，他们的确选错了职业。他们以为有了法学学位就无所不能。不

幸的是，他们很快就会发现，这种想法完全不切实际。于是，他们开始与其他行业的朋友进行交流，联系猎头公司，希望能换一份工作。他们非常清楚，如果找不到与法律相关的工作，那就只有放弃三分之二的薪水，到一个新的领域，从头干起。（即便找到了与法律密切相关的工作，比如成为某个公益组织的负责人，他们的收入同样也会大幅降低。）即使他们愿意并且能够接受失去高薪这一现实，从头干起——放弃已经拥有的身份、社会地位（同时，他们的自尊心也能承受自己不再是“某某专家”这一现实）；经受家人和朋友的指责（因为他们认为，他这样做，的确是对其法学学位的浪费）；置每月必须偿付的某项抵押贷款或是读法学院期间欠下的贷款于不顾——最终，他们会发现，现实中困难重重。

用人单位看重的，是执业律师们所受过的法律培训。许多高科技公司、传统企业和其他商贸公司都不大信任律师们的思维能力，认为律师除了具备运用法律条文的技能外，毫无其他可取之处。事实上，很多用人单位都认为律师太“好争辩”，团队意识不强，视野狭隘。他们承认，律师（至少毕业于名牌法学院的律师）有可能十分聪明，并且工作也十分努力。然而，他们认为，这些律师并不是理想中的人才，并描述说，他们更擅长诡辩，而不能深入某一特定领域。此外，他们还认为，律师没有其他学科知识的相关背景，很可能会犯选择法学院时一样的错误。

对于有意申请双学位的律师来说，前景也不容乐观。名牌商学院只会录取那些具有丰富从商经验的律师，这是因为，商学院比法学院更看重申请人的实践经验，而不会关注你对产品责任法、联邦司法管辖权之类的法律条文的了解程度。因此，尽管律师身份的申请者的GPA成绩和GMAT分数都很高，却不能如愿以偿，进入商学院学习。其原因在于，他们已浪费了（按商学院的说法）近8年到10年的光阴。

这样的经历并不美妙。有一种简单的方式，可以避免不幸发生：不论法律或法学院是否适合于你，先提前学习一些法律课程。

很遗憾，法学院不像其他学科的博士生课程，会提供给你一个中间层次的学位。比如，你想获得经济学博士学位，但就在完成论文之前，你放弃了，这时，你仍可获得经济学硕士学位。其实，法学院也应该采用这样的做法：在经历了一年或一年半的学习之后，授予学生以法学硕士学位，同时也给他们提供了机会，来评判法律行当究竟是否适合自己。如此，那些中途退出的学生仍然可以在其简历中注明，他获得了法学硕士学位，这也非常体面。且他们最终会发现，此时放弃一门明知非己所愿的学科，比继续辛苦地付出要容易得多。

没有全职的工作经历，你就不可能正确评价自己的需求

缺乏全职工作经验的人很难对自己喜欢或不喜欢的东西有一个充分的认识，更不要说对职场的了解了。虽然，你有可能凭着大学生活及兼职的经验，而排除在某些行业进一步发展的可能性，但你未必就能做出最后的决定。比如，你十分清楚自己不喜欢自然科学，因此，你将来肯定不会选择医学。但你却会在对新闻学、银行投资学和法学的选择中犹豫不决。二十多岁，正是尝试各种职业的大好时光，所以要抓住这个机会。

你或你的父母可能极不情愿你去冒风险，惟恐你失去一份宝贵的、报酬丰富的或者是能够给你带来社会地位的职业。因此，你（或他们）会认为，有必要尽快进入法学院学习。这其实是一种偏见，原因有二：第一，有了实际工作经验，会大大增加你进入名牌法学院继续深造的机会（这将在本书后半部详细探讨）；第二，你所面临的最大风险是，一旦误入法律界，就不可能再顺利地退出。因此，对读法学院的选择不要太过于草率。大学毕业后，花上至少两年时间，认真从事一份或几份工作，从而确定法学院是一个正确的、而不是错误的选择。

就业服务顾问谈自我评估

如果申请人对自己进行一次评估，深入分析或评价自己的能力、兴趣和价值观，是大有裨益的。并且，把这三者结合起来也是很有必要的。

Fred Thrasher, William & Mary

除实习之外，选择一些类似兼职或暑期工的工作，尽可能更多地了解自己、了解你所从事的职业、了解现实社会。同时，还要对你所获得的经验进行分析，找出其中的关键部分，看看它们是积极的还是消极的？比如，你是否愿意成为某个俱乐部的财务总监？你是否乐意每月准备一份财务报告，并对各种数据进行分析，或者，你仅仅是喜欢某个职位的头衔而已？

Irene Dorzback, NYU

选择法学院的人应该考虑过这些问题：他们是谁，他们想从法学院中获得什么。这非常重要。也就是说，他们应该进行一次全面的自我评估，对自己有一个正确、清晰的认识，并了解自己的优势所在。

Lisa Patterson, Notre Dame

其实，高中和大学阶段的一些生活指南课程更能帮助申请者对他们的行为、他们所喜欢的事物以及他们热衷于某项活动的根由做一个合理的评价。这样，学生在对自己的能力、兴趣及价值观进行评价时，就有了一个明确的方向。 *Irene Dorzback, NYU*

就业服务中心及招生委员会官员
谈工作经验的重要性

▶ 工作经验的重要性

无论何时，只要可能，我都鼓励学生们在读法学院之前先工作几年。读法学院，在时间和金钱上都是一笔相当巨大的投资。你应该先工作一段时间，以了解你自己以及你对工作、生活的期望。

Abbie Willard, Georgetown

一定的工作经验会帮助学生做出更加理智的选择，他们会对社会有一个更加真实的认识与了解。

Jane Heyman, Wisconsin

每当我和某位尚未入学的年轻人交谈时，我都会竭力劝他在大学毕业后，先工作一段时间，然后再申请法学院。无论做什么工作，这段经历都会让他们的思想更加深刻、成熟、稳重，并且能够帮助他们获得宝贵的工作经验。

Jane Thomson, UC Davis

如果所有名牌法学院都只接收有三年以上工作经验的申请者，这对双方都有益处。工作经验有利于申请者更清楚地认识到他们对法学学位的期望值。同时，也会使就业服务中心的顾问们从中受益，因为我们也不愿意看到一批又一批年轻人的梦想破灭，或者整日抱着不切实际的幻想。

Irene Dorzback, NYU

▶ 等上一段时间，再提出申请

对于那些只有一纸薄薄的大学履历表的申请者，我建议他们等上大约 5 年时间，然后再提出申请。多数人要想学有所成，都需要时间来培养一种专注精神及合理安排时间的能力。

Elizabeth Rosselot, Boston College

等上一段时间再申请法学院决无坏处。不过，父母通常会给你施加一些压力，要求你大学毕业后直接就读法学院。

Anne Brandt, Vanderbilt

太多的人申请读法学院是因为他们不知道该做什么。其实，你大可不必在大学毕业后，就直接读法学院。令人欣慰的是，现在有越来越多的人会在大学毕业后，等上一段较长的时间，然后再决定自己的去向。年龄大一点的学生更趋于理性，并且能更好地应对法学院学习期间的种种压力。

Faye Deal, Stanford

班上年龄长一点的、工作经验丰富一点的学生似乎表现得也更为出色。他们通常会更多地考虑并注重他们选择法学院的理由。他们的纪律性和组织能力也要强出许多，并且能更好地处理学校的各种事务。

William Hoye, USC

学生们离开学校一段时间后，通常会有较为明确的目标，会更加刻苦地学习。他们一般都非常珍视这个重返校园的机会。

Kenneth Kleinrock, NYU

我们想知道学生们学习法律的动机。我们很担心某位申请者并不清楚自己上法学院的动机，而盲目地提出申请。40%的申请者都是应届大学毕业生。他们中的大多数并不清楚自己到底想做什么就申请了法学院。对此，我们非常担心。这对学生与法学院来说，都是很悲哀的事情。因此，我编写了一本咨询手册。书中，我建议他们最好先积累几年的工作经验。

Albert R. Turnbull, Virginia

大部分在工作一段时间后再读法学院的学生，一般都认为他们的选择是理性的。而那些大三、大四的学生们才面临着真正的难题。不知道自己大学后究竟想干什么，这是非常可怕的事情。于是，稳妥起见，他们先报名参加了 LSAT 考试。如果成绩优秀，便申请上法学院；如果申请到了一所好的学校，很可能就会去读。毕竟，这样一来，就减少了未来生活中的许多不确定因素。一旦进了法学院，就会要求自己坚持到底。毕业后——几乎所有的人都这样——50 年的时间里，都不得不从事法律工作。

Joyce Curll, Harvard

▶ 需要多少年的工作经验，才适宜申请法学院?

比较理想的情况是，申请人工作至少两年或者更长的时间，并且从事一项他或她喜爱的工作。

Susan Robinson, Stanford

读法学院之前，先工作几年，这是相当有益的。原因很多：工作过的人，对自我的反省和了解会更深刻。同样，用人单位也非常看重有几年工作经验的应聘者。

Jo－Ann Verrier，Penn

我确信，至少两年的工作经验是大有裨益的。用人单位都愿意聘用一个既成熟又有工作经验的人。同样，从每年各班的排名表上来看，有几年工作经验的学生，成绩普遍较好。

Kimberly Reed，North Carolina

► 工作经验对你择业的影响

多年来，我一直在游说，不要录取那些没有工作经验的申请者。用人单位需要的是真正成熟的、在工作中能挑起大梁的人。

Glorria Pyszka，Stanford

我们录取的学生的平均年龄正在逐年提高。有实际工作经验的人找工作时更具优势。

Betsy Armour，Boston

用人单位十分看好那些在读法学院前就有过工作经历的毕业生，特别是有某个“专业”背景的毕业生。当然，那些短时间内换了无数份工作的人，就另当别论了。

Lisa Mead，USC

处理人际关系的技巧是成功的关键因素。用人单位看重你在某一团队中的工作经历，特别是在一个具有明显专业背景的团队中的工作经历。

Susan Guindi，Michigan

选择法学院的某些不成熟的理由

你的父母希望你成为一名律师。自己选择自己的生活。如果你还如此受到你父母的影响，那么，你还没有真正成熟，还不能把握自己的命运。

你喜欢与人争论。那你还不如结婚算了。

你害怕工作。鼓足劲，好好拼搏一番。开始干第一份工作，不像初进大学时那样困难。事实上，失败的几率也要小得多。哪怕一个月后被老板炒了鱿鱼，你也不必为此而耿耿于怀，因为很快地，你就能够轻而易举地找到一份新的工作。

你不知道该干点别的什么事。如果你还在上大学或刚刚毕业，可以多看一些就业指南类的书籍，多与朋友们交流，多向经验丰富的就业顾问咨询（最好是某家私营执业机构，而不是大学里开设的就业服务中心），也可以拜访那些正从事可能会比较适合你的职业的人。不要担心犯错误，二十多岁就是学习的黄金时间。即使你年龄已相当大，也完全可以按照上面的方法去做。但最好争取能进行一些更深层次的职业咨询，对你的需求和兴趣做一个评估。不论属于哪种情况，都不要操之过急，认为自己必须立刻找到一份特别理想的工作。经过对你所从事过的每一份工作的理性思考与分析，能帮助你更好地判断怎样的工作才是最适合你的。

你想帮助他人。这一出发点很好，但从事法律并不是帮助他人的惟一途径，你应该找到一份更适合自己的工作。如果你不喜欢这份工作，即使能造福他人，也不会发挥很大的作用。并且，你会发现自己正越来越偏离原来的初衷。帮助他人本身并不是一件坏事，但不应该成为你上法学院的主要动因。

你想扩大自己的选择范围。不幸的是，法学学位无法带给你更多的法律以外的选择机会。（参看上面的讨论）

你想从事一份独具魅力的职业。对那些不很了解法律的人来说，法律可能听上去是一门很神秘、颇具吸引力的学科。但事实上，它是一项艰苦的工作：需要高度的钻研精神、极强的分析能力，并且经常需要按照别人（例如合作者、客户等）的意志办事。

你想从事某种上层职业，而不只是经商。法律界并非休闲俱乐部，其成员不必相互竞争或与外界竞争，就能过上安逸的生活。相反，这是一个危机四伏的职业。律师事务所停业、合伙人（不光是年轻的律师）也因业绩不好而被解雇——与其他职业一样。同时，与其他行业一样，律师也需要全身心地、积极主动地投入到自己的事业中去（可请教一些律师，询问他们最近一次调换工作的时间）。

你想赚大钱。如果你毕业于名牌法学院，又在著名的大公司里工作，挣钱并不难。不过，话虽这样说，可一旦你发现自己并不喜欢法律工作，可能会非常失败。同时，强迫自己干你不喜欢的事情，尤其是每周要工作 80 个小时，你肯定也会感到非常苦恼。总之，如果你认为法律对你来说是非常理想的选择，这倒的确是一个读法学院的理由。

你需要另外一个学位。除了法学博士外，还有许多其他相当有意思、且同样具有较高价值的学位。

就业顾问谈读法学院的一些不成熟的动机

对那些头脑聪明却又漫无目标的人来说，法学院是一个错误的选择。

Theresa Bryant, Yale

法学院是文科学生的避难所。他们无法清楚地认识到自己的人生目标。因此，他们选择了法学院，以为这会给他们带来机遇。但事实并非如此。

Susan Robinson, Stanford

一些人把法学院称为当代文学学位的授予者，但事实并非如此。

Abbie Willard, Georgetown

3年的时间和12．5万美元，你能干点别的什么事情

法学院会花去你三年的时间和一大笔的金钱。在你做出选择之前，好好想想你还能干点别的什么。如果选择法律，只有一种可能性。但若干别的，你就有了无数的选择机会。你可以去美国中部学习西班牙语。如果你一个人住，还可以请一个家庭教师，每天单独教你5个小时。一年之内，你就可以从零起点学会一口流利的西班牙语了（价格：一个月约700美元，包括食宿费和学费）。夏天的时候，去意大利的烹饪培训学校学习三个月（价格：收费较高的课程为3，000美元，包括食宿）。然后，到London School of Economics and Political Science进修经济学硕士课程（价格：大约需要30，000美元，包括食宿费和学费）。接下来，利用一个暑期的时间，去当一名游览法国的导游（收入：这要视你的努力程度而定）。再去攻读一个学位，可能是政治方面的（例如，The Fletcher School of Law and Diplomacy），也可能是市场营销方面的（例如，法国一流的商学院HEC，价格：可能还得花30，000—40，000美元）。

这一系列举措的最终结果：利用三年的时间，你既探索了物质世界（周游了拉丁美洲、英、法、意等国），精神世界也得到了极大的丰富（流利的西班牙语，一个引人注目的政治学或市场营销学的学位）。价格：除去自己挣的钱以外，总共花费了约7．5万美元。（注意，与读法学院的总费用相比，这笔费用显然少了许多。）顺便提一下，如果你的父母愿意为你出钱去读法学院，也许你可以让他们读一下本文，想想他们可以花比读法学院少得多的钱为你换来更大的利益，这样可能更划算。总之，不论谁出钱，你是否确定从业法律界就是你惟一的选择呢——先在法学院刻苦学习三年，然后努力工作，成为一名律师？

▶ 弄清楚，读法学院到底能带给你什么

开始调查前，你可以先与熟识的律师交谈，或查询一下如后面所列出的一些描述法律职业类型的图书。不过，一旦对整个法律领域有了大致的了解，你就需要透过各种表层现象进行深入分析。

首先，你需要对不同的法律领域有一个全面的了解。(事实上，迄今为止，还没有人对法律是面面精通的。)进行了第一步的调查之后，就可将注意力集中于两个至四个你感兴趣的领域。了解哪种类型的性格最适合这一领域。此外，它还需要什么样的能力（一般地，如公众演说能力；特殊地，如草拟复杂的债权诉讼文书的能力），需要做哪些日常性的事务，这一领域的优势（劣势）何在。花几个月的时间，彻头彻尾地通读这一领域的专业性杂志。一旦你把兴趣界定在一个或两个领域，就可与一些执业律师分别进行交谈，或是征得他们的同意，跟随他们实际工作几天，了解他们工作的真实情况。同时，也一定要保证，你所看到的一切具有典型性和代表性。

其次，了解这一领域的就业前景。调查不同类型的用人单位（大公司、小公司、政府机关——市、州、联邦政府——非盈利性组织），了解你感兴趣的一两个法律部门的律师从业情况，以及每一个法律部门的基本状况。

- 工作重点（不同职位）
- 工作地点
- 工作时间（是否一周五天随叫随到）
- 不同职位的收入
- 每一次升职，需要付出多大代价
- 那些离职的人的近况
- 工作风险
- 工作环境（竞争激烈、有压力，还是很轻松、充满活力）
- 同事的情况（年龄、兴趣、培训、能力、价值观、目标）
- 所代表的客户或利益关系

对于你感兴趣的领域，参照不同用人单位的具体情况，多进行比较。

一个阶段的调查工作结束之后，你应该了解到一些基本情况，如：刑事辩护与刑事诉讼可能看上去相似，但实际上两者完全没有关系。不同性格的人喜欢不同类型的工作：刑事辩护律师喜欢法庭辩论，他们能接触到人性最肮脏的一面，并从中获得快乐；然而，刑事诉讼律师喜欢各种智慧的挑战，却避免直接面对当事人或当庭审判，他们讨厌那种纷乱嘈杂的环境。他们在与当事人打交道的方式、指控的方式、在法律界的威望和其他许多处理事务的方法等方面，都存在相当大的区别。

当然，了解法律工作还有另外一种方式。那就是，去一家律师事务所当助理，或干些相关的工作。这样，你就能够对律师们的日常工作有一个更真实的了解；你也会被分派一些任务，接触到法律调查、写作、法庭审理等工作环节。不过，事务所经常会安排助理们干一些重复性的事情，以免让他们了解到事务所太多的内幕，或者看到律师们执业时的真实情形。所以，如果你决定选择到律师事务所当助理，务必要找一家能让你对法律领域的真相有所了解的事务所。同时，也一定要充分利用和把握这一机会。

▶ 整理所获得的信息

在实地考察了一两个法律部门，以及与之相关的职业类型之后，就应将调查结果与你的能力、兴趣、价值观及目标相对照。如果你发现两者并不相互融合，就需要重新考虑你的选择。

被法学院录取的学生中，很少有人进行过充分的就业调查

经常有人提到，现在读法学院的学生都曾进行过有效的自我评估及对将来就业的分析。可看看下面的统计数据，你就不会再这么认为了。名牌法学院的半数学生都理所当然地认为他们将来会从事公益事业，但真正从事这类工作的人不超过5%。事实上，在多数名牌法学院，能进入公益法律领域的毕业生的比例不到5%。这意味着，90%以上的学生没有对自己及其择业进行充分的调查和研究。

▶ 如果不读法学院，你还能干什么

那些关于职业评介的各类图书简直是废话连篇，毫无可取之处。如果你够聪明、勤奋，并且能被某所名牌法学院录取，那就完全可以证明，你已经具备了从事另一行业所需的各种能力。

成为某家投资银行的分析师，或者某家企业战略咨询公司的调研员，当一名小镇报社的记者，这些，都是非常好的选择。要么选择真正能吸引你的职业，要么选择能使你接触到你想从事的法律领域的职业。如果你喜欢某一行业，并且也十分喜欢律师在该行业中所从事的具体工作，那么，你就会学到许多非常有用的东西。例如，如果你现在从事的是像经济学家所做的反垄断咨询的工作，你可能就会愿意当一名反垄断法方面的律师。当然，你也有可能会继续从事经济学研究

方面的工作，或者，干脆转行干别的。

对职业的不满情绪

综观近期有关律师的几次调查——不论是ABA、Michigan法学院或California律师杂志，还是其他机构所开展的——都会发现，有相当一部分的律师对其职业表现出不满。在调查中，很多人都表示，他们希望换一份工作。这与对包括所有行业在内的从业人员的调查结果完全相反。例如，Connecticut大学的一项调查显示，91%的人都对自己的工作感到很满意。我们不禁怀疑，这一结果是否包含律师在内。调查表明，不满情绪主要缘自低质量的生活——永无止尽的工作，一年到头都得围着客户转。另外，一些人不满于工作本身——单调乏味，过于琐碎。这样的抱怨并不只限于或主要限于那些毕业于二三流法学院的执业律师。事实上，大量调查表明，毕业于名牌法学院的人，对法律职业表现出更为强烈的不满情绪。

近年来，法律界出现了一个很有趣的现象：每年都有大量图书出版。这些图书告诉人们，法律工作的实质以及小型企业的发展，以帮助执业律师确定他们这一生真正想从事的事业；同时，也帮助他们转入其他行业。下面所列的图书能让你对此做一个大致的了解。其中，Aron与Elwork的书对了解法律工作的实质特别有帮助。

Running from the Law: Why Good Lawyers Are Getting Out of the Profession

作者：Deborah Arron（强力推荐）

Stress Management for Lawyers:
How to Increase Personal and Professional Satisfaction in the Law

作者：Amiram Elwork（推荐）

The Road Not Taken:
A Practical Guide to Exploring Non-Legal Career Options

作者：Kathy Grant & Wendy Werner/ National Association of Law Placement

Breaking Traditions: Work Alternatives for Lawyers

作者：Donna M. Killoughey/美国律师协会

就业顾问谈律师的不满情绪

各种关于律师不满情绪的网站、研究机构以及声援团体的数量，真是数不胜数。考虑到大多数人在申请法学院时，就没弄清楚他们为什么要读法学院，所以，这也就不足为奇了。他们从一开始就应该对自我做一个全方位的评估。

Irene Dorzback，NYU

对法律缺乏热情的人，是不可能承受该行业所特有的各种压力的。

Susan Robinson，Stanford

结束语

法律是一个非常不错的行业，但并不一定适合每一个人。为了避免日后牢骚满腹——为之付出惨重的代价；并且，一旦进入，就很难退出——在进入这一行业之前，你应该进行大量的调查。如果由于缺乏尝试别的领域的勇气，或是大学毕业后不想立刻工作，而错误地选择了法学院，你真正的麻烦还在后头呢。

如果你真的决定选择法律，尽可能地多掌握一些你想要涉及的法律领域的知识。如本书中其他部分会提到的一样，这会有助于你选择最适合你的法学院，也有助于你充分利用在法学院的三年时间，无论是校内还是校外的。最后，一定要争取进入你所能申请到的最好的法学院。有关这一点，可继续阅读本书后面的内容，或寻求咨询机构的帮助。

补充材料

本书中所列的许多书目可以在下面的地址买到：

The National Association for Law Placement

1666 Connecticut Avenue NW, Suite 325

Washington, D. C. 20009—1039

Tel.（202）667 - 1666

Fax（202）265 - 6735

Web：www.nalp.org

本章所列出的某些重要书目目前已售完，但通常能从图书馆或法学院借到。

▶ 对法律专业与法学院进行认真的思考

Full Disclosure: Do You Really Want to Be a Lawyer

作者：Susan Bell/美国律师协会（ABA）

本书旨在向未来的法学院学生介绍法律职业及法学院的基本情况，里面包含了有关不同法律领域的观点。其中的一章，还讨论了 Myers - Briggs Type Inventory 系统及对准律师们的适用性。（推荐）

The Lure of the Law:
Why People Become Lawyers and What the Profession Does to Them

作者：Richard W. Moll（推荐）

So You Want to Be a Lawyer 编著：法学院招生委员会（LSAC）

Lawyers in Transition: Planning a Life in the Law

作者：Mark Byers et al.

One L: An Inside Account of Life at Harvard Law School
（有些夸张、过时，但仍然很有趣）

作者：Scott Turow

▶ 探索某一特定的法律领域

美国律师协会就业指南系列丛书：包括了有关海事法、民事诉讼法、娱乐法、律师可从事的政府工作、劳动法、运动法等。

Guide to Legal Specialties 编著：全国律师安置联合会（NALP）
描述了30个不同的法律领域。

Lawful Pursuit: Careers in Public Interest Law 作者：Ronald Fox

The Public Defender Experience 作者：Bradley M. Bittan

www.napil.org（The National Association for Public Interest Law）
可以链接到其他公益站点。

www.law.harvard.edu/students/opia（Harvard Public Interest Site）
提供各种有关公益法的信息，同时也能链接到其他公益站点。

▶ 工作入门指南

From Law School to Law Practice
作者：Suzanne B. O'Neill 和 Catherine Gerhauser Sparkman
本书指导那些初入道的律师们该如何干好本职工作。

My First Year as a Lawyer 作者：Mark Simenhoff
不同法律领域的律师谈论他们最初的从业经历。

The Legal Career Guide: From Law Students to Lawyer
作者：Gary A. Munneke

注意，本书中所提到的各法学院都准备了大量有关就业方面的资料。你一旦做出了初步的职业选择，就应该考虑向他们索要一些可能有助于你对所获信息进行评估的资料。你会从他们的专业服务中心获得不少宝贵的经验，你也可以了解到哪所大学拥有最专业的就业服务机构——哪些大学最有利于你对感兴趣的法律领域进行研究。如果你决定进入法学院学习，并且需要选择一所学校，这些信息无疑是非常有帮助的。

就业服务中心和招生委员会主任语录

▶ **明确你进入法学院学习的目的相当重要**

你之所以选择法学院，不应该是因为喜欢法律本身，而应该是因为你喜欢法律这份职业。

Gloria Pyszka, Stanford

我们的职责就是教给学生们各种基本的知识、技能，并帮助他们明确进入法学院学习的理由。他们中至少有一半人是稀里糊涂的。

Nancy Carver, George Washington

我跟许多想上法学院的学生交谈过，他们想上法学院的理由大都过于天真。我想告诉他们："你们应该等上一段时间……先去干点别的什么。"

Gloria Pyszka, Stanford

想想吧，进了法学院，学年末，你已负债累累。毕业后，你必须争取找到一份高薪的工作。除此之外，别无选择。你将落入一种多么令人尴尬的境地呀！

Irene Dorzback, NYU

学生们应该目标明确，有主见。如果你上法学院只是单纯地、出于一种很空泛的理想，这必将带给你无尽的烦恼。

Gloria Pyszka, Stanford

除非你愿意为他人服务，否则不要上法学院——这是一份与他人协作、为他人服务的工作，而不是为了你自己——而且，你必须确认想从事法律职业。

Steve Hopson, Virginia

我们会在新生入学日举办一个专题讨论会，以帮助那些想当律师的学生深入分析法律职业。我们会讨论该职业所包含的内容……并且结合个人的兴趣及性格特征来判断他们是否适合学习法律。我们发现很多人并不是特别想从事法律职业。所以，我们会建议他们推迟入学，直至他们有机会能进行充分的自我评估。

Irene Dorzback, NYU

▶ **了解法律的途径**

如果你想知道自己是否适合当律师，去做一名兼职助理是个不错的办法。你也可以设法随从某位律师，了解他的工作。不论多长时间都行。或在一个法律机构、律师事务所或政府部门当志愿者。你还可以去法学院举行的小组讨论会上听听校友们谈论他们的生活，借此机会同那些愿意提供帮助的校友多进行交流。

Faye Deal, Stanford

▶ **当兼职助理**

兼职助理对那些想知道法律是否适合自己的人来说，无疑是很合适的工作。但只有其中一小部分的工作才可以提供你锻炼自己的机会。整天关在一间大屋子里整理文档，与在诉讼中担任真正意义上的副手，有着本质的区别。

Albert R. Turnbull, Virginia

我会建议学生们去律师事务所工作，这不是为了学习法律知识，而是为了解事务所的运作程序，并了解他们将来所从事职业的具体情形。

Robert Stanek, George Washington

许多申请者都做过兼职助理。这项工作并不是为你上法学院做准备而设置的——它也不会使学生们在法学院中取得什么优势——然而，有时，这样的经历会使你有机会亲身接触到律师们的工作。同样地，你还会明白，要想在事务所工作、当律师，你应该具备怎样的素质。

Kenneth Kleinrock, NYU

当兼职助理不会使你完全与法学院无缘，也不会对你进入法学院有所帮助，但它的确可以帮助你下定决心，是否要成为一名律师。尽管如此，它不大可能像你所希望的那样，让你透视法律工作的全部特征。

Elizabeth Rosselot, Boston

▶ **探究法律职业**

学生们不应该仅凭一些模糊的想法，就觉得他们确实想从事法律工作。相反，他们应该对法律行业有一些真切的认识与选择——如果不是发生在在校期间，那就是毕业后。上法学院并不是你的“事业”的最终选择。

Fred Thrasher，William & Mary

我碰到的最严重的问题就是，学生们常常这样想：“我知道，只要在一家大型律师事务所呆上几年，我就会意识到自己真正想做的事情了。”这是最愚蠢的想法。

Susan Robinson，Stanford

没有乘务员会问你是否想乘坐他们的列车。但如果人们下车后，自我反省一番，多与校友们接触交流，重新审视自己所处的形势，判断这样的选择是否符合自己当初的愿望，他们就会明白，究竟是否应该上这趟列车（或者，至少不会等到多年后，才恍然大悟）。一般情况下，人们会在他们工作后，才开始进行这样的反思。就读法学院期间的10—12周的暑期工经验，是不可能让你找到一个满意的答案的。你需要时间来判断你烦恼的根源，是由于特定的工作领域、或是所在的城市、或是受雇的公司、或是周围的环境，还是说，就是由于法律职业本身所造成的。

Irene Dorzback，NYU

第二章

法学院概况

内容概要

全日制和非全日制课程

—— *高质量的非全日制课程比较少见*

■

第一年的课程比较固定，后两年则比较灵活

■

法学院的三种教学模式：

—— *案例分析*

—— *讲座*

—— *实践教学*

■

总地说来，功课量比较繁重。在学习的头一年半里，尤其如此

—— *但学习的松紧程度，最终还是由学生自己把握*

■

法学院的课程选择灵活度很高

—— *可以同时涉猎多个专业*

—— *可以在同一大学内的其他院系选修课程*

—— *可以进修双学位*

■

课外活动

—— *课余生活丰富多彩，既可参加社团活动，亦可参与刊物的出版工作*

一个多世纪以来，但凡在法律界从业的人员，一般都是法学院的毕业生。设立法学院的初衷，就是为这些从业人员提供法律基础知识的培训。其学制3年，头一年主要介绍法律的基本概念。虽然经过多年的变革，法学院的基本课程设置已是大相径庭，但仍保留着许多传统的特色。例如，各法学院的学制毫无例外都是3年（全日制）；其中一些核心课程是每个学生所必修的；而且，无论你在哪所法学院学习，都必须下苦功夫。

然而，在过去的二、三十年里，各法学院的教学大纲都有了较大的改动。一方面，很多学校设立了模拟法庭，使学生能够亲自实践法律的运作。这种做法将理论与实践有机结合起来，使学生既不会像过去律师事务所里的学徒那样“四肢发达，头脑简单”，也不会因为课程的理论性太强而感到枯燥乏味。另一方面，各学院都顺应业界的发展趋势，在教学过程中融入了更多有关国际问题的课程；既准许学生在某一特定领域内有所专长，同时也鼓励他们进行各学科的交叉性学习。

虽然所有顶尖的法学院在课程设置以及实践教学的形式上各有千秋，但在教学方法上，所有的学校都如出一辙。学生在第一学年一般都要学习以下7门课程：

- 民事程序
- 宪法
- 合同法
- 刑法
- 财产法
- 侵权法
- 案件调查与公文写作

到第二、第三学年，除了写作、职业道德规范以及上述课程中的一两门（上述的部分课程可能会被安排在第二、第三学年）之外，其他课程几乎都供学生选修。尽管如此，大多数学校还是希望学生们选择那些能够帮助他们提高案件调查与写作能力的课程，并希望他们的学习能够涉及法律的各主要领域。在第二、第三学年，学生们还可以通过在法院旁听或实习的方式获得学分。

本章将介绍法学院全日制课程的基本情况。非全日制课程与全日制课程的惟一不同之处在于，全日制学生的时间几乎都是在校内度过的，而非全日制学生则有部分时间不在校内。除此之外，两种课程没有太大的区别。非全日制学生的社交活动并不仅仅局限于校园内，所以他们在第一学年的日子会比较好过。

全日制课程 vs 非全日制课程

过去10年里，法学院非全日制课程的学生比例占到了17%。但名牌法学院却很少开设非全日制课程。以下是几所法学院非全日制课程的学生所占的比例：

Fordham	22%
Georgetown	21%
George Washington	15%
NYU	16%
Wisconsin	10%

选择非全日制课程的学生，一般年龄偏大，具有丰富的从业经验；还有的是因为要照顾家庭而无法参加全日制课程的学习。有些人不愿放弃现有的工作，但为了获得法律的基本知识，亦或是学业上的深造，愿意选择非全日制课程。这样做，也比较适合自身的实际情况。另外，还有些人并不准备从事法律工作，只是想听听法学院的课程。他们一边工作，一边进修所选的课程。如果只是一时兴起，无心在此行当发展，他们可以中途退学，根本不会耽误工作；一旦在学习过程中对法律产生了浓厚的兴趣，他们可以在完成该课程后，转而以其他方式继续深造。(有关转学事宜请参考第14章)

▶ 课程设置

全日制与非全日制在课程的设置大同小异，一些重点科目是二者都要求的。根据学生的进展情况，各科目在时间安排顺序上略有不同。学生必须完成指定数额的课程方可毕业，而这个数目在绝大部分法学院都是一样的。

▶ 有利因素：

- 如果你仍在犹豫，下不了到法学院学习的决心，可以尝试一下非全日制的课程，原来的生活可以继续，并不会受太大影响。
- 三年时间里，你不必辞掉工作。可以一边学习，一边有着稳定的收入。

- 毋须重新安置生活。
- 如果你目前的工作与将来从法学院毕业后希望从事的行业有所联系，那么，在工作中可以随时得到知识的补充。（这样甚至可以减轻你的学习负担——请参看第17章）
    - 学习的同时，从事相关的工作，反过来对学业也有促进作用。

▶ **不利因素：**

- 比起名校全日制课程的文凭来，非全日制课程的文凭在分量上显然要轻得多。
- 在学习以及与同学的交流上投入的时间相对少一些，对学习进度的把握也不如全日制学生到位。
- 尽管越来越多的人倾向于一边工作，一边学习，但很多人往往顾此失彼。要做到工作与学习两不误，生活还要过得有情趣，实在不是件容易的事。
- 要全身心地投入学习，自然无法全心全意地工作，表现不如从前，很容易错过晋升或加薪的机会；公司对这种分散工作精力的行为也会有意见。

当然，如果眼前的工作不错，自己也还能抽得出时间来进修非全日制的课程，学校又小有名气，专业也很对口，那就绝对是学有所值。

主要课程介绍

一般来说，几乎所有的法学院都要求学生必修以下几门课程：

民事程序 主要介绍联邦政府及各州民事诉讼的程序以及各种规定。

宪　　法 主要介绍美国宪法赋予各政府部门的各项权利和政府权利如何受到宪法的约束。

合同法 主要学习如何制定以及实施各种合同、协议，以及发生纠纷后的仲裁。

刑　　法 主要学习刑事犯罪的判断原则刑罚的实施原则、以及如何保护刑事犯罪被告人的权利。

财产法 主要学习财产的起源（意识形态上的和经济现实中的），有关财产获得与转让的各种规定，个人如何获得财产、转让财产以及国家制订的有关各项管理条例。

侵权法 主要学习侵权赔偿（即人身和财产受到损伤后所寻求的赔偿）相关各项法律法规。

法律调查与法律公文写作 主要培养学生案例分析、法律调查、写作、法庭辩论以及条法引证的能力，使学生了解解决法律争端的情景和程序，并学会如何通过法律术语进行沟通。

教学方法

▶ 案例教学

第一学年的绝大部分课程是以案例分析及案例讨论形式进行的。(到第二、第三学年，某些课程仍旧会采纳这种形式，而其他大部分课程则主要通过讲座或是实践教学等方式进行。）教学内容全部隐含在各类案例中。案例的讨论时间有长有短，没有固定的课本，也没有什么学科概论、学科重点之类的东西。学生学习的只是围绕某一问题（偶尔会是两个）的一系列案例。案例提供给学生时是杂乱无章的，学生要有整理归纳的能力，把学到的零碎知识升华为对所学领域的本质与规律的认识。

所以，课堂上应该积极参与讨论。在大学阶段，你可能已经习惯了一边听着教授讲课，一边做着笔记。但在法学院的课堂上，你要紧跟教授的思路，他/她会要求学生起来回答各种与案例相关的问题，有的问题甚至会涉及政治、经济、社会以及其他有重大意义的方面。这种教学模式被称为“苏格拉底式教学法”。

其实用“苏格拉底式”来形容并不是十分恰当。苏格拉底向学生提问，是为了启发学生，使他们清醒地认识到早已朦朦胧胧地存在于他们意识中的真理。而法律的教学并不是为了认知与生俱来、客观存在的真理，而是为了让学生掌握法律的基本概念。过去，教授们在讲述某个新观点或新理论时，问的都是些刁钻古怪的问题，学生如受审讯般难受。有少数教授还专挑那些不爱举手的学生回答问题，并乐此不疲。但现在，大多数教授已经改变了这种不人道的、传统的教学方式。如果说“苏式教学法”仍有所作为的话，那就是，教授们每次都会提醒一些学生，他们将在下次上课时起来回答某些问题。这样，学生在预习案例时就可以准备得更充分些。

教授的提问方式多年来改变不大。开始讨论一个案例时，第一个站起来的学生往往被要求对案例做一个整体的分析：上诉的法庭、当事人双方、事实情况、争议的问题、法庭裁决以及案件推理过程等。教授接着再问几个有关细节的问题后，就开始有意对事实进行一些歪曲，假设出其他的情形来，让学生做出推理判断。“如果该司机撞到的不是一车被押赴刑场的死刑犯，而是一车修女的话，你仍认为他无罪吗?”“如果司机当时喝醉了呢?”“假设司机是无照驾驶呢?”等等。

你或许习惯了大学里你（教授）讲我（学生）听的教学模式。但案例讨论与之不同之处就在于，在法学院的课堂上，学生若想既不耽误讨论，又能腾得出时间来做笔记，这是非常困难的。第一年的主要任务是，教会你哪些知识和能力是学好该课程的关键；同时，还会告诉你如何应对考试，并取得好的成绩。

▶ 讲座

第二学年和第三学年的许多科目都是按传统的方式进行授课的，美国学生对此应该不会感到陌生。（是选择案例分析，还是传统的授课模式，往往取决于该科目所涉及的内容。如果说该科目的内容大多是关于案例分析的，则适宜采用前一种教学模式；如果说它的内容大多是关于法律条文的，则适宜采用后一种教学模式。）

学生往往觉得讲座的方式比案例的分析与讨论要轻松许多。他们不用总是提心吊胆，担心被教授叫起来回答问题。做起笔记来也相对容易得多。不像案例讨论，要求学生全神贯注地听讲和参与，并记录要点；同时，学生也不会顾此失彼，因为做笔记而错过了教授的授课。

▶ 实践教学

实践教学是最近几年来才被采用的教学方法。它将理论教育与律师实际业务能力的培养结合起来，将学生带入各种法庭情境中，有真实的，也有模拟的。让学生学习在实际情况中解决当事人的问题。实践教学的另一个目的是，要使学生对学校和课堂始终保持浓厚的兴趣。大部分法学院学生到了第二学年就开始对学习感到厌烦，常常抱怨。而实践教学变换了一种口味，不失为提高学生积极性的好办法。

各法学院实践教学的形式各有不同。通常，我们将其分为“校内实践”和“校外实践”两种。校内实践一般安排在由某个教研室开办的律师事务所里，由该教研室监督管理，学生在这里的自主权较大；有的学校也送学生到政府开办的公共律师事务所实践，学生在那里受主管律师的监督。学生们可以通过实践拿到相应的学分。

课业负担

就读于名牌法学院的学生，会有大量的课业负担。而第一学年（特别是上学期）的作业量尤为繁重。学校做这样的安排是有道理的：首先，第一学年的学习任务非常繁重，既要学习法律的基本知识，又要掌握案件的调查和法律文书的写作能力，所以，作业量理所当然不会轻松。（到了第二、第三学年，学生们已经学会了如何“应付”教授们的各种要求，而且可以根据自己的兴趣和能力选择课程，所以会觉得轻松一些。）

繁重的课业负担同时也是为了让学生们认识到，律师的工作量实际上是相当惊人的。通过法学院的学习，应该对此有所准备。大量的作业要求学生们学会合理地安排时间，这也是每位律师必备的基本能力。如此培养方式，旨在提高学生的学习效率和今后的工作效率。

通过以上的介绍，你一定觉得法学课程不好学了吧？一般来说，法学课程的学习时间与一个普通大学生课外活动的时间应该是一致的。未婚的学生每周只能抽出一两个晚上做做运动，偶尔可以有一两个小时的休息时间。而已婚学生的课余时间也仅比此多一点。这样的学业安排，恐怕连最体谅的伴侣或家庭都会有意见。

学习靠自觉

一般来说，头三个学期所下的功夫会比后三个学期要大得多。到了第二学年期中的时候，有一半的学生会因压力过大或跟不上进度，而开始不思进取，结果，学业半途而废。当然，还有很多人坚持不懈。排在前10%的学生，多半想在业内有所作为，所以，在学习上的竞争仍很激烈。还有些学生要到毕业后才能决定工作的去向，所以不得不下苦功夫。假如有人想毕业后到名牌法学院执教，他必须在毕业后，首先要到相关部门工作一段时间（如当联邦法官的办事员、在政府部门的事务所工作，或在名气稍逊的法学院教书等），等到时机成熟后，方可向理想的法学院提出申请。而此时，他们在法学院学习时的成绩将是被重点考察的对象。

当然，学生的前途是由他们个人决定的。他们有权选择自己觉得可以承受的作业量。但大多数学生都是在临近毕业时才意识到这一点。在第16章里，我们将详细介绍学生们可以通过各种方式度过在法学院里的3年时光。例如，在阅读、分析案例的时候，有些案例其实不必太花功夫，但在第一学年里，学生们往往一个案例也不敢怠慢。多数学生对法学院缺乏全面的了解，对前途感到一片茫然，担心无法在业内出人头地，精神极度紧张，所以，他们在学习上可以说是不遗余力。实际上，有相当一部分精力的付出是徒劳的。假如不信，问问毕业班的同学，看看他们第一学年里到底有哪些努力是值得的。他们的答案无疑会证实这一说法。

成绩的评估

法学院与其他学院的最大差别体现在其评分标准上。其他学院的课程，每学期至少有一次期中考试和一次期末考试，有的还要求提交论文，更有甚者，考试频频，论文不断。但在法学院，学生的成绩仅通过一次期末考试来决定。法学院的期末考试一般要进行三到四个小时，交给学生一个（有时会是多个）假设的或是刚刚审理过的案例，要求学生对案例进行分析。尽管学生们花去大量功夫准备每天的课堂讨论，但他们平时的表现却不会被记入最后的成绩。（所以，实在没必要为了在课堂上图个表现而跟自己过不去。给教授和同学们留下好印象固然重要，但最具说服力的，还是优异的考试成绩。）

这种“一试定乾坤”的评估方式令许多学生头疼。尤其是一年级的学生，对这类考试尚不适应，不知如何应对，更缺乏通过的信心，所以往往惶恐不安。

法学博士基本课程设置

▶ 第一学年

除非你是有备而来，或是有过相关的从业经历，再者就是按照我们在第15章中所推荐的方法进行过准备。否则，第一年的学习，你恐怕很难吃得消。数不清的新概念、永远都做不完的作业，令人窒息。所以，不仅要学习许多新的知识，还必须学会如何学习。随着学业有所进展，你将学会如何择其精华为我用，通过学习经典的案例便能掌握该课程的精髓。绝大多数学生觉得第一学年（尤其是第一学期）的学习难度是最大的。

▶ 第二学年

第二学年几乎全部是选修课，学生们可根据自身的情况量力而行。可这一年也不轻松，你需要花大量的时间去找工作、参加面试。这样，才能获得暑假里的实践机会。有些学生还需要花时间参与编写有关资料和刊物，还有学生需要打工挣钱。

▶ 第三学年

到了第三学年，学生们感到如释重负。一方面，他们已经适应了“苏式教学法”；另一方面，这时的教学方式以授课为主，并且不用太费功夫。许多人此时会为打工或另有所好而逃课。有很多学生因为暑假里在某个公司实践而被该公司聘用，所以更是无所顾忌。剩下来的那些善始善终的学生，得高分的机会也就多了许多。

所以，法学院里一直流传着一句老话：读法学院是“死路”一条：第一年吓死，第二年忙死，第三年烦死。

随着法律行业的专业性越来越强，法学院也不断在课程中（无论是热门课程还是冷门课程）添加新的专业内容。无论是在传统的劳动法，还是在新的企业行为法规方面，各法学院都在紧跟市场发展的步伐，或多或少地都有所进步。许多法学院还增设了其他学科的科目。但学生们真正看重的，并不是课程设置的形式，而是法学院在学术和师资力量方面的优势。

特　色

法律实务中，所涉及的问题越来越趋于专业化。所以，很多院校在课程设置中会面面俱到。如果某一领域有所需求，他们就开设与之相关的课程。不管是具有传统特色的劳动法，还是近年来公司经营中所涉及的各个领域，学校都在不断地努力，以顺应市场发展的需要。一些法学院仿效大学教育的模式，设置了主修科目。但不管怎样，他们这种拘泥于形式的做法，已越来越被淡化。取而代之的，是在满足市场需求的前提下，提供更加合理的课程，以及最优秀的教授。

院外课程

近年来，法学院认识到法律与其他行业的关系越来越密切，所以，越来越多地与其他专业合作，办学开课。在引进师资时，不仅招聘法律专业的教授，还考虑其他专业的人才。但不幸的是，法学院仍严格限制学生到同一所大学的其他学院学习，对此类学分不予承认。所以，在法学院学生所修 30 来门课程中，最多只能有两门（有的学校规定是三门）可以通过在同一大学的其他学院学习而获得学分。

这样的规定同各法学院所做的对外宣传相比，尤显尴尬。法学院做招生宣传时，往往把其所在大学的各种课程描绘得天花乱坠，让学生觉得只要进了法学院，整个大学的课程都可以随选随学，而事实却并非如人所愿。这也是法学院有待改进之处。

双 学 位

通过参加双学位课程的学习，学生可以同时获得一个法学学位和一个其他学科的学位。法学 + 工商管理硕士（MBA）就是一个很好的例子。学生第一学年在法学院上课（上课内容跟法学院学生一样），第二学年在商学院上课（学的内容与商学院学生相同），最后两年则既修法学课程又修经济学课程。这样，统共需要4年时间，比单独修两个学位要节省1年的时间。其他的双学位课程也可以这样安排。节省1年时间的主要原因还在于两个专业课程的融合。

现在的名牌法学院都开设有各种各样的双学位课程，既有硕士级别的，也有博士级别的。拿 Yale 来说，法学院与林业和环境学院、神学院、医学院、管理学院以及研究生院（包含经济学、历史等常设专业）都有合作。Pennsylvania 法学院则与该校的经济管理等常设专业都建立了合作关系，甚至与一些冷门专业，如生物伦理学、城市规划、交通以及对伊斯兰教的研究等都可以合作，提供双学位课程。

尽管除了热门的法学 + MBA 双学位外，特定的双学位搭配不一定在所有法学院都能修到，但从各名牌法学院所提供的双学位总和来看，选择范围还是相当广泛的。当然像法学 + 林业学硕士以及法学 + 伊斯兰教研究之类的课程肯定不会多见。所以，一定要全面了解每个法学院所提供的全部的学位课程。

近年来，还出现了一种新的双学位课程，即法学双学位课程。Cornell 大学就提供这种课程的学习。学生头两年在该大学的法学院学习，然后转到欧洲的另一所法学院学习两年，这样便可同时获得两个法学学位。

当然，双学位与单学位的课程相比，也存在学习负担过重以及学费过高等问题。而且有些课程与两个专业关系都不大。学生单修一个学位时还能有所涉猎，但攻读双学位时就无缘问津了。

出 版 刊 物

无论是哪家名牌法学院，一般都有很多学生主办的刊物，少则五六种，多则十好几种。仅在 Georgetown，就有

Georgetown Law Journal

American Criminal Law Review

Georgetown Journal on Poverty Law & Policy

Georgetown Journal of Gender and the Law

Georgetown Immigration Law Journal

Georgetown International Environmental Law Review

Law & Policy in International Business

Georgetown Journal of Legal Ethics

& *The Tax Lawyer*

等多种学生刊物。当然，虽然这类刊物的数量很多，但仍无法涵盖法律所涉及的诸多领域。

各法学院都以“*law review* ”作为院刊（Georgetown 把其院刊称之为“*law journal* ”）。学术文章一般由法学院的教授或在职的律师撰写，由二、三年级学生负责编排出版。参与法律学术期刊的编辑出版是件很风光的事情。而对主编一职，学生们更是趋之若鹜。有的学院根据学生第一学年的成绩来选拔编辑，只有成绩拔尖的几名学生方可入选。有的学院通过举办征文比赛进行选拔，学生只有撰写够长度、高水准的文章才能入选。还有的学院则是结合前两种方法进行选拔。

当院刊编辑既是一种荣誉，也意味着付出更多。小编辑们花在刊物上的时间往往比花在学习上的时间还多，既要校对、设计封面，还要四处约稿。通过这些工作，学生对法律的逻辑分析能力与写作能力都得到了极大的锻炼。许多公司或律师事务所来法学院招聘时，总是首先把机会留给了这群学生编辑们。这一点，恐怕是当初招收编辑的人也始料未及的。

尽管比起院刊编辑来，其他刊物的编辑得到锻炼的机会略少，但收获仍然不小。申请当其他刊物的编辑，其难易程度取决于各刊物所涉及学科的排名而各有不同。如劳动法研究等学术性强的刊物，使学生能够得到更为专业性的锻炼。所以，这类刊物的负责人往往都是准备致力于该领域的学生。

学 生 构 成

多年来，名牌法学院的学生构成已经有了很大的变化。男女比例基本持平，女生一般占到43%—48%。少数民族学生的比例增长很快，近三十年来，增长了两倍。尽管外国学生所占的比例仍然较低，但近十年来，也有大幅增长。学生的教育背景和工作经历也各不相同。过去的学生以本科毕业生为主，而现在，具有工作经验的学生比例已经占到了大多数。例如，Columbia大学的入学新生中，就有舞蹈演员、剧院经理、和平组织的成员，美国志愿服务组织成员，退役军人、物理学家、工程师、生化学家、管理人员、计算机以及网站人士、环境顾问、音乐家、编辑及出版商、大学或中学教师、会计师及金融研究员，还有人权运动人士等。

在名牌法学院里读书，不仅能学到知识，还可以从同期的同学那儿学到课业以外的东西。法学院的学生来自各行各业，教育背景各有不同，所以，在课堂讨论或分组讨论时，个人的观点融合了各自的教育和工作经历。对其他人来说，这是最好的学习机会。尽管先前的经历不尽相同，但这些学生都有着许多共同的优点：他们锐意进取，头脑灵活，且都已在各自的行业内有所建树。

大家不仅是法学院里的同学和竞争对手，而且可以结为终生益友，甚至有可能在同一公司共事。通过学习所结成的关系网，使你将来有机会获得更多的客户和合作伙伴以及更及时的就业信息。

社 交 生 活

有人会怀疑法学院的学生是否还有时间参与社交活动。即使有，恐怕也是牺牲宝贵的睡眠时间换来的，此话不假。在如此繁重的学习负担下，只有精力充沛的人方能在完成学业的同时，组织好家庭生活以及与别人的交往（至少整个学业的前半程如此）。经过法学院磨练的人，一般都练就了工作与社交两不误的本事。

各校学生的课外生活不尽相同。但总的来说，学生更多参与的是学生社团/组织。许多社团对学生将来的就业会有所帮助。例如，环境法学协会为该专业的学生提供了交流经验和交换看法的场所。协会还定期举办各种讲座，邀请相关企业或名人来校，与协会会员进行交流，增加会员们的就业机会。排名靠前的法学院都成立了涉及不同专业领域的学生社团，从环境法到互联网法，可谓应有尽有。

学生社团并不仅仅局限于学术研讨，各校还设有体育或其他类型的社团，并对学生的配偶、甚至子女开放。这类社团举办的活动对学生同样有益，既能锻炼他们的领导才能，又能使他们拥有积极乐观的精神面貌以及仁爱宽广的胸怀。学校里还有各种宣传和活动团体，如自由工会、犯人法律援助组织、以及所得税征收的志愿者组织等。

当然，课外活动也不是完全围绕社团来开展的，学生们还经常自己举办晚会。他们能找出各种理由，不是“学习压力太大，需要轻松轻松”，就是“这段时间功课不紧，要抓紧时间娱乐娱乐”，正常的学习会因此略受影响。学生们在玩的方面各有高招，不仅拉拢同校的同学，还邀请到校外的朋友。本来相对封闭的校园，也因此受到外来人群的冲击，产生了不少的问题。

第三章

如何选择你理想中的法学院

内容概要

选择学校的第一步：你希望从法学学位中获得什么

■

学校调研是一项复杂的工作，它既花时间又耗精力

—— *可先查阅我们推荐的指南类图书，然后再深入研究你选定的学校*

■

参考相关的学校排名，但不可过分依赖

■

在完成以下工作之后，你的调研方可告一段落：

—— *拜访了所有你可能选择的学校*

—— *向你所选定的领域内的著名公司进行咨询，了解有关这些学校的情况*

■

选择适当数量的、不同知名度的学校，并提交申请

学校的选择应该建立在以下两个步骤的基础之上：（1）充分分析了自己的情况与需求，确定最适合你的课程；（2）进入品质一流的、信誉最佳的法学院学习。

有必要对上述进行权衡，这非常重要。而你希望获得法学博士学位的理由，也会有助于你准确找出适合自己的学校。如果你仔细分析了自己的需求，就更有可能帮助你找到最适合自己的法学专业。如果仅凭各个学校印刷精美的宣传画册或是那些以偏概全的学校排名，而草率地对不同的课程项目做粗略的分析，那你很可能会被误导，而做出错误的选择。

了解自己 —— 你希望从法学学位中获得什么

如果你决定了要读法学院，这将成为你人生旅途中的一个里程碑，其重要性几乎没有其他任何决策可比。所以，一定要慎重考虑。从一开始，你就应该明确，你究竟想从法学博士这一学位中获得什么。在第1章，我们讨论了所有申请者申请法学学位的各种共同的理由。那么，你的呢？你想成为ACLU（American Civil Liberties Union，美国公民自由协会）一流的诉讼律师吗？你想成为对证券法和纽约股市交易所的游戏规则了如指掌的人吗？（这样，你就可以在那些采用了美式股票交易方式的国家大展身手了。）你想成为某家大型律师事务所的商业诉讼律师吗？你想在某一名牌法学院里教授宪法课程吗？等等。

你攻读法学博士学位的理由会丰富你择校机会。你的自身能力——法学院所考虑的你的优势和劣势——有助于你缩小选择的范围。如果你在全美范围内的排名在前5，000—10，000位，你完全可以把你的目标锁定在排名前10位或前20位的法学院。

调查各所学校

择校过程很可能是一个不断反复的过程。你的目标越明确，就越能挑选出适合你的专业课程。同时，在调查各所学校的过程中，对学校可提供的各类专业的了解，也会促使你随时改变自己的初衷，从而不断调整自己选择法学院的标准和要求。

▶ 第一步：了解有关法学博士学位课程的一些基本情况

当你把调查范围锁定在一小部分学校之后，你就应该了解不同学校所设置的法学博士学位课程的基本情况。

1. 参阅本章中所列出的几条选择法学院的标准，其中某些内容可能对你有所帮助。
2. 阅读几本介绍如何选择学校的刊物。本章最后列出了一些比较好的指南类的图书目录，同时也附有它的内容简介。这些刊物提供了大量的、有关不同学校的客观信息（如，学生人数和课程类型），而不是一些主观的看法（如，某所学校的优势科目等）。
3. 你也应该阅读一些如U. S. News & World Report之类的刊物，通过它们所提供的学校排名，可以帮助你对不同学校的声望有一个大致的了解。要想更多地了解这些排名的情况，请参见第4章。

▶ 第二步：调查几所选定的学校

通过第一步的努力，你应该初步列出一张可能适合你的学校名单。现在，你应该对这些学校的具体情况加以认真调查与分析。

1. 对你而言，哪些择校标准是最重要的。在此，应该侧重两条最主要的标准：1）**最适合你的学习环境**——有些人需要通过竞争和压力来激发他们学习的动力。如果是这样，你有一大批学校可以选择。而对另外一些人来说，这样的竞争和压力却是不可想象的，他们更倾向于在一种相互协作的环境中学习。在确定你所属的类型之后，看看有哪些学校符合你的要求。2）**你打算攻读的专业方向**——如果你想专攻民事诉讼法，那么，任何一所法学院都可以满足你的要求。所有的法学院都设置了大量民事诉讼法方面的课程（尽管某些学校的课程的确要比其他一些学校更为出色）。不过，如果你想专攻国际税法的话，情况就完全不同了。因为，并不是所有的学校都开设了大量有关国际税法方面的课程。有些学校甚至只开设了其中的某一门，或者，某些学校根本就不提供相关课程供学生选择。此外，你还要考虑**一些需要特别加以重视的择校标准**——包括：地理位置、学校规模、教学质量、教学宗旨以及完成学业的成本。

2．从学校获取所需信息。请学校给你邮寄他们的宣传手册。上面会介绍该校的办学理念、对学生的要求及其优势科目（不过，不要全信你所看到的东西）。你还可以索要一些报纸或杂志上刊载的、最新的、介绍该校的文章。仔细研究学校所提供的全部资料，包括光盘（CD/ROM)。此外，你还可以访问学校的网站，以获得更多的信息。在学校的宣传手册或网站上，除了介绍学校师资力量方面的详细资料外，还会列出目前设置的各类专业课程。

3．抓住你可能与校方代表进行接触的时机。每年，在美国和世界其他一些城市，都会举办大型的法学院论坛。在这些集会上，各个学校都会设置展台，向人们介绍学校的情况。同时，你还可以遇到许多校方的代表。不过，这样的集会有时过于拥挤、吵闹，使你无法长时间地与代表们交流。有些法学院还会派代表周游全国，他们往往要去那些名牌大学，开展各种各样的宣传活动，以介绍并推销自己。这些活动通常不像法学院论坛那样喧闹，因此，你可以有机会与代表们进行长时间的交流。

▶ 第三步：把精力集中在你最感兴趣的学校

在完成了以上两个步骤的工作之后，你应该对最适合你的学校有了比较清楚的了解。现在，是该你仔细研究这些学校的时候了。

1．同各个学校的毕业生交谈，以更多地了解该校的情况。学校通常很乐于提供一份离你很近的毕业生名单，他们都是自愿参与其母校的宣传工作的，特别是一些刚刚毕业的学生。通过他们，可以更好地了解学校的情况，包括学校的氛围、教学优势和劣势、就业情况最好的（最差的）学科以及最符合该校要求的学生类型。

2．与学校的竞争对手交谈，了解该校可能存在的不足（要有所保留地听取这些意见）。

3．调查工作的另一重要组成部分就是参观学校。这样，你可能会发现大量通过其他方式所无法了解的情况。与招生委员会联系，要求他们为你安排参观日程。他们会设法让你参与班级听课，接触在校学生。你应该认真对待这种机会。

4. 如果你对自己打算就业的工作领域已经非常明确，那么，最关键的一步就是，同那些与你的目标领域相关的、知名的用人单位取得联系。记住，一定要把你最想进入的公司包括在内：向公司人力资源部的工作人员（负责招聘的人）进行咨询——他们最愿意雇佣哪些学校的毕业生，并请他们解释其理由；他们对各个学校的印象，包括学校的优势与劣势；他们从各所学校招聘的学生类型（这多少与学校有关）；他们通常从某所学校招聘的人数；询问他们最乐于接受哪些学校学生的简历（有时，可能会因为存在固有的合作关系，他们只在某些学校举行招聘会，而不会去其他学校招聘。但其实，他们也很愿意接纳那些学校的毕业生。同样地，对于那些他们认为有实力培养优秀人才的学校，他们也乐于接纳该校的尖子生。但由于招聘人数不多，所以，用人单位一般不愿进行公开招聘）。

   这一步，对找到适合你的学校具有关键性的作用，但也是最容易被忽略的一步。因为，这需要你进行一些具体而繁琐的工作。顺便提一句，与公司人力资源部人士的接触，可以被视为一种提前的自我推销，所以，虚心听取他们的意见，并与他们保持联系。

   由于你可能会占用他们宝贵的时间，所以，不要在一开始进行调查时，就接触这些人力资源部的工作人员。要知道，在你对学校还一无所知的情况下，与他们的联系，无疑会带来一些不必要的麻烦。因此，要等到你对法学博士课程有了一些比较成熟的认识和了解后，再去寻求他们的帮助。这样，才可能有效地利用他们提供的信息。

5. 不要受网上聊天室中其他一些申请者的观点或看法的影响。其中充斥着大量无知与错误的观点，而缺少真实客观的评价。

如果你不能进入理想的学校，该怎么办呢

你向往的公司与你所分析的、适合自己的学校可能会发生一些冲突。也许你无法进入那些有公司常常举行公开招聘会的学校，从而使你被他们雇佣的可能性几乎为零。例如，一家纽约一流的律师事务所（或公益组织）可能只会去 Columbia、NYU、Harvard 和 Penn 大学招聘，且只接受排名前 10 位学校的学生的简历。而不去其他学

校招聘的原因，可能只是因为他们在那里无法招收足够的人才、不能保证他们在招聘过程中的花费物有所值。（对于一所如 Stanford 这样规模较小、地理位置比较偏僻的学校来说，这就是事实。）你有以下几种选择：

- 重新制定你的职业目标。也许，你对自己能力的判断不切实际；也许，你只是为了迎合某人（如父母，家人），因为他们希望你进入一流的公司工作。而你事实上并不一定具备这种能力。因此，一定要深入了解你的动机何在。
- 毕业后，先从事别的工作，过几年后再调换工作。也许，你心仪的用人单位不仅聘用应届毕业生，而且也聘用有几年工作经验的人。如果是这样，你最好先在一家合适的、档次稍低的公司干上几年。其间，如果你工作出色，就很有希望跳槽到你向往已久的那家大公司了。
- 选择一所"规模较小的"学校，降低你的期望值。另外，你也可以选择一所知名度较低的学校，虽然不及那些有你向往的公司直接举行招聘会的学校，但你可争取做到最好。这样，有了一份优秀的简历，你的机会就大多了。不过这样一来，你的风险也很高，你会长时间处于一种焦虑和失望的情绪之中。
- 等上一段时间再申请法学院。如果像本书的结尾部分谈到的那样，你在这几年中干了一份或几份有意义又有趣的工作，并且取得了优异的成绩，那么职业市场会更加欢迎你。

确定申请多少所学校

有些人一心只想上某一所学校，而不愿意考虑去其他学校学习——也可能是由于地理上的限制。比如，一对夫妇选择了彼此邻近的法学院和医学院。这样，他们也就无需为应该申请多少所学校的问题而烦恼了。相反，如果你愿意进入众多学校中的某一所，那么，你就必须考虑究竟应该向多少所学校提交申请了。这取决于下面的几个因素：

- 你决定今年上法学院吗？如果是的，你就应该申请多所学校，以保证至少能被其中的一所录取；

- 你有多大的把握能被目标学校录取？如果你的资历比这些学校录用的学生平均水平高，而且你能充分地展示自己的才华，则你无需申请太多的学校。（不过，不要将自己仅仅局限于各种资格证书的数量上，你同时还要像第 5、7、8 章中所谈到的那样，考虑一下你还能提供哪些材料，特别是你目前为止的工作经历及所取得的成就。）如果你的各种资格证书并不能表明你有多么出众，你就有必要多申请几所学校了。
- 在不影响申请短文的写作质量、参观学校的行程安排以及各种面谈机会的情况下，你可以申请多少所学校呢？顺便强调一下，申请过程一开始，将有一大笔固定费用需要你支出。但是，一些额外的申请工作所花的金钱和时间都会越来越少。那些谨慎从事的申请者，在准备第一所学校的申请过程中，都会收集大量必要的自我介绍材料，并且设计了一套能有效推销自己的策略。所以，他们通常会发现，第一次申请花费的时间和精力与接下来的 5 次或更多申请总共花费的时间和精力几乎是一样多的。

许多认真的申请者都会申请 6 所到 10 所学校，除了少数确实相当有实力的申请人（他们只申请最有声望的学校）外，我建议，大多数人最好能多申请几所不同档次的学校。你可以申请一两所“极有可能被录取”的学校，几所“有可能被录取”的学校以及多所“勉强能够被录取”的学校。“极有可能被录取”的学校是你最有把握被录取的学校，你的实力远远超过了这些学校的录取标准。例如，你的 LSAT 分数比该法学院的平均成绩高出 4 至 5 分；你的 GPA 成绩要比平均分数高出 0．3 分；你曾经就读过的大学和进修过的课程都是要求非常严格的；你本人的经历比同龄人更丰富、更成功。“有可能被录取”的学校就是指你的资历与其他被录取者相差无几的学校。“勉强能够被录取”的学校与“极有可能被录取”的学校截然相反，即你的资历明显低于其他被录取者的水平。

为什么要把学校分成三类，并且各类学校都要申请几所呢？如果你只申请一类学校，就很可能会失去其他的机会。如果你不申请几所“勉强能够被录取”的学校，你就不可能获得进入名牌法学院学习的机会；另一方面，如果你不申请一到两所“极有可能被录取”的学校，你很可能不被任何学校录取。

选择非全日制课程

选择非全日制的法学博士课程与全日制课程自然会有一些不同之处。你的选择范围可能会局限于一些对你当前十分必要的方面。因此，一些选择全日制课程必要的标准，比如租房，就不再是你要考虑的问题了，因为你不大可能会更换住处。有些因素可能也不及选择全日制课程时那样重要。如果你打算完成学业后仍在同一单位工作，就业服务中心也就不那么重要了。而另一些标准则有可能变得更重要。比如说，如果课程的时间安排不符合你的要求，那么，你可以放弃你的选择。

尽管存在一些不同之处，非全日制课程的选择过程与全日制仍有相似之处。其学习氛围应该满足你的要求，对你有价值可言。当你在好几所学校中进行选择时，学校的声誉仍然是最重要的衡量标准（当然，选择非全日制课程，并不要求它要有如同大学全日制课程那样高的声誉）。

避免择校过程中可能的失误

在进行学校调研的过程中，谨记以下几点：

- 尽早开始。大量搜集信息。每进行一步，都要留出一些时间梳理一下所掌握的情况；
- 不要太看重排名。排名不过是学校质量和声誉的一份粗略的说明（参照第4 章，你可以了解更多关于法学院排行榜的局限性问题）。很明显，排名机构没有考虑到适合申请者自己的一些关键性的指标。挑选出一些高质量的学校，以满足自己的需求；
- 提防那些学习环境不适合你的学校，不要因为环境的原因而使自己处于一种失望与恐惧之中。注意在进行自我评估与学校调查的过程中，你的兴趣可能会发生改变，你可以随时改变自己的目标，以更好地了解什么对你真正有益。因此，一旦你的兴趣发生改变，你的择校标准也应随之而变；

- 不要被印刷精美的学校宣传手册所迷惑。一所学校的水平与其出版物的质量没有直接关系；
- 不要被招生委员会工作人员的热情（冷漠或低效）所动。他们并不直接教授你课程，或在毕业后，帮助你找工作；
- 注意就业服务中心的质量。你的事业前途会由于得到了一个高水平的服务部门的帮助而发生奇迹般的改变；
- 记住：淘汰掉那些不能满足你所需课程的学校

——删去学习风气不正的学校

——放弃那些有不利因素的学校，如地理位置、规模等。

——列出一份你自认为有实力被录取的名牌学校名单（的确，你有必要留意各类排名中存在的一致性问题）

- 最后，任何学校都会使你获得丰富的学习经历，并且提供给你非常难得的就业机会。但所有这些机会，都得靠你自己来把握。

做最后决策时应遵循的标准

对于不同的申请者来说，最重要的标准当然会因人而异。一些申请人可能为费用所困扰，而不得不选择一些学费低或提供经济资助的学校。另外一些人则会选择在某一特定地区的学校，还有一些人会选择他们所能进入的、比如在税法方面能够提供最好的课程设置的学校。

不论哪条标准适合于你，你都要确认哪所学校会提供你最理想的课程，能提供最适合你的学习环境（如，是互助性的还是竞争性的，是开放的还是保守的，等等），并且适合你现在的情况和将来的目标。把所有这些因素，以及其他你认为是最重要的标准加以权衡考虑之后，剩下就是学校的声誉问题了。如果你的职业目标是从事有关跨国公司的法律事务，又同时被NYU和Miami大学录取，那么，选择Miami大学则不大合适。虽然Miami也是一所不错的学校，开设了大量有关国际事务的课程，但它的确不如NYU，且未能进入全国排名的前6名或前12名。虽然声誉并不代表一切，但是，如果这些学校都可以提供你所需要的课程，并且实力相当，那么，声誉就成了关键性的因素。

推荐读物

▶ **美国律师协会，**ABA Official Guide to Approved Law School

该书提供了一些基本的数据，具有很强的时效性，介绍了有关就业（地理位置及职业类型）、经济资助、图书馆信息资源、学生社团及师资、课程设置的情况。有关课程的介绍十分详细：其中包括，第一学年的课程设置规模、为二、三年级学生开设的科目、各种研讨会以及参加研讨会的人数（包括事先安排好的席位）、模拟课程中可参加的人数（还有已经安排好的席位数目）、由各系监督设置的实践课程可参加的人数（以及已经安排好的人数）、实习和法律刊物编辑所需要的人数。

▶ **法学院招生委员会：**The Official Guide to U. S. Law Schools

该书介绍了各所学校的特色项目，如，双学位。列出了学校创办的各种学术性杂志，提供了各类数据、费用、图书馆及体育设施、学生社团、报考人数（以及录取的学生人数）、就业情况还标明了申请的最后期限及费用。

招生委员会谈择校

▶ 明确你自身的需求

了解你自己，再据此进行选择。第一步，对你来说，什么是最重要的。很少有报考者会想：什么对我来说最重要？地理位置、规模大小、教学重点或是与社团成员的交情等？很明显，最好的办法就是对学校进行一次实地考察——而不是那种校方组织的校园参观。你可以拜访某位教授，在学校的快餐厅里闲坐，与四五个学生交谈，问问他们是否喜欢该校。他们将会坦诚地向你讲述他们的经验，告诉你有关学校的质量与本色。然后，再花些时间逛逛校园。你应该多参观几所完全不同的学校，并且明确一点，你到底期望得到什么。

Dennis Shields, Duke

对于某些申请者来说，学术环境是最重要的。另外一些人则偏重于学生社团、学校出版物以及校内活动。

Joyce Curll, Harvard

在申请过程中，一定要参观校园，这是非常重要的一步。当然，最好是私人访问。或者，至少在网上查询该校的概况，看看各学校的简介，想一想你如何才能在那里更好地学习和工作。明确一点，你究竟是从一大堆不同的学校中做出最适宜自己的选择呢，还是就按照别人的安排行事。

Joyce Curll, Harvard

学校周边的环境很重要。例如，学校是坐落于城市或是乡村——哪种更适合你？如果你喜欢乡村，你可能愿意去瀑布边走走，以减轻压力；如果你选择城市，则说明你更愿意享受丰富的夜生活。

Joyce Curll, Harvard

先进行一次自我评估。比如，你可以根据自己理想中的地理位置，先删去一大批不能满足你要求的学校。名牌法学院在地理位置、规模大小、校园文化、教学任务或办学理念方面多少都有些不同。其中一些关键问题包括：你在哪儿感觉更好？学校里都是些怎样的人？该校位于什么地方？图书馆的藏书有多少？参观校园是掌握这些情况的最佳方式。你可以在某个教室里坐下来，听听课。此外，你还可以去参加那些开放性的集会、信息发布会或者新生入学日的聚会。你至少应该访问相关的网站、浏览该校的光盘以及诸如此类的宣传资料。不经过实地考察，便随意地将3年时间和一大笔金钱投入其中，我个人认为，这样草率的决定实在无法想象。

Kenneth Kleinrock, NYU

▶ 招生委员会主任谈他们自己的学校

被录取的学生通常最终会选择那些最能让他们感到“舒适自在”的学校。而选择Columbia的学生，由于各自的背景、观点、经历以及个人志向不同，可能会稍感不适。但同时，当他们参与到一个由许多完全不同于自己的人所组成的团体中去的时候，他们又觉得，这是一个让他们感到最舒适的学习环境。Columbia有大量不同肤色的学生，并拥有世界上最多的攻读双学位的国际学生（在申请法学硕士的学生中，80%都是外国律师）。我们吸引了大量有着不同职业和专业背景的学生，招收那些真正想从事国际法律事务的学生。Columbia真的具有非常多样化的特征。

Jim Milligan, Columbia

我们的学生比同类学校的学生更为成熟、更富有经验。我们试图招收有着各种不同经历的人。这对每个人，包括老师在内，都很有好处。

Jim Milligan, Columbia

George Washington是一所规模较大的城镇学校。我们的优势在于，针对不同学科，都设置了大量的课程。要说不足之处，就是你得小心不要迷失方向，因为在这儿，没有人会牵着你的手，告诉你该怎么走，你必须靠自己去把握你的未来。

Robert Stanek, George Washington

如果班级再小一点的话，我就很难让这一群体表现得如此兴趣广泛和多样化了。

Joyce Curll, Harvard

我们是一所规模较大的法学院，开设有大量的课程，并定期举办研讨会和课外活动。当然，如果你不善于把握机会，本校可能就不适合你了。

Kenneth Kleinrock, NYU

我们的学生要比名牌法学院的学生生活轻松许多，校园中随处可见老师与学生交谈的身影。校刊的编辑也不一定就是那些根据第一学年末的成绩而排名在前10%的学生。此外，我们还定期举行即兴写作比赛。总地说来，我们排除了许多令人感到竞争压力的因素。只要看看图书馆里摆放着的一张张棋盘，你就可以感受到这儿轻松、自如的学习氛围。

Michael Rappoport, UCLA

不是所有人都能适应我们这所规模较小、坐落于城镇的常春藤联盟学校，有些人可能会不喜欢这里。

Janice Austin, Pennsylvania

本校的一大优势在于，学生可以参加Wharton、the Center for Bio - Ethics等四项课程。并且都集中在法学院附近的三个街区内。

Janice Austin, Pennsylvania

显然，我校不适合那些还需要别人指导的人。

Jean Webb, Yale

▶ 学校调查

现在，在申请者中，存在有一种误解，认为可以通过多种途径获得大量有关学校的资料，但事实并非如此。不同的学校提供的法律学习咨询服务虽然有所不同，但出于财政预算的考虑，多数法学院都已缩减了这方面的开支。而大三、大四的学生如果没有了这方面的资源，他们会互相交流，从而导致大家共同的误解。他们也可能去网上的聊天室，那里通常会有一大群焦虑的申请者，他们会互换一些失实的、不完全的信息。

Jim Milligan, Columbia

在实力相当的学校间进行选择时，你不应该偏信 U. S. New & World Report 上的信息，或者只根据该校的知名度或家人告诉你的有关情况作出判断。

Michael Rappoport, UCLA

尽量主动一些，通过因特网，查询学校站点，并与一些该校的毕业生进行交谈，经常拜访学校。我无法想象，那种对学校的文化氛围，不经过长时间的实地考察，就轻易做出选择的做法。

Anne Brandt, Vanderbilt

目前，许多参考书都缺乏时效性。这真让人感到遗憾。

William Hoye, USC

你应该参观访问各所学校，与学生们交谈。学生们通常会非常坦率地谈论到他们对学校的看法。网上的聊天室取代不了这些实地考察，因为多数人的观点都带有过于主观的感情色彩，他们所说的不一定就符合学校的实际情况。

Elizabeth Rosselot, Boston

不论是在申请前或之后（或者已被录取），你都应该亲自参观该校。不应该只与学校的管理人员或教师交谈，应该找到校园内的学生，他们一般都十分乐于谈论自己学校的优点与缺点。这是获取学校真实情况的惟一方式。

Michael Rappoport, UCLA

Don Rebstock, Northwestern

▶ 学校间的差异

你应该拜访每一所申请过的学校，或者至少是那些已经录取你的学校。各名牌法学院在学校特色的宣传上大体一致，如毕业生收入、就业情况及雄厚的师资力量等。这种情况下，那些非量化的因素就显得尤为重要了，其中包括：该校是处于城市还是乡村，规模大小，竞争是否激烈等。不同的学校，学习氛围也不一样。因此，有必要好好想一想，在未来三年中，你将如何发展，你打算成长为一个什么样的人。同样地，所申请学校的发展方向也很重要：学校计划进行哪些改革？最近进行了哪些改革？学校对改革持何种态度？

处于城镇的学校感觉不像大学，因为没有什么重要的学校活动可以参加。对于那些刚刚毕业却还想沉湎于校园环境中的学生来说，这的确是个问题。

Michael Rappoport，UCLA

某些学校已经开始在一个或多个专业领域内建立自己的特色科目。但有时也只是说得多，做得少。

William Hoye，USC

一些法学院只是大学生活的延续：这类学校通常有一种小镇的氛围，多数学生都是大学毕业后直接申请就读法学院。但另一方面，有些申请者却期望体验一些与大学时代向往或喜欢的、完全不同的东西。

Jim Milligan，Columbia

申请者们应该选择一所能够使自己受到最好的法学教育的学校，而不要将自己的选择范围仅仅局限于学校所宣传的、最具优势的专业课程上。要知道，读法学院期间，你的兴趣可能会发生重大的改变。

Kenneth Kleinrock，NYU

附录 1
对学校进行评估的标准

尽管下述标准并非都同等重要，但我们还是把它们罗列出来，以促使你思考一个问题：就某一专业而言，你对它最感兴趣的方面是什么？而这其中，最重要的标准取决于你个人的需求。但一般来说，这些标准应该包括：课程设置、学校的知名度、地理位置、学术和政治氛围、学校规模、师资配备以及教学水平等。尽管有些学校在教学质量和知名度方面相差不大，但他们在毕业生的成功安置问题上却大相径庭。因此，有两项标准还没有引起申请者的足够重视，那就是学校的学习气氛和提供的就业服务质量。

▶ 概述

知名度。该校是否为国内最好的学校之一？在你的目标工作城市，该校是否众所周知，且享有较高的声望？你所选择的专业是否备受瞩目？该专业的教授们是否也备受尊敬？正如第 4 章中所述，不应将各种学校排名视为绝对的权威。多打听一些你渴望被雇佣的用人单位的信息，同样，也应多听听人事经理们的意见。

规模。规模较小的学校通常能产生一种友好、像家一样温馨的氛围。此外，教授与学生之间的交流也相对频繁一些。但另一方面，规模较大的学校可提供各种选修课、课余活动及出版物的编辑工作。

地理位置。你想在这个国家的哪个城市或地区度过三年的时间？New York 城令人兴奋，但消费过高，没人觉得它有多大的吸引力；Charlottesville（夏络特斯维尔，位于美国弗吉尼亚州）很迷人，消费水平也不高，但生活过于平淡。你不要忽视这样的一个事实：你大约要在法学院度过三年的时光，所以，要尽量选择一个你喜欢的地方。

学校的地理位置决定其所处的社会环境。大城市中的学校不鼓励同学间的裙带关系，而小城镇的学校则不同。主要原因在于后者缺少其他的娱乐项目，而别无选择。

你打算去哪儿就业？当然是要选一所“国家级”的学校，之所以称之为国家级，是因为它在全国范围内家喻户晓，且毕业生可以分配到全国各地。假如你已经选定了自己的理想学校，那也不必为了这方面的原因而放弃最初的选择。但是，学校应与当地的企业建立良好的合作关系，为其毕业生的就业打下基础。（不管学校是好是坏，在当地安排学生的就业肯定要比在其他地区容易得多。）除此之外，你还有更多的机会去了解当地的法律事务。本地区的企业家也会不断地被邀请到课堂上、座谈会上、自助午餐会上演讲，讲述他们对就业的各种观点。通过在当地的企业里打暑期工或做兼职，你和你的同学可以掌握更多有关这些企业的状况，以决定今后是否继续留在此地。不管怎样，这可能是就读当地学校的优势，近水楼台先得月嘛！此外，在当地所营建的关系网对于那些想在本地就业的学生来说，更是一笔宝贵的资源。（家庭法律专家需要了解其司法范围内的法官和其他同僚，也需要被法官和其他同僚所了解。然而，跨国公司的律师们就大可不必这样做了。）

至于应该在哪里参加律师资格证书的考试，你完全不必担心。不必为了参加伊利诺斯州的律师资格考试，而一定要选择该州的法学院。一流的法学院并不讲授有关其本州的法律条文。有鉴于此，你在进入 Columbia 或 NYU 学习之后，再去准备（或不准备）伊利诺斯州的律师资格考试，其效果是一样的。因此，你完全不必一定要读 Chicago 或 Northwestern 的法学院。

学校所处的地理位置对你配偶（或其他与你有着至亲关系的人）的择业也有较大的影响。一个公司的战略顾问很容易在大城市里找到比较合适的雇主，而在小城镇里就不那么容易了。同样，你配偶的教育地点最好应该选择一个有很多重点大学的城市，而不是只有一所大学的小城镇。出于同样原因，与小城镇相比，你的孩子在大城市里可能会在交际和教育问题上面临更大的挑战，反之亦然。

有关这个问题，还有另一个需要考虑的因素：离家近一点，这样，你就可以经常回家看看。这一点对你有多重要呢?

周边环境的安全性。与地理位置相关的话题就是安全问题。要确定学校周边的环境是安全的，或者说，感觉上是安全的。在评估安全性这一问题时，一定要对学校及其周边的环境（学生们生活的社区）进行实地考察。不能以为中午看着是安全的，想当然，夜里也是安全的。当然，在同学校的官员讨论这个问题时，不要完全听信他们的意见。要同身体状况与你相似的学生讨论这个问题。（与一位体重为250磅的世界级空手道冠军或一位瘦小脆弱的关节炎患者相比，你对安全性的要求肯定会与他们不尽相同。）

配套设施。确定图书馆和计算机设备是否一流。特别要注意，假如你需要加班，这些配套设施使用起来方便吗?

住宿条件。特别在第一学年，住宿可能会是一个关键性的问题。参观法学院的宿舍和公寓（已婚学生通常住的地方）。考察一下校园外可提供的学生公寓的条件和价格。注意，交通是否方便（安全性如何）。

学校的任务。是培养法律全才，还是培养法律专家，各学校是不同的。有些人需要靠对法律条文的实际应用来谋生，而另一些人则会将法律培训作为转向另一专业的跳板；有些人将从事公司法方面的实际操作工作，而另一些人则打算在公益部门服务。择业的不同，可能对你在专业和学校的选择上产生重大影响。

▶ 课程设置

学期长度。过长的学期期限无疑会增加无休止的考试和论文的压力，而较短的学期可能使你有机会获得较广的知识面。

课程的长度和时间安排。有些学校会开设暑期班，为学生提供大量的课程选择。如果这样，你就有机会在两年内修满全部所需的学分。Michigan 的暑期课程从五月下旬开始，在圣诞节前结束（而不是通常的春季末)。Northwestern 给那些因家庭债务负担过重而无法在三年内完成学业的人提供了一个延期至四年的选择机会。

其他院系的课程。研究不同法律领域的学生可以从相关领域的课程中获益。比如，研究反垄断法的人可能想学习一些经济学的课程；研究税法的人可能会希望学习会计课程、家庭法、心理学及金融学，等等。有些情况下，学生可能会要求修一个双学位。但通常，这只需要额外补修几门课程即可，而不必另外再增加一年的学时。问题是，大多数法学院只允许学生在该大学内部的其他院系选修两门、有时可能是三门课程。(Penn 例外，允许选修四门课程。）但是，有些学校在他们自己的同一专业下开设了许多相关的课程。通过这样的方式，某些学校开设了会计学、经济学、金融学、统计学等方面的课程，为双学位的学生提供了多样性的选择。这已成为法学院常设课程中的一部分，因此，避免了学生到校外去寻找选修某些课程的麻烦。如果你想上这类的课程，就要看看法学院本身能提供多少门课，确定他们是否为学法律的学生而开设的，以及法学院允许选修课程的数量。

双学位。一流法学院可以提供的双学位课程的数量以及选择的范围是相当可观的。如果你想修一个法学和林业学的双学位，那么，Yale 是不错的选择；而如果你想获得法学和情报学的双学位，则

Michigan 是你的理想之选；法学与生物伦理学或城市规划学，则可与 Penn 联系。最受欢迎的选择要数 JD & MBA，几乎有一半选修双学位的学生都选择了法学博士 & 工商管理硕士这一完美组合。获得这一双学位通常需要四年时间，这比分别完成这两个学位节省了一年时间。（Northwestern 的 JD – MBA 项目则是个特例，它只要求三年时间即可完成全部所需课程。）同样，法学硕士和法学博士的双学位也比分别申请要节省一年时间。

双学位中的另一辅修学位的声誉对你今后的发展极为重要。譬如，你打算毕业后在某个经管学院教授法律和经济学，在你找工作的过程中，你所获得的经济学学位的质量可能比你获得的法学学位的质量更为重要。对一个获得了 JD & MBA 双学位的人而言，如果你打算从商，而不是做有关法律方面的工作，那么，你的 MBA 部分所占的分量则较重。注意，虽然许多一流法学院的排名大约与他们相关联的 MBA 教程排在同一水平，但也有一些很明显的例外。Yale 的 MBA 的排名明显低于其强有力的法学课程（NYU 也如此），然而，在 Northwestern 和 Penn 这两所学校，其 MBA 的排名却明显要更靠前。

不要仓促选择双学位

一些雇主喜欢那些拥有双学位的人。所以，法学院喜欢雇佣一些有 JD & PH．D 双学位的教授，许多华尔街的公司也喜爱 JD & MBA 文凭的拥有者。但在某些情况下，双学位的价值并不能够得到充分体现。例如，假如你主管一家公司的法律事务，可能只有等到需要你对复杂的事务指导客户（而不是研究如何使唤主管客户关系的合伙人的问题），或管理某些方面的业务时，你的 MBA 的价值才能体现出来。因此，在选择双学位之前，你必须认真考虑，是否通过上一些相应院系（或法学院内）的课程，就能够满足你的需求。与最有见地的观察家们认为的必要时间相比，法学院的三年时间的确是长了些，因此，大多数法学院学生到第二年末就结束了全部的功课。这样看来，第三年的学习也就没有太大的意义了。运气好的话，从相关的院系即可修到所需的课程。确实，在取得硕士学位的基础上，额外再花上一年的时间只对极少数人有益，而他们也都是事先经过深思熟虑的。

相反，你可能也不需要得到一个法学学位。例如，你打算自己创业（与法律无关的业务），认为应该自己取得一个法学学位，以避免找律师来帮你创立公司或与雇主谈判等，这样的想法是愚蠢的。即便法学院是免费的，额外两年在法学院的开支会高得让你无法承担。事实上，如果你拿到了一个法学学位，而在你的实际日常工作中却用不上你所学的专业，那么，你的知识与技能非但不能提高，反而还会退化。结果呢，即使你的口袋里揣着法学文凭，你也会发现，你会像没有法学文凭时一样频繁地去找你周围的律师。一个好的解决办法是：在合适的商学院中选修一两门法律课程；然后，在合适的时候，考虑到法学院选修另一两门课程。

招生办主任谈双学位问题

JD－MM（Northwestern 的特殊术语，其他地方称之为 MBA）对那些后来在职业生涯中成为公司合伙人或者自己创业的人是有好处的。JD/ Ph．D．（社会科学）主要是培养未来的法学院教授。

Don Rebstock，Northwestern

我们这一次有 15－16 名 JD－MBA 入学。也就是说，大约一个班里有四名。他们先申请进入某所学校，然后在第一年的学习过程中，再申请其他学校。

Michael Rappoport，UCLA

想读双学位的人一般可以同时申请两个专业（虽然有可能在一所学校的第一学年期间去申请另一所学校）。例如，那些申请 JD－MM 的人，只用 Kellogg（商学院）的申请表来申请，这份申请需要写更多的论文，这样可以更充分地表现自己。Kellogg 受理入学申请，我们对最后的决定参与意见。如果我们之间有一方不想录取，另一方可以接收，通常都是要么都录取，要么都不录取。

Don Rebstock，Northwestern

JD－MSFS 是我们最受欢迎的双学位。尽管进入了 MSFS 可能对进入法学院有一点帮助，但二者的录取与否是分别决定的。

Andy Cornblatt, Georgetown

这里有大批人选择JD-MBA双学位，有一小部分人会选JD-MD，还有一部人选其他专业的双学位。如某个人申请了双学位，但似乎他/她只是不能在二者之间进行选择，并且对于将这两个领域相结合的主要工作认识还很模糊，这样是不行的。你必须让人信服，你能很好地利用这两个专业，且认为这两个专业都是必不可缺的。

Jean Webb, Yale

国际化。近几年，法律已成为一个引人注目的、更加全球化的职业。欧洲与美国的法律事务所正在合并；其他公司也正穿越大陆，亲密地合作。Big Five会计师事务所正在美国以外的地区发展大量的法律业务（并且正在努力改变有关规定，允许他们在美国开展业务）。这些发展反映了那些国际贸易和国际事务不断增长的个人的需求。在许多领域，有国际化的趋势，而这些在20年前是根本无法想象的。但大部分一流的学校只是适应了这新环境中的某一部分。因此，如果你的领域已经（或将要）有这样一个国际规模，那么，你就有必要认真研究学校的课程设置。不要只是看一下该校有没有提供国际法的课程，要考察一下该校提供的课程对你所要从事的领域的国际化方面是否有特殊的帮助。当然，也要考察常规课程（也就是那些没有标明“国际”字样的课程）是否包含了国际法的成分。

根据你的兴趣，你可以到国外进行交流（见下），或申请取得一个美国学位和一个外国学位。例如，Cornell和Columbia都提供在美国学习两年，然后在法国或德国学习两年的机会，以获得一个JD及Droit（法国）学位或M. LL. prax（德国）学位。

交流项目。那些有兴趣在国际事务上发展的人，可从另一类一流学校中获益，这类学校提供给你学习另一种语言，及更深入地从事一个特殊项目的机会。要考虑学校所提供的交流机会的数量和质量，但也一定要满足你的特殊兴趣。比如，如果你打算从事国际税法，专攻法国税务问题，那么，你的学校就一定要有与法国一流法学院的交流项目。同时，也要确定你将有机会上适当的税法课程。像Columbia这样的学校，已经同国外的八个专业建立了联系。UCLA则大不相同，除了暑假外，上学期间不允许到国外学习。

▶ 课程设置

第一年的课程。几乎所有学校都要求你学习民事诉讼程序、宪法、合同法、刑法、所有权法及民事侵权行为法。这些课一般都安排在第一学年。另外，有些学校要求把宪法安排在第二学年，这个区别意义不大。但是，有几所学校正在进行试验，主要是为学习法律提供意义更深远的课程安排表。学生们通常在开始上法学院时有些困惑，把对法律学习的初步印象当成了对法学院学习的既定看法，法律在美国人生活中的作用，及大体上的律师事务将从后来他们上的政治学课程或从他们自己身上所发生的事情上学到。学校只是让他们通过自己的努力来解决自己的问题。著名的 Georgetown 在他第一年课程中有一个特殊的部分，进行一个选择性的步骤，测试与法律相关的经济学、历史和哲学的基础理论。（他的“B 课程”对学生来讲是选修课，不是必修课。）Columbia 用三周的时间，对法律学习进行综述性的介绍。William & Mary 把新生安排到律师事务所，分配给他们不同的任务，让他们自己去解决法律问题。

选修课程。你要确定学校在你选择的专业上是否提供了大量的选修课。同时，你也要注意所提供的课程是否反映了该专业近期的发展动态。要确定在大纲和网站上公布的课程是否每年都有。有些学校列出了近几年所有已经开设的或者准备开设的课程，而不是实际开设的课程。你也要落实一下，这些课程是否由多位教授共同完成，以避免因为某位教授的休假而影响到你在第三年的时间安排。

注意，有些学校有明确的专业（及相应的声誉）。例如，Tulane 的海事法课程，NYU 的税法、Berkeley 的法律和技术、Chicago 的法律和经济及 Harvard 的许多的科目都相当出名。

实习课。实习课给你提供机会增长实际的律师经验，并了解怎样为真实的委托人工作。校内实习是针对那些到法学院来寻求帮助的人的，由教师在场指导学生工作。校外实习在法学院外进行，学校的教师可能在，也可能不在那里直接指导学生工作。代替教师的，是在学校主持日常工作的律师，他们会负起管理的责任。模拟法庭属于模拟实习。法庭通常要录像，接着由一位教师听取汇报。实习课在某些方面非常有帮助，如诉讼及家庭法律问题。在其他方面，实习课很有用，但不是至关重要的。可以查阅 ABA Official Guide to Approved Law School，得到职位的号码，然后填上每一类的实习课。查看学校的网站也可得到学校所提供给每一个课题的课程清单。

软技能及法律事务所的管理课程。许多成功人士所具有的技能是无法从传统的法律课程中学到的。谈判、讲演及其他“软”技能通常是成功所必需的，但有些学校却极少有提供机会去帮助你培养这方面的技能。这是一个遗憾。考察一下你所选择的学校，在对你所选专业很重要的方面，看看该校能提供什么。例如，如果你打算你自己或同其他一两个人开展家庭的法律业务，你可能希望通过为当地的组织讲演来宣传你自己。演说及表达能力将对你的成功与否起着重要的作用。因而，也将是你如何开展一项业务的学科。有些学校提供的有关法律事务所管理的课程可能对你来说没有价值。（如果这些课程没有提供，那么应该提供。令人吃惊的是，尽管法律的生意变得非常重要，只有少数学校为他们的学生准备了商业这一侧面的实践。作为一个粗略的、有准备的替代品，看看商学院所提供的课程。但是要知道，他们的重点不针对法律事务所的）

校内实习。义务工作的范围包括为某位法官工作，或为某个全国性的公益组织工作。这些安排经常提供了你在课堂上或你以前的工作中无法得到的机会。工作安排得好，你就有机会边做边学。你可以在你的专业、你的公司或机构里进行广泛的接触。这样的安排对那些不打算走标准的合伙人律师事务所之路的人尤其重要。例如，那些向往公益法律事务的人，将发现适当的校内实习将有助于证明他们对公益工作的热情（这对在该部门中获得有偿的工作机会是非常重要的）。

校外实习。学校提供有算学分的实际的工作岗位。你可被安排在私人企业、非赢利组织、政府机构或司法部门等。例如，UCLA 提供的校外实习范围从 Earthjustice Legal Defense Fund 到 Directors Guild of America。

技术。不论是在正式的、专门的课程或不计学分的实践岗位上，学校都应该给你提供大量的机会，使你成为使用新技术的行家。

▶ 教学法问题

教学方法。教师可采用讲课、案例法、模拟或实习来传授知识。有些课程适宜于一种方法，而不适宜于其他方法。不幸的是，所有的一流法学院都过度热衷于案例教学法，尤其是第一年的核心课程更是如此。讲课与案例分析相结合会是这类课程的较好的教学方法，但是传统的案例教学法对大部分学校来说仍然占主导地位，以至于无法企图改变什么。高年级课程的教学更是如此。案例、授课及实习的结合仍被大多数学校排除；但是至少什么样课程怎样教效果更好，这个问题经过了积极的思考。

教学质量。针对某个具体的课题，除了选择最理想的教学方法这个问题之外，各个学校的教学质量也很不平均，很难评估（尤其是距离较远的学校）。学校与学校之间、教授与教授之间的差距非常大，且几乎没有学生能同时在多个法学院内上课，所以也不大可能对相关学校的教学方法的优劣做出判断。结果，衡量一所学校的教学水平的最好方法，就是考察它促进好的教学法的手段。Kellogg（Northwestern University 的商学院）非常注重好的教学方法，有一系列适当的程序推广好的教学方法："教授们在课堂上以高标准严格要求自己。每一位新教师要确定一个教学方向，并为其指派一位导师，邀请其参加该校的教学经验交流会。新教师在第一个学期不能任课，以便他们能够观摩老同事的课，也熟悉 Kellogg 的环境。每门课都由学生进行评价，且结果要公之于众。任期和提升与否也要考虑其教学质量。"比较一下各个法学院在这方面的执行情况——只能令人失望。

课业负担。所有一流法学院的课业负担都很饱和，但在作业最少和最多的学校之间的差距还是很大的。究其原因，是由于学校的竞争激烈程度（如下述）所致，而不是教授实际要求的工作量所决定的。至于具体情况，主要还是靠你自己掌握；你不必因为你周围的大多数人每周学习 100 多个小时，所以，你也这样做。事实上，正如第 16 章所述，你可以不必像大多数学生那样，以为投入大量的时间就可以学好各门功课（掌握知识并获得好的成绩）。

当然，学习气氛越轻松，你为了保持在班中的某一名次或成为校刊编辑的可能性所面对的压力就越小。顺便说一句，在评估课业负担的时候，要倍加小心。这是因为，问招生官员这方面的问题可能会使你给人留下意志不够坚定的印象。注意，在学校的信息发布会上，有些申请者会提出这个问题，显得非常地愚蠢。参观学校的时候，问问那些在校的学生，看看他们中的大多数人在学习上有多么地刻苦（同时也应注意，午夜时分，还有多少人仍然逗留在图书馆或计算机机房里），但因为学生们通常喜欢抱怨学习有多苦，所以，你也不要把他们的话太当真。

班级大小。在第一学年，多数班级规模都相当大，但这无关紧要。一个 80 人的班级与一个 125 人的班级的差别很小。为了提供更多个性化的、差别大的学习经历，在不打乱财政预算的前提下，学校通常在每个学期中把一个班级分成若干小组（每一组由一位教授授课）。每个小组的人数为20—50人不等。这个分组后的人数对你的学习有影响，所以，相比而言，你应选择一所第一学年小组人数较少的学校。

在**第二学年和第三学年**，班级规模一般会非常大——大部分学生会选修公司法、取证及个人所得税等课程。另外，较前沿或冷门的班级人数就会少得多。针对你所研究的领域，参加相关的研讨会是颇为值得的。这不仅能让教授们在课堂上注意到你，还可以寻找到课堂以外的机会，认识你所学专业的教授。（某些专业，如诉讼，争取到小班上课就不如争取到在适当的专业指导下的实习重要。）

教授。最好的教授应该是既致力于课堂教学，也能够在他的办公室里与你单独谈话或为你提供单独辅导；同时，他还应该是一位接手过大量案例的名律师（或法律顾问）。（当然，他也可以是一位卓越的电视评论员。）此外，他还应该致力于研究工作，并著书立说，以提高他本人及所在学校的声望。

尽管万事不可能做到面面俱到——既要求教授们随叫随到，又要在一些重要的案子中担当律师，并且还必须是一个多产的作家——但学校还是实行开放的政策，鼓励教授们至少一周能有固定的时间呆在校园内，以便学生们可以随时找到他们。学生们更喜欢那些教学水平高的教授，而不是那些放弃了教学而致力于专门的研究工作的教授——尽管他们在研究方面的成就也卓然。有些学校印有教授业绩考核表，供学生使用。通过邮件的方式不大可能索要到该表，但你可以在对学校进行访问时，从学校的书店或个别学生那里得到该表的复印件。看看这份评估表，你就可以了解到学生们对该校的教学质量的真实评价。

一所学校在你所选择的专业领域内应该有他的专职教授，而不仅仅是兼职教授或其专职工作实际上是该专业的律师的讲师，这一点非常重要。兼职教授能提供最近的出版物及真实案例，但他们不太可能在一所学校里呆太长的时间（因此，你可能面临着陷入困境的风险），并且，你也不可能在课外讨论中找到他们的身影。

不要因为你敬仰学校的某一两位知名教授而选择该校，这其中的风险太大。要知道，你有可能上不了他们中任何一位所教授的课程——也许因为他们正在休假或彻底离开学校；或者，你入学后改变了原来感兴趣的领域，也就对该领域的教授失去了原有的兴趣。虽然会有例外，但一个学生要想与这样的教授发展实质性的关系是近乎不可能的。

▶ 社会问题

政治。教授们的政治倾向对你会产生重要的影响。你喜欢那些认为法律是用来镇压被压迫者的工具的马克思主义教授吗？你喜欢那些藐视公益工作、认为真正的律师只应效力于公司企业的教授吗？大多数学校都允许教授发表不同的政见，当然，有些教授在这方面做得比较好，他们保留了自己的政见，避免对持有不同政见的学生产生偏见。

学生群体也是如此。虽然如此，有些学校明显地保守或自由（激进?）一些。要了解更多有关学校政治气候方面的信息，看看学校的课程目录（有关法人税收方面的课程是否要多于法律程序上男女平等主义方面的课程？反之亦然），查看教授们的传记（注意他们是否在共和党或民主党的行政管理部门服役过，他们的研究课题是什么，等等），并与在校学生交谈。

即使你自己没有任何政治倾向，学校的政治环境也会影响到你。这决定了学校可以提供的课程，活跃在校园内外的学生组织以及你是否容易交到朋友。它也决定了你是否能找到与你想法一致、可以共同致力于某项事业的教授（或者，如果你希望得到一个法院书记官的职位或去教书，那么，你从他们那里得到一封推荐信是有必要的）。最极端的状况是，一所学校可能因为不同的政见而四分五裂，如 80 年代 Harvard 就经历了左翼与右翼的派系斗争。

学生群体。学生群体的组成将对你的学习、你在学习中快乐与否、甚至你将来获得你所向往的工作的能力都有重要的影响。法学院的经验强有力地证明，你的许多时间，尤其是在头一年半中，将花在同其他学生的法律及（社会）问题讨论上。如果你不能融入到学生群体中去，你会面临着孤独和痛苦。一定要花一些时间同在校学生或近几年的毕业生交流，这样，你将来在这所学校会感觉舒服一些。一定要花一些时间同在校生或那些近期的毕业生交流，以确保你在学校里的日子会是愉快的。

通过了解学校学生群体的组成，你可以确定学校的许多自然特征。你所感兴趣的方面可能包括：同学们上法学院前的工作经历，年龄的悬殊（如，30 岁以上的人数的百分比，或已婚学生所占的比例），女生、外国学生、同性恋学生及少数民族学生所占的百分比，及从大学直接上法学院的学生的百分比。总的来说，学生们的经历越丰富，你可向他们学习的东西就越多。反之，直接从大学考来的学生越多，那么，这所学校就越像是本科大学的一个分校，而不像是一所专业学校。

当然，这就存在两个问题：一是要有许多在某些方面与你类似的学生。另一个则是要看这类人能够获得怎样的待遇。例如，如果你是一个外国学生，你就应该考察一下，是否学校中的外国学生都能融入校园生活，而不是成为与其他人格格不入的一小撮人。

竞争。尽管大部分学生更喜欢一种彼此相处融洽的氛围，而不是处处充满竞争的氛围，但也不是人人如此。有些人在竞争的环境中反而更容易被激发斗志，工作更努力，表现也更好。在对学校进行评估的过程中，要注意，有五种因素可决定学生中竞争的激烈程度。学校中老派的苏格拉底式教学法的教授所占的比例越高，那么该校的竞争程度就较激烈。另一方面，需要由团队共同完成（及给集体成绩）的工作越多，则表面化的竞争气氛较弱。如果学生们的分数及排名在班级及未来的雇主中是公布，那么该校的竞争程度就似乎更激烈。用成绩曲线的方法可激发竞争性，因为一个学生成绩的进步意味着另一个学生的退步，他会为此而痛苦。最后一点，因不及格而退学的学生的数量也是很重要的因素。许多学校，但不意味着所有学校，都试图保留他们招收的所有学生，以减轻学生的恐惧感。

学生与教师之间的关系。学生—教师比在某种情况下会影响到师生之间的关系。在一所师资比例为20:1的学校，结识教授的机会可能要比在一所7:1的学校中更困难一些。但与其他因素相比，师资比对师生关系的影响相对较小。而这其中最重要因素是教授对待学生的态度。在有些学校，学生与教师之间的关系非常密切，这样的传统也由来已久；教师定期地邀请学生喝咖啡、喝酒，与他们共进午餐等等。但在另一些学校，教授们除了定期的办公室工作时间外，几乎不再做什么。而导致这一局面的一个决定性的因素就是学校所处的地理位置。“与世隔绝”的学校就要比位于大城市市中心的学校中的师生关系更为密切。另一个决定因素是法学院的规模。小学校的师生关系就要比大学校的师生关系密切得多。

生活质量。学生的生活方式可能千差万别，当然，这主要取决于所选专业及学生自己。所选专业对于纽约市的学生来说，影响肯定要比对乡村学校的学生生活影响小得多。在像Duke这样位于小城市的学校，大部分学生的社交活动就是在学生之间开展的，其原因之一就是，学生同其他同学能融洽地相处；其原因之二就是，Raleigh-Durham（罗利-达勒姆，位于美国北卡罗莱纳州）这个地方太缺乏能把学生们从法学院里吸引出来的诱惑力。

注意，有些学校对学生配偶及家属要比其他学校给予更多的优惠待遇。有些学校允许配偶按常规坐在教室里听课，而这在其他学校却是耸人听闻。再有，有些学校（但不是所有学校）让家属参与学校的社交活动，并竭尽全力帮助他们在校园里或在周围地区找工作。

要确定，不论是在学校内或学校附近，能有你所喜欢的活动（包括那些由法学院社区或俱乐部组织的活动，讨论如下）。

▶ 校刊及社交生活

法律评论。对许多人来说，无论是为了与之相应的声望或更好的工作前景，法律评论是非常重要的。对那些目标是要教授法律或在大的律师事务所任职的人来说，法律评论至关重要。（法律评论在一所学校的校刊中总是声望最高的。）法律评论在写作比赛成绩的基础上进行选拔，这个比赛的选手是特定的，假定 5 天完成一篇命题论文，或两个标题的组合论文。（有几所学校允许写有可能发表的自由命题论文。）如果你决定通过撰写法律评论来提高自己，并且，你也是一个写作高手，那么，你可能会更喜欢通过写作比赛的方式来选拔编辑的学校。

专业期刊。一流的法学院在各个不同专业都出版一些学生编辑的杂志。编辑这类的杂志可以帮助你提高你的写作技能，并掌握该领域的专业知识。有些主题照例是杂志的专业主题（环境保护法，国际法），而其他的则相当少见（例如，刑法）。尽管 Harvard 有 12 种校刊杂志，却也没有涵盖所有的领域。

学生社团。丰富多彩的学生组织使法学院成为一个好的学习和社交的场所。正如第 16 章中所讨论的那样，这些组织给你提供了一个机会，使你能提高你的技能和法律知识、建立重要的联系、把你自己的新技能贡献给值得的事业，并从中获得快乐。但要记住，如果你的目标学校中没有设立某个你向往的组织，那也可以你自己不畏艰险去创建它。

▶ 工作

工作。雇主们越看重某所学校的毕业生，工作机会也就越多。但学校的声望并不是争取到更多工作机会的惟一因素。譬如，你希望从事劳动法方面工作，你就一定希望选择一所既提供大量该领域的课程又有若干名主攻该专业的知名教授任职的学校。另外，你也会关心选择该专业的其他学生的信息，否则的话，你可能会受冷落。尽管Yale的毕业生有很高的声誉，但一个主营业务为劳动法的律师事务所如果认为Yale的毕业生不大可能冒险进入劳动法领域，则该事务所肯定不会横穿全美去招收Yale的毕业生。

考察一下，是否人们得到的工作都是你向往的工作。另外，考察一下他们的水平。总的来说，就是要区分一下在班级中处于上游、中游及下游的人的工作前景。除了去最高法院当办事员或准备在法学院执教之外，公立学校的尖子生能得到期望值较高的工作。当你把重点放在班级的名次上时，学校之间的差异就变得更明显。例如，在Harvard或Yale处于下游的毕业生，也可以在一个著名的事务所或要求很高的雇主那里找到工作。名望不太高的学校可能就完全不是这种情况了。

要评估一所学校的文凭是否能在你想去的地方通用，你要考虑两个方面：其一是招聘人员是从哪里来的；其二是其毕业生去哪里工作。同样地，要评估学校在安置毕业生方面的所有成绩，不仅仅要考虑毕业生们得到了什么工作，而且要考虑招聘者追踪毕业生（及暑期工）的特性及数量。像对每个学生的招聘者数量这样的精确计算，不应该视其为最终定论，它仅仅是对学校的成绩给你一些启发。

就业服务。一个好的就业服务机构将在你进行就业评估及寻找工作的过程中给你提供帮助。基本上，现在所有这样的机构都给你提供机会来评估你自己的技能及兴趣，但是这些评估的深度及质量即使是一流学校也不统一。尽管对于较低水平的学校，关于下列步骤都是相同的：准确地确定你将从事的第一份工作的领域及雇主的类型；掌握简历及自荐信的写作、面试、打电话询问面试程序（包括那些你所选择领域的细节，如公众利益）的方法；给所提供的工作分类，并进行谈判以获得最佳方案；以及学会如何在工作的头几个月（年）里获得成功。

好的就业服务机构对于整个过程的每一步都提供介绍及大范围的一对一的帮助。例如，他们也提供自带午餐的午餐会，你可以从毕业生们那里听到关于在各种事务所中的经验，在某一地区的工作机会，或者如何去申请法院的书记官职位等。他们会给你提供一个校友的数据库，使你很容易地按地理位置、毕业班、专业职能、雇主性质等进行搜索。（正如下面要讨论的，校友在你的就业评估及研究你今后的职业成绩方面有着很高的潜在价值。）校友也可提供这些服务，因为当你离开法学院的时候可能比在校时更需要他们。

为了评估一个就业服务机构，你可以比较它在上面提到的几个方面中的每一部分中所提供的东西。要注意什么东西只能在一个群体内获得，而什么东西要从就业服务专家那里一对一地获得。好的就业服务机构将会有专家专门从事于每一个主要方面的就业研究。因此，就有了主管公众利益、公司企业或政府部门的顾问。他们要同所有学生讨论各个专业的前景、可以找到的工作机会以及某项工作的专业要求。

虽然学校用于提供该项服务的开支与该项服务的价值本身相差不大（见第4章），但它仍有助于你了解一个就业服务机构到底有多少钱可支配。例如，NYU的学生数量大约是Stanford的3倍，但它的就业服务预算却是Stanford的5倍。尤其是，当你考虑到规模经济的作用时，NYU应该能比Stanford提供更广泛、更深入的服务。

校友。校友在提供工作信息方面是非常有帮助的。或者，他们本身就可以雇佣你。他们也可以是在校学生的良师益友，他们给你一些忠告，并给你提供在他们的职业中能够帮助你建立的一些关系。另外，校友可通过他们的职业成功程度，也可以通过他们为学校筹集的资金额度来影响学校的排名。校友的价值在于他们的数量及他们对学校的贡献。对你来说，很容易确定校友的数量——规模越大的学校，则校友越多。要确定他们对学校的贡献，则要看他们为学校筹措的资金额度、校友捐赠人数的百分比、他们自觉自愿地返回母校，在小组讨论中为在校学生进行指导等等。

当地关系。学校都非常注意在附近的律师事务所中安置其毕业生。如果你决定了要去哪里工作，那就要考虑学校的关系网有多大，使你在本地的用人单位和条件更为优惠、距离却更为遥远的用人单位之间做出选择。为了帮助你在这方面进行分析，可与当地你最看重的雇主进行协商。

▶ 经费问题

下面简单谈谈经费的筹集问题。详情请参看第17章。

成本。学校之间的学费差异是很大的。即使是对非本地居民，公立学校的学费要比私立学校少。无论是对本地居民，还是对非本地居民，公立学校之间的学费也不同。在有些州里，到二年级末（或一年级过后）就会比较容易地成为本地居民，学费就有了差异——差距还是比较大的。学校之间的生活费用差异也相当大。生活在大城市里的费用比在小城市或乡村中的要高出近50%。

进入一所学校的费用也包括你（或者你的配偶）在这三年期间，在其他方面可能发生的机会成本。换句话说，在这段时间里，你要预支你的收入及其他机会。如果你的配偶不能从事他或她自己的职业，或者必须做一份报酬较低的工作，那么，他/她在工资收入上的差异及事业的发展也是你的成本。这个差异会随着学校地理位置的不同而变化，在大都市中，一般能给配偶提供可能最好的工作机会。

兼职工作。通过暑期工作及法学院二年级及三年级之间的兼职工作，可以解决法学院的经费问题。在一家一流企业工作，一个暑假大约挣 $25，000 — $30，000 美元左右。学校及你的成绩（及其他条件）越好，你找到这样的暑期工作的机会就越多。

法学院期间的兼职工作与暑期工作不同，兼职工作只能在校园附近做。但是如果你在 UCLA 上法学院，你做兼职工作的范围最大也就是在洛杉矶地区，而你却可以从加州旅行到纽约去做一份暑期工作。这种兼职工作的工资在地区间的差异巨大。在乡村，你工作一个小时可能挣不到 10 — 15 美元。在大的法律中心，如在纽约、哥伦比亚区、芝加哥、洛杉矶及硅谷，你可能工作一小时可挣到 30 — 60 美元(或者更多)。因此，你对学校的选择，可以在很大程度上影响到你在上法学院期间所挣到的钱数。另外，许多学校对你求学期间的收入都视而不见。因此，由于你无法预料你的大笔的年收入，你要调整经济资助包的申请材料。与就业服务专家谈谈，也与二年级及三年级学生们谈谈，对在当地事务所中找到兼职工作的可能性、正在这些事务所中工作的学生比例，及学校对此期间收入的处理方式等有一个感性认识。

债务负担。根据你选择的不同学校，计算一下毕业时你可能背负的债务负担。要将经济资助包的附属条件考虑进去，然后再加上你预计的暑期收入和兼职收入（我们的估算大约在 $70，000— $80，000)。

你所背负的债务负担会制约你毕业后的就业选择。如果你有一大笔债务需要偿还，你可能就不得不在某个特定领域或为某位特定雇主工作。而如果不是这样，你完全可以自由选择职业。（如果你进入了一所较差的学校，那情况就更是如此了。）如果你本来就打算从事公司税法方面的工作，那你完全不必担心求学期间欠下的高额债务，而被迫去为某一个大型的律师事务所工作。但另一方面，假如你本想在某个基金组织（低工资）从事教育法的工作，但考虑到求学期间欠下的高额债务，你可能不得不去做一份高工资的工作——如，公司诉讼，那你可能就会牢骚满腹。

附录 2
参观法学院

参观法学院是你的学校研究工作中非常重要的一部分。直到此时，你对学校的了解还只局限于道听途说、网站信息、指导手册、满是广告用语的宣传小册子及各种统计数据，参观访问使你对学校有一个全新的认识。除了参加通常的观光及信息发布会之外，你应该努力去了解学生们的日常生活，及学术氛围是否是你所寻求的。去法学院参观也给你提供增加录取可能性的机会：更好地了解你要向其进行自我推销的学校，并进行实地考察，来显示你对该校有极大的兴趣，这是让自己显得与众不同的两种方式。

参观时间。最好在学校有会议期间去学校参观访问，以便你能对学生及学术生活得到一个正确的认识。如果可能，最好在开班级讨论会时去学校走访，但是不要在考试期间去。参加学校的讨论会将给你一个与在校学生交流的机会，这些学生最能反映一所学校的情况。但是，在考试期间，学生们则几乎没有兴趣与你讲述有关学校的事情(或其他任何事)，因此，你就不能对学校进行深入的了解。

为了更好地了解学校，你可以在工作日里去走访校园。工作日的访问可使你看见学生之间的相互关系，并可进入几个班级。星期一至星期五去学校参观访问，还可保证你有机会见到招生办的官员。即使该校不要求正式的面试，你可能也会给招生办官员留下较好的印象，这对你有益。(见第 12 章有关“面试中存在的潜在问题”的讨论。)

你不一定要在申请之前才去学校走访。只要你针对所选学校的主要标准没有完全改变，那么你即使提前一年（或二年）去学校参观访问，对你也是有好处的。出于同样原因，如果你被某校录取后，为了做最后的决定，再次走访一下该校，也未必不是个好主意。

▶ 参观访问之前

计划参观法学院的范围，这在你尚未确定你的目标之前是非常重要的。参观不同类型的学校是聪明之举，即使对那些知道自己想要什么的人也是如此。例如，你可能确定了你想进入一所规模较小的、偏远的法学院，因为你已经有了在类似这样学校中的经验。但是，在参观了一系列学校后，你可能发现在学校及城市两方面，你在一个大得多的环境中更适应。要参观规模小的及大的、公立及私立、位于城市及郊外的学校，也要确定你所参观的学校有一定的代表性。你不仅需要走访“试试运气的”学校，也要走访你的“可能的”及“有把握的”被录取的学校。

注意，你走访学校的过程中，你会对学校情况有所了解。在你走访了几所学校之后，你应知道你要调查的、最至关重要的是什么，以及收集你所需要的信息的最佳途径。因此，不要计划先走访你把握最大的两所学校。相反，你要先试着参观几所你不太肯定的学校，让你自己先熟悉一下走访程序。

在你制定走访路线时，要记住以下几点：

- 要完全熟悉你所要参观的学校。（见本章中有关特殊的信息来源。）在你到达校园之前，你要熟悉该校的所有基本情况。在参观学校的过程中，你的任务是精炼你的印象，并且做更详细的调查研究，而不只是了解皮毛。要做笔记，记下有关数据。
- 每天最多走访一所学校。你在一所学校中有必要呆上一天，而不仅仅是三个小时。你对一所学校的评估越仔细，你花的时间也会越多。
- 在你感兴趣的方面，你要安排与个别人会面：教授、就业服务专家或者是主管经济资助的官员。
- 要安排一次正式的面试（如果这是该校的录取程序之一的话）。
- 将你打算在每所学校中询问的问题汇总，连同个别特殊问题一起，列出一个清单。（见本附录关于“校园内提问”的建议。）

▶ 校园参观

你的参观访问可以包括一般信息采集，和针对你所感兴趣及关心的方面的调研。这样，你可在校园中转一转，或者花时间同每一位劳动法教授交谈。大部分你想做的事很可能取决于你的时间。如果你的时间极少，那么你就非常需要去调查有关经济资助事宜，也非常需要了解公司税务问题，并且如果你已经走访了一些学校，你再把时间花在对校园的一般性参观上，是很不明智的。相反，你要把时间花在主管经济资助的官员身上，要深入地与几位税法教授交谈，并与几位学生讨论该校及税法系。假若有充分的时间，你应该去一下就业服务部门，也要坐在教室里，听几节公司税法课。

▶ 校园之旅

你可以对大学做一次一般性的参观，或者也可以只参观法学院。前者可能要花一个小时，而后者可能要短得多。这些参观是确定你未来方向的令人愉快的方式；它们也可以给你机会，来品评校园的气氛。当然，带领你参观的学生、学校的销售人员，你都不能把对他们的印象，看作是对学校优劣的直接印象。

▶ 信息发布会

一系列的信息发布会是学校的基本销售方法。但是，它是获得学校基本信息的一个有益的工具。这些会议给你介绍一些简单情况，如学校的传统、教学体系及学业情况、课余生活及其他机会。

虽然招生办的官员经常组织这些会，但这几乎不是让个别人脱颖而出，给他们留下深刻印象的时机。那些不管其他考生兴趣，只顾自己发问，想控制会场或引起招生办官员注意的人，反而令招生办官员们反感。但是，如果你有幸出席这些会，你要记住，你的任务就是要增加你的录取机会（如下一部分所讨论的）。

▶ 招生办

在许多学校，你可以访问招生办，要求同一名招生办官员谈话，即使你并没有安排面谈。（但是，除非你事先安排好了，否则不要指望进行一次正式的面试。）招生办的官员可能会给你几分钟时间，回答你的问题，讲解你所关心的事项。你要表达你对该校的兴趣，提出问题以表明你是认真的。

你有机会以可能对你有益的方式，来给招生办官员留下印象。表现你最好的品行，让你的问题及评论充分显示你对学校的全面的了解、你的聪明才智及你的镇定。即使是在不安排正式面试的学校，一般来说招生办官员们也会把与任何申请者交谈的真实情况记录下来。（见第 12 章有关“面试中存在的潜在问题”的讨论。）

▶ 经济资助办公室

如果你打算申请经济资助，关于学校如何处理经济资助事宜，你可能会有一大堆问题要问。事先你要安排与一位经济资助办公室官员谈话，如果你安排得好，20 – 30 分钟的时间就足够了。关于你对经济资助应了解些什么，请见第17章。

▶ 就业服务部门

极少有申请者会充分注意到一个好的就业服务部门的价值，它能够增加学校及申请者本人的职业前景。到你所参观的学校走访一下该校的就业服务部门，将会迅速显示：在你的利益所涉及的方面什么是最可以干的。花 20 - 30 分钟的时间讨论一下他们所能提供的资助(根据前面讲论过的，一个好的就业服务部门能够做什么)。

▶ 班级

在与招生办联系参观访问的时候，要问一下能否坐在教室里旁听一次。这是你感觉教授、学生及该校的教学性质及质量的机会。如果你有时间，试着在不同的班级里坐一坐。可考虑在一年级（核心）课上旁听，同时也要在一个你感兴趣的专业课中旁听一下。要在一个不是由招生办安排的班级中旁听。假设招生办官员想推销自己的学校，他们会把你安排在一个最好的教师的课堂里。要想了解一般的教授什么样，去问你所选专业的学生。然后，找到教专业课程的教授，看他（她）能否允许你进入课堂旁听。大多数人都会毫不犹豫地同意。

▶ 纠正你的偏见

许多事情会使你对某所学校的印象变好或变坏，从而影响你对它的判断。因此，要注意以下几点：

- 不要让你对某个人（招生办官员或其他管理人员、学生、教授）的好恶来影响你对学校的整体印象。
- 记住天气是瞬息万变的，你恐怕是在一个非常晴朗（或阴雨）的天气里参观了学校。
- 根据你走访学校时所处的学期中的时间（即，开学初，或期中，或期末考试期间），学生们对于他们所选择的学校的热情，及所花给你的时间，可能或多或少。这一点从一年级到二年级、到三年级的变化是非常大的，顺便说，每一个人在面对着非常不同的因素，这些因素将影响他们对生活、法律及学校的看法。
- 如果你坐在高年级的课堂中，教材及课堂所讨论的东西超出了你的理解范围，你不要感到意外。（另一方面，如果教材似乎格外枯燥，也不要担心法学院是否是你正确的选择。）
- 记住学校的官员比学生更有可能在向你推销。要尽可能与多种不同类型的人交谈，以给予学校一个最全面、最准确的评价。

- 要特别注意那些与你的背景、目标相似的学生。无论何时你遇到了使你想起你自己的人，要紧紧抓住。要尽你所能向她和她所有的朋友们，汲取尽可能多的关于他们对学校看法的信息。
- 要赏识及观察学校，而不要被你是否被校录取所困扰。如果对后者关注太多，将会限制你评估学校的能力。
- 要记住：即使一所学校可能会有一个声望很高的名字，但它也不一定就是最好的学校，或者是对你来说最好的学校。当你在进行你的参观访问时，你的自身条件确定了对你来说最好的学校。
- 记住选择一所法学院是一个反复的过程——当你走访及考察学校的时候，你会了解更多你自己的需求；当你更了解你自己的需求的时候，你将会完善关于最适合你的学校的标准。

▶ 离开校园之时

记下你的印象

要做你参观访问的法学院的详细笔记。在你旁听的课程中，要记下什么你能上。一定不要参观访问一天，什么也没记下来。如果你一次走访了多所学校，你在到下一所学校前无法完成笔记，这样你将几乎一定会忘记某些重要的东西，或把对各个不同学校的印象搞混淆。

走访学校时的注意事项

- 学生们是快乐的，还是阴郁的？忙碌的，还是无动于衷的？（但记住，你参观访问的时间选择会影响学生们的行为方式。）
- 不同种族的学生之间是否有交流？是在校内，还是校外？
- 教授与学生之间是否有交流？（要看课外，尤其是在咖啡厅、学生会及当地的酒吧。）教授们，尤其是老教授们看起来疲倦，而且对他们的材料及仅仅教学法律的学生的前景厌倦了吗？或者他们是积极的、振奋的吗？
- 你旁听的班级中的气氛如何？学生们是怯懦的，还是积极投入的？

- 图书馆及计算机设备是否好用？舒适？是否有充足的地方供小组活动？学校气氛是否适于学习？（注意：有些学生在绝对安静的环境中学习效果最好，而其他学生则喜欢处于喧闹及活动之中。考查一下学校的设施能否满足你个人对有效的学习空间的需求。）
- 法学院的动向是什么？哪一类的活动及事件张贴在公告栏上？对学生而言什么问题是重要的？（你可以通过与学生交谈、听餐厅中的谈话及读学校的报纸来发现后一个问题。）对学校整体的感觉是怎么样？
- 能否得到一个学生的课程评估手册？
- 大部分学法律的学生住在什么地方？住宿条件能否满足你的需要？
- 与大学中的其他系或学院有多少接触？同周围的城镇呢？
- 这个地区无论白天或晚上，感到安全吗？
- 上餐馆、咖啡厅、酒吧、剧院等地方方便吗？
- 运动设施条件好吗？是否随时可用？

▶ 发感谢函

要给你接触过的某些关键人物发感谢函（或 e - mail）。这些人可以包括面试者、负责经济资助的官员、教授或其他花时间与你交谈的教师。没有必要（或者不值得你花时间及精力）给在大型信息发布会上或参观时接触的人发信，因为这些人不可能记得你，而且也没有理由为这些做日常团体接待工作的人发感谢函。

在你参观访问的时候，一定要记下姓名、职务及地址，并且一定要保证拼写完全正确。如果你不能肯定具体写法，你总可以致电招生部门，查询招生办官员的名字；致电经济资助办公室，查询其主管官员的名字；查学生电话号码簿，查询学生的名字；或者致电教务处，查询有关教师或管理人员的名字。这样确保你的拼写万无一失。虽然发感谢信不能保证你一定能录取，然而这毕竟是一个好的表现，会得到收信人的赏识。

参观校园时所应该提问的问题摘要

访问法学院时，不仅要用眼睛看，而且要多问。向你碰到的人询问任何你认为重要的问题。向不同的人问同一个问题，通常会给你不同看法。

- 对于学校，你特别喜欢什么？特别不喜欢什么？你如何看待它的优缺点？
- 如果你有意改变学校的某个情况再提问，回答将会是什么？(在判断一个人回答的可信度及真实性的时候，这个问题非常有用。如果回答者想不起来要纠正什么，那么可以假定他/她是一个“托儿”，或者是一个盲目乐观者。碰到这种情况，你就应该赶紧把你的宝贵时间用在其他人身上。)
- 哪些教授根本不教课？
- 哪些教授是非常好的教师？哪些教授是非常糟糕的教师？
- 该校教学上采用苏格拉底问答法的比例如何？其形式是否很严谨？
- 一般来说学生与教授之间的关系是否很密切？有什么机会增进这种关系？
- 学生们做什么娱乐活动？
- 在校园、法律及世界问题等方面，什么问题对学生来讲最重要？
- 最受欢迎的课程是什么？哪些课程不容易选上？
- 最强及最弱的专业是什么？
- 最受欢迎的学生社团及俱乐部是什么？
- 学生们的竞争情况如何？
- 你认为该校与竞争对手相比的强项是什么？（仅对学生而言，即：你为什么选择这所学校，而不选择其他学校？）
- 有多少学生在校外做兼职工作？一般收入是多少？
- 职业服务中心的工作质量如何？有你所感兴趣的领域的职业服务专家吗？(向职业服务人员询问他们的背景，及他们的专长。)

▶ 不能提的问题

避免问有关录取标准，或者任何你自己可以从招生简章及标准出版物中找到答案的简单问题。

- 避免向任何人仅盘问有关学校的缺点。询问学校的缺点表明你在对该校做认真的调查研究工作，并且你比较关心你的未来；但是记住也不要太消极，同时也要询问优点。

第四章

正确对待学校排名

内容概要

学校总是被各类权威机构（或是业余爱好者）不断进行排名

■

这些排名为申请者了解各院校所设课程的声誉提供了非常便捷的指南，但排名本身也受到诸多资格条件的限制

■

排名值得参考，但不可过分依赖

■

认识排名的局限性，同时也认同其可取性

■

根据需要，设计适合自身情况的排名

本书的目的不是要对学校进行排名，更不是为了把学校 A 的位置推到排名前多少位，而把学校 B 挤出前多少位。其他许多出版物一直在不遗余力地这么做，那就把这些工作交给他们做好了。本章将通过对一些最有影响力的学校排名进行研究，来讨论他们对学校进行排名时所采用的方法。

多年来，在大学年度排名这个领域内，最具有影响力的当属 *U.S. News & World Report* 所发布的学校排名了。申请者本人、学校招生人员、甚至连法学院自身，都受到*U. S. News* 排名的影响，这种影响是深远的。因此，比之于其他同类排名，本章将重点分析*U. S. News* 所得出的结论。

本章将讨论以下几类排名：

- U．S News & World Report
- The American Lawyer
- Inside the Law Schools
- The National Jurist
- The Insider’s Guide to the Top Fifteen Law Schools

排名的使用

对法学院的排名，其实是一门非常不确定的学科。进行这项工作的个人和机构总是不断地受到方式方法问题的困扰。排名过程中，必须从大量的信息中淘出某些具有参考价值的指标来，然后再对其进行评估——所有这一切，都是为了向读者提供一个某所院校的“综合评分”，然后，使其从同类的学校中“脱颖而出”。举例来说，一所拥有藏书 100 万册的学校和一所只有藏书 60 万册的学校又有什么本质上的区别呢？或者说，在校学生 LSAT 的平均成绩为 168 分的学校，与平均成绩为 171 分的学校之间，又存在怎样的差异呢？难道说，拥有 100 万册藏书、学生 LSAT 成绩为 168 分的学校，就比只拥有 60 万册藏书、而学生 LSAT 平均成绩是 171 分的法学院要好一些呢？或者说二者差不多，亦或是前者不如后者呢？即使是采用相对简单的、量化的方法，两所学校应该如何进行比较仍然是个令人难以把握的问题。再把其他许许多多的因素，尤其是那些主观的、而不能简单量化的因素也考虑在内的话，问题就变得更为复杂了。

有几种迂回的方式可供各机构选择，以绕开这些难题。他们走访那些大公司里的人事招聘经理，然后，把他们的取向作为价值判断的最后裁定者。从某种程度上来说，这也是正确的。迄今为止，法学博士们仍然认为，其学位证书是他们叩开雇主大门的关键因素。另一种更为简单的排名方式，就是对各法学院毕业生的收入状况进行评估，以对毕业于不同院校的法学博士加以等级评定。这时，市场再一次充当了价值的最终裁定者。不幸的是，这些方式都存在种种局限性。造成这一局面的原因之一便是，总的排名没能将毕业后开设私人律师事务所的学生与那些投身于公共法律事务的毕业生区别开来。此外，有些毕业生可能在本地区（本国）表现不俗，但换到另一个地方，个人的发展就不那么遂人心愿了，而这些情形都没有被考虑在内。因此，如果某所学校由于其毕业生多在私人律师事务所里工作，挣钱很多，使得该校排名靠前，而你却立志要当一名公诉人的话，那么，这所学校显然不太可能会使你的工资比另一所学校的毕业生高出一些——也不一定对你事业的发展会有更大的帮助。

▶ 注意事项

由于对各院校所设课程的声誉与质量进行了一个基本的描述，学校的排名还是有一定借鉴作用的。不过，大多数申请者往往过于看重排名。在申请学校时，如果以*U.S. News* 最新排名为准则，将自己的选择局限于前五名的学校，这是很不恰当的做法。各学校在治学思想、课程设置和学术氛围等方面各有千秋，你必须有所取舍。举个浅显的例子，如果你的学习更侧重于知识产权法，那么你就应该选择Stanford，而不是Chicago。这两所院校都属一流，但它们的教学宗旨和教学条件却存在很大的差异。Stanford除了其位于高科技中心——硅谷的地理优势之外，还可以提供十多种相关科目供学生选择——相对而言，Chicago能够提供选择的余地就少多了。

第3章罗列了数十条与专业和院校选择相关的标准，并非所有的标准都同等重要。但毫无疑问，学校的知名度仍然是申请者考虑的重要因素。但如果仅仅因为*U.S. News* 的排名而选择排名第4位的学校、而放弃第6位的学校的话，这显然是极不明智的做法——前者的环境可能并不适合于你，你希望选修的科目也得不到满足，或者说，其他的许多方面也存在有问题。这些都可能让你无法忍受。学校的排名并不十分准确。同一份出版物，同一所院校，第二年的排名可能会颠个个。这种排名的不精确性和差异性，正是我们必须谨慎使用排名的原因之一。当然，有的学校或许可以提供适合你个人要求的课程，而有的学校未必尽然，对此，申请者也必须谨慎对待。

鉴于此，我们提出了一些关于如何使用学校排名的指导方针：

1. 尽可能对多个机构的排名进行研究，不要听信一家之言，要善于发掘多家排名的一致性。
2. 即使是考虑到了多家排名的一致性，也只可将其视为各院校的大致排名。所以，如果某所学校在众多排名中都被列在了10到15位之间，那么，我们就可以认为这是一所相当不错的学校了，值得认真考虑。但如果该校徘徊于前5位与前20位之间，那我们说，这所学校就具有不确定性。
3. 你的目的是要找到一个适合自己的专业，以及能够满足你其他需求的学校。比如说，能够实现自我发展的合适氛围等等。而法学院的排名仅仅是在某种程度上帮助你找到适合自己的专业。对于一些非常重要的方面，如，哪所学院的课程最有价值、你所钟情的工作和地区是不是和你所选择的专业紧密相关以及每所学校的学术环境等其他重要因素，都很少提及。
4. 比排名本身更重要的是：你自己对该校专业设置的具体情况的研究。我们在第3章详细讨论了这一问题。

主要的学校排名

下面的图表罗列出了五种不同的排名，涵盖了由 the American Bar Association 认证的180所法学院中的28所。

	US News & World Report	American Lawyer	Inside The Law Schools	National Jurist	Insider's Guide To The Top 15 Law Schools
Yale	1	5	Top 5	16	1
Stanford	2	7	Top 5	30	4
Harvard	3	4	Top 5	158	2
NYU	4	2	Top 10	34	9
Columbia	5	3	Top 5	140	5
Chicago	6	1	Top 5	59	6
Michigan	7	11	Top 10	63	3
UC Berkeley (Boalt Hall)	8	12	Top 10	153	7
Virginia	8	14	Top 10	9	8
Cornell	10	10	Top 15	33	15
Duke	10	8	Top 15	72	12
Northwestern	12	9	Top 15	30	16
Pennsylvania	12	6	Top 10	44	10
Georgetown	14	13	Top 15	10	13
Texas	5	18	Top 15	37	11
UCLA	16	15		82	14
Southern California	17	16		5	22
Vanderbilt	18	20		13	21
Minnesota	19	55		119	17
Washington & Lee	20			1	
Iowa	21	45		32	30
North Carolina	22			154	24
Boston College	23	19		91	
George Washington	24	23		165	20
Illinois	25	20		129	23
Emory	26	28		107	25
Notre Dame	26	22		7	28
Univ. of Washington	26	71		17	29

很显然，在哪所学校为最佳或是谁排列在第17位这样的问题上，是很难达成一致的。在所讨论的排名中，没有任何一所学校在所有五家排名中都名列前10位。当然，这其中也存在一定的共识：一些学校的确可被视为真正的顶级精英院校。根据上述五家排名，以下学校一次或是多次出现在前10名的位置。

排名前十位

5家机构认可	4家机构认可	3家机构认可	2家机构认可
没有	Chicago	UC Berkeley（Boalt Hall）	Cornell
	Columbia	Michigan	Duke
	Harvard	Penn	
	NYU		
	Stanford		
	Virginia		
	Yale		

以下四所学校也多次名列前15位：

排名前十五位

5家机构认可	3家机构认可	2家机构认可
Georgetown	Northwestern	UCLA
	Texas	

这些排名采用了不同的方法——即使算不上古怪，也可以说是非常离奇的。*National Jurist* 的排名就是一个很好的例子——但当你综合分析了所有这些排名之后，一幅清晰的图像逐渐显现出来：各机构从多个不同的角度出发，对学校进行排名，其中有12所被这些机构同时列在了“前十名”的位置，而另4所学校则被多次提名，挤入了“前十五名”的行列。其他院校虽然排名较低，但大多数学校也都多次榜上有名。

▶ 排名方法的局限性

各法学院的排名受许多不同因素的影响。简单的排名除了提供含糊的“对学生的选择性”（即对申请者的资格进行审核的苛刻性）以外，可能毫无意义；而另外一些排名则更注重依靠学者和法律界专业人士的意见来体现其价值。

这些排名并不能提供对学校课程质量的精确衡量。然而，它们却影响到申请某项特定课程的申请者的数量和质量，进而影响到雇佣这些毕业生的招募者（用人单位）的数量和质量。

很明显，不论哪类学校排名，都有许多问题难以解决。“最好”到底意味着什么？是班级人数最少，还是最注重实践锻炼？是最注重将学生培养成诉讼人，还是最注重学生毕业后不菲的收入？是最注重培养某一领域内的精英，还是说学生能够轻轻松松地蒙混过关的学校呢？无论采用其中哪一种“最好”的定义，却置其他于不顾，都会面临许多不可逾越的障碍。这正是每一位读者在汲取其价值之前，要对排名背后所采用的方法进行谨慎审视的原因。

▶ U.S.NEWS & WORLD REPORT

排名方法 每年三月，*U.S.NEWS & WORLD REPORT* 杂志都会对各法学院进行排名。据说，该杂志所采用的排名方法“广泛而全面”：通过百分比的罗列，将各指标在排名中所占的比重一一列出，以供读者参考。它考虑的主要因素包括以下几方面：学校声誉（40%）、毕业生去向（20%）、对学生的选择性（25%）、教学资源配置（15%）和律师资格证书的通过率（10%）。

该方法的优点 这种排名方法的优点是显而易见的。通过对各院校一系列基本数据的衡量，*U. S. NEWS* 就可以对外宣称，它已达到了别家排名所不能达到的“深度和广度”。进一步说，*U. S. NEWS* 采用这种方法所得到的排名非常稳定，某所院校的排名在数年内通常不会发生大幅度升降。这大概也反映了实际情况，因为大多数法学院的教学质量在短时期内是不大可能发生较大改变的。

该方法的局限性 与其他同类调查一样，*U. S. NEWS* 面临着两大问题的困扰。第一，还有其他许多可能相关的因素并没有被考虑在这一排名（或其他任一排名）中，从而缺乏一个直接衡量的标准。比如，怎样衡量各个学校的实际教学质量以及可提供的教学资源的。

另外一个问题是，不同的申请人对同一所学校的期望值也是不同的。例如，George 可能更倾向于一所规模偏小但院系之间交流更广泛，并可提供大量环境学方面课程的学校。而 Lisa，则可能更钟情于一所规模相对较大、并有大量知识产权法方面选修课程的学校，这样，她就可以埋头于学业。不论基于其中哪一种因素产生的排名，都不可能使 George 和 Lisa 获得同等的满意度。（在这一点上，*U. S.*

NEWS 的排名对不同因素的比重分配显然过于主观和武断。）

U. S. NEWS 参考的某些指标看来似乎与排名紧密相关，但实际操作起来难以计算。其他一些因素虽然易于计算，但缺乏参考价值。因而，一个学校的声誉在很大程度上决定了该校在排行榜中的位置，以及申请者最后的选择。但问题在于，如何去衡量某所学校的声誉呢？*U. S. NEWS* 采用了综合两种不同投票结果的方法，即由法学院院长（和教授）与法官、律师共同投票，来得出最后的综合评价。每一位参加投票的人都需要根据各学校的声誉，在179所法学院中列出前5位。但事实上，即使知识极为广博的法学院院长，也不可能对其他法学院的运作了如指掌，以至于他可以准确地对其中十几所进行排名。这种情况，对于法官和律师来说，尤为明显，因为他们甚至不在教育系统工作。这种方法可能导致的后果就是，两个小组都可能选择他们自己地区内的、已经非常有名的或是喜欢张扬造势的院校——甚至可能是他们自己曾经就读过的院校。

另外还有一个潜在的问题，一个非常重要的评判者被忽视了，它就是雇主。关于法学院毕业生在实际工作中的情况，没有人向他们的雇主征询过任何的意见。

选择学生的衡量标准，很大程度上取决于进入某一院校的本科毕业生的学分平均值。在对该数据进行统计时，并没有做适度的调整。这样，学分就是学分，而没有考虑该学分获得的背景。许多大学的平均学分都介于3.3—3.5之间，而军事院校则低于3.0。一所社区大学的课程和Cal Tech大学的课程是很难具体比较的。但是，对于*U. S. NEWS* 的排名来说，学业平均值（GPA）就是学业平均值，而全然不顾这个平均值是如何得来的。一般说来，理工科类的院校比文科类院校更加难以在排名中获得好的名次，但排名根本没有考虑到这一点。根据这一标准，一名学习初级入门课程的学生和另一名学习高级物理、创作性写作或英文的学生，被认为是没有区别的。同时，让我们再来考虑一下这种衡量方法到底忽略了什么东西。许多名牌法学院都招收一定比例的转校生，但在这种情况下，这部分学生的本科成绩却根本被忽视掉了。更有甚者，有些学生在进入法学院前，就已修完本科的学业，但他们的毕业成绩都没有被考虑在内。

衡量**教学资源**（学校在基建、图书馆、学生服务等方面的开销）相对来说较为直观。但问题是，这样的衡量让人感到完全没有意义。

让我们看看这样两所学校：Acme和Garage。Acme每年的学费是30,000美元，而Garage的学费是20,000美元。如果Acme为每个学生提供10，000美元的助学金，而Garage不提供助学金，那么，两所学校的学生都要支付相同数额的20,000美元。不过，Acme将被视为舍得在学生身上“花钱”的学校，而Garage则不会。可结果是，在这一项内容上，Acme的排名在Garage之前。

根据学校的花费，而非花费本身所带来的价值进行排名，还引发了其他的一些问题。例如，20世纪90年代，日本用于商业投资的金额占其国民收入的比例要远远高于其他发达国家，但整整10年时间里，日本却一直在一个又一个经济衰退的旋涡中挣扎前行。对其他经济实体来说，这显然难以树立一个好的榜样。虽然如此，若是让*U. S. NEWS* 进行排名的话，本应名列末尾的日本，一定会高居榜首。

根据**成功就业**的比例进行排名也存在两方面的问题。这样的排名本身就是建立在一种高度主观、武断的方案之上。*U. S. NEWS* 认为，1996年，法学院毕业生在毕业后三个月左右都实现了全职或者兼职状态的就业。但实际上，除了那些声称仍在寻找工作的毕业生没有被计算在内之外，计算在内的毕业生中，还有大约四分之一的人的就业状况并不清楚。在事实面前，*U. S. NEWS* 的估计显然没有任何根据，但有时却产生了非常深远的影响。那些被安置在当地就业的毕业生，更易于学校进行跟踪调查。这就是说，归入“就业状况不清楚”一档的人数会大大减少。这样，无形中就得出了有利于该校的结果。而毕业生就业广泛的、分布于世界各地的学校，就没有那么幸运了。(因为难以跟踪，难以同毕业生保持联系，而无法统计。)

可是，较之于另一种考虑，在成功就业率的统计中所存在的困难就不足为道了。那就是，这种统计数据并不能将真正顶尖的法学院从芸芸众生中区分开来。如果申请者是在两个排名较低的学校中进行选择，我们得承认，这类统计数据还是有很大帮助的。假如说，毕业9个月后，Texas Southern的毕业生中只有57%的人找到了工作，而Texas Tech的毕业生就业率却有92%，这极有可能对潜在的申请者在选择学校上产生重大的影响。另一方面，如果NYU和Chicago的相关就业率分别是100%和99%，很难想象，一个学生会仅仅基于此，而做出选择NYU的决定。

U. S. NEWS 所采用的其他排名方法和标准都同上述方法一样存在类似问题。这并不是说其排名就因此毫无价值。不过，在决定申请某所学校的时候，千万不可过度倚重排名。

U. S. NEWS & World Report
曾考虑过的其他因素

多年前，*U. S. NEWS* 还考虑根据毕业生的平均薪水进行排名。这样的排名显然很有道理。因为许多人读法学院——之所以选择这所，而放弃另一所的重要原因之一，就是要尽可能地多赚钱。另一个与此相关的指标是毕业生的薪水涨幅率到底有多大。换句话说，他们在进入法学院之前和从法学院毕业以后，薪水方面的涨幅有多大？(这个完全可以用绝对美元数或百分数来表示。)

这类衡量方法的价值取决于其他许多条件（可参见*American Lawyer* 排名的相关部分)。现在，许多学生在入学前就已获得了一定的工作经验，且这样的申请者人数在逐年增多。鉴于这种情况，该排名方法显得尤其有意义。结果，这些人在选择法学院时，更加注意考虑收入方面的因素。

有趣的是，对于商学院的排名却往往不是基于这种计算之上的。*Financial Times* 和*U. S. News* 就代表了三类对商学院极具影响力的排名中的两个，他们都把薪水作为对商学院进行排名的重要因素。

▶ AMERICAN LAWYER

排名方法 1998年4月，针对*U. S. News* 的法学院排名，*American Lawyer* 发布了自己的第一份法学院排名表，并决定以后每年发布一次。*American Lawyer* 的排名只根据一项指标来对大学进行排名，那就是全美盈利最高的律师事务所在招募应届毕业生时的取向。*American Lawyer* 和这些律师事务所中的前100家（在1998年有89家参与了调查）联系，向他们征询每年从各法学院录用的毕业生的人数。然后根据得到的数据，严格按照不同学校的分类进行统计。所得指标就成为*American Lawyer* 排名的惟一基础。

该方法的优点 如果你进入法学院学习的主要目的是为了在全国知名的律师事务所中谋得一份工作，赚取不菲的薪水，那么，该排名可以提供非常有参考价值的市场信息。

该方法的局限性 对*American Lawyer* 排名方法的主要异议源自它忽

略了学生进入法学院学习的除工作以外的其他所有目标，而根本没有顾及到另外一些因素。如学生在什么样的院校感到最惬意或哪所院校可以提供最有趣的课程。相反，*American Lawyer* 认为，所有进入法学院学习的学生都希望最终能够进入有利可图的律师事务所工作。

当然，这种方式还有一些缺陷。比如说，该排名将那些颇受学生欢迎却不关注收入高低的学校——而它们通常也是颇富盛名的——判了死刑。另一方面，该排名的方式忽略了在非司法部门工作的毕业生，而他们的工作也与那些知名律师事务所中的工作一样是非常有利可图的。比如说，进入知名的企业战略咨询公司和投资银行的毕业生就可归入此类。

American Lawyer 排名的目的是为了对那些可以将学生送入知名的、高收入的大律师事务所的法学院进行评定。但是，他们却没有对这些律师事务所加以区分。很明显，一所将50名学生送入排名第一位的律师事务所的学校，它的排名理所当然地应该比另外一所将50名学生送进排名第一百位律师事务所的学校更靠前。不仅如此，排名还明显偏向于大城市里的律师事务所，尤其是坐落于New York和Silicon Valley的律师事务所。同样是工作一年的助理律师，在Manhattan律师事务所上班当然比在Texas的Austin要赚得多。如果将生活消费指数也计算在内的话，*American Lawyer* 的排名中恐怕会出现更多分布于其他地区的律师事务所了。这本身也影响到排名结果的准确性。

▶ INSIDE THE LAW SCHOOLS

排名方法 Carol－June Cassidy和S. F. Goldfarb用了近10年的时间收集数据，拿出了一份“真正第一手的报告”，对全美的法学院进行了详尽的评定。通过对一些法学院的褒扬，而列出了它的排行榜：Cassidy和Goldfarb将各学院划分为前五名、前十名或者是前十五名。这种分类总地看起来更像是基于学院的知名度，而不是基于量化的因素，所以，该排名所采用的方式实际上也是含糊不清的。

该方法的优点 *Inside the Law Schools* 所采用的松散的排名没有受到*U. S. News* 排名中所采用的、那些易于计算和过分强调的指标的影响。

该方法的局限性 作者并没有说明他们是怎么对各院校进行排名的。连“哪些指标是重要的”这样的问题都没有讨论过，更不必提实际上哪个因素更重要了。同样，作者也压根儿没有提及评定每个指标所采用的技巧。（事实上，很难断定它的排名到底是不是建立在人云亦云的基础之上。）所以，作者采用的似乎是印象主义的研究方法，实际上是经不起严格推敲的。

▶ NATIONAL JURIST

排名方法。*NATIONAL JURIST*（每月向全国法学院发送）刊登的排名更能吸引公众的注意。它的排名是在对全国 165 所法学院的18,000 名学生进行调查后得出的，整个活动得到*Princeton Review* 的支持与赞助。本排名力图根据“学生总体满意度”对各法学院进行排序。参加调查的学生必须回答 11 个有关他所就读的法学院的问题。这些问题主要集中于三个方面：课程设置满意度（36%），学校设施（30%）以及生活质量（34%）。本书之所以收录这种陈旧的排名，只不过是告诉读者一种可能的排名方式，以备*NATIONAL JURIST* 将来再刊登这类排名时，提供指导。

该方法的优点。*U. S. News* 中涉及的所有因素都没有提及学生的意见。而*NATIONAL JURIST* 所设定的前提就是，对法学院的最有价值的评定不是由学校自己说的，也不是由雇佣方提供的，更不是由统计数据说明的，而是由学生自己做出的。

该方法的局限性。该排名假定某法学院的学生——尽管他只不过参加了一所法学院的学习——了解其他所有法学院的生活，并有所体验，然后对其做出评价。这个前提显然是流于英雄主义的乐观了。采用这种方式还很容易被“钻空子”。如果你是一名法学院的学生，而且你明白学校排名将影响你毕业时的就业选择和薪水高低时，你难道不会为了提升自己的就业前景而考虑将每一项关于学校的评分都尽可能地提高吗？这种情形在那些就业排名不够靠前的学校里尤为明显：相对于 Harvard 的或是 Michigan 的学生，那些就读于就业前景略差的学校的学生更重视这一调查。

另外一个可能导致偏见的根源是，选择不同学校的学生的个性不同。那些进入 Harvard 学习的学生可能更加刁钻，更加难以满足于现实。他们期望每门课都有最好的教授。一旦发现并不是每门课都由最著名的或是学术能力最强的教授授课的话，他们就会感到失望。（当然，即使是那些起初期望值并不是很高的学生，沉浸在 Harvard 这样的氛围中也会改变初衷。）而进入 Washington & Lee 学习的学生，会有更合乎实际的期望值。于是，不同学生群体做出的评价其实可能并不具备可比性。

► THE INSIDER'S GUIDE TO THE TOP FIFTEEN LAW SCHOOLS

排名方法。作者显然考察了大量其他的排名，包括*U. S. News*之类和刊登于不同法律出版物和常见杂志上的排名。得出的排名多少只是一种个人的意见，而非经过努力的、揭示了不为人知的事实真相。

该方法的优点。该书的重要性其实不在于对所提到的15所法学院的排名，而在于有关这些法学院的介绍。然而，想要形成一个对所有排名都达成共识的、多数人的意见是不切实际的。

该方法的局限性。由于*INSIDE THE LAW SCHOOLS*采用了印象主义的排名方法，所以，除了说我们对其所采用的具体研究方法一无所知之外，还无法对它的方法做出特别具体的评价。

排名的论战

几年前，全美大多数的名牌法学院院长联名签署了一封信，近乎恶毒和歇斯底里地攻击法学院排名这种做法。他们说，这种排名非常不完善，因此不应该发布任何形式的排行榜。（*U.S. News*因它在此领域的主导地位而成为被攻击的主要目标。）

其可笑之处甚多，有的甚至连他们自己也未曾想到。首先，这封信本身就是律师们惯用的、最拙劣口吻的生动体现。行文非常夸张且牢骚满腹，怒气冲冲，完全是被压制的受害者的控诉。其次，他们把关注排名的读者看成小孩子。这些"小孩子"甚至没有能力从这些排名中汲取价值，而这些排名对学院来说又几乎没有什么危害。（看看这些院长们是如何看待自己的学生的，多么有趣。）第三，在私下场合，这些院长们也不止一次地大肆宣传自己的排名。一个非常明显的例子就是：Stanford法学院的院长Paul Brest（也是那封臭名昭著的院长联名信的署名人之一），在他最近退休时写给Stanford法学院校友会的一封告别信中，首先就利用Stanford法学院在*U.S. News*中的排名大大地吹嘘了一番，同时还开玩笑说，*U.S. News*排名的不足之处在于没有将Stanford排在首位。

由于受到*U.S. News*排名的鼓励，多家本来只定期对商学院和其他教育机构进行排名的出版物也开始对法学院进行排名。不过他们的排名更注重从学校可以接受的角度出发。作为对*U.S. News*的某种回应，市场上出现了形形色色的排行榜。这可以让读者对事实有一个更加全面的了解，同时也减弱了任何一家排名对所涉及学校造成的冲击。但还没有任何一家法学院能用一种前瞻性的眼光来对排名进行回应。相反，他们仍然被美国法律传统中的抱怨文化所束缚。

实际上，这些院长的行为还带来了另外一种更加麻烦的负面效应。他们把*U.S. News* 的排名当成了力图避免的悲剧,但不幸的是,他们这么做根本就是错误的。因为过于相信某个不很科学的排名而考入 Michigan,没有去 Berkley——或反之——很可能不会毁掉一个人的一生。其实,真正的悲剧在于这些院长们没有揭开的一个令人不安的事实:许多进入法学院学习的人最后都以从事极不开心的职业而告终。所以,对申请者来说,真正重要的不在于两所排名都很高的法学院中选择哪一所的问题,而在于究竟是选择上法学院呢,还是选择另一种完全不同的职业和前途。

这些院长们没有就此提出一丝抱怨,或者哪怕是给编辑们写封信,发发怨气。实际上,他们从来没有研究过自己毕业生的命运。法学院毕业生的幸福和他们入学前工作的年限、工作的性质、毕业后进入的领域、雇主的人品等等之间有什么内在的纵向联系,有关这些,院长们做过调查吗?

学校的就业服务中心主任们对实际情况是很清楚的。相当一部分毕业生后悔进入法律界。他们为什么没有在被法学院录取时就做出“正确”的决定呢?为什么法学院不像商学院那样,要求申请人在申请时证明对自己所选择的职业有所涉猎,而且是三思而后行的抉择呢?

这些问题,不是*U.S. news* 应该回答的,而是那些法学院院长们的职责。

招生委员会官员谈“法学院院长的来信”

相对于商学院而言,我们在做录取决定时,更依赖于客观的数据而非主观因素。法学院的排名尤其如此。我们怎么能够冒这样的风险呢?

Janice Austin, Pennsylvania

> 事实上,这些(排名)并不是申请者做出决定的惟一的信息来源。从院长们的信中可以看出,他们显然认为学生只会根据这些排名来进行报考。这未免过于武断。
>
> *Don Rebstock, Northwestern*

其 他 排 名

很显然,现有的排名并没有将申请者在申请法学院时应该考虑的问题与各方面的因素都囊括进去。这就为你去制定一个适合自己的法学院排行榜、选择一个合乎自身条件的标准提供了极大的空间。下面几种“排名”方案或许会对你有所帮助。

▶ 院系排名

如果你志向高远,决定将来要成为某个专业领域内的律师。那么,你在报考法学院的时候,就不能仅仅注意法学院总的排名了。你必须对所要学习的专业院系的排名有所考虑。实际上,较之于法学院的排名,院系的排名要合理得多。这是因为,教授和雇主对学院设施、教学水平、该专业的课程都非常了解。一位教环境法的教授对其他法学院的环境法系的评价和鉴定很有可能是建立在充分了解的基础之上的。

除求助于已经出版的院系排名(如*U. S. News* 中的排名)外,一定要向相关领域的雇主进行咨询。请他们对致力于该领域研究的法学院做一个简单的排名。

▶ 双学位的排名

如果你想获得双学位,一定要注意第二学位的排名情况。鉴于你的职业发展方向,非法律专业的第二学位的声誉很有可能比你所选择的法律专业更加重要。

▶ 法学院执教机会

如果你认为当律师是浪费时间,而立志成为一名法学教授的话,心中就应该有一个自己的对法学院的排名。不管人们怎么对你说，成为一名终身执教的法学教授肯定不会是一条坦途。任何一位法学教授无疑都是他或她班级中最有权威的人物，而且毫无疑问，应该是毕业于该国最好的法学院。实际上，当你任意浏览一个排名前40位的法学教授的个人简历时，都会发现，几乎所有终身执教的教授都是在1980年左右或之后获得法学博士学位的。同时，还有这样一个趋势，他们几乎都曾就读于知名度极高的法学院。

这说明了一个问题：如果你目标明确，决定从事法律教学工作，那么，你就必须获得通向名牌法学院的录取通知书，否则根本别想。你可以研究一下那些教授们获得学位的学校，看看他们所学的专业，就可以掌握将来的学术热点。

▶ 司法人员

许多法学院的毕业生希望能成为司法人员。这样，其中有的人需要考虑学校声望，有的则需兼顾名望和学习机会两方面。很显然，Yale的毕业生中，得到这一机会的人数大大多于其他法学院：

Yale Harvard	47．5%
Harvard	28．4%
Stanford	25．8%
Chicago	24．7%
Virginia	21．4%
Columbia	21．1%
Michigan	20．6%
Cornell	17．2%
Penn	16．5%
NYU	16．1%
Berkeley (Boalt Hall)	15．1%
Boston College	13．1%
Duke	12．6%
George Washington	12．3%
Northwestern	11．7%
Hastings	11．7%
Georgetown	11．5%
Texas	10．5%
UC Davis	6.7%
UCLA	6.0%

上述数据通常都是准确的。究竟是Yale可以为自己的毕业生提供更多进入司法系统的机会呢，还是Yale的毕业生都特别地想成为司法职员呢？成为法院的司法职员对那些想从事法律教学或是成为诉讼律师的毕业生来说，是一个天然的中途休息站——在一到两年左右的时间里，可以不用找到一个真正意义上的工作。另一方面，那些立志要在事务所里当律师的人就很少有想当司法职员的。因为这和将来商业方面的业务直接联系甚少。Yale培养了大批的毕业生，这些毕业生倾向于公益诉讼，立志在政府诉讼或相关领域工作或者从事法律教学。同时，Yale还有相当多的毕业生并不能决定自己长期的职业发展方向会是什么。这就正好应对了Yale的特点：相对于其他法学院，Yale对自己在法律学术方面的研究颇感自豪（他不希望自己仅仅是一个从事职业培训的地方）。这一点吸引了众多的本科毕业生，他们希望Yale的研究生经历可以像本科的教育一样，是文科教育的继续。

▶ 任职于最高法院的毕业生人数

对一名法学院的毕业生来说，能够在最高法院任职，是一种至高的荣誉了。任意翻开一本某名牌法学院的简介，你都可能会发现这样的一句话：在最近的毕业生中，有多少名进入最高法院任职。字里行间，无不透着自豪与骄傲。

将这一数字与全班的毕业生人数相比较，你就会逐步得出自己的排行榜。当然也存在一个问题，你到底是仅仅考虑近一两年的数据呢，还是在一个更长的时期内进行考虑。由于每年进入最高法院的人很少，所以数据是“不稳定的”，也就是说，如果仅仅以近期人数来进行排名的话，会过度估计每个数据的重要性，而如果用过去20年的人数来进行排名，又过于倚重历史声望了。

▶ 根据来校招工单位数目排名

很简单，用来校招工的雇主的数目除以应届毕业生的数目就可以得到这一数字。当然，这个数字越大，这所学校为毕业生提供的就业机会就越多。作为一种现成的指南，这一数字当然非常具有参考价值。如果在某所学校，平均每个应届毕业生只有1．5个就业机会，而在另一所学校，平均有10个。显然，在后者就读的学生会有更多的就业机会，选择这样的学校，就业的把握也更大。

不过，就大多数同类数据而言，这些数据也不值得过于倚重。平均每名毕业生有8个就业机会或10个就业机会之间的区别很可能没有意义。不管怎么说，每位学生最终选择的学校只能有一所。作为一种对全然不同的学校进行比较的途径，这种方法还是有其局限性的。很难说，人均10个就业机会的学校就比人均5个就业机会的学校好两倍，或者是就仅仅好一点。举例来说，假如你和你最好的朋友同时申请了10所法学院，你收到所有10所法学院的录取通知书，但你最终决定进入Harvard学习；而你的朋友则仅仅收到Harvard的录取通知（被其他9所学校拒绝），顺理成章地进入Harvard学习。在这种情形下，难道你就一定比你的朋友优秀十倍吗？或者说只是比他优秀那么一点点呢？

▶ 根据学校非法律专业毕业生就业排名

如果你认为自己想在非法律领域工作，那么，你也许就不应该读法学院了。不过，如果你坚持进入法学院学习，你就应该考虑选择一所可以帮助你成功进入非法律专业领域的院校。与此类似，你应该注意这些雇主是否在一所特定学校中招募雇员。比如说，如果你对企业战略和咨询感兴趣，就应该考虑一下“四大咨询公司”（Bain，Booz－Allen，Boston Consulting Group，McKinsey）曾经多少次到你拟选择的学校招聘，这是非常重要的。如果你对投资银行专业很感兴趣，那么就应该看看到底有多少该行业的顶级公司到该校招聘员工——对所有你感兴趣的公司或领域，都可以采用这种方式。

所给出的数据应该是绝对的呢，还是相对的？

是否应该将绝对数据换算为平均数——或比例，目前还没有统一的答案。例如，进入最高法院工作的学生数目是应该以每所学校学生的总数计算呢，或是应该按照每所学校毕业生的总数进行计算？可以假设，如果只有两所学校，Harvard有20名学生进入最高法院，而Yale只有10名，但Harvard的毕业生人数是Yale的四倍，到底何谓“正确”的数据呢？

	进入最高法院的总人数	每百名学生中进入高法的人数
Harvard	20	3．33
Yale	10	6．67

我们对这两种衡量方式都做一个假设：如果你想进入一所有较多学生在未来从业司法的学校，你可能会选择 Yale（假设历史业绩是未来成绩的精确指标）。在这样一所学校里，你也许会有更多的时间和这些模范学生们共处，而不像在其他学校里，学生们可能会更加分散在各个学生团体与组织中。或者，你也可以认为这一数字是反映学校总体质量的一个参数。

不过，在某些情形下，你可能会选择 Harvard。因为你可以尽可能多地认识那些将成为司法职员的人。这样，在以后的人生中，建立广泛的社会关系网；或者你准备写一本书，以揭开最高法院的内幕。因此，你必须尽可能多地从他们那儿获得你所需要的信息；或许你认为那些即将从业司法的人们可能会相互认同、更有亲和力，那么，你在 Harvard 建立的联系就要比在 Yale 建立的联系多得多——当然，这是把同这帮人一起社会化和知识化看作是你进入法学院的惟一目标。

然而，这并不是排名方法中存在的最棘手的问题——还存在另外一个问题，这就是，如何衡量不同的变量，制定一个综合性的排名。一旦你了解到人们对一件简单的事情都可能持有多种不同的观点的时候，对学校进行排名的复杂性也就不难理解了。

▶ 其他可能的排名

本章讨论的五种排名方法都采用不同的手段和方式得到排名的结果。还有其他许多方式可以采用。没有任何障碍能够阻止人们根据自己的兴趣来对法学院进行排名。例如，你就可以选择以下的任何一种或几种方式来进行排名。

- 男生百分比。（或女生、少数民族学生、亚裔美国人、外国人所占百分比）
- 有五年以上工作经验的学生的收入。（或 30 岁以上学生的收入）
- 某一学院教师班子编写的教材被其他名牌法学院采用的数量。（可根据专业院系的数目进行调整）
- 某一学院教师班子所著的文章（在权威刊物上）被引用次数。即引用指数。（可根据专业院系的数目进行调整）
- 由该校毕业生所经营的排名前 100 强（500 强）的律师事务所的数目。（可根据毕业生数目进行调整）

- 毕业生进入某一特定领域的百分比。（公益事业、环境法、税收法、刑法等等。）
- 你所选定的某一领域的课程设置数量。（或者是该领域课程所占的百分比）

根据上述任何一种标准进行排名，都可以帮助你获得最理想的排名。例如，根据前两种标准进行排名，可为你提供一种方法，来判断你周围的同学是否与你相似——如果你想在与自己截然不同的人群中学习，也有一种可以找到和你极不相似的同学群体的方法——根据第三、四两个标准进行排名的话，你能得到学校师资力量的直观印象。以不同基础为标准的其他排名不计其数，关键是看你想从法学院的教育中得到什么。

结束语

指望某一种排名能为每一位小心谨慎的申请者解决（不论是精确的还是不精确的）一切担忧、满足各类不同的需求、回答形形色色的问题，是极不现实的。不过，这些排名，作为对学校声誉的大致衡量——作为一个总体的评价——仍然有很强的指标作用。其时效与粗略的本质，决定了法学院的排名只可以反映某一所学校所处的大致地位，而不可能提供它的精确排序。

最终，由排名决定学校的声誉，亦或是用排名来衡量学校的声誉都已经无关紧要。被认为“最好的”的学校——不论是根据什么标准——总是会吸引“最好的”学生和“最好的”雇主。因为你毫无疑问总是最关心就业机会的多少，而学校声誉是至关重要的因素。学校声誉好，你和你的同学还有教授都注定从中受益。

招生官员谈排名

▶ 这些排名到底有何不妥

使用这些排名的大多数人都没有想到过这些排名是如何被计算出来的。这一结果的确是一种谬误的组合：受蒙蔽的用户和排名标准中确实存在的问题。

Janice Austin, Pennsylvania

我们从多个角度来分析本科学生的表现。我们综合考量各种因素，包括学分的计算模式（在大学本科学校中有很大的差别）、申请者所学课程的严格性，以及他/她就读的学校对学生的选择性（选择标准）。单单在美国这么一个国家，就有超过两千所大学，所以存在极为广泛的选择范围（以及由此产生的学生素质的差异）。就选择性和学生素质来讲，不是所有的学校都是一致的，这已经是人所共知的事实。但是我不能理解的是，法学院在选择学生时会忽略这一现实。与此类似，*U.S. NEWS & WORLD REPORT*（在它的排名中，学生的UGPA成绩占到了学校录取衡量标准中40%的比例）在评估平均积分点时也没有意识到这一点。

Jim Milligan, Columbia

一些排名过于依赖和看重LSAT考试成绩和GPA分数，给我们很大压力（招生主任们希望提高自己学校的排名）。一些排名下降的学校甚至解雇了招生人员，因为他们没能达到某一特定的GPA和LSAT平均值。

Shelli Soto, Texas

U. S. News 没有根据班级大小而调整录取率，这也许是他们的另一个错误。申请名牌法学院的学生群体基本上是固定的，所以，规模较大的专业，自然就会有更高的录取百分比。我曾经向他们推荐，在计算选择性指数时，使用产出率（实际注册入学的申请者的百分比）来代替录取率。

Jim Milligan, Columbia

▶ 排名的可取之处

这些排名对防止院校的自满情绪起到了有效的抑制作用。各法学院只有通过努力才能保持自己的排名。

Don Rebstock，Northwestern

如果因为自己是高等学府，就觉得对我们进行排名是蛮干、误导和罪恶，那就有些过于自以为是了。像其他所有商业机构一样，我们也有自己的顾客。进行排名不是可能发生的最糟糕的事情，大体上讲，它还是可以接受的，而且也反映了法学院的实际教学质量。

Andy Cornblatt，Georgetown

我们学院的院长没有参与签署“法学院长的来信”以抗议排名。因为这种排名是社会的现实——如果你研究一下这些排名中的分组——他们尽量如实地反映公众是如何看待某所法学院的，这与申请者决定就读哪所学校是密切相关的。

Don Rebstock，Northwestern

▶ 应该如何使用这些排名

不要试图将一些不宜量化的东西进行量化，只要能得到一个对学校总体的看法即可。

Joyce Curll，Harvard

在开始申请学校之前的搜寻阶段，学校排名对申请者来讲是非常有参考价值的。它有助于申请者决定应该从哪些学校开始着手准备。对学校的排名，可以使人们对法学院校有一个总体的了解，申请者也可以据此估算自己申请某所学校可能的录取机会。

Jim Milligan，Columbia

相当多的学生基于这些排名来选择法学院。结果，他们并没有找到适合自身情况的学校。

Dennis Shields，Duke

选择学校时，到底哪个因素才是最重要的？这个问题，值得人们思考。同时，也应该想想排名背后的东西。他们应该认识到，*U.S. News* 进行排名的依据和标准。不要将量化指标的排位当成权威或最终的决定。相反，应该考虑一下自己对学校的排名，是否也和这些机构得出的排名结果一致。

Erica Munzel，Michigan

许多负责招生的人都发现这样一个不幸的事实：太多申请者过于看重排名。其实，要想把大量相关因素都进行量化、通过一个个的指标来反映某一状况，是非常困难的。

William Hoye，USC

在某种程度上，法学院自己造就了这些排名。在相当长的时期内，一切都是我们说了算。于是就出现了一种需求，要求有一种更加合理、更加客观的方式，以使申请者对不同院校和专业的质量有一个可供比较的了解。但问题是，申请者过于依赖这些排名。它们本来仅仅只是申请工作的一个开端而已。

Elizabeth Rosselot，Boston

由于采用的方法值得商榷，对许多排名都应该给予严格的审查。不过你可以、也应该能够从他们的排名中获得对某一学校声誉的大致了解。但是，要据此而在排名第15和排名第20的学校中做出选择，还是个问题。

Shelli Soto，Texas

▶ 排名对法学院行为的影响

法学院成也排名，败也排名。

Janice Austin，Pennsylvania

排名已经改变了法学院的招生工作，这种改变也许是不可挽回的。曾经一度是学校自身的、以学校为中心的职业行为，现在变得高度公开。因为这些排名非常重视LSAT成绩、录取百分率等等，许多法学院不得不过度注意起可计量的因素来，这是令人遗憾的。在美国许多法学院，招生的职业角色已经发生了变化。另人悲哀的是，学校由学生的顾问和辩护人变成了推销员或销售代理人。

Jim Milligan，Columbia

人们并没有严肃对待自己向*U. S. News* 提交的统计数字。他们“玩弄”这些数字。对于那些在一年内排名迅速上升的学校来说，更有这样的嫌疑。不幸的是，对*U. S. News* 的排行榜中的数字，目前还没有任何有效的核实的方法。

Janice Austin，Pennsylvania

当然，学校是迎合排名的，这种做法最终伤害的是申请者的利益。现在，学校往往决定录取人数、决定划入候选名单中的具备录取资格的人数，或是拒绝那些看来似乎不具备资格的申请者。看来，学校正在替学生做决定，而不是由学生自已来做选择。例如，我听说中西部的大学很少接收来自常青藤联合会学校的申请者，因为中西部的学校和沿海的学校之间，申请者总是倾向于后者。由于这种排名形成的方式，很难在最有利学校和最有利学生之间找到适当的契合点。

Elizabeth Rosselot，Boston

要不是因为*U.S.NEWS* 的关系，我们（法学院和招生委员会）是不会这样为那些数字所累的。

Dennis Shields，Duke

第五章

入学录取程序

内容概要

法学院会对每位学生的申请材料进行仔细的研究

■

大部分法学院都有相当规范的审批程序，但同时又具有一定的灵活性

■

法学院衡量学生的标准：智力、法学潜能和个人特长

—— *负责录取工作的人主要审查申请者的综合素质，而不单单是考试成绩*

因此，作为申请者，你必须说清楚你是谁？曾经做过什么？

■

名牌法学院同时也非常注重生源的多样性

本章介绍法学院的录取审批程序，以及负责录取审批工作人员的组成情况。大多数情况下，你是否能被录取取决于你申请材料中所提供的信息——你的工作经历、受教育程度、社会经验、获奖情况、自我评价、推荐信，以及你的面试成绩。招生官员对不同问题的看法可能会不一致，因此，评审的结果也会大相径庭。但对于申请者来说，同一所法学院的入学审批过程是一致的。虽然不同法学院的入学审批程序在一定程度上会有不同，但这种差别微乎其微——部分原因是，不同法学院的招生官员会就录取审批程序相互协商。而更重要的原因是，不同法学院对申请人的评价都应该公平合理，必须保证给每一位申请者以公平竞争的机会。

“全年接受申请”的招生方式

大多数名牌法学院都愿意采用“全年接受申请”的招生方式，即，一收到申请材料，就立即开始对其进行审批。学院每年秋季（通常为10月1日，有时可能会提早到9月1日或推迟到11月1日）开始接受申请，该工作一直会持续好几个月（截止日期一般为2月1日或2月15日）。申请人通常能在递交申请材料后的一两个月之内（有时需要三个月），收到法学院的录取通知。但是，每个学院寄发通知书的具体时间有所不同。

必须指出的是，在你的全部申请材料送到之前，招生官员并不会开始审批工作。因此，入学录取秘书处会一直等到你的第二份推荐材料送到学校后，才会通知招生官员，你的申请材料已经准备齐全。

标准化的审批程序

▶ 招生委员会主任由谁来担任？

招生委员会主任必须有法学院招生录取工作的经历。名牌法学院的招生委员会主任须在法学院担任过五年以上的高级评审员，或者在普通法学院主管招生录取工作五年以上。

▶ 招生委员会是怎样组成的?

招生委员会委员通常由法学院院长或招生委员会主任提名的四至七位法学院教授组成，且由符合条件的教授轮流担任。被选上的教授均来自学院的不同学科领域，且都实行任期制。委员会主任可以兼任委员会委员，也可以担任委员会顾问。现在，许多学院开始吸收学生入会，他们可以有表决权或只是作为咨询员。

▶ 录取工作是如何进行的?

录取工作有以下几种方式：

第一种方式，由招生委员会主任首先审阅申请材料，并挑选出他认为条件最好的申请人，同时淘汰那些明显不符合条件的人，而将另外一些条件一般的人，转交给招生委员会裁决。委员会成员们将共同协商，从这些条件一般的申请人中最终挑选出符合录取资格的人。

与第一种方式相比，第二种方式有所不同。首先由招生官员们将所有的申请材料都审阅一遍，同时挑选出符合条件的候选人，淘汰掉不符合条件的。而对于那些不能确定的人选，则交给委员会（或其他评审员）讨论通过。在这种方式下，委员会主任同样还要对每一份申请材料进行快速审阅，以避免在审查程序中出现任何差错。

第三种方式，由两名招生官员分别审阅同一位申请人的材料，并且各自独立做出是否录取该申请人的决定。如果两人都同意接受，则该申请人将被录取。相反，如果两位招生官员都认为该申请人不符合条件，则被淘汰。假如他们意见不一致，或者都表示不能确定，则该申请人能否被录取，将有待进一步研究。对于这种情况，大多数法学院通常由招生委员会集体商议决定。

因此，招生委员会主要有两项工作。一是，对委员会主任或其他招生官员们不能做出评判的申请材料，通过合议的方式而得出结论；二是，委员会的专家可以对申请材料中涉及专业的部分给出明确解释，以帮助委员会做出正确的判断。例如，一位曾经在意大利从事过教学工作的教授就能够将申请人材料中所涉及的在意大利受教育的情况，解释得更为清楚。

▶ 录取的标准

Chicago曾经透露过该校招生时所考虑的因素："我们要招的学生必须具有一定的学习能力和应用能力。与此同时，我们在招收学生时，会刻意追求学生生源的多样性，以营造一个充满争议的学习氛围。"

学习能力 "学生应该有知识、有能力、能解决问题。他们在大学时的综合表现，以及各校的评分标准，都是我们在衡量申请者的大学成绩时，必须考虑的因素。"

应用能力 "我们会查看申请者的大学成绩单，目的是要了解他们学过的课程，了解他们分析问题的能力，看看他们是否能准确、简洁、流畅地进行口头表述和书面表达。"

生源的多样性 "我们努力追求学生生源的多样性，使每一个班级成为来自不同种族、不同宗教信仰、不同教育背景和不同国籍的学生的大家庭。在这样的班级里，学生们更能就同一法律问题提出不同的见解。这样，能促进学生在课堂内外的讨论。我们尤其欢迎女性和来自少数民族的申请者，因为这两类人在法律上一直受到不公正的对待。"

其他法学院对候选人的要求也大同小异。要想了解名牌法学院招生录取的标准，最简单的办法就是，看看这些学院所采用的推荐表。法学院主要要求推荐人对申请者在其特长、判断力以及分析能力方面做出明确的评价。比如，该申请人的能力在其所处的行业内、同等学历层次上排在前2%，前5%，前10%，前25%，或是前50%，还是说倒数第几名。名牌法学院要求推荐人对申请者进行评价的项目非常相似。下面列出了三所大学要求推荐人对申请者进行评价的几项内容。

	Cornell	Georgetown	Northwestern
成熟度	X	X	X
领导才能	X	X	X
智　力	X	X	X
判断力	X	X	X
交际能力	X	X	X
性　格		X	X
自我约束力	X	X	X
对他人的关心程度	X		X

Georgetown 和 Columbia 的推荐表所涉及的项目更加详尽。下表同时列出了 Georgetown 和 Columbia 的评价标准。从中可以看出，两者之间存在许多的一致性。

Georgetown	Columbia
内在能力	综合能力
分析能力	分析能力
思维的严密性	解决问题的能力
推理能力	评论能力
思维的独立性	思维的独立性
创新性	创新性
想象力	
创造力	
表达能力	表达能力
口头表达能力	口头表达能力
文字表达能力	文字表达能力
学习态度	学习态度
持久性	学习目的与勤奋程度
自我约束力	进取心
学习方法	
判断力与成熟度	判断力与成熟度
责任心	开创精神
常识	判断力
领导才能	情绪控制力
	领导才能
个性	个性
交际能力	关心他人程度
	自信心
	组织能力

通过下表，我们还可以看出，以上两所学校与 Chicago 对候选人的要求是非常相似的。Chicago 对学生的要求可归纳为以下三个方面：智力、法学潜能和个人特长。

考 察 依 据

	主要依据	次要依据
智力	大学成绩 法学院入学考试成绩	工作经历 培训情况 论文
法学潜能	法学院入学考试成绩 工作经历	论文 社会实践
个性	论文 推荐信 面试	社会实践 其他材料

▶ 录取标准的调整

一定有人会问，有的申请者工作业绩卓著，但在校学习成绩平平，而有些申请者却正好相反。对于这些情况，招生委员会主任究竟是如何取舍的呢？换句话说，委员会主任是如何根据每个候选人的不同情况做出选择的呢？这当然不会有固定的模式。然而，以下三点是必须要考虑的。

第一，名牌法学院要求申请人具有全面的素质。像 Yale、Stanford 和 Harvard 有着显赫的声誉，当然要求申请者不但要有优秀的学习成绩，还要有辉煌的工作业绩和足够的社会经验。它们根本不用考虑调整录取标准的问题。

第二，其他法学院会根据不同申请者的实际情况，灵活调整录取的标准。例如，对于仍在大学就读、利用课余时间在饭店打工的申请者来说，法学院会更看重他的在校表现，参与社会活动的情况，以及他的入学考试成绩。对于一位已有七年工作经验的申请者来说，法学院就不会太注重他在校时的学习成绩了，而更看重他丰富的工作经验。

第三，不同的学校在录取学生时，有不同的选择倾向。因此，在录取审批的标准上就会有所不同。以 Northwestern 为例，因为比起别的学校来，该校更加注重申请者的工作经历。因此，他们招收没有工作经历的大学毕业生越来越少。

▶ 生源多样性的重要性

法学院非常注重学生生源的多样性。如果学生来自于不同种族，有着不同的教育背景和工作经历，将有助于提高学生的学习效率，也能满足用人单位对毕业生多样化的要求。法学院追求生源的多样性，一方面是为迎合社会对人才的要求，另一方面则是为了满足不同种族申请者（诸如美国黑人和拉美人）的要求，而刻意调整了录取标准。因此，法学院热衷于追求学生生源多样化的这一事实，不可避免地影响到他们对申请者进行的评判。

▶ 展现个性的重要性

当录取审批工作进入最后阶段时，招生官员已经掌握了申请者大量的信息。如果申请者认为整个审批过程仅仅是比较各申请人的大学平均成绩（UGPA）和法学院入学考试成绩（LSAT），这就大错特错了。负责录取工作的招生官员也是人，都是有感情的。因此，他们不会只是机械地对比学习成绩，而会更全面地考察每一位申请者。如果你只是在申请材料中满满地罗列了几页数字，这绝对打动不了招生官员们的心。相反，如果你能在申请材料上充分展示自己的方方面面，这将更有可能赢得被录取的机会。因此，作为一名申请者来说，你应当使尽浑身解数，向招生官员展示你的特点，你的与众不同之处。同样，对于招生官员来说，要做出录取或不录取的决定也并非轻而易举的事。他们需要花费大量的时间，认真审阅申请者的材料，然后才能做出正确的评估和选择。总而言之，录取工作绝非是简单地、机械地对考试成绩进行评比。

评定指数的使用

在不同法学院的录取审批工作中，最大的区别在于评定指数的使用。有关指数评定法的说明，请见下框。

指数评定法

许多大学在录取审批工作中采用指数评定法。指数是将申请人的大学平均成绩（UGPA）和法学院入学考试成绩（LSAT）代入一个公式而得出的。比如，Virginia 这两年采用的公式为：

（4．159×UGPA）＋（0．24×LSAT）＋2．0 ＝ 指数

如果申请者的大学平均成绩（UGPA）为3．0，入学考试成绩（LSAT）为170的话，计算出来的指数约为55．3。又如申请者的大学平均成绩（UGPA）为3．6，入学成绩（LSAT）为160的话，计算出来的指数（约为55．4）与前一位申请者相当。因此，我们可以得出，在采用此公式计算的前提下，入学考试成绩的1分大致相当于大学平均成绩的0．06分。

所有的指数计算公式均由联邦法学院招生管理委员会制定，各法学院根据实际情况选用。法学院向招生管理委员会提供全部新生的大学平均成绩，入学考试成绩以及入学后第一年的考试成绩，然后，由委员会制定出最能反映入学后学生成绩的指数计算公式。因为每年的计算公式都会变更，且同一年不同法学院选择的计算公式也不相同，所以根据大学平均成绩和入学考试成绩得出的指数结果可能会大相径庭。这种技术上的问题已经超出了本书所涉及的范围，因此本书将不做详细解释。在指数评定法中，入学考试成绩和大学平均成绩大致上分别占指数成绩的30%或60%，不等。然而，绝大多数法学院采用的公式都不会将这两项成绩的任何一项占到指数成绩的60%以上。

正是因为每所法学院采用的计算公式不同，运用这些计算结果的方式也是五花八门。有些法学院倾向于将指数计算结果作为初选的标准，将那些计算结果高于某一数值的申请者定为初选合格，而低于该数值的人将落选。还有一些法学院使用的公式比较复杂，在计算指数时，将大学平均成绩根据申请人所就读学校的等级、评分标准、所开设课程的难度等因素，又进行了细化。比如，United States Military Academy（Army）具有一流的教学水平和严格的评分标准。一位从该校毕业的机械工程专业的优秀陆军军官，肯定比一位在地方一般大学就读刑法专业的毕业生更受欢迎。尽管这两位学生的在校平均成绩都是“3．0”，但这两个“3．0”，在录取审批人员

心目中的分量却大不相同。

还有一些法学院，采用指数评定法首先筛选出一部分学生，然后采取详细评审申请材料的方式选出剩余学生。例如，Hastings 法学院录取的学生可分为两个部分，一半是通过指数计算公式得出的学习成绩较好的学生，而另一半则是那些成绩一般，但其他条件都不错的学生。

法学院在招生录取工作中，采用指数法进行评定的一种普遍的方式是，设定一个参考指数值，对于成绩高于某特定参考数值的申请者归为拟定录取，对于成绩低于另一特定参考值的申请者将不考虑接受。成绩介于两参考值之间的申请者，则有待进一步详细审查。被列入“拟定接受”的申请者，在校期间必须没有违纪表现，修满全部课程，没有犯罪记录等等。通常，绝大多数此类申请者都能被录取。相反，对于那些被列入“不能接受”范围内的申请者，如果没有特殊的才能或是特别的经历，将肯定会被淘汰。

采用指数法进行评定的另一种普遍方式，就是通过指数公式计算出申请者所得的指数成绩，并按照从高到低的顺序，将申请者分成若干组，以便查阅，但指数成绩的排名先后一般不会影响审批结果。有些法学院往往一次性审阅所有给出计算结果的申请材料，以便相互比较。还有一些法学院则先根据计算结果将申请材料排序后，再交给评审员审查。比如，一名招生官员可能会同时拿到排名在前六位的所有申请者的材料。

指数法在实际运用中的不同运作方式，主要是由两方面原因引起的。一般来讲，学校的声望越高，名气越大，在招生时对指数法的依赖性越小（许多名牌大学在招生时，根本就不利用指数进行评定）。与私立学校相比，同等层次的州立法学院则更多地依赖指数法得出的结论，来决定申请者能否被录取。因为作为公立大学来说，它们更应当向广大申请者和政府展示其录取工作的公正性。而采用指数法作为录取的重要依据，则似乎更能显示其公正和精确，也能为公立大学赢得更好的声誉。

对于指数评定法的使用，还有另外一个隐藏的原因。那就是，美国*U.S. News & World Report* 每年根据各法学院所录取学生的成绩，对法学院进行排名。结果就导致了许多法学院在录取过程中，过分注重申请者的大学成绩和入学考试成绩。（有关法学院排名的详细情况，见第4章。）

The Official Guide to U. S. Law Schools 一书（通过该书，可以了解到每年达线申请者的人数，以及录取人数）粗略地谈到了不同法学院在录取工作中对待申请者入学成绩和大学平均成绩所持的不同的观点。

录取结果

录取审批的结果一般有三种。首先当然是“录取”或“不录取”，还有就是列入候补，等待“再审”。原因很简单，招生委员会感觉到有必要对某些申请材料进行更准确的评估。因此，这些申请材料会经历再一次的审批。这种情况多出现在那些虽然已在报名时间内递交了申请材料，但由于条件一般，委员会不能立即做出决定的候选人身上。

法学院数据信息服务中心

几乎所有由美国法律协会批准成立的法学院都要求申请者向法学院数据信息服务中心递交申请。该机构由联邦法学院招生管理委员会负责管理，是一个旨在引导法学院招生录取工作高效协调进行的非盈利性组织。所有经美国法律协会批准成立的法学院均是联邦法学院招生管理委员会成员。

不论向哪所法学院提出申请，法学院数据信息服务中心都会准备一份同样格式的申请书。该申请书要求填入法学院录取时所需的包括各种申请材料和自我鉴定在内的各种信息，以便学校查阅。需要填写的具体内容有：

- 大学所学专业简介
- 所有专科、大学及研究生阶段成绩单复印件
- 法学院入学考试成绩以及所发表论文的复印件
- 由联邦法学院招生管理委员会提供的推荐信复印件

此申请书由法学院数据信息服务中心设计，在申请人填写完毕后，交到申请学校，报名工作宣告结束。该申请书能为招生人员提供申请者的标准化信息，以及所有成绩的汇总（参见下表）。同时，申请书上还会提供已折算好的成绩指数（有关指数评定的内容本章已详细叙述）。

▶　成绩换算

法学院数据信息服务中心将成绩简化为一种标准的4．0管理系统，这更有利于对照和比较。目前所有法学院都在采用同一套量化评估系统。信息服务中心这样做的目的不在于评价每所大学成绩的含金量。转化后的成绩，以及原成绩都会出现在成绩换算单上。必须注意的是，这套系统只适用于将学生的大学成绩指数化，而不适用于换算研究生成绩或其他成绩。

成 绩 换 算 表

LSDAS制换算后成绩	换算前成绩				
4.0标准	A－F	1－5	0—100	等 级	等 级
4.33	A＋	1＋	98－100	第一级（4.0）	第一级（4.0）
4.00	A	1	3－97		
3.67	A－	1－	90－92		
3.33	B＋	2＋	87－89	第二级（3.0）	中 级（3.0）
3.00	B	2	83－86		
2.67	B－	2－	80－82		
2.50	BC				
2.33	C＋	3＋	77－79	第三级（2.0）	及 格（2.0）
2.00	C	3	73－76		
1.67	C－	3－	70－72		
1.50	CD				
1.33	D＋	4＋	67－69	及格	
1.00	D	4	63－66	（1.0）	
0.67	D－	4－	60－62		
0.50	DE或DF				
0.00	E和F	5	60以下	不及格（0.0）	不及格（0.0）

* 以下成绩不在换算之列：

- 你已退出的课程
- 并非由于被学校开除或其他原因，而没有完成的课程
- 大学毕业后取得的成绩
- 没有学分的成绩
- 只记载有及格或不及格的成绩
- 没有学分，但并不表示不及格的成绩，同时也不会有分数存在

凡对成绩转化过程或申请书有任何的疑问，请查阅联邦法学院招生管理委员会提供的、由法学院入学考试中心及法学院数据信息服务中心共同编印的*LSAT & LSDAS Registration & Information Book* 一书。

▶ **联邦法学院招生管理委员会的地址是：**

BOX 2000
661 Penn StreetNewtown，PA 18940 – 0998
Tel：(215)968 – 1001
Fax：(215)968 – 1119
Internet：www.lsac.org
E – mail：lsacinfo@lsac.org

招生委员会主任眼中的录取工作

▶ **法学院的录取过程**

80%以上的决定通常由评审员们做出，其余10% – 20%则由招生委员会做出。

Andy Cornblatt，Georgetown

委员会在申请人的全部材料都到齐后，按先后顺序进行审批。每份申请材料至少由两个以上的招生官员进行评价。我们学院在录取过程中不会仅仅根据申请人的大学平均成绩和入学考试成绩就把学生们主观地定为“录取”或“不录取”。

Jim Milligan，Columbia

Harvard在录取工作中不使用学生作为评审员。所有申请材料首先由各招生官员审阅，然后交到委员会由专家组审阅。每份申请材料都要经过详细审查，以了解该申请人在校表现是否优秀，了解学校的成绩评定是否严格，了解推荐人态度是否严谨。

Joyce Curll, Harvard

我们会尽快地把申请材料分成两类，大约有45%的申请材料由招生官员个人审阅和评定。另外55%的材料在招生官员做出评价后，交给委员会专家组。我们请专家组参与申请材料的评审，目的在于使专家组成员们通过这一过程进一步了解其他学院的情况，了解各校的评分标准，也熟悉各校的推荐老师。例如，我们向专家组提供Princeton去年的报考情况，以便专家参考，从而决定今年从该校录取的人数。我们还会给专家们提供Princeton各种近期的统计数字，包括该校实施的新举措，以及每位申请者的指数成绩等。

Albert R. Turnbull, Virginia

第一位申请材料的评阅人就可做出“录取”、“不录取”或“再审”的决定。有待再审的材料，评阅人能直接将它交给另一位招生官员或招生委员会进行审批。无论将材料转交给谁，该招生官员可注明或不注明自己的推荐意见（即肯定或否定意见）。我校的招生委员会由若干教授和五位三年级的学生组成，负责制定招生录取的各项政策，并同时承担对于申请材料的再审以及投票决定工作。

Shelli Soto, Texas

申请材料首先由委员会审查。所有的申请材料都会被仔细审查。

Michael Rappoport, UCLA

所有的申请材料都由我先审查，然后将部分材料转交给招生委员会再审。我们不倾向于将材料分成“预备录取”或“预备排除”两类。我把申请人材料的每一部分都看作“一团迷雾”。我对这些材料的仔细审查过程，也就是对每位申请人的了解过程。

Faye Deal, Stanford

如果我们发现在申请者的申请材料中有含糊不清的地方，我们会寻求进一步的解释。我们可能会联络该申请人，要求他对此做出解释。我们甚至还会让他就此事做出书面解释。

Erica Munzel, Michigan

▶ 招生委员会的组成情况

在我校招生委员会专家组的成员中，有部分三年级学生。这不会产生泄密的问题，因为等那些由他们参与录取的学生入学后，这批三年级的学生已经毕业了。

Erica Munzel, Michigan

招生委员会由五位专家组成，我们不安排学生加入。

Anne Brandt, Vanderbilt

我们学校在招生录取过程中，比别的学校更注重专家组的意见。

Jean Webb, Yale

▶ 指数评定法的使用

我校在研究生招生录取过程中，绝不采用指数评定法筛选学生的档案。我们会审查每位申请者的申请材料。

Kenneth Kleinrock, NYU

我校只在初选时使用指数法，因为指数法只考虑成绩，而忽视了其他因素。实际上，我们不会仅根据成绩就轻易地将一名申请者的名字删除。对于每一份材料，我们都会仔细查阅。我们的审批过程是非常主观的，任何申请者都有可能因为某方面的成绩让我们感兴趣。比如说，自我评价、简历、好的推荐信等等。当然，成绩优秀的申请者被录取的机会肯定会更大。

Shelli Soto, Texas

为了有效地节省时间，我们会利用指数公式将申请人的档案排序，但这并不影响审批的结果。我们把几天时间完全用于阅读、审查成绩好的申请者的材料，而另外几天时间则全部用于审查成绩不太理想的申请人的材料。因此，这种方式能让我们审阅所有申请人的材料。如果我们采用指数公式确定录取学生，那么我们就将指数法在录取过程中的作用扩大了。

Janice Austin, Pennsylvania

我们学校采用指数公式计算成绩。我们将申请者的成绩输入电脑，得出指数成绩。除了成绩之外，我们还会考虑申请者就读的本科学校的情况。如果其本科学校是名牌大学，包括著名的公立大学，比如 Virginia、Wisconsin、Berkeley、UCLA 或者是 Ivies、Stanford 等。我们会更愿意接受那些毕业于这些学校的学生。尤其是对于大学平均成绩中等的申请者来说，他本科就读的大学是否出名就更为重要了。我们利用申请者的指数成绩来进行归档工作，成绩高于录取分数的申请者正常情况下予以录取。虽然我们录取时要看申请者的成绩，但每一份申请材料的细节，我们都会详细审查。比如，我们会核实申请人大学平均成绩是否准确无误，是否由于某一年的考试成绩偏低而影响了他的平均成绩。同时，我们还会了解该生在大学时的成绩排名、所修专业以及所学课程等等。

Michael Rappoport, UCLA

我校在研究生招生录取审批时，不采用指数法进行评定。可以说，在通常情况下，三分之一的学生是根据申请者的大学成绩录取的；（需要指出的是，这里的大学成绩不单指考试成绩。）三分之一的学生是根据法学院入学考试成绩录取的；其余三分之一学生的录取原因是个人或其他因素造成的。任何一位申请者如果被我校录取，首先，必须有优异的大学成绩和入学考试成绩。其次，申请材料中提供的其他情况也必须优秀或较好。每个人都能申请，但录取的毕竟是少数。

Andy Cornblatt, Georgetown

我们所有的录取决定都是深思熟虑的结果。虽然，优异的入学考试成绩和大学成绩在审批过程中占很大的比重，但这不是惟一的因素。

Faye Deal, Stanford

我们采用指数法来评定考试成绩。与此同时，根据申请者提供的其他材料进行综合评价。比如，对于申请就读工程与科技类专业的申请者，我们对其大学平均成绩一项的要求就不高。如果我们要求申请政治理论专业申请者的大学平均成绩指数达到3.6的话，那么，工程专业的申请者则只须达到3.2或3.3的指数成绩。毕业于名牌大学的申请者会被注上“*”号，以示区别，但这不会对录取决定产生太大的影响，因为要考虑的因素很多，竞争相当激烈。

Don Rebstock, Northwestern

整个录取过程以指数成绩为导向，我们按照成绩排名，将申请者分为三组。成绩最好的一组申请者被拟定为“录取”，然后在最终决定前，我们还会审查该申请者的其他材料。比如，看看该生大学阶段所选择的课程，同时，我们还要审查申请者的自我评价和推荐信，目的不是了解他的学术水平，而是看看是否能找出不录取他的理由。成绩最差的一组申请者如果没有特别突出的地方，就会被暂时定为“不录取”。要决定成绩中等一组申请者的审批结果，颇费周折。对于这一组学生，我们要从他们的国籍（美国人或外国人）、本科所学专业、民族、种族以及宗教信仰等诸多方面来审查。

Elizabeth Rosselot, Boston

申请者的指数成绩并不决定我们的招生录取结果。我们会查阅每一名申请者的档案，包括成绩排名靠后的申请者的申请材料。

Erica Munzel, Michigan

我们学校不采用指数排序。我认为利用指数成绩排名来录取学生，多少会让评审委员们认为“成绩第一”，而忽视了对学生其他方面的考查。正因为我们不采用指数排序，我们就必须用更多的时间来仔细审查每位申请者的档案。

Anne Brandt, Vanderbilt

我校在使用指数公式将成绩排序时，并不考虑申请者曾经就读的学校、所修具体课程或者是成绩的膨胀系数（如，毕业于Stanford、成绩中等的申请者大学平均成绩有3.4，而同等水平的、来自

Princeton的申请者大学成绩只有3.2）等等。我们采用这种一概而论的指数法将申请者进行粗略的分组。为了弥补指数法只片面强调成绩的缺陷，我们会认真审查每位申请者的申请材料。与此同时，通过指数法，我们还能比较每年的申请者成绩，并且据此将当年的申请者进行预先分类。

Albert R. Turnbull, Virginia

▶ 指数的计算公式

我们利用指数法对申请者进行初选分类。指数计算公式为：

（0.485×LSAT）+（8.121×大学的GPA）-42.397

Elizabeth Rosselot, Boston

我校申请者的指数成绩中，入学考试成绩占62%。

Kip Darcy, Hastings

我校使用指数公式的目的是预测新生入学第一年的成绩。指数公式为：

（0.044×LSAT）+（0.370×大学GPA）-5.328

在指数成绩的基础上，我们把申请者分为三组。对于那些指数成绩达到或高于3.3的申请者，我们就直接录取，而不需要将这些申请者的申请材料提交委员会审批。（每年，这类申请者约占80%。）对于那些我认为不具备录取条件或有待再审的申请者档案，递交给委员会。而对于指数成绩只有或低于2.9的申请者，我有权不请示委员会而直接将他们淘汰。（这类申请者中，只有不到1/3的人有被录取的希望。）对于这类申请者，如果我认为可以录取或可以再审，也必须将这些申请者的申请材料报给委员会审查。指数成绩在2.9—3.3之间的申请者档案由我先审查，并写出评审参考意见，然后交给委员会审批。

Robert Stanek, George Washington

▶ 生源的多样性

我校生源的多样性指的是：教育背景（所学专业）、政治倾向（学生有各自不同的政治主张）、年龄（30岁以上）、性别、籍贯、专业上的兴趣爱好（知识产权、人权、环境等）。

Janice Austin, Pennsylvania

为了使学生的来源具有多样性，我们考虑了尽可能多的因素。比如，在一个有450个学生的班上，要有175个以上的学生毕业于名牌大学。其他还要考虑的是工作经历、年龄、家庭出身（来自农村、郊区还是城市）、曾就读的学校（公立还是私立，规模较大的学校还是规模较小的学校）、种族、本科专业和国籍等等。

Robert Stanek，George Washington

我们希望生源多样化。学生可以具有不一般的特长或经历，曾经当过兵，父母是残疾人，或是十六岁时就因为淘气而离家出走等等。我们希望学生具有丰富的工作经验，曾经担任过公务员，或者是曾担任过领导。学生的公务员经历对于我们公立大学来说，是非常重要的。

Shelli Soto，Texas

我们非常看重那些与众不同的学生，甚至包括对于现有法律体系持有异议的学生。例如，那些曾在旧市区工作过的学生。同样，我们还非常重视生长在集权主义国家，或是曾在法律部门工作过的申请者。

Michael Rappoport，UCLA

我们希望学生的来源多样化，具有不同的兴趣爱好，不同的经历，不同的背景和不同的观点。这样一来，他们之间能够相互了解，共同提高。

Erica Munzel，Michigan

▶ 生源多样性的价值

我们希望学生来自世界各地，这一定程度上能提高我校在国际上的知名度。

Don Rebstock，Northwestern

我们非常赞赏学生在学科间进行交流。因此，我们的学生有的懂经济、有的懂历史、有的懂政治或是自然科学等诸多领域的知识。这样，就能使学生们就同一个问题发表不同的观点，丰富了教学的内容。

Erica Munzel，Michigan

第六章

申请时间表

内容概要

尽早提出申请，尽量拿出一份最佳的申请材料

■

通过“申请备忘录”来控制整个申请程序

最热门的法律课程在招生过程中基本上都采用“全年接受申请”的模式。也就是说，依据“先来后到”的原则，招生官员对申请者进行审核（评定）。部分名牌法学院则在此原则之上稍作变化：他们先考虑那些“最有竞争力”的申请人（即竞争力的分数指数较高者），然后再依照高低次序考虑后面的人；或者，他们优先考虑那些最先提出申请的人。即，凡是在 12 月 1 日前提交申请的学生，他们将优先获得录取通知。这是因为，大多数学校都有一个提交申请的最后期限，而且有些甚至每年的 1 月 15 日就停止接受申请。所以，这个时间请大家一定要注意。

何时提交申请——早还是晚

申请周期指的是学校为所开设的课程接收申请者的时间。打个比方，学校可能会在该年的 10 月 1 日至翌年的 2 月 15 日之间受理第二年 9 月份开学的课程的申请。那么，这里就有一个很重要的问题：到底是早一点申请呢（比方说在 11 月份），还是晚一点申请（翌年的 1 月份或者 2 月份），才更有可能获得成功？

▶ 提早申请的好处

提早申请有以下几方面的好处：首先，提早申请，加之完美的表述，说明你办事果敢周全，同时也说明你就读该法学院的决心与诚意，而绝不是仅凭一时之兴。其次，如果学校扩招或降低录取标准（在招生旺季，这是很有可能的），那么提早申请的又一好处也显现出来。因为头一批申请者将获得优先考虑和特别的照顾。特别是有一些人，提早申请对他们来说是极为有利的。比方说，如果你的书面材料还不错，但没有什么特殊技能或经历，这样的申请可能会和许多申请人的申请材料类似。那么，如果你的材料是这类申请中的头一份的话，可能不大会招致考官厌烦的情绪。打个比方，一个在英国学完了法律初级课程的在校生，他就毫无疑问地应该尽早提出申请。第二类人是那些申请材料较复杂的申请者。如果你想让招生委员会有足够的时间和精力仔细阅览你的材料，你就应该早点申请。因为，随着招生工作的推进，委员们的时间将越来越少，精力也会慢慢地减弱。

具有约束力的提前录取 vs 不具约束力的提前录取

现在，许多学校推行一种所谓“提前录取”的招生方式。即：打个比方，11月1日之前提出的申请在12月中旬就得到答复。其实，这类方式大多与常规招生区别不大。这是因为，录取相对自由开放（是不受拘束的）。已被录取的申请者可以将他们的材料再寄给其他学校。然而，还有一些学校采用的是同录取大学本科生相似的提前录取法。即，他们要求已被录取的学生立即放弃申请其他学校。否则，将被取消提前录取的资格。也就是说，这种提前录取决定是受到约束的。

我们认为，开放式的录取是值得考虑的。就像我们前面谈到的，在很多情况下，提前申请能够提供更多的录取机会。而且，对于许多出色的申请者来说，早点获得通知就不必焦急等待，也不用因为担心不被录取而需要继续向其他许多学校递交申请材料了。这样，实际上就节省了时间、精力和金钱。

而那种没有约束的招生方式，即非开放式的招生，相对来说，就不具有那么大的吸引力了。他们和录取大学本科生不大一样，并不能保证申请者能更容易地被录取。所以，这种录取方式对大多数人来说并不十分理想。但如果你已锁定想读的学校，也不想费心去比较其他学校的费用支出，从而选择最适合你的学校的话，那么，这种招生方式是可取的。

提供提前申请机会的学校

	申请终止期限	录取通知发送日期	是否受约束
Boston College	11月26日	12月16日	不
Chicago	12月01日	01月30日	不
Duke	11月01日	12月15日	不
Georgetown	11月10日	12月10日	不
NYU	10月15日	12月01日	不
Penn	11月01日	12月15日	不
Texas	11月01日	01月15日	不

做出提前录取决定的学校

Columbia	12月01日	12月15日	是的
Hastings	12月01日	12月31日	是的
Notre Dame	11月01日	12月31日	是的

打个比方，如果你大二学年结束时，离开学校，去当了五年的话剧演员。然后，你决定真正要做的事情就是完成学业，成为一名福利顾问，也就是你现在所从事的职业。你独持而又较为复杂的背景需要引起招生官员的特别关注。因此，你绝对需要提早申请，以确保你的申请能够得到足够的重视。（国际学生也应尽早申请，因为国际上对于学生成绩评估的多样性可能会使得申请者的申请变得相对复杂。）

▶ 迟些提交申请的好处

显然，迟些提交申请只有一个好处：即申请者可以利用余下的几个月时间继续准备申请材料。对于有可能改变申请方向的人来说，迟些申请也是很有帮助的。如果申请人即将完成一门主要课程，而且希望取得优异的成绩，他可能会考虑在课程结束之后再提出申请。这样，这个成绩就会给他的申请材料增色不少。同样，如果申请材料中需要提供秋季期末的成绩，那么，申请人也应该等成绩出来后再提交申请。

还有一个可能的好处就是：当学校做出错误判断时。如果学校认为报名的优秀学生并没有他们预先期望的那么多，就可能会对那些后来提出申请的申请人降低某些录取标准。这种情况是不可预知的，不大可能会经常出现在所有学校的招生录取工作中。但是，在那些名牌法学院里，却很有可能发生。

▶ 那么，我们到底应该怎么做呢？

对于大多数人来说，提早申请是有好处的。总的来说，最重要的就是尽可能地提早完成申请。越早开始申请，就有越多的机会去重新考虑，进行调整，并且有时间让你的推荐人完成推荐信，甚至有足够的时间请别人帮你审核已完成的申请材料。只有一类人应该延迟申请，即，希望多花些时间把申请材料做得更加完善的人。

尽早完成一份足够专业的申请材料。

整个申请过程需要多长时间

很多人低估了一次好的申请所需花费的时间，以为一两个周末就够了。事实上，很多必须的步骤要花很长的时间去准备。比方说，请人写推荐信，你要向推荐人解释推荐信应该包含的相关内容，然后给他足够的时间来完成，并确保他能准时交稿。这一切，都有可能要花上数月的时间，而不是像你想象的，以为几天就可以完成。倘若你不只申请一所学校，而是申请了 9 至 10 所学校的话，情况又会复杂得多。你将有更多的申请表格需要填写，有更多的申请短文需要撰写，还会有更多的推荐信需要找推荐人，等等。虽然有些工作是重复的，有些内容可以照搬，但过多的繁杂琐碎的事，无疑也会消耗你更多的精力。

如果你想申请法学院的话，至少要提前一年零三个月左右的时间开始申请。也就是说，如果你想读 9 月开学的课程，你就要在头一年的 5 月开始申请。这可能听起来太早了点，但是根据招生时间表，这是最合适开始着手准备的时间了。之所以这一过程需要这么长的时间，是因为大多数学校要求申请人至少要在开学前的 6、7 个月就递交申请材料。也就是说，如果你按照我们建议的时间来开始准备，你就有大约 10 个月的时间准备申请材料，并提前提交申请。

如果你着手晚了，或者没有认真地对待这个问题，等到最后期限临近时，肯定是手忙脚乱，应对无措。而且，当你最终一切就绪，把申请材料递交到招生委员会手中的时候，很可能所剩名额已经不多了。本书就是要向你介绍正确的申请方法，使你能运用专业的申请技巧，提高自己被录取的机率。

下面，将要给你介绍的时间表就是要再次强调时间对于成功申请的重要性。所以，设定你自己的申请时间表是十分重要的。在开始你的法学博士课程之前，你最好提前 15 个月着手准备。但如果不能提前开始，你也不要惊慌失措。因为很多人也像你一样，需要压缩工作量，提高效率。但是，你应该确保把所有可利用的时间都利用起来，而且千万要留心一些重要的日期：

- LSAT（和 TOEFL）考试的报名时间及考试时间
- 申请提交的最后期限

申请时间表

以下是一个比较具有代表性的时间表，适用于9月开学、2月申请截止的情况。当然，这个表也并不是绝对的。其中具体的申请步骤及相关的最后期限，等等，可供你参考。

▶ 早春

在开学前15个月左右，你应该：

- 开始考虑为何要选择法律专业。以及你是否真正需要拿一个法学学位。
- 初步拟定合适的学校，阅读几本好的指导性书籍，看看权威性法律杂志及其他大众杂志上的最新动态、研究课程的种类，查看学校的网页，并与学校的相关人士交流。
- 向法律专业服务机构（Law Services）索要LSAT和LSDAS的报名表及资料册。
- 研究几所学校的申请表格，哪怕是一年以前的也行，了解一下基本的申请过程。
- 考虑请谁帮你写推荐信（别忘了从现在开始就对他们好一点）。
- 开始制订切实可行的财务计划。研究获得经济资助的途径，并考察你是否具备获得资助的资格（确定要填写的申请表格及交表期限）。
- 报名参加6月份的LSAT（和TOEFL）考试。
- 考虑如何准备LSAT考试。可以先从法律专业服务机构获取样题，然后认真地做一次模拟测试。如果你不是应试高手，对考试并不了解，也不想完全靠自己去备考，那你就要想好去参加某个考前培训班，并确定具体的上课时间。国际学生也可以同样的方式准备托福考试。
- 开始填写第8章的PO，着手准备要写的申请短文。并参阅本书相关章节的内容，以了解学校的要求和短文的写作方法。
- 开始制定校园参观计划。

▶ 6月

- 参加 LSAT 考试。
- 立刻索取申请表格！从网上索取一份申请表格（这样要比寄明信片或打电话都快）将得到最快的回复。许多学校分寄申请表格的效率是很低的，特别是对国际申请者，尤其如此。所以，请做好准备，估计会有三分之一或四分之一的请求将得不到回复。如果一所学校还没有制作完成这一年的申请表格，或者是暂时无表可供，那就索要一份上一年的申请表。这也将给你带来很多的信息，且这些信息正是新的申请表格所要包含的。
- 阅读本书罗列的短文写作问题和第四部分中的短文范例。

▶ 7月

- 如果你对6月份的法学院入学考试成绩不满意，请再报名参加9月份的 LSAT 考试。

▶ 8月

- 草拟一份关于个人定位的基本陈述；写一篇初稿，谈谈你将来的打算，以及为什么需要获得一个法学博士的学位。
- 做一份你觉得合意的学校的“简单名录”，并根据这份名单开始访问这些学校。
- 填写 LSDAS 的登记表格，并告诉他们那些你一定会申请的学校。

▶ 8月/9月

- 重新参加 LSAT 考试（如果有必要）。
- 从相关的学校获得个人成绩的证明，并提交给 LSDAS。
- 建立一个针对每所学校的文件夹，特别是标明每所学校的最后截止日期。
- 与推荐人进行沟通（假设每提出一封推荐信要用去至少一个月的时间）。给你的推荐人留有的时间越多，他就越愿意为你的申请提供支持——而且你也不希望一开始就出师不利。
- 修改你的申请短文，请一位朋友（或是你的顾问）通阅一遍。

▶ 10月/11月

- 参加法学院的论坛。
- 提交完整的书面申请材料。
- 确保你的推荐人寄出一些必要的信件和表格。
- 向第三方的社会机构提出经济资助（如：除学校以外的经济来源）的申请。

▶ 12月/1月

- （向学校贷款部门）提交贷款申请，并填写其他机构的奖学金和助学金的申请表格。
- 向你的推荐人表示感谢。
- 与那些还未表明收到你完整的申请材料的学校取得联系。
- 阅读第12章，并与其他的申请者或是朋友们进行模拟的面试，以准备任何可能需要参加的面试。

▶ 一旦你被录取（或被拒绝）

- 将消息通知你的推荐人，告知你的计划。再次感谢他们的帮助，甚至可以赠送他们一份小小的礼物。
- 通知那些给你寄录取通知书的学校，表明你是接受或是拒绝，并且将你的保证金寄给你所选择的学校。
- 如果你没有被你最想去的学校录取，你该怎么办呢？考虑去你的下一个候选学校，或者再等来年重新提交申请（参看第13章）。

▶ 翌年9月

- 注册登记入学。

以上所做的每一点都在本书中详细地讨论过了。由于每个人的工作方式和个人情况都在不断地变化中，所以，制定出自己的时间安排表是十分必要的。例如，如果你正在苏门答腊北岸铺设天然气运输管道，很可能你将不得不为以上所列出的工作留出更多的时间。以该时间表为起点，开始你的申请工作。它除了为你提供一个理想的时间安排外，还为你制定了一个合理的申请程序。不用我说，你也应该明白，早点行动起来，永远都是对的。

给国际学生的几点建议。请注意，申请标准化考试（LSAT和TOEFL）的截止日期为考试前两个月左右。错过报名时间不仅会增加你的费用，并且最终你还得腾出时间与精力来参加考试。除美国本土之外，还没有设置LSAT的考试机构。因此，请确认你可以在某时某地参加该考试的考前补习班。另外，因为你必须在申请材料中提供官方的翻译件、证明和推荐信等诸如此类的文件，所以也要为准备这些材料在时间上留有余地。而且，申请过程中，国际邮件递送的时效性和可靠性等因素也都必须考虑在内。

请尽早通知你所选择的学校，以便你能开始申请学生签证。由于你的国籍和个人情况不同，这个过程可长、可短、可复杂、可简单。

最容易出现问题的地方

你应该注意两类问题，第一类，你无法预料的因素：（1）有些学校没有寄给你所列出的全部资料，或寄到时已延期；针对这个问题，你应该尽早提出申请，以避免上述情况的发生；（2）你的推荐人可能是另一个因素。虽然他们很愿意帮助你，但由于他们很忙，缺少敦促，特别是当他们亲自撰写推荐信时，往往不能按时完成。正如第11章所建议的，你应该使推荐人撰写推荐信的工作尽可能简单化，从而避免这种情况的出现。第二类，主要是些可预料的因素：（1）资料邮寄的不可靠性。对此，你应该选择可靠的机构，例如，Federal Express、UPS、DHL等来传递你的资料。（2）由于你没有依照时间表来撰写你的申请短文，导致最后草草收笔。为此，你应该尽早开始，遵循一定的步骤，给予充裕的时间来完成所有短文的写作。如果你想提升你成功的几率，你应该小心对待这个问题。

招生委员会主任谈申请的时间安排

▶ 提前录取

今年，我们提供一种有约束力的提前录取方式。如果申请材料于12月1日前送到了我们手上，那么，申请者可望在月底收到答复。尽管名额有限，但这的确是一个非常好的申请机会。

Kip Darcy，Hastings

我们采用全年接受申请的招生方式，提早申请的人将从中获得极大的益处。我们提前录取的程序要求你在11月1日之前提交申请，且在12月1日之前完成全部的申请材料，12月中旬，我们将会给你答复。尽早提出申请会增大你成功的可能性。我们欣赏这种做法。很明显，提早申请意味你对Georgetown的兴趣和认同。我们发现，越早让申请者知道他们被录取，他们最终注册入学的可能性也越大。这对Georgetown有益。

Andy Cornblatt，Georgetown

▶ 收到申请材料之后

在离最后期限的一个半星期里，我们收到了一千多份申请材料。

Andy Cornblatt，Georgetown

大多数的申请材料会在我们的最后截止日期，即1月15日前的两周才递送到我们的手中。

Albert R. Turnbull，Virginia

大约三分之一的申请材料要在12月1日才能递交到我们手中。50%的申请材料要在2月1日才递交到我们的手中。而且，将近20%的申请者会在最后一个月才开始提交他们的申请材料。我建议人们在感恩节前就将申请材料递送进来。

Janice Austin，Penn

我们在1月1日以前就收到将近一半的申请材料。而另外的50%

则基本上是在2月15日的截止日期前才能收到。

Don Rebstock, Northwestern

我们已经鼓励申请者在12月1日前提交他们的申请材料。这样，我们就可以提前两三周开始我们的审批程序。今年的12月1日之前，我们收到了将近一半的申请表格。

Edward Tom, Boalt Hall (Berkeley)

大概45％至50％的申请者在最后期限的前一周才提交他们的申请材料。

William Hoye, USC

▶ 做出答复所需要的时间

一般说来，我们会在一个半月到两个月的时间内，把我们的录取决定通过邮寄的方式通知申请者。最少也需要一个月。

Don Redstock, Northwestern

▶ 提早申请的好处

提早申请是有好处的，至少你可以提前知道我们的录取结果。此外，如果你提交的材料有所缺漏，我们会通知你再补充一些可能需要的材料。

Rick Geiger, Cornell

Cornell的录取标准并不会随着时间的推移而改变。但对于申请人来说，在录取的过程中早些知道他/她自己的情况仍是有好处的。

Rick Geiger, Cornell

要求提前录取的申请只占有极其微弱的优势。

Venetta C. Amory, Columbia

提早申请的好处在于，在录取工作的最后，我们已经没有录取名额了。所以，如果被批准录取的话，也只能排在等候名单上了。此外，经济资助也是重点考虑的方面。我们可能已经将我们有限的资金给予了那些前面已被录取的申请人了。

Don Redstock, Northwestern

我认为提早申请是个好主意。你这样做，能够给我们更多的时间去审核你的申请材料。一般说来，负责招生的工作人员在招生季节的初期头脑会更清醒一些。到了后来，他们的审核工作也就不会如先前那般仔细了。

Edward Tom，Boalt Hall（Berkeley）

申请材料越厚，申请者就越发应给我们更多的时间去仔细阅读。首先，他们很可能希望我们将那些材料交给第二个和第三个人进行审阅。再者，相对那些在最后一刻才递交材料的申请者来说，我们更愿意照顾那些材料准备得更为专业、系统并及时递交的申请者。

William Hoye，USC

在整个申请过程中，提早申请者更容易从中获益。刚开始审阅申请材料的时候，我们可能会保持更加清醒的头脑，而且会相对宽松一些。如果你是属于大众型的申请者——也就是说，在 LSE（伦敦大学政治经济学系）主修了半年的政策学专业——如果你是我们当时所遇到的第一个有着这样背景的申请者，显然，这对你非常有利。如果经济资助是个问题，你越早被录取，你就越有可能得到经济资助。另外，如果你被提早录取，你可以在交保证金前参观一下学校。提早申请其实是为你自己争取时间。

Elizabeth Rosselot，Boston

提早申请是有好处的。因为在整个申请过程中，很大程度上依赖于人们的判断。而在整个的招生工作初期，招生人员的情绪会很饱满，不会疲倦。

Kip Darcy，Hastings

申请备忘录的使用

附录3中的“申请备忘录”是供你用来控制整个申请程序的一个框架性的东西。你很可能会发现其中的一些步骤与这份时间表所考虑的时间长短有一些微小的不同；你可以依照需要进行调整。重要的是，拟定出一份时间表，然后照着它去完成整个申请过程。不论需要花费多少时间，整个程序的基本步骤都是一致的。所以，认真检查一下，看看你有没有遗漏掉其中的任何一步。

附录 3
申请备忘录

MASTER APPLICATION ORGANIER

SCHOOL	1	2	3	4	5	6	7	8
Applications								
Application Deadline								
Target Mailing Date								
Date Sent								
Target Completion Date								
School Visits/Interviews								
Date of School Visit								
Interview Date								
Application Forms and Brochures								
Date Requested								
Have You Received?								

SCHOOL	1	2	3	4	5	6	7	8
LSAT Scores								
Date Taken								
Date Requested								
Has School Received Them?								
LSADS								
Date Subscribed								
School Included on List?								
Date Transcripts Requested								
Has School Received Master Report?								
TOEFL Scores								
Date Taken								
Date Requested								
Has School Received Them?								

SCHOOL	1	2	3	4	5	6	7	8
Essays								
Target Completion of Rough Drafts								
Outside Readings (by friends, etc.) Complete								
Target Completion Date of Final Drafts								
Final Drafts Complete								
Recommendations								
Recommender 1								
Date Requested								
Date Briefing Completed								
Date Finished								
Has School Received?								
Recommender 2								
Date Requested								
Date Briefing Completed								
Date Finished								
Has School Received?								

SCHOOL	1	2	3	4	5	6	7	8
Recommender 3								
Date Requested								
Date Briefing Completed								
Date Finished								
Has School Received?								
Financial Aid								
Source (If Other Than School)								
Date Information / Forms Requested								
Date Information / Forms Received								
Date Due								
Target Mailing Due								
Date Sent								

APPLICATION ORGANIER FOR EACH SCHOOL

▶ SCHOOL

ADMISSIONS AND APPLICATIONS DETAILS

Address

Telephone

Fax

E – Mail

Admissions and Information Website

Admissions Director

Admissions Officer Contacted

Under What Circumstances

Application Fee

Application Deadline Date

Financial Aid/Scholarship Deadline Date

▶ ACTIONS REQUIRED (Make a check when each action is completed.)

- ☐ School' s application, course catalog, and publicity materials requested
  - ☐ Received by me
- ☐ Secondary research completed
  - ☐ Website
  - ☐ School Brochure
  - ☐ School Catalogue
  - ☐ Books
  - ☐ Articles
- ☐ Transcripts requested sent to LSDAS
  - ☐ Master Report received by school
- ☐ Recommenders approached
  - ☐ All necessary material sent to them
  - ☐ Recommender' s progress checked
  - ☐ Recommendation 1 received by school
  - ☐ Recommendation 2 received by school
  - ☐ Recommendation 3 received by school

☐ Application data form filled in

☐ Application short answers completed

Application essays

	Rough draft Completed	*outsider reading completed*	*final draft completed*
Essay 1	☐	☐	☐
Essay 2	☐	☐	☐
Essay 3	☐	☐	☐

☐ Completed application photocopied

☐ Application sent (by Federal Express or similar firm)

Date

Routing Number

Interview status

Required?

Date requested

Date of interview

Interviewer's name

Interviewer's title

Interviewer's address (for thank – you notes)

☐ School notified me of file completion

▶ FINANCIAL AID

Financial Aid / Scholarship Form

☐ Requested

☐ Completed

☐ Mailed

☐ Checked with financial aid office and financial aid file is complete

▶ NOTES:

Place this organizer in the folder you keep on each school, showing in detail what is only outlined in the Master Application Organizer.

第二部分

法学院入学申请

第七章

充分利用你的各种资格证明

内容概要

有些长于推销自己的人，学历不高，却能申请到很好的学校。

所以，高学历的人申请起来就更应该得心应手。

■

招生官员会如何评估你的各种资格证明？

掌握使它们发挥最大效用的技巧：

—— *本科学习成绩*

—— *LSAT 考试成绩*

—— *工作经验*

—— *参加过的课外活动，个人兴趣爱好，以及参与社区活动的情况*

■

谈谈自己未来的发展方向，而使你的申请资格更具影响力

第 5 章，我们向大家介绍了法学院在招收学生时，主要考查学生的以下几个方面：头脑是否灵活，是否具备当律师的潜质，个人还有哪些优点。而招生委员会在对你做出评判的时候，首要的依据就是你所提供的申请材料。这些材料包括：

——　本科学习成绩；

——　LSAT 考试的成绩（留学生还要考查托福考试成绩）

——　工作经历

——　参加过的课外活动，个人兴趣爱好以及参与社区活动的情况等。

有些人的申请材料并不具备说服力，但这些人善于包装自己，常常可以凭一篇华丽的文章、一封名人的推荐信或一次精彩的面试来打动招生官员。但如果把材料准备得更充分，申请起来将会更得心应手。下面，我们分别从以上这几个方面来介绍如何使申请材料更充实。

本科学习成绩

▶ 招生委员会希望看到的表现

招生委员会对成绩的考查并非仅限于考试的分数，还要考查就读大学的水平以及所选课程的具体内容。虽然有些法学院考查成绩时，只计算各门功课的平均成绩，再参考 LSAT 的分数，但大多数名牌法学院考查时要全面细致得多，所有的分数都是放在具体的环境中进行考查的。

招生官员们在考查成绩时已经掌握了一条规律：如果你毕业于顶尖院系，而且大一和大四的成绩都不错，那肯定受招考官员的青睐。如果入校时成绩不错，毕业时却成绩平平，往往会被拒之门外。由此可知，有的学校（也许还是排名靠前的学校）打分是出了名的慷慨，它们的分数反映不出学生的真实水平。而有些学校的分数则相对客观地反映了学生的真实水平。所以，同样的分数，后者肯定比前者更具有说服力。

至于大学里学的是什么专业，其实并不重要。虽然法学院对某些专业的需求量稍大，但总的来说，对所有专业的毕业生都是一视同仁的。我们可以看看 Columbia 大学的一组数字：该大学最近招收的学生中，政治专业的占25%，历史专业的占15%，经济专业的占15%，文学专业的占13%，科技工程专业的占10%，哲学专业的占6%。

进入法学院之前所修的本科课程如果对丰富个人的法律知识有所帮助，那是最好不过的了。例如，如果你想专攻家庭法，本科时学习一些心理学、税收或金融方面的课程，对你在法学院的学习是有利的。同样，生命科学和经济学会有助于环境法的学习；财会、统计、金融以及市场营销方面的知识有助于学习商业诉讼法以及证券法。总之，本科学习过程中所培养的写作、研究、辩论、分析和演讲能力，对将来从事法律行业一定会大有益处。

其实，学生在学习这些课程时所表现的勤奋与认真比课程本身更为重要。只有下了苦功夫，取得了优异的成绩，大学生活才算没有白过。如果在教学大纲的基础之上，你还加修了几门本专业的课程，或者涉足了其他专业，并撰写了相关的学术论文，那是最好不过的了。

所以，从本科学习的表现来看，以下几点都是比较重要的：

- 毕业于名牌大学
- 紧密的课程安排
- 保持优异的成绩，尤其是第一年和第四年
- 课程的内容对从事法律行业有所帮助
- 写作、研究和分析能力得到了锻炼

本科学习成绩的重要性

招生官员普遍认为本科学习时的表现可以反映学生的学习能力和学习积极性。对工作经历不是很丰富的人来说，大学里的表现尤为重要。如果你在大学本科学习时表现优异，又打下了良好的政治学（或其他理论性较强的学科）基础，进行过大量的写作训练，进入法学院学习就一定会得心应手。法学院对学生的要求就是能阅读并迅速消化大量的材料，善于写作并具有刻苦钻研的精神。

补修其他课程

如果你本科已经毕业，而回头看来，其间表现平平，这种情况是不是申请起来就毫无希望了呢？不是的。虽然各项考试的分数已经无法改变，但你可以补修一些其他较新的、较能反映自身现有能力的课程（可以选择晚上或周末的时间），并把补修的成绩一并提供给招生官员。招生官员把这个称为“创造另一套记录”。当然，该方法在申请不同的法学院时效果是有差异的。有的学校对补修的成绩重视一

些。通过考查补充的成绩单，招生官员有可能会重新考虑先前的评估；有些学校的招生官员则坚持以正式的成绩单为准，被筛掉的学生一律不再重新考虑。所以，在向某学校提供补充成绩单之前，首先一定要了解此类成绩单是否会起到预期的作用。

即使是对那些对补充成绩单感兴趣的招生官员，申请人也需要旁敲侧击一番，才能实现预期的效果。法学院虽然深谙名牌院系本科文凭的分量，但未必能对普通的文凭做出客观的评价。所以，申请人一定要把补充成绩单的重要之处解释清楚（当然了，首先是要在这些课程上有上佳表现）。比如说，可以向招生官员描述进修这些课程的机会是如何来之不易、介绍该院系在业内的排名情况、将自己的成绩与大多数人的平均成绩进行比较，必要时，甚至可以抽出某一门课程的成绩，详细表述自己的过人之处。

如果你补修了一系列对某一问题钻研较深的课程，这样定会更受青睐。相反，如果补修的课程只是走马观花、东一榔头西一棒槌，对于改变招生官员对原来材料所留下的不良印象，恐怕于事无补。例如，如果本科学习时未修写作课程或写作能力锻炼不足（或成绩不尽人意），补修时最好到某社区学校或附近的某个大学分部充实一下这方面的内容。为达到最好的效果，选修这些课程时，一定要拿到好的成绩。如果成绩仍然平平，则容易暴露自己在成绩单上做文章的意图，也会让人怀疑你是否能在法学院激烈的竞争中争得一席之地。

研究生阶段的学习情况

如果申请人还进修过研究生课程，招生官员一般都会要求提供相应的成绩单。所以研究生学习过程中的上佳表现（尤其是就读于名牌大学）亦会使你在申请时占到便宜。但是研究生学习的成绩并未列入考查项目（见第5章），而且很多研究生院给分都比较大方，几乎所有的学生的最低分都不会低于C，这一点招生官员也相当清楚。总的来说，研究生成绩虽然不像本科成绩那么重要，但如果所在的研究生院颇具名气，申请时也会派得上用场。即使研究生院名气不大，也要尽你所能地正面介绍该院的情况，以利于招生官员对成绩做出积极的评判。

招生办主任谈本科学习成绩

▶ **在评判学生的本科表现时，主要考虑哪几方面的因素？**

不管是什么专业的本科毕业生，涉猎一定要广泛，最好要选修一些有一定难度的、逻辑性强的课程。所以，如果某社会学专业的学生深入地学习过统计学，我们就会比较偏爱他。虽然并无特定的规律教你如何从这一方面投其所好，但有些专业的确可能不如其他专业吸引人（比如说法律预科等）。我在审查学生的本科学习记录时是很仔细的，我要看学生在专业内学了些什么，除自己专业之外还学了些什么。

Faye Deal, Stanford

我们希望申请材料既能体现广度，又表现出深度。我们希望学生受过广泛的人文教育。既学过如何用人文的视角观察人类社会，又了解世界如何通过数学和科技的发展而进步，以及人类又如何通过哲学与历史的发展而发生变革。我们希望他们对世界和自身在这个世界中的位置有比较理性的认识。我们需要的并不是业余爱好者，所以相对“艺术电影鉴赏”之类的课程而言，那些真正锻炼学生认知与分析能力的课程对我们更具吸引力。要知道，我在考查学生成绩单时是极其细致入微的。

Jim Milligan, Columbia

有的学生大学刚开始时可能比较迷茫，遵照他人意愿选了医科之类的课程，后来却发现哲学才是其终生奋斗之方向，而又转修哲学。对这样的学生，我可能就要重点看他后来学习的表现。总之，我们考查申请材料时并不拘泥于特定的形式。

Edward Tom, Boalt Hall (Berkeley)

如果申请人本科时表现出色，成绩优异，学有所成，LSAT也考得很好，我们就不会太在乎他读研究生期间的成绩。

Don Rebstock, Northwestern

我非常重视补充的成绩单，我认为充分把握学生的学业进展情况是最重要的。

Anne Brandt，Vanderbilt

我们招收的学生中，具有扎实理科基础的学生占有相当比例。因为理科知识对学习知识产权法至关重要。我们了解基础理科课程与其他课程在成绩评定上有差异，所以，会用一套单独的评审标准考查此类学生。

Robert Stanek，George Washington

各个大学的平均成绩（GPA）是有差异的。Swarthmore 大学和 William & Mary 大学给分较严，所以平均分在2.8 到2.9 之间；而相反，Stanford 和 Yeshiva 大学非常宽松，平均分至少在3.4 以上。

Jim Milligan，Columbia

GPA 成绩只是我们参考的一个基本点。我们最看重的还是课程的难易程度。我们很重视学术方面的推荐信，希望从信中了解到学生所修课程的难易程度，例如各门功课的教授各自给分的标准等。另外，我们还要看课程对学生是否有不同寻常的能力要求，如是否每周须花费大量的时间等。

William Hoye，USC

第二学年有点失误是很平常的事，比如说，选错了学校、专业等。所以，我们需要考查学生后来的成绩，最好是最近一段时间的学习成绩。

Elizabeth Rosselot，Boston

我们每年只招收 10 到 20 名 GPA 成绩在3.0 以下的学生。这些人可能是最近才迁到美国来的移民。他们要一边学习一边打工，以赚钱补贴家用。

Shelli Sot，Texas

我们在考查学生的本科成绩时，会遇到一种特殊的情况：有的人头两年的 GPA 成绩连2.0都达不到，但他们在工作几年后，又回来继续后两年的学业，此时 GPA 就达到了4.0。我们在考查这类成绩时，可能就会把原来2.0的成绩忽略不记。

Michael Rappoport，UCLA

在考查 GPA 成绩时，我们关注的是评分的变化趋势，课程的质量，申请人就读的是什么学校，他是什么时间入学的——这是因为，学校的评分有可能随时间推移而产生变化；另外，如果说你是八年前入学的，那么，你的分数就更不重要了。因为这期间，你可能已经有了更多的其他方面的经验。

Andy Cornblatt，Georgetown

我对五六十所大学的优势课程与相对较弱的课程都有比较广泛的了解。有的学生所毕业的学校和专业都不是很有名，所以，他们如果对这些学校和专业介绍得稍微详细一点会对申请有所帮助。例如，有的专业虽然是新近才开设的，尚无名气，但如果我了解一些该专业招生的标准、课程的难易程度以及教学大纲所包含的科目等，对该专业毕业的学生评价就会相对客观一些。

Robert Stanek，George Washington

有的院系或专业给的分通常比较低，如果我们在评审时知道这一点，对它们的毕业生就不会有失公平。所以，这类学生最好在申请材料中附上说明，这样，我们才会把那些较低的分数放在特定的情况下进行考查。

Don Rebstock，Northwestern

我们曾见过有的学生原来选的是医科，而且成绩较差，但后来转到其他专业后成绩变得好了许多。我们肯定这类学生在关键时候及时放弃了原来的选择，而选择了能充分展示其才能的专业。

Michael Rappoport，UCLA

我们通常希望申请人写出高水平的论文来。因为写论文要求自觉地投入大量的时间与精力，还要求对某一课题有较好的把握。写论文的过程其实也是一个学习与进步的过程。

Jim Milligan，Columbia

有的学生不仅选了其他专业的课程，而且是高年级的，给我留下了很深的印象。我觉得他们充满了求知欲（而且对学习知识毫不畏惧）。

William Hoye, USC

我们喜欢学生在大学学习期间挑战自我，而不喜欢那些到了大四还选很多入门课程的学生。

Shelli Soto, Texas

我喜欢那些惯于挑战自我的学生。例如，有的学生学过医科，除了掌握较难的数学知识之外，外语方面也有很深的造诣，我会很喜欢。

Dennis Shields, Duke

我们在考查学生的本科成绩时，是看学生是否能在较难的课程中有上佳的表现，是否取得了对一般人来说很难取得的成绩。

Don Rebstock, Northwestern

► 申请人本科时主修的专业重要吗？

我们并不优待政治、哲学或历史专业的学生。我们之所以招了很多这些学生，是因为申请者的基数大。大部分此类专业的毕业生都选择到法学院继续深造。

Jim Milligan, Columbia

我总希望见到那些非热门专业的毕业生来申请。我喜欢数学和哲学专业的学生，因为他们善于阅读和思考，对事物有独到的认识，能对大量材料进行分析。工科的学生我也喜欢，因为他们都经过艰苦学习的磨练——这些学科只有下苦功夫才能学有所成。

Dennis Shields, Duke

我对有些专业不太感兴趣，例如刑事司法、基础教育、音乐（表演）、舞台艺术（表演）、体育教育、饭店/餐饮管理以及其他要求较低的专业。有些学校课程是非常严格的，但这样的情况并不多见。

Robert Stanek, George Washington

有些专业容易让我警觉。如犯罪学、刑事司法（几乎所有学校对此要求都不太严格）、高雅艺术、音乐、戏剧艺术等等。对于艺术专业的毕业生，我们主要考查其文化课的成绩，并看他们是否选择正规的文化课程。

Shelli Soto，Texas

当我看到犯罪学、刑事司法专业的申请者时，我会很失望。我特别注重跨学科的兴趣和才能。比如，哲学和生物双学位，或者金融和化学双学位。

Janice Austin，Pennsylvania

有人想当然地认为某些专业就一定不行，认为刑事司法，传播学受到不太勤奋的学生的钟爱，即使这些课程在某些方面要求很严格。该观点值得商榷。

Dennis Shields，Duke

▶ 研究生期间的表现能弥补本科成绩吗？

对于那些大学本科成绩一般的学生，拥有优秀的硕士成绩会有所帮助。我们将考查三个方面：1）LSAT成绩，看它能否证明硕士或学士应有的水平。2）推荐信的内容，我们知道研究生成绩不能很好地反映学生的表现。所以，我们更看重推荐信。3）对学生本科期间的表现评价。老师为什么会做出这样的评价？这样的申请者也许会发生转变，因为他在法学院的第一年表现中将表明他的真正能力。

Jean Webb，Yale

我在意你在这里将做些什么。即使本科期间并不好 ，只要你表现了你的才能就行。这样，选择一套要求严格的研究生课程将有助于改善自己的本科记录。

Erica Munzel，Michigan

研究生课程的学习对你很有益处；任何有关逻辑分析的思考与写作的经验都非常重要。

Edward Tom，Boalt Hall (Berkeley)

除了必修课程以外，选修其他课程也很有益处。但是，我在寻找那些能在激烈环境中同其他同学竞争的学生。我需要他们对学习抱有积极乐观的态度，而不是仅仅在这里选择某一课程，然后又在别处选择另一门课程。

Robert Stanek, George Washington

对在继续教育项目中获得的成绩进行评估是件困难的事。我不知道申请者有没有出席每一次的授课，也不知道评分标准有多严格。这样，该成绩就不可能对较差的大学表现有多大的补救作用。我对那些通过正规途径取得硕士学位的申请者更有信心。某位教授的推荐信使我清楚该申请者的学习态度，他的决心，精神以及他的求知欲，这些都很重要。

Jim Milligan, Columbia

硕士学位，尤其是那些要求非常严格的研究生教育所授予的硕士学位，有助于弥补平平的大学成绩。当然，情况不会总是如此。但当你的大学成绩一般的情况下，它至少是值得考虑的又一个因素。

Kenneth Kleinrock, NYU

对于排名在25%以后的申请者——例如，在Michigan州，GPA成绩为2.85分时——申请者有必要再另外提交一份后来进修的成绩单。比如你选修了某一门不错的课程，并取得了好成绩，像一流的硕士学位课程或Harvard的扩展课程等。这些课程必须有一个能够被我们认可的评分标准。或者，申请者可以证明自己的确具有职业发展潜力。然后，申请人应该认真准备自己的申请材料，并同我或我的某位同事进行一次面谈。

Janice Austin, Pennsylvania

想要通过后来的进修或是获得某个学位来弥补大学成绩的缺陷是不大可能的。人人都可以在硕士学位的学习过程中取得好的成绩，所以，我们不会对此加以考虑。至于博士学位的成绩，就另当别论了。

Michael Rappoport, UCLA

毕业后选修一些课程，可以增加你成功申请的机会。但这完全取决于你所选课程的难易程度以及评分标准的严格性：要知道，读一所知名院校的研究生课程比起读一所社区学院的基础课程强得多。

Andy Cornblatt, Georgetown

研究生水平的成绩能弥补平平的大学表现，但这取决于许多因素。例如，一位申请者的大学 GPA 成绩为2.5分，而读硕士时却获得了3.5分的 GPA 成绩，如果申请人年龄在 24 到 25 岁的话，他不会给我留下深刻的印象（要知道，任何一个大学毕业生都会获得至少3.0的 GPA 成绩的）。能够预示申请人将来在法学院的表现的，当然是他在大学阶段的学习成绩。但如果某位申请者的 GPA 成绩与我所要求的成绩比较接近，或者说他是在 10 年前就取得了学士学位的话，我可能会忽略其大学的学习成绩。

Robert Stanek, George Washington

▶ 弥补较差的大学学习成绩

一位大学学习成绩较差的申请者应考虑两点：第一，你可以通过丰富自己的工作经验加以弥补；第二，选修其他课程。课程应为正规院校设置的、具有一定深度和广度的课程。这通常是相当于（或高于）硕士水平的学位，但有时也可以是不授予学位的进修项目。

Faye Deal, Stanford

较低的 GPA 成绩不能仅靠一些其他课程来弥补。如果申请者的 GPA 成绩是多年前的，那另当别论。在这种情况下，如果申请者的其他材料表明我们应该录取他，那么他在毕业后、在工作中所取得的成绩就可以弥补他在大学成绩上的不足。所以申请者想通过进修其他课程的方式来弥补几乎是不大可能的事情。

Shelli Soto, Texas

有两种方式可以弥补大学成绩的不足：优异的 LSAT 成绩和颇具意义的社会经验。它们对大学平平的 GPA 成绩能起到一定的平衡作用。

Jim Milligan, Columbia

LSAT——法学院入学考试

▶ LSAT 是什么?

法学院入学考试（LSAT）是由法学院招生委员会 Law School Admission Council（亦称 Law Services 或 LSAC）创办和主管的、持续四小时的测试。该考试成绩为所有 ABA 批准的法学院所要求。

考试有两个目的，且关系密切：测试哪些学生将在法学院的学习中取得成功；帮助法学院对其申请者进行等级划分。根据 LSAC 的说法，LSAT 是一种测试学生阅读和逻辑推理能力的统一标准。LSAT 并不准备测试申请者的法律知识及运用能力。

考试包括 5 个 35 分钟的多项选择题部分，分别计时，最后是半小时的写作部分，不计分。第三个多项选择部分完成后有一个短暂的休息时间。考试，通常从早晨 8：30 开始，到中午结束，持续整整一个上午。

五个选择题的顺序随应考者不同而变化。包括：一个分析推理题，两个逻辑推理题，一个阅读理解以及一个自选题。自选题可以是以上任意一个部分。第五题旨在帮助 LSAT 尝试新的测试手段和题目，不计分（但应考者并不知道哪部分不计分）

分析推理部分。该题需要你从一系列的描述、规则或条件中做出推理。通常被称作“游戏”题。比如，有 8 个人围坐一张圆桌旁。你被告知 Harold 不朝正南方，George 总是朝北坐（包括东北或西北），Lisa 总是和 Harold 隔着两个座位，Martha 坐在 Lisa 的对面，等等。问题是，如果 Martha 不坐在正朝南或北的座位上，Harold 应该坐在哪里。

逻辑推理部分。这些题目考查你的理解力和分析文章得出线索的能力。应考者应能够证明证据的可信性和推理的逻辑性，并且从论据中推导得出合理的结论。

阅读理解部分。该部分包括四个阅读段落，旨在考查阅读分析能力。文章涉及众多主题（你可能对其中一部分感到陌生），但问题的答案都在文章里。问题是，你需要对大量材料中的逻辑、结构和细节进行分析并从中得出结论。

如何报考 LSAT?

The LSAT & LSDAS Registration & Information Book 一书提供了一张报考表格，并注明了考试日期、地点和报名费用。同样，你也可以通过电话或网上报名。你可以向以下地址，索要一份简报：

HLaw School Admission Council
Box 2000
661 Penn Street
Newton，PA18940 - 0998
(215) 968 - 1001
www. lsat. org

考试在每年的2、6、9、12月举行。确定参加考试的地点，并请提前数月报名。

▶ 你的分数

你的分数可以在考试结束三周后通过电话查询，费用为10美元。另外，可以通过邮寄的方式得到通知，这大约在考试结束后的第五周。

你的分数完全取决于你回答问题是否正确。答错的题目不影响你的分数。计分从120分到180分。即你最低得120分，最高180分。你同样会得知排名的情况，包括成绩优于你或不如你的申请者比例(你的文章写作不评分，但将送交你选择申请的法学院)。

▶ 招生委员会录取原则

知名法院校的录取分数平均在160分，即它们的申请者成绩在所有申请者中排前10%。成绩的排名很重要，但成绩在150分以上便没有必要灰心。你可以将自己的成绩同那些刚进入各知名院校学生的成绩作比较。例如在以下的表格中，25%的纽约大学新生成绩在166分以下，只有25%的学生在171分以上，如果你得了168分，即便不是十拿九稳能被录取，问题也不算太大。

	25%的学生的成绩	75%的学生的成绩
UC Berkeley (Boalt Hall)	161	169
UCLA	161	166
Chicago	167	171
Columbia	164	171
Cornell	163	166
Duke	161	170
Georgetown	163	168
Harvard	166	173
Hastings	159	164
Michigan	163	168
New York University	166	171
Northwestern	162	167
Pennsylvania	164	168
Stanford	164	170
Texas	158	164
Virginia	163	168
William and Mary	159	164
Yale	168	173

▶ 分数的重要性

招生官员很重视 LSAT 分数。第 5 章介绍了某些院校最看重的指数（即 LSAT 和 GPA 联合指数）。毋庸置疑：LSAT 分数尤为关键。但招生官员对原学位的重视程度随具体情况和不同院校而有所不同。考查某些拥有不寻常背景或背景截然不同的申请者时，他们趋向于依赖原学位做出决定。例如，你以前就读于一所对他们来说很陌生的大学，就应该尽量在 LSAT 中取得好成绩。LSAT 成绩同样用来比较在比较差的大学里名列前茅的学生和在名牌大学里成绩平平的学生。

LSAT 考试的写作部分由各院校考官单独阅卷。对此，你应当认真对待。

▶ 如何准备 LSAT 考试

准备考试的同时，你既要考察学校，还要准备申请材料，这比较困难。为了避免这种麻烦，做好充分的准备，你最好是在准备申请材料前参加考试。这样，既可以避免时间上的冲突，又使你能更好地准备考试，或者在有必要的情况下，重考一次。

在准备考试的过程中，你有两种选择：自己使用指定辅导书备考或参加辅导班。一方面，自己备考有很多好处。省钱，时间安排弹性大，可按自己需要备考。另一方面，辅导班也能提供众多便利。它促使你认真准备，在纷繁复杂的准备材料中给你指导，对你的提问随叫随到，同时为你提供与其他人一起学习（同其他人做比较）的机会。说到底，辅导班的费用和带来的诸多不便对于那些想取得好成绩的人来说算不了什么。

做怎样的选择将取决于你，你的经济状况，目标及其他因素。以下是那些应当参加辅导班的人员：

- 以前从未或很久未参加过类似考试的人
- 往往不能发挥自己水平的人
- 对于自我学习缺乏自律能力的人
- 对于考试中的某些项目需要辅导的人——例如，需要提高逻辑分析能力

▶ 使独自备考发挥最大效果

如果你决定自己准备考试，注意两件事：第一，准备一些受欢迎的参考书。因为某一本书不可能涵盖了备考所需的全部策略、技巧等。第二，练习以往 LSAT 的考题，而不要去尝试其他作者编著的习题集。以往考题可在报名时向 Law Services 订购，每套 6 美元。还有三本 Law Services 的 LSAT 考试参考书，含三套试题附答案，每套 15 美元。

你应该制定一个复习计划，例如每晚两小时，每周两晚，周末六至八小时，共六至八周。拥有一个学习伙伴能使你事半功倍，并为你排疑解难（反之亦然）。他最好能和你形成优势互补。这样，如果你的强项在阅读理解，那最好就找一个在逻辑推理方面具有天赋的伙伴。

▶ 选择一个辅导班

辅导班一般会收取高额的辅导费用，所以，你应当得到应有的回报。最有价值的指导不一定就出自那些全国有名的公司。当需要交纳 1000 美元或更多的学费时，你应当关注一下它们的竞争者。

这其中有以下原因：第一，大公司声称拥有最好的资料，它们能披露考试的许多要点。而事实上，无论大小公司，都窃取同行的努力

并将他们好的观点揉合在一起。因此课程都显得大同小异；第二，尽管大公司鼓吹自己收集了大量资料，但多数学生使用的资料并不多；第三，大公司（因雇员众多）不可避免地混杂一些水平一般的辅导人员（包括失业的演员，服务生等等），对他们的培训不够，且人员流动性很大。最好的小公司能避免以上问题。如果你选择某一个培训公司，请注意选择有专人指导的专门课程。这需要咨询那些上过辅导班的学生，并确定哪些辅导老师最受推崇。

▶ 重考

完成 LSAT 考试后，一旦你确定发挥得不好，你有权取消成绩——在答题纸上注明取消，或者五天内向 Law Services 递交一份书面取消成绩的书面请求。这样，你就不会收到成绩或答题纸了。

在收到第一次成绩后，即使你决定重考，LSDAS 仍把你的分数交给各院校。在决定是否重考之前，你需确定你的 LSAT 成绩是否真的防碍你进入法学院学习。记住，有很多成绩在 150 分以上 160 分以下的学生被录取，是因为他们成功地推销了自己（且有东西推销）。所以，不要一味地把时间花在备考上。

理想情况下，你只参加一次 LSAT 考试。一次糟糕的考试成绩将一直伴随你，不管第二次考的多好。（另外，Law Services 禁止在两年内参加三次以上的 LSAT 考试）。很多院校将两次成绩平均，很少完全不理会那个较差的成绩，下图显示各院校如何对待有多个 LSAT 成绩的申请者。

	较高的成绩	平均成绩
Berkeley		X
Chicago		X
Harvard		X
Michigan		X
Northwester	X	
Stanford		X
Texas		X
Wisconsin		X

大部分院校都较 Northwestern 更为严厉——它只注重你的最好成绩。于是，一名考了 160 分的申请者后来又考了 170 分，在 Northwestern是有力的竞争者，但在其他院校就差许多。他应当在第一次考试中就取得好成绩。如果他第一次就得了170分，他在那些注重平均成绩的院校眼里会比现在更有竞争力。尽管取得170分的成绩，他可能仍希望重考（大部分人会被劝止）。但第二次成绩可能低于170分。这时，他不要向任何院校报告该成绩。如果成绩高于170，他可告知Law Services，向其报考的院校发送他的成绩。

准备LSAT考试的小窍门

- 通过做样题熟悉考试题型。题目应为近期LSAT考试的试题。订正做错的题目。动笔前，先确定每部分题目的形式——题目的要求和长度。这样可以避免紧张，减少阅题时间，并使你尽快进入答题状态。
- 注意身体健康，至少在考试两天前都要保证睡眠充足。
- 考试日的准备。利用充足的时间从容地用早餐，准备出发。如果你不太熟悉考点，明确方向路线和所需时间，考虑堵车和其他意外。提前十分钟到达，可使你有时间去卫生间或使自己平静下来。
- 不要等到最后一期考试才参加。一旦错过，就无法参加重考以提高成绩。

托福考试：只要求国际申请者

托福考试（英语水平能力测试）由教育考试部门主管。它用于测试非英语国家公民的英语水平。一些法学院接收海外学生以及在美国居住时间少于某个固定年限的学生时，需托福成绩（在海外居住的、说英语的美国公民不包括在内）。

与LSAT不同的是，托福考试并不复杂，如果你能自如地说或阅读英语，就没有什么大问题。托福考试分三部分：听力理解，结构与写作，词汇与阅读理解。它有两种考试形式：原始的笔考形式和新的电脑答题。试卷评分在 200 至 677 分之间，电脑计分则不同，300 分是可能的最高分。各大法律院校通常需要托福 600 以上（机考 250 分以上）的考试成绩。当然，分数越高越好。

▶ **报考托福**

报考托福或需要了解更多情况，请联系：

TOEFL
Educational Testing Service
P. O. Box 6151
Princeton, NJ 08541 – 6151
U. S. A.
(609) 951 – 1100
Toefl@ets. org

招生主任谈 LSAT 考试

▶ **LSAT 成绩有多大的决定性？**

对于那些大学成绩相对平庸的学生，好的 LSAT 成绩很重要。在是否接纳一个 LSAT 成绩不高的申请者时，只在其档案中没有不良记录时，我们才予以考虑。（通常有这样的情况：如果档案中的某一方面存在问题，其他部分则应有足够的说服力来对此加以弥补）。另外，较之于 LSAT 成绩，我们通常更注重申请者在大学里的一贯表现。

Faye Deal, Stanford

我们倾向于对 LSAT 成绩给予相对较少的重视。平时成绩与 LSAT 成绩基本上同等重要。其他院校似乎更看重 LSAT 成绩。当我们得知被我们拒绝的申请者又被其他相当的院校接收时，我们经常发现他们平时成绩一般，LSAT 成绩却很高（170 分以上）。

Michael Rappoport, UCLA

我们知道，有一小部分人考试成绩不理想，但在良好的大学环境里表现很出色。他们很有办法，组织能力强，由于工作而耽搁了对 LSAT 考试的准备。这些品质对成为好的律师很适宜。但我们不能接受很多这样的人。如果能让我们了解他们读过的大学、学过的课程和推荐人，这将对申请人有很大帮助。

Albert R. Turnbull, Virginia

LSAT 成绩对那些 GPA 低于底线的申请者来说最重要。

Don Rebstock, Northwestern

对第二外语为英语的申请者，我们会适当放宽条件。

Albert R. Turnbull, Virginia

如果有人 LSAT 成绩很差，他或她的其他方面则要强。如果考试成绩不好，我们可以综合考虑。

Anne Brandt, Vanderbilt

▶ LSAT 考试中的写作部分有什么作用？

LSAT 考试的写作部分对我们做出决定，作用很大。部分招生委员会成员先阅读该部分，对申请者的写作能力获得一个初步印象。我们想知道你是否有能力组织好一个句子，一个段落，一个论点。

William Hoye, USC

我们确实阅读写作部分，但其重要性因人而异。

Anne Brandt, Vanderbilt

我很少读该部分——除非该申请者正好在录取线附近。

Janice Austin, Pennsylvania

我们并不注重 LSAT 考试的写作部分，相反，我们将他们的个人陈述视为申请者的主要习作。

Don Rebstock, Northwestern

▶ **如何看待多次考试的成绩?**

如果申请者拥有多次考试，我们将各次成绩平均。学生应该准备好了再去参加考试；即只参加一次考试。如果答题时有什么极端错误或你觉得不在状态，就果断取消成绩。

Kenneth Kleinrock，NYU

通常，我们将成绩平均：如果有充足理由，我们也可以忽略第一次的成绩。

Michael Rappoport，UCLA

我们将多个分数平均。但有一种例外，比如，申请者当时出现了某种意外但还是参加了适应性考试，结果成绩不理想，我们将取其第二次的成绩。当然，我们也会考查他们的其他申请材料，看他们平时在学习中的适应能力。

Edward Tom，Boalt Hall (Berkeley)

大多数多次参加考试的申请者每次考试的成绩相差不大。这种情况下，我们取平均分。而让我感到头痛的情况是，前后分数相差10到15分之多的学生。这种情况下，我通过其他记录决定取舍。参加第三次考试或许会有帮助：如果两次成绩好，一次差，这会使好的成绩更可信。

Robert Stanek，George Washington

有时，多个考试成绩之间存在较大的差距。申请者对此应做出解释。

Kenneth Kleinrock，NYU

▶ **学生应该多次参加 LSAT 考试吗?**

如果你认为第一次未发挥好的话，再考一次是个不错的主意。这证明你尽了全力，想留下一个好的记录。如果你能提高成绩，而超过一个评分标准（3分），这是很值得的。

Don Rebstock，Northwestern

大学学习成绩和LSAT成绩，哪个更重要？

对于申请者的大学学习成绩和LSAT考试成绩，各大知名法律院校一般都同等注重。最有竞争力的院校事实上拥有众多的报考者，它们没有必要退而求其次，挑选那些只有优异的平时成绩或优异的LSAT成绩而非两者兼备的申请者。换句话说，最好是无论哪一方面都占上风。

然而，大学本科成绩和LSAT成绩，究竟孰轻孰重，法学院的态度略有不同。基本上说来，如果你拥有良好的大学本科学习成绩，而LSAT成绩较差，是不能容忍的。反之亦然。如果LAST成绩很好，而大学学习成绩很差，依然难以弥补。哪个因素更具决定性，取决于你所申请的学校。

一些法学院常常通过一些程序化的公式计算申请者的各项指数。它们在评估大学记录以及LSAT成绩时，有的学校对LSAT成绩比较重视，而有些则侧重于GPA。

即使那些慎重使用指数或者根本不采取这种做法的院校，对于哪种因素——LSAT还是GPA——更有说服力，都持辨证的立场。一些院校希望申请者在拥有不一般的LSAT成绩的同时，也拥有不一般的大学本科成绩。（对于那些SAT和其他入学分数糟糕，但平时成绩非常好的学生尤为如此。）差劲的LSAT成绩和优秀的平时成绩说明学生通过努力能获得成功，而且他也愿意去努力。这证明了，只要他努力就能做好，优异的考试成绩和平庸的大学记录说明，该生或许有天赋，但他秉性懒惰，且缺乏成功的决心。没有哪个法学院希望接收这样的学生。他们通常认为刻苦的学生在进入法学院以后，将仍然勤奋，而那些懒惰的学生依旧会懒惰。因此，很多情况下，较之于好的LSAT成绩获得者，学校更趋向于录取那些大学里表现好的学生。

但同时，也有一些院校注意到了好的LSAT成绩的意义，促使它们更关注LSAT成绩。首先，他们视之为聪明才智的表现（没有其他更好的表现形式了）；没有学校愿意接收成天拼命完成法律功课的学生。其次，法学院清楚公众对它们教学质量和地位的考查依赖于诸多因素。其中之一就是，每年招收的新生的LSAT分数。

通常，对所有法学院来讲，学生的大学成绩和LSAT成绩的重要性是随申请者年龄的不同而变化的。申请者离开大学的时间越长，LSAT成绩越显得重要；同样，毕业时GPA的重要性也随着时间的推移而淡化，特别是对于那些有宝贵工作经验的申请者来说，更是如此。

招生主任对大学本科成绩和LSAT成绩混合指数的阐述

当我们发现如下情况时，我们会认真加以审视：有的人大学平均成绩得了3.9分，LSAT分数却一般。如果他的SAT成绩也同样平平的话，我们将更注重他的GPA成绩。另外，有较高的LSAT分数，而GPA成绩却很差时，说服力就会差得多了。我们认为他也许是参加了辅导班或别的什么。

Edward Tom，Boalt Hall（Berkeley）

在某一个重要方面存在有缺陷，即便其他方面拥有一定的优势，也不能够弥补。结果是，即便你拥有丰富的工作经验，也不能令你对糟糕的大学本科成绩或LSAT成绩有所补救。

Kenneth Kleinrock，NYU

那些LSAT成绩好，平时成绩扎实但不突出的学生——在大学里非常忙碌，担任全职工作、编辑报纸，做运动等——他们比其他学生取得了更多的成就。这种类型的人总是努力把事情做好，特别是在离开学校若干年后，这种品质更加明显。事实证明，高的GPA分数（3.9）和低（对Columbia法学院而言）的LSAT分数这样组合的学生可能取得成功，而低的GPA分数和高的LSAT分数组合的学生就不能成功。

Jim Milligan，Columbia

对于GPA成绩非常不错，但LSAT成绩却不太理想的申请者，我们更看重他们所选修的课程。尤其是申请者在多个领域内所取得的成就。例如，一个主修社会学的学生也能在经济学、统计学和逻辑学方面取得好的成绩吗?

Elizabeth Rosselot, Boston

LSAT成绩很优异，但GPA成绩却只有3.0分(密歇根州)，说明该生对法学院情有独钟，但在大学里就不愿潜心进行研究。这怎能使我们相信，他在来到这里以后，就会安心学习呢?

Erica Munzel, Michigan

工作经验

▶ 招生委员会所看重的是什么?

尽管并不要求申请者拥有不凡的工作经验，但统计数据表明，在即将进入法学院就读的学生当中，已有一年或一年以上工作经验的人数在逐年增加。很多人从事的工作与法律专业毫不相关。法学院认为，这样很有吸引力。Columbia在它的招生简章中写到，“一批成熟的、具有丰富的工作经验的学生为自己的同学带来了同样的财富，我们学校也因此而强大。”如果申请者显示出了在某一要求苛刻的——或不同寻常的——行业中的巨大潜质，一些院校甚至愿意降低对其大学学习成绩的要求。

相对于工作经验的多少而言，工作经验的性质和质量显得更加重要。那些大学里表现相对不好的申请者就应该考虑将工作时间拉长，以减少大学成绩一般和课程选择不当所造成的不利影响，并及时向招生委员会提供相关信息。

▶ 工作经验的性质

许多成功的申请者因为有在律师事务所的工作经验顺利走上了通向商学院的道路。尽管他们知道律师事务所如何运转，(很多学生此前拥有很少或没有相关知识，由此学习了一些法律知识。)同时清楚地明白自己的需求，但这仍然不一定是在进入法学院学习法律之前的最佳工作方式。首先，招生委员会非常清楚，很少有人能够通过给律师当助手而提高他们的技能；多数助手在复印机前浪费了他们的大部分时间，而没有学到任何法律知识。事实上，法学院很难判断申请者这番经验是否有价值。另外，作为助手，你很难从众多申请者中脱颖而出。从某项特别的工作中获取特殊技能将更能使自己在申请过程中处于有利的位置。

因此，在律师事务所里工作并不是最好的或惟一通向法律学院的道路。被录取的学生往往是成功的记者、工程师、编剧、教师、商人或画家。招生委员会不会因为你将一部分时间用于追逐同法律毫不相关的目标而刁难你。相反，这段经历使你成为一个有吸引力的、不寻常的申请者——如果你善于推销自己的话。同样，请记住，只是工作一两年和工作三年以上而在某个方面成为内行是很不一样的。当然，这不是说，在进入法学院学习以前，你必须去工作三年以上的时间。但是，你以工作经验为基础的推销会因自己在某个行业内所获得的成功而受人称道。必须记住的是，你必须证明法律学位在你的职业生涯中将起到怎样的作用。换句话说，你多年工作经验的价值应有个落脚点，目的是获取相关技能、经历和知识——然后再开始学习法律，而非为了工作而花费太多的时间。

▶ 工作的成就和影响

要想给招生官员留下一个好的印象，关键不在于工作或行业的独特，甚至也不是工作时间的长短。最重要的是你所取得的成就。招生官员希望看到申请者成功地担负了某项职责，做出过艰难的抉择，改变过他周围的环境，并能通过不断地提升责任，工资或职位来获取相关技能。总之，不管他们曾从事过哪个行业，只要做到上述几点，就一定会被重视。

以工作经验打动招生官员，尽量展示下面的内容：

- 无论干什么工作，你必须有成绩。这也是最重要的一点
- 同其他人合作愉快
- 无论工作对你提出了什么要求，你都做得更好（超出老板的期望）
- 工作经历广泛，需要不同技能
- 已从工作中获取主要技能和法律知识
- 比同一级别的其他人做得更好
- 已拥有深入分析问题的能力

- 已拥有基本的写作能力

如果你的工作经历没有多少值得介绍，你的申请会很艰难。这样的话，你可以考虑再等一年时间，并在这一年里努力工作，目标是提高技能，担负起新的和不同的责任，并给一些人留下好的印象，使他们成为你申请学校过程中的推荐人，从而为你成功申请增加砝码。

招生主任谈工作经验

▶ 工作经验会影响录取吗？

雇佣方喜欢那些上法学院之前拥有实际工作经验的申请者。

Faye Deal，Stanford

我们认为拥有两三年工作经验和有十年工作经验是完全不同的。例如，在华盛顿，有两三年工作经验的律师通常只能处理一些选举人的诉讼。而那些有着十年工作经验的人，则可能是某个代表或议员的最高行政助理。我们趋向于选择后者，因为他或她的工作经验将有益于他们在这里的学习。这一道理对任何职业都是一样的。

Michael Rappoport，UCLA

真正有意义的工作经验（我不是指前台或是接待）可以锻炼一个人的人际关系处理技巧，养成每天勤奋工作的习惯，加上努力学习，可以掌握多项工作的技能。我们已经注意到，在第一个学期以及整个学习过程中，有实际工作经验的学生的 GPA 分数要比没有工作经验的人高。其他一些额外的经历也对新生的学习有益。

Don Rebstock，Northwestern

对于我们学校来说，任何事业上的成功都不能弥补 Chicago 大学的 Dick Badger 教授所称的“糟糕得不能再糟糕的境况”。如果申请者的考试分数和成绩评定等级不能达到最基本的要求，那他就死定了。

Jean Webb，Yale

申请者可以通过大学毕业后的工作经验来弥补其在专业上的不足。一定的工作经验使申请者更加成熟，对于培养人际关系的处理能力也非常重要。

Don Rebstock, Northwestern

那些参加过工作的人所经历的挑战使他们比那些由学校到学校的学生更具有竞争力。除了工作，他们也许还要出外游历，锻炼他们的语言能力，协调各种人际关系。比如，他们要学习如何领导他人，如何与他人进行交涉等。

Kenneth Kleinrock, NYU

法律与社会休戚相关，所以申请者最好是（在学习法律之前）先认知社会。

Don Rebstock, Northwestern

在大多数学校，职业介绍与招生工作是脱节的。对于我，同时负责这两项工作，意味着在招收学生的过程中，就应着眼于他们的成熟度、交流能力和人际关系的处理能力。我们愿意录取这样的申请者是因为，我还要协助他们将来毕业后找到好的工作。

Albert R. Turnbull, Virginia

我们尝试着将一群既能够向教授学习，同时也能够互相学习的学生放在一起。这就不能仅看他们的 GPA 和 LSAT 成绩。我们希望我们的学生有十年的工作经验，即使他们的大学成绩和 LSAT 成绩都非常地一般。

Faye Deal, Stanford

▶ 申请者在申请法学院之前就接触法律工作，这重要吗？

当你决定不进入法学院学习，或决定专攻其他专业时，法律工作的经历是有用的。但它很可能不会对你能否被法学院所录取有任何帮助。也有例外，我们喜欢录取那些在大城市的警察部门或治安部门工作过一段时间的申请者。

Michael Rappoport, UCLA

比起律师行的工作经验来，我更看重申请者的商业经历。例如，投资银行对其职员的要求就很高，而律师行则不然。这样，尽管我们两种情况都会考虑，但更趋向于后者。

Don Rebstock，Northwestern

申请前接触过法律工作有助于申请者决定是否向法学院提出申请，但不会增加其被录取的机会。

William Hoye，USC

▶ 你希望看到申请者具有哪种工作经验？

我们的公益课程希望少一些理论的东西，多一些真正的关涉公众利益工作。这就需要真正的实际行动，而非一种意愿的表达。对于国际法，我们注重在国家政府部门的工作经验，或拥有多门外语且在国外工作过。至于学习娱乐行业的法律法规，我们注重申请者在几年内是否与人签署过复杂的合约。

Michael Rappoport，UCLA

在被我们录取的申请者当中，如果你有管理和经济分析顾问的工作经验，我们将优先予以考虑。至于在国会工作过的申请者和一些读过短期硕士课程的申请者，我们也乐于接受。

Jean Webb，Yale

在华盛顿，有国会工作经验的人是极常见的。所以，我们不如Chicago和Los Angels大学那样看重这样的职业经历。

Roboert Stanek，George Washington

▶ 最被看好的申请者工作经历分类

奥林匹克运动员：他们纪律性很强，有献身精神；军官：他们对国际贸易和国际条款的评论很有价值；商人；Rhodes奖学金获取者；作家；国会工作人员。

Andy Cornblatt，Georgetown

我们录取了很多参军二十年现已退伍的老兵。我喜欢他们，他们给教室和校园增色不少。

Robert Stanek，George Washington

▶ **拥有工作经验的申请者的比例?**

四分之三的学生拥有重要的全职工作经验，不是那种毫无意义的工作。我们打算将该比例升到80%。

Don Rebstock, Northwestern

百分之六十的学生不直接来自大学，入学平均年龄是25岁。

Albert R. turnbull, Virginia

拥有多年工作经验的学生比例正在增加。

Edward Tom, Boalt Hall (Berkeley)

▶ **申请者在工作中是否成功有多重要?**

不在乎他做什么工作。不论什么领域。这是一个展示自己的成绩、成功和进步的地方。

Jim Milligan, Columbia

在工作中成功很重要：我想知道他们为什么选择那个领域。同样需要了解是什么使他有学习法律的兴趣，而且过去的工作经历会怎样有助于他的学习。

William Hoye, USC

▶ **如何评价申请者工作经验的质量?**

你处于什么地位，担负多大的责任是个很关键的因素。我们希望看到你做过一些实质性的工作，而不只是复印文件。

Faye Deal, Stanford

我们注重那些有助于申请者进入法学院学习的工作。比如，一些工作需要做大量的分析和接受大量的培训，工作负荷也相当大。一些工作要求提供相关的培训计划，要求从业者必须不断接受一次又一次的培训。还有些工作很难获得。比如，在投资银行做顾问工作，就要求好的分析、笔头、口头交流和叙述的能力以及极强的处世能力。另外一些工作则提供了与顾客广泛接触的机会。我们在录取时会考虑以上所有因素。我们喜欢不同的事物；我们希望一个班里的学生有广泛的背景和经历。

Kenneth Kleinrock, NYU

我们需要申请者有工作经验。如果22岁还没有工作经历，可是个危险信号。另外，我们在寻求充当过领导者的申请者。

Anne Brandt, Vanderbilt

我为那些三十岁还只是干着毫无意义工作的人担扰。他们曾有机遇但没把握住；我不知道他们是否有基本的上进心和动力。

Robert Stanek, George Washington

通常，我们相信在大学和法学院之间脱离正规教育一段时间是件好事。对于很多人来说，这是一个逐步成熟并确定目标去努力的机会。尽管我们不特指某些工作对申请者而言有多么重要，但我们确实能看到一些多年来做着平凡工作的人们对此不以为然。花一两年时间离开校园，同一些特别的人打交道并反省反省，这非常不错。但时间长了不好。我们希望看到这些人能振作起来，重振旗鼓。

Albert R. Turnbull, Virginia

招生主任谈年龄和经历对录取的影响

▶ 关于年龄比较大的申请者

我们不会放松对专业和学术的要求。每一名被录取的学生都应该具备充分的学术和专业能力。然而，我们愿意录取一些曾在学校表现平平，但近几年工作中很优秀的人。

Joyce Curll, Harvard

申请者年龄越大，他离开学校时间就越长。相应地，他的LAST成绩相对于GPA成绩的重要性也越来越大。对于经历丰富的人，我们首先看LSAT成绩。我们可能忽略他们的大学平均成绩。但是，LSAT成绩有助于证明他能够成功完成法学院的学习。

Michael Rappoport, UCLA

某人离开学校时间越久，其在校期间的成绩对他的影响就越小。我们完全可参考比在校成绩更有用的其他因素来评价他——工作业绩和其他成就。

Robert Stanek, George Washington

我们更关注他们的工作状况——有利于判断他们在学习法律以后将何去何从。

Faye Deal, Stanford

我总以发展的眼光审视每个人。他们拥有越丰富的经历，我们越清楚他们将来的发展方向。对于真正有成就的人，我们不太注意他们的大学记录、LSAT 成绩等。同样，对于大龄申请者，成就越小，越对他们不利。

Joyce Curll, Harvard

多年以后，大学成绩作为录取指标可能越来越失去其价值。对于大龄申请者，我们更注重他的 LSAT 成绩，研究生教育（如果有的话）或在毕业后进修的其他大学课程，以及他的工作性质。

William Hoye, USC

一个 22 岁的政治专业的学生能否被录取，取决于他的大学成绩和 LSAT 成绩。但如果你 32 岁了，并离开学校一段时间了，我们将另作考虑。你的大学成绩不太重要，我们主要考虑你的经历能为学校和自身学习带来些什么；我们将仔细考察你学习法律的动机。你应当在个人自述里写明这些。

Elizabeth Rosselot, Boston

如果我在审视一个已经有职业经历的人，我想知道他对法律的兴趣如何。这种兴趣是如何产生的？他们对第一份工作同法律的联系怎么看？他们的经历如何帮助他们学习法律？由于有第一份工作的经验，他们将拥有怎样独特的眼光和处理事情的反应？虽然对年轻一些的申请者，这些不太关键，但他们仍可以借机说明他们为什么喜欢法律？他们将怎样参与到法学院的思想交流和学习生活中去。

Erica Munzel, Michigan

▶ **对大学四年级学生的评估**

与那些已经毕业并在校外工作了一段时间的学生不同，对于那些大学高年级就提出申请的人，我们会更加注重他们在大学学习期间的学习成绩。

Kenneth Kleinrock，NYU

对于刚刚离校的 21 岁的申请者，关键因素是大学的学习成绩。因此，他们需要选择那些在此基础上为这个年龄段的人提供实实在在录取机会的学校。

Michael Rappoport，UCLA

课余生活和社区活动

▶ **什么是招生委员会所关注的?**

课余生活和社区活动包括学生在校期间脱离学习环境，而参与的全部活动内容。它包括个人或团体的体育运动、艺术、戏剧和音乐表演；个人活动如下棋或读书；宗教活动；参加各类俱乐部或组织；办报或做其他编辑工作；为社区服务。

招生官员重视课余和社区活动有很多原因。首先，你参加活动的相关材料证明你同其他人保持着一贯的交往。法学院一般选择那些社会化（特别是领导型）的人，而不是性格孤僻的人。尽管有很多学院因为其他方面优秀而录取一些有点不擅交际的申请者，但是法学博士并不应讨厌参加社交活动。同样，法律职业也不适合那些情愿躲起来也不愿同各种类型人交往的人。课余生活和社区活动可以表明你在学习和工作以外的时间是如何度过的；可以表现你的领导、开拓等特殊才能；可以展现个性，也能反映你在法律学习中的观点。总而言之，它们使招生官员相信，录取之后你将如何融入法学院的学习环境中。显而易见，课余取得的成果对那些没有多少工作经验的学生尤为重要。

学校希望看到的是在几年时间里，对一两次活动付出数小时行之有效的努力，而不是去参加学校所有社团却碌碌无为。质量胜于数量。事实上，罗列一大串活动只会削弱招生官员对你的总体印象。

招生官员并不在学生身上寻求什么特别的活动经历。他们不太在意你是否是年刊的主编或者是公司的环保组组长。他们要找的是长时间参加固定几项活动的学生，并在其中表现出的负责任的态度和工作的热情。平衡发展通常是比较理想的。但事实上，学生不会单方面发展，有所侧重和专注比“全能”型更受欢迎。

应该牢记，学习和工作的点点滴滴都是你申请材料的组成部分。假设，你对某段美国历史感兴趣，并在古董展和拍卖会上花了很多时间收集那时的家具和用品。这种度过周末时光的方式肯定能成为课余活动素材的来源，或是在活动列表中提及，或是写进你的个人自述里。记住，要适当地描述某个你所声称的“活动”，使其成为对自己有利的资历材料。

使课余和社区活动发挥最大效用

虽然你选择什么活动并不很重要，但需注意以下几点：

- **参加的深度：**你应该表明自己在固定的时期内参加过一个或多个活动，时间最好是三年以上。证明你在至少一项活动中取得进步并在若干年内持续保持这种努力。
- **领导作用：**表明你起码在一项活动中担当重要的领导角色。这意味着组织建立一个俱乐部或社团，指定或被选为负责人，引导社团发展。它足以证明你能动员周围的人为了共同的事业而尽最大努力。
- **特殊能力：**并不是所有人都有天赋或能力去做一些非同寻常的事情。但每个人都有可能介入除学生会/体育（这些通常都出现在法学院申请者的材料中）以外的活动，从而使自己足以在申请者中脱颖而出。做一些不同寻常的事很有益处。它有助于拓宽思路，使你面对不付出艰辛努力就无法介入的事情。这些在招生官员那里将留下深刻的印象。训练导盲犬、组织野外郊游、做个吹玻璃的工人、参加“社区巡逻”组织打击刑事犯罪或在集会上表演韩国腰鼓，都是比较独特的活动类型，但应该适当掌握分寸。

- **至少做到两者兼顾**：你需要通过令人印象深刻的材料表明自己是一个专注的人，而不是什么都尝试却无所侧重的人。但是，避免成为“全能”，并不意味着你要成为一个单方面发展的人。至少再指出一种你曾参与的、与主要活动不相关的活动。

▶ 社区服务的重要性

大多数法学院的申请者在校四年期间，都应当在课余自愿参加社区或城市服务的活动。作为例外，那些来自低收入家庭或是需要靠打工来维持生计的学生无需考虑将社区服务也添加到他们的活动列表里。如果你需要花去大量精力在工作上，以获取必需的薪水（养活自己和家人），你就不必拿出有限的时间去做慈善工作。

但是其他申请者最起码应当在他们的活动列表（或工作经验列表）里说明，参加过某次奥运会典礼或为当地慈善机构募捐。同申请者的非学术档案中相比，更深入地参加社区活动比上述一次性的志愿活动要好。因此，如果你能证明曾为某个目标工作了一段时间，就比仅仅参加周末的某个昙花一现的活动或某次为期一周的活动要好得多。

▶ 应该参加哪些社区服务？

你是为哪个团体或事业付出时间和努力并不特别重要。帮助盲童学习盲文，保护海豹，帮助贫困家庭减免收入所得税或是为当地学校服务，这些都会给录取官员留下好印象。显然，参加某个特别领域的活动，能使你通过义务服务而获取相关经验，这将对你申请大有帮助。例如，如果你对家庭法感兴趣，则可以去一家城里的民事律师事务所工作几年。

你应该尽量深入你所参与的某项活动中，而不是做一些间接工作。例如志愿帮助医院里的病人，而不是在办公室里整理文件，直接同需要你帮助的人接触或着手解决社区困难。就技能和人生课程而言，这要比为了某个目的去集资或坐在社区组织的办公室，要好得多。拿出一部分时间，尝试着亲身体验一下吧。

参与社区活动同样可以表现你的领导才能、创新和企业家精神以及对法律的兴趣（或态度）。你所付出的努力，将对你的录取产生积极影响。例如，不要仅仅是参加一个团体，保护你社区里公园的自然环境，你还可以更进一步地考虑让你们的行为影响到相邻的城镇，这样，你的活动范围就延伸到了另外的社区。又或许你为某一个服务机构出谋划策，提出了一个新方案——比如每月召开一次社区居民教育方面的会谈或鼓励孩子们多参与公众服务。你甚至帮助了某一个人以后，又建立了一个全新的组织以扩大影响。据我们所知，有一名申请者在护理中心当志愿者时，帮助一位老太太学习使用电子邮件同她的外孙联系，而使之生活发生了改变。于是，这位申请者决定作更进一步的努力。他成立了一个帮助老人学习使用电子邮件的组织，并将这种服务推广到图书馆、社区中心和护理中心的电脑系统。

参与社区服务，是证明你给予身外事物更多的关心的关键。它能表现你的成熟、同情心、对生活的热爱和人道主义精神。

▶ 通过社区服务寻找自己的推荐人

做志愿工作是个很好的丰富申请材料的途径。你能够在一个精心挑选的、一切可控的环境中工作。你可以在某个机构里选择一个合适的位置发挥才能，甚至可以创造一个适合自己的位置。慈善组织清楚自己十分依赖义务工作者。因此，它们的组织者都乐于接纳那些热心提出改进意见的人。加入社区服务将使你得以找到热情且对你心存感激的推荐者。他们会倍加赞赏你选择法律作为职业应具备的才能、技巧、态度和积极性。

▶ 未来的公益律师参加社区服务的重要性

如果你期望成为一名为公众利益服务的律师，或正在申请加入一项院校公共利益计划。如果没有足够的社区服务经历，你的资格就会受到质疑。

社区服务对家庭状况好的申请者的重要性

如果你来自一个富裕的（或一般富足的）家庭，并且从来没有为生计工作过，加入社区服务对你尤其重要。生活中的诸多便利往往来自社区服务，所以你应该在报考法学院前尝试着把自己的部分精力投入其中。

利用各种经历表现自己的个性

你的课余生活、社区服务和个人活动同样能展现你的个性。如第5章所说的，你应该说明你是谁，不仅仅是你完成了什么。很多申请者在他们的自我陈述中要么重复介绍主要经历，要么夸大其辞，却从不涉及使招生官员清楚自己究竟是什么样的人的任何东西。这是个错误。如果你是一个以自我为中心，为达目的不惜一切的人，你的各种资格证明将一文不值。没有院校愿意录取这样的人。你应该抓住机会，充分表现你的热情、宽容和关心他人，以博取招生官员的青睐，从而成为学校（或将来律师行中）的一员。你要表现你的领导能力和团队精神；你还要表明你能超乎私利，进行工作。这样，你将使招生官员更积极地看待你的资格证明——使之最有价值。

招生负责人谈课余和社区活动

▶ **总体评价**

我并不太在意你对什么感兴趣。既然你对某个事物有兴趣——并被它深深吸引而想参与其间——那么，就应该有一个你关心的主题或一个你想解决的问题。我希望学生说明自己为什么对它特别感兴趣，为什么觉得某项活动很重要，他们从中学到了什么，同时（或者）他们这种经历怎样同他们现在的兴趣和未来的目标相联系。如果他们这么做了，通常表明他们具备了积极的思维，能够关注社会并积极思考。

Erica Munzel, Michigan

我希望课余活动能提高申请者的写作能力、辩论和演讲技巧。通常来说，沟通能力对法学院学生来说，是至关重要的。否则，课余生活就太乏味了。我们学校的学生群体好像一个微缩的美国政府。有的在国会工作过、有的为“仁爱之家”（一家非牟利的慈善机构）工作过、还有的为检察官做过助手或在政府部门实习过等等。

Robert Stanek, George Washington

我看重那些可以提高人际交往和领导才能的活动。我希望看到申请者借此能不断进步。

Janice Austin, Pennsylvania

▶ 表现你的领导才能和协作精神

我们希望从申请者身上看到他的领导才能和团队协作精神。在学会如何领导他人的同时，也让自己成为团队中的一份子是非常重要的。社区服务活动是用来表现你这方面才能的绝好机会。例如，我们的一些申请者就曾获得过社区服务领导奖。

Joyce Curll, Harvard

我们注重领导才能。但我们不在乎他参加过多少个组织；我们看中他介入的深度和在其中所表现的领导才能。

Faye Deal, Stanford

我们“理想中的申请材料”同其他院校不同。我们寻找真正的团队成员。我们法学院的规模不大，因此，希望避免招收喜欢独处、不善付出的人。

Janice Austin, Pennsylvania

对于我们，真心关怀他人，加上参与社区服务的真实意愿，要比生硬的学术贡献更重要。我们看到某人很正直——有明确的道德准则，富于同情心和激情——这些都是构成领导才能的要素。这些要素和才能主要通过推荐信来表现，但也可以通过个人自述、甚至申请者自己的决断过程体现。

Joyce Curll, Harvard

我们并不在意活动本身。只要你参与了领导、完成了任务、发起了活动就可以。成为某项活动的发起者要比作为 10 名成员中的一员要吸引人得多。我们需要的是将军，而不是士兵。

Janice Austin, Pennsylvania

对于课余活动，我只看重两点：领导才能和真正参与到服务中去。

William Hoye, USC

▶ **你们看重什么特殊的活动内容?**

我看重体育运动：特别是当队长。这表现了一个人的领导才能。申请者在竞争的环境中工作，从教练或辅导教师那里获取建议。当军官也一样。不过，若在队里做记分员就没什么意义。

Janice Austin, Pennsylvania

有职业经历的人就好比生产线上生产的一件成品。

Elizabeth Rosselot, Boston

几乎任何个人兴趣对从事法律工作都有帮助，因为法律无所不在。加入学生会不错，但不一定就比其他活动强。因为其他活动也需要参与，也同样具有它的价值。

Erica Munzel, Michigan

作为天主教性质的机构，我们更希望人性化的努力：加入和平社团、美洲教育社团等。本科期间从事这些服务也同样很有价值。积极参与公众服务的申请者最有可能受到招生委员会的青睐。

Elizabeth Rosselot, Boston

▶ **申请者的活动清单在录取过程中起到多大作用?**

如果某人积极参与学生工作和辩论活动，我情愿将 GPA 标准降低五分之一。

Robert Stanek, George Washington

我们很注重申请者在大学积极参与课外活动。我们希望从材料中能发现可以证明其良好人缘和领导才能的东西。我们更加看重他在社区活动、服务机构、学生会和运动队，而非在学术组织中的领导工作。因为相对于后者，他在互动交流、协调成员、处理矛盾等方面介入较少。我们较其他院校更看重合作性，我们鼓励学生间互相影响。不喜欢那些成天泡在图书馆里的书虫。

Don Rebstock, Northwestern

参加社区服务或打工的同时，取得一定 GPA 分数，要比取得同样分数但从不工作的人要强得多。

Erica Munzel, Michigan

假如申请者可以通过一种比较新颖的方式来介绍自己的课余活动，那么课余活动的重要性就可以得到充分体现：为什么参加？从中学到了什么？借此你是否在成长？这种经历对自己进入法学院学习有何帮助等等？

William Hoye, USC

▶ 个性的重要性

招生工作是一门艺术，而不是科学。我们不把申请者的材料看作是数字、字母（成绩的 ABCD 字母）、类别或是不同的卷宗。

Joyce Curll, Harvard

根据我们的招生原则，我们非常倚重量化的指标。但我们同时坚信数字不代表一切。我录取的是人，不是数字。因此，我先看个人自述，然后才是量化的标准。

Edward Tom, Boalt Hall (Berkeley)

▶ 招生官员注重的个人品质

我的确喜欢乐观主义者。他们以乐观的态度看待事物。他们可以把握机遇或克服可能成功之路上的障碍。这样的学生很适合我们学校。他们将从我们提供的便利条件中充分得到发展。例如，我们有 85 个学生组织，12 种报纸和一系列其他措施，为他们提供机会，丰富他们的阅历。

Joyce Curll, Harvard

仅有高的学术水平还不够。我们需要申请者表现出力量、精力、投入、毅力、对自己以及所取得的工作成果充满自豪感——这些都是人类更深层次的品质。我们愿意吸纳和教育具有协作精神的人、无利己的野心或无不正当竞争行为的人；将责任感置于个人或物质之上的人；以及既享受 Columbia 大学提供的便利，也勇于承担责任的人。

Jim Milligan, Columbia

我们希望在他身上看到申请者的如下优点：真心关注他人利益、成熟、虚心听取别人意见等等。这些对于进入 Northwestern 大学学习很重要。

Don Rebstock，Northwestern

我们注重“跨文化”的经历。一个郊区的孩子可以在 Bedford – Stuyvesant 工作一两年。而那里来的孩子可以去律师事物所或投资银行干一个夏天。追求这样的经历能够表明他对学术的好奇、独立的思想和自立精神。

Jim Milligan，Columbia

我不会录取不诚实或工作不努力的人。

Dennis Shields，Duke

“行万里路”对我的决定很重要。克服巨大的差异和障碍、表现出超人的毅力以及对事业的投入——都表现了申请者的个性。

Faye Deal，Stanford

说明你的发展方向

如果你清楚知道自己的努力方向和理由，那将使你的文凭更有价值。假设两位不同的申请者：Lisa 有经济学文凭，并在一家投资银行做了三年的研究员。她希望从法学院毕业后返回银行业，成为一个商业律师。而 George 有一个普通学位（General Studies），并在过去几年里做了些琐碎的工作。他声称要做一名律师帮助他人，但他没有具体描述将如何去实现这个目标。如果他们俩拥有同样 LSAT 和 GPA 成绩（的确，他们的成绩相当，如果你忽略 George 学习目的模糊不清），你会录取谁？事实上，Lisa 的竞争力当然要强一些。招生官员很清楚她申请的理由，并因为她已在学习法律之前就给自己的未来职业定位，而给予了她额外的加分。他们相信，Lisa 将充分利用学校提供的机会，因为她知道这对她选择的职业有利。同样，她从前从事的工作经历也对学院有益。另外，一旦完成学业，她肯定抢手。因为她在学习法律之前就有她打算进入的行业的经历了。

招生主任谈就业方向

如果申请者能在可靠的基础上说明自己将来要做什么，我们是很高兴的。比如，他曾在将来要大量的行业工作过。这当然有助于录取。

Andy Cornblatt，Georgetown

我不希望看到有的人不清楚自己要做什么。他们无需使用法律——如果他们搞报纸、政治、法律甚至是卡通业，我们倒会很高兴。但是他们不能对自己的前途摸不着头脑。

Shelli Soto，Texas

我们看他们的档案时，总是有这样的疑问，“为什么选择学习法律?”如果不清楚原因，我们就很难做出录取的决定。即使是年龄比较大的学生，有时也不能明确这一点。如果我们不清楚他为什么选择，为什么现在这样做，那么就不会决定录取他。在这一点上，我们的态度非常明确。即使对那些大学成绩非常好、而且LSAT成绩属于优异的申请者也不例外。

Faye Deal，Stanford

如果申请者未能清楚表达对法律的兴趣，那么他很难被录取。

Janice Austin，Pennsylvania

没能清楚表达对法律的兴趣，不可避免地增加了被录取的难度。当有人仅仅是为了职业对学位的需要而提出申请时，我会感到不安。在面试中，我们提出了这个问题。“这是显而易见的”。这个回答显然不能令人满意。申请者应该比较逻辑地阐述自己对法律的兴趣，即使对法律和律师不是很了解。他们起码应该仔细想想这些问题。

Don Rebstock，Northwestern

我们当然希望法律不是申请人的一个不负责任的选择。

Jean Webb, Yale

▶　**在未来职业的基础上评价申请者**

我们不仅仅关注某人将如何在法学院里表现。我们对评估他们将来会做什么，他们会有什么样的影响力很有兴趣。对于一个未来的决策者，一个改造世界的人，学校是应该接收的。

Joyce Curll, Harvard

我们评估申请者在学校和毕业后取得成功的可能性。他有能力为学校做贡献吗？他能为学校的学术有所建树吗？他关注社会、善于思考并能做出反应吗？他在实际工作中能获得成功，并为社区服务身体力行吗？

Erica Munzel, Michigan

我们录取可能成为优秀法律学生的人。我们只对部分申请者将来能否取得成就进行评估，进而决定是否录取。

William Hoye, USC

我们需要有所创新的学生，无论他在学校，还是日后做律师。这种素质包括三个要素：思维清晰，笔头表达准确，对事物有热情。如果你具备这几点，你就能为校园增添光彩。

Dennis Shields, Duke

招生主任谈他们所需要的学生

有时一半的学生资料都被我翻过，但我还是尽力寻找与众不同的学生。他们很聪明，因此问题不是谁最聪明。相反，问题在于谁能够对他人的教学产生最大的影响。我搜寻那些能反省自己——审视自身经历的人。因为这样的人最有可能成为课堂讨论中的活跃分子。

Dennis Shields, Duke

我们看到很多人就学习能力而言不是很突出。但这些人的确很有天赋。关键是谁更能为别人带来最值得借鉴的学习经验。

Joyce Curll, Harvard

我们希望学生在学术和参加活动方面能成为多面手。Harvard法学院的学生就是如此。总之，我们希望大家各方面都优秀。

Joyce Curll, Harvard

我们从七方面评估每个申请者：人际交往能力；工作上升趋势；知识能力；课外活动能力；潜在或已表现出的领导才能；进入西北大学的动机；对职业的专注。虽然知识能力很重要，我们也不会录取高分但其他方面很差的学生。

Don Rebstock, Northwestern

给国际申请者的建议

该部分旨在向非美国学生介绍他们报考美国法学院时将遇到的问题。

▶ 录取原则

大多数名牌法学院都要求学生起码拥有同美国学士学位相当的文化教育背景。以下列表指明了什么文化水平才被承认。如不清楚，你应该向你所报考的院校确认。因为在具体标准上的确存在很大出入。

澳大利亚，新西兰：参照英国或英式教育体系。

加拿大： 说英语的省份的四年制学士学位和法语区魁北克省的三年制的学士学位通常都得到承认。

中美洲： 参照西班牙和拉丁美洲的情况。

中国： 通常承认四年制的学士学位。

丹麦： 通常承认 Academingenior 和 Cadidatus 学位（即使只有三年的学习时间）。

法国或法式教育体系： 承认通过高考后进入四年制的大学或专科大学学习后取得的学位。

德国： 承认 Magister Artium，全国统考，大学学位；Fachhochschulen 毕业生也许被承认。

印度，巴基斯坦，孟加拉，尼泊尔： 承认学习了至少四年的学士或硕士学位，但单独的学士学位、商业学士学位、理学士学位将不能够得到认可。

印度尼西亚： 承认五年制的 Sarjana，Sarjana Lengka，但不承认三年制的 Sarjana Muda。

匈牙利： 承认四年制的 Oklevel 学位。

墨西哥： 参照西班牙和拉丁美洲的情况。

荷兰： 承认 Doctorandus，Ingenieur，Meester；但不承认 Kandidaats，Propaeseuse，H. B. O 学位。

菲律宾： 承认五年制的学士学位或四年工作加上一年的大学学习。

波兰： 承认 Magister，Dyplom，Inzynier。

俄罗斯及前苏联成员： 承认五年制的大学文凭。

斯堪的纳维亚： 承认四年或四年以上的大学文凭。

西班牙和拉美： 承认 Li cenciado，Licenciatura，Bacharel。

瑞士： 承认四年制的大学文凭。不承认 Betriebsokonom，HWV，E-con，ESCEA，Ingenieur ETS，Ingenieur HTL，Ingenieur STS。

英国及英式教育体系： 没有统一标准。但部分院校要求申请者有学士学位。

▶ **大学成绩：**

美国大学几乎无一例外地要求申请者提供大学成绩的英文译文，且译文需经官方机构公证。

▶ 评定等级

你申请的法学院的招生官员对你所在国的评分标准可能熟悉也可能不熟悉。如果你对此不确定，可以要求你曾就读的学校提供一份（英文的）评分标准说明，并特别指出各分数段的学生比例。例如，你的学校用20分制，前5%的学生平均分在13－15分之间。说明这些很重要，因为毫不知情的招生官员可能简单地把14分对等为美国4.0分制里的2.8分（只是除以5）。2.8分是个很平平的分数，从而将学生定义在班里的中下等。而不为人知的是，你的14分也许能使你进入前5%的排名。这应该让学校知道。

因此，说明自己在班级中的排名很重要。对招生官员来说，另一个需要了解的是你学校的总体教学水平。让你的推荐人提及或学校自己说明它在当地院校的排名，是很有帮助的。至少在你的学校确实不错的情况下如此。

第八章

推销自己

内容概要

明确如何面对竞争

■

了解招生部的负责人对你，
以及对与你一样来自同一学术领域
且具有同等教育背景的申请人的期望值，并据此来判断你的候选资格。

■

根据学校的期望，对自己进行准确定位；
充分利用你的强项，淡化你的弱点。

■

根据某一主题制定自我推销的策略。

■

学习如何将自己的特色转化为优势。

本章的第一部分将告诉你，哪些内容是你在申请材料中必须突出的重点。这取决于以下几方面的因素：顶尖法学院所看重的、申请者的素质；你的竞争力；相对于其他申请者而言，你的强项与弱点。在本章第二部分，我们讨论如何将你的实力转化为你个人的资本；同时，告诉你如何提供强有力的论据，以提高自己被法学院录取的可能性。讨论将贯穿于随后的各个章节，探究你所需掌握的自我推销的手段：申请短文、推荐信以及面试技巧。

推销策略的制订

▶ 较之于其他申请者，你的强项与弱点

第 7 章诠释了各学校在招生过程中的着眼点。通过阅读该章，使你对自己的实力和薄弱之处都有了一个理性的认识。但是，这还远远不够，你应该再进一步，思考一下如何面对和参与竞争。

通过各院校提供的统计数据，我们来分析一下你将面对的竞争。以 Columbia 大学为例，其情况如下：

类别一览

申请者人数	6，743
录取人数	367
女生人数	187（51%）
男生人数	181（49%）
少数民族人数	116（32%）
亚洲人	50（14%）
黑人/非裔	40（11%）
西班牙人	24（ 7%）
美洲印第安人	2（ <1%）
其他国际学生	22（ 6%）

地区分布

大西洋中部	45%
西部	16%
南部	17%
中东	11%
新英格兰	7%
国际	4%

注：代表美国 40 个州、哥伦比亚地区，以及其他 13 个国家

年龄分布

20 或以下	4（1%）
21 ~ 24	252（68%）
25 ~ 29	91（25%）
30 ~ 39	20（5%）
40 或更年长	1（<1%）

注：其中，35% 的学生都是在大学毕业后，直接进入法学院学习的。

高学历

MA（文学硕士）	24
PhD（博士）	6
MS（工科硕士）	5
Med（教育学硕士）	3
MBA（工商管理硕士）	2
MPP（公共政策硕士）	1
MPHL（哲学硕士）	1
MM（音乐硕士）	1
MTS（神学硕士）	1
MIA（艺术硕士）	1
MD（医学硕士）	1
MSW（社会工作硕士）	1

注：被录取的申请者中，至少已经获得一个硕士学位的人数/所占比例：47（13%）

大学毕业生的主修专业

	人数	百分比
Poli. Sci. /Government 政治学/政府	72	20
Literature 文学	42	11
History 历史	39	10
Economics 经济学	31	8
Science/Eng. /Mathematics 科学/工程学/数学	26	7
International Relations 国际关系学	15	4
Philosophy 哲学	14	4
Finance/Accounting/Business 金融/会计/商务	13	4
Psychology 心理学	10	3
Sociology 社会学	7	2
Languages 语言学	7	2
Music 音乐	5	1
Religion 宗教信仰	5	1

学士学位的授予学校

Yale	28
Columbia	20
Harvard	18
Brown	17
University of Pennsylvania	13
Stanford	12
Univ. of Calif. (Berkeley)	11
Dartmouth	11
Princeton	10
Cornell	9
University of Michigan	9
Univ. of Texas (Austin)	8
UCLA	7
New York University	7
Duke	6
University of Virginia	6

Brigham Young	5
Barnard	5
Emory	5
Wellesley	5
Georgetown	4
Northwestern	4
Rice	4
Smith	4
授予学士学位的学校数量	*130*
法学院入学考试（LSAT）平均成绩	*169*
大学 GPA 平均成绩	*3.63*

你还可以自己收集一些其他数据，对上面的材料加以补充（见第3章和第4章对法学院的介绍）。U. S. News & World Report 对 Columbia 大学的相关数据做了如下统计：

录取比率：		18.7%
LSAT 成绩：	25%的人	166分
	75%的人	171分
GPA 成绩：	25%的人	3.43分
	75%的人	3.75分

此外，你还可以随时向各学校索取其他相关资料。许多学校愿意为他们潜在的申请者提供更多的、新的信息。

其他院校所提供的统计数据与上表所列内容近似。手中掌握了这些数据，并借鉴一些成功申请者的经验，那么，如何准备个人的成绩单、LSAT 成绩、工作经历和背景等个人材料，就成了一件非常简单的事情了。

▶ 对个人实力与薄弱之处的分析

我们不可能把每一个申请者简单地归入某个类别，因为他们都有自己的个性；任何一位偶然成为助理律师的人都不会——希望不会——与其他同行一模一样。同样道理，了解你自己到底该归入哪一类别，将有助于你应对招生官员的面试。招生官员和所有人一样，对世界做出各种单一化的假设。不是所有的天体物理学家和脑外科手术医生都聪明绝顶，他们在理解问题时只偏重于知识性的思考。但我们中的多数人却承认这是事实，除非有人能举例反驳。了解对方如何将你归入某一“类别”——无需其他任何根据——仅需了解招生官员们对那些与你同属某一类别的申请者是如何评价的。这一点，非常具有参考价值。（了解你最直接的竞争对手——他们和你有着许多相似之处——对你制订自我的推销策略是非常关键的一环。）

下表旨在通过列举假定的、不同类型的申请者的强项与弱点，以帮助你轻轻松松地完成整个申请过程。如果你属于申请法学博士学位中最为典型的那一类人——比如说，是一个没有任何工作经验，刚迈出校园的大学毕业生——你必须认识到，仅仅拥有这样的实力还不足以成为你被法学院录取的理由，你可能需要表现得比其他同类型的竞争者更具实力（甚至可能需要你摒弃颇具代表性的、属于这类人专有的不足之处）。该表列出了各种可能的不足之处——除非你能证明它们不是。

表中前5项列出了是最主要的、最简单的类别，即对申请者的基本“分类”：如22岁、即将毕业的大学生；希望进一步获得一个或多个更高学位的大学毕业生/研究生；又如那些从高校毕业一两年，还在四处游荡，寻找自我的“自由人”；还有那些“不切实际的社会改良家”，他们将大量时间花费在诸多公益组织及其公益事务中；再有就是经验丰富的专业人士，多年来，他们一直致力于某一行业的工作，积累了丰富的专业知识和行业资历。诚然，一个人可以归属于不止某一个类别；但必须对每一类别的强项与弱点都给予足够的关注。

类别	强项	弱点
申请者类型		
在校大学生	仍在校学习 充满活力 理想主义者	不成熟 在父母的强制下报考法学院 究竟是否攻读法学博士学位的决心迟迟难以下定 缺乏实质性的技能 所掌握的技能是其他同类的申请者完全可以替代的

研究生/博士	聪敏	象牙塔内的思想者——脱离现实
	习惯于要求苛刻的学术研究	害怕脱离学术环境研究
	具备某一领域的专业知识	对现实世界的认识有限
无业的自由人/孤立处世者	善于思考	不容易接受一种新的文化
	刚愎的	没有目标
	世故的	缺乏动力
	对未来深思熟虑	浪漫的空想家，而非现实主义者
不切实际的社会改良家	无私/理想主义	不可能成为一名坚韧的律师
	喜欢与人打交道	随着现实的变化，而随时改变自己的职业方向
		可能对法律工作产生失望情绪
富有经验的专业人士	掌握特定行业的专业知识	缺乏对法律的真正兴趣
	工作努力并且做事坚决果断	对严谨且孤立的学习与研究
	愿意与人分享经验	缺乏耐心
		不能和年轻人平等共事
职业		
律师助理	预先了解律师行业所存在的“阴暗面”	可能不活跃
		可能对其他领域的知识涉猎不广
		对法律行业有着真正的兴趣
立法机构助理	对法律事务有所了解	对严谨治学和学术研究缺乏耐心
		具备各领域的相关知识
		具备研究能力
		具备交流能力
职员、秘书	工作努力	无独立思考能力
	可坚持枯燥乏味的工作	听从他人授意而采取行动
		缺乏行业知识
		缺乏动力，没有野心

教师	工作努力	极度的理想主义者
	具备良好的处理社会和人际关系的能力	需要持续性的相互交流和信息反馈
	较强的外交能力好，是优秀的谈判代表	缺乏动力，没有野心
公益事业从业人员	愿意接受低薪，工作努力	不能忍受与自己看法相悖的观点
	利他且无私	
顾问	聪敏	对法律事务的兴趣令人怀疑
	对商务有所了解	倾向于自己处理事务，而不是帮助他人去处理该事务
	具备很强的交流能力	对枯燥的法律学习缺乏耐心
	具备很强的研究和分析能力	
	具备领导能力	
金融、银行业	对商务有所了解	缺乏写作和交流的能力
	具备研究和分析能力	
会计师	了解会计、审计行业	不活跃
	对所制定的目标有严肃认真的态度	不适合做领导
	了解各类商业和行业的运作	缺乏写作和交流的能力
	具备一定的能力	
计算机程序员	聪敏	缺乏处理人际关系的能力
	技术更新快	缺乏领导能力
	具备一定的技能	不愿开发“软”能力
工程师	具备一定的技能	缺乏对行业外事务的兴趣
	技术更新快	缺乏交流及处理人际关系的能力
	习惯遵循严格的学术框架	

	不愿进行斗争，只愿独善其身	
	善于自我推销	
军官	受过良好的领导素质培训	缺乏独立思考能力
	坚决果断	难以适应法学院的文化氛围
科学家	聪敏	对法律事务的兴趣令人怀疑
	具备良好的分析能力	缺乏交流能力
	善于自我推销	不愿进行斗争，只愿独善其身
人力资源管理者	具有处理社会和人际关系的能力	对法律事务的兴趣令人怀疑
	团队组织的协调者	缺乏分析能力
销售人员	具备交流能力	缺乏分析能力
	具有处理人际关系的能力	目光短浅，只关注短期事务
作家、记者	具备研究和写作能力	缺乏领导他人的能力
	善于独立思考	只是浪漫的梦想家，而不注重实干
	具备交流能力	
摄影师	具有不寻常的观点	不能与他人合作
艺术家	有着创造性解决问题的能力	不太容易适应法学院的文化氛围
		缺乏分析能力
大学专业		
政治	对法律事务有着浓厚的兴趣	同类的申请者过多
	掌握法律和政治方面的知识	认为法律是一项伟大的事业而非操作性的事物

历史	对政府和法律规则有所了解	同类的申请者过多
		由于别人的缺席而侥幸被法学院录取
		习惯于阅读长篇大论
经济	了解商业运作	缺乏对“软能力”的耐心
	熟悉在不同领域运用	不具备写作能力
	法律进行分析的关键工具	有可能更愿意选择经济类院校，
		不愿意在申请入学前工作三至五年的时间
数学、工程学	守规矩	无法解读语句中的深层含义
	具备一定的技能	缺乏写作能力
	善于自我推销	处理人际关系的能力令人怀疑
心理学	对人类行为学有所研究	对于独立钻研缺乏耐心
	能做到思想与行为同步	可能过分专注于“软能力”
哲学	好争辩的思想者	缺乏处理人际关系的能力
	较强的逻辑分析和语言表达能力	缺乏对职业的专注
文学	具备调研能力	是个脱离现实的思考者
	具备很强的写作能力	不习惯阅读枯燥的文本
	具备语言分析能力	特别缺乏法律方面的知识
语言学	知晓其他国家的文化/观点	缺乏分析能力
	愿意花大量时间进行学习	缺乏学术研究方面的兴趣

注：根据你大学攻读的专业进行个人评判的结果，会因你选修其他专业而有所改变。举例来说，如果你主攻历史且选修数学，你将被视为拥有不同于一般的、更为广泛的能力。

年龄		
较大（30出头或更为年长）	富有经验和行业知识	精力缺乏
	在年轻人团体中能发挥镇静的作用	不能和年轻人平等协作
		对理论没有耐心
背景		
弱势人群	具有很强的职业道德意识	未对严格、高强度的教学要求做好准备
	有思想，有观点	在融入集体方面存在有困难
富有/强势人群	从经验中获得丰富的知识	傲慢自大
	未来的成功已成为必然	缺乏职业道德意识
		被娇惯、任性
新近迁入的移民	强烈的求知欲	修学分的意识太强
	具有很强的职业道德意识	

充分利用你的强项，淡化自己的弱点

分析了自己的情况、确认了自己的定位之后，就应该考虑招生负责人可能会看到的你的强项与弱点。你现在所要做的，就是要将你对这个问题的理解运用到实践中去。

首先，要充分利用你确实具备的所有强项。你可以在短文中进行自我陈述。比如说，你或许是一位颇有成效的领导者，你完全可以在短文中对此加以说明。还有一点很重要，你可以（也应该）让你的推荐者在推荐信中举出实例，对你的陈述加以进一步的论证。

其次，尽一切可能淡化你的弱点。当然，能表现出自己不会受到它们的影响是最好的。同样，你必须通过所有可能的方式对此加以说明，包括申请短文、推荐信以及某些学校要求的面试等。换言之，你应该把回报/风险的比率最大化。各院校都希望录取那些将会在其学术研究领域做出重大贡献的学生——也就是期待着这些学生能够对学校的录取决定给予回报——同时还不能带来任何学术上的风险或是其他问题。回报/风险的比率越高，你被录取的成功率就越大。

不同类型的申请者，在申请方式上也理应有所区别。一位在大型律师事务所工作的律师助理将回报/风险比率最大化的方法明显不同于一名商业摄影师，或是一位刚毕业的大学生。这位已在一家顶级律师事务所工作了三年的律师助理（或律师事务所里的办事员），会被认为是非常聪颖且办事果断的；同时，他还具有很强的研究和分析能力，而且精通法律事务。如果法学院录取她，就不存在太大的风险。几年的律师助理生涯使她有了足够的法律知识，并早已熟知枯燥的法律工作。对于该专业的学习，并不存在半途而废的危险，也不用担心她会失去对法律的兴趣，更不必担心她毕业后找不到好工作。她看上去似乎很容易被法学院接纳，凭着她已具有足够的经验和基本的素质，似乎不会给录取工作带来太大的风险。但她的问题在于，她不过是众多律师助理中的一份子而已。这些人全都有着相同的素质。为了提高成功申请的机率，她必须表现出自己在本职工作中与其他同行的不同之处、对某一个（两个或三个）特定法律领域的专业知识的理解程度、过去已经取得的某些成就，以及她在取得法学学位后所希望从事的工作领域。

商业摄影师的情况则正好相反。对他而言，问题并不在于他能否给整个 MBA 的课程项目带来什么。他可能是惟一的摄影师申请者，因此，他一开始就有着相当独特的价值。他的问题似乎更偏重于回报/风险比中的风险。招生负责人可能会担心：该申请人可能会因为无法应对学习过程中过于严谨的学术要求而提早退学；该负责人可能同样会担心：这位申请人会失去对法律的兴趣，而中途弃学，返回摄影行业；招生负责人还会担心：由于他在传统领域中缺少工作经验，而使得那些来学校招聘的雇主不愿对其问津。为了增加他成功申请的机会，他必须要准备得面面俱到。例如，他可以在提出申请前，先学习多门课程。由此，他就可以在申请材料中说明，自己具有分析和深入研究的能力。通过学习，还可以表现出他对法律怀有真正的兴趣，而不是因为一时性起；同样，他还能证明自己一定能够完成全部学业；最后，他应该说明，一旦获得法学博士学位后，自己打算从事何种工作，并且谈谈具体实施的计划。这要求他必须对自己已经具有的能力和经验进行一些阐释，同时说明在法学院深造期间，自己还将如何去培养和获取其他相关的能力和经验。

当然，刚刚毕业的大学生也是一类常见的申请者。她可能有着优异的成绩。但那些她为之自豪的科目，可能与法律毫无关联。她可能聪慧，工作努力——就像那些律师帮办——并且有着较强的分析能力。尽管大学毕业生看上去似乎容易被法学院录取，但她也存在与商业摄影师同样的风险。考官会对他们申请法学院的动机以及是否做好了充分准备提出质疑。虽然她不大可能会中途弃学，但这个 22 岁的聪明孩子最终可能会发现，法律工作——且最终以律师为业——并不是她所期望的。要把握住被录取的机会，该大学毕业生就必须说明：她十分清楚法学院的要求，并且明白法学院的学习所必然导致的结果：成为一名法律工作者。

树立良好的形象

▶ **应该：**

- 参加/领导了大量的社团服务活动。
- 说明你已充分利用了所有可能的机会。
- 展示你已经具有一定的社会经验，经历过磨难，并且富有同情心。

▶ **不应该：**

- 谈论你所经历过的豪华之旅，或参加过的令人羡慕的活动。
- 将父母描述为华尔街最具传奇色彩的投资银行的管理者或是银行家。
- 骄傲自大，娇惯，或对出现的机会不加珍惜。玩世不恭的态度不会给考官好印象。
- 不要夸大其辞。换言之，不要以为上了预科学校或是通过为父母的那些有钱的朋友提供了一些低级服务而挣了些钱，就可以小题大做，就自以为了不起。

个人陈述的范文

下面是申请者 Heather 的个人陈述，它为申请者如何发挥强项、淡化弱点提供了一个非常好的范例。Heather 毕业于 California 大学 Santa Cruz 学院，获得了心理学的学士学位。尽管她成功地完成了学业，但由于 Santa Cruz 没有采用学分评定等级制度，使得她没有 GPA 成绩或是其他可以参考的申请成绩。这无疑增加了她申请的难度。此外，她的 LSAT 成绩是 160 分——这个成绩低于她首选学校的平均录取成绩——也是她申请中的一个障碍。从这几方面看来，Heather 显然处在一种极不确定的状态。她的分数，以及她并非毕业于顶级大学的这一事实，都促使她必须采用强大的自我推销攻势。另一方面，过去的 5 年中，她一直在为社区服务和法律援助社做义工——她形容自己所从事的工作是值得称道的。这是非常聪明的且令人信服的做法。她表明了自己希望从事公益工作的决心（更重要的，她已为此做好了充分的准备）。她也表明了自己是成熟的：独立的思考能力，善于劝说和诱导。而这些，都是法学院所寻找的理想申请者的全部素质。

Albert was born and raised in California. Our similartities end there. Albert is a crack addict with AIDS who was physically abused and abandoned by his parents at age twelve. He became a sex worker and, when he needed a quack fix, he would burglarize homes. AT age 26, he had just been convicted on his third "strike" and was facing 25 years to life in prison.

His public defender had hired me, a sentencing specialist at the Center on Justice, to advocate on Albert' s behalf and to develop an alternative Sentencing Plan. When I first met this client, he was wearing the standard – issue orange sweatsuit provided buy the Los Angeles County Jail and he looked relatively healthy. As he told me his life story, including the numerous offenses of which he had been both victim and perpetrator, I began to formulate a strategy to persuade the judge that a rehabilitative sentence was warranted.

I went back to the office to begin my research on the resources available to HIV – positive drug = addicted offenders. I began by looking into the services offered in the California Department of Corrections (CDC), since the likelihood of my client being sentenced t prison was very high. I learned of the deliberate neglect of HIV - infected prisoners and the dearth of experienced medical staff in the prisons. The situation for the treatment of substance abuse was equally grim: less than 1% of the 105, 000 addicts in the CDC receive drug treatment. With this knowledge I began to research community - based alternatives that would address the needs of my client.

Two weeks into my research, my work was interrupted by an emergency. I went to interview Albert a second time, but he was in no condition to talk. His lips were cracked and his face was marked with lesions. Pain radiated from where he had been injected that morning wit Pneumovax, a vaccine against pneumonia. The day after my visit, after complaining of a fever and delirium for over twenty hour, the nurse finally felt his forehead. He had a temperature of 105 degrees caused by the contaminated serum the jail medical staff had given him. He was rushed to Los Angeles General Hospital.

One day after he was admitted to the hospital, Albert called me in a panic because his doctor had stopped giving him Indinavir, the protease inhibitor he had been taking for several months to combat his AIDS. From having worked with other clients with AIDS, I recognized the danger of interrupting his medication; he could develop a resistance to this and perhaps other protease inhibitors if his treatment was not resumed immediately. I called San Francisco General Hospital——a leading AIDS research institution——and was told that they did not have Indinavir. I suspected that Albert was being discriminated against due to his inmate status. I contacted his doctor and expressed my concern that it appeared my client' s medication had been withheld. Ten minutes later, Albert that obstacle behind us, I resumed the development of my argument to the judge with renewed enthusiasm.

I succeeded in convincing Miller House, a respected substance abuse program for HIV - positive offenders, to accept Albert into their residential care program. In order to dissuade the judge from sentencing Albert to prison, I described in my report the grossly inadequate resources available in the California Department of Corrections to address his needs. I outlined his social history and argued that I order for Albert' s cycle of crime to cease, his addiction and medical needs would have to be aggressively treated. I suggested that a term of imprisonment was, in fact, a death sentence. In conclusion, I recommended that the Court strike Albert' s priors as permitted under state law, and sentence Albert to the aggravated tern, to be suspended with five years of probation and mandatory participation in the Walden House residential program for one and a half years.

The judge accepted my recommendations in full. After the judge announced the sentence, Albert's public defender turned to me and said, "You saved his life." The incredible feeling I get for knowing I have helped alter the course of someone's life in a positive direction is what motivates me to want to practice law.

I have been working for social service and criminal justice agencies for the past five years and I am committed to continuing to serve historically underrepresented individuals in a broader role as attorney. It is important to me to study law in a school that emphasizes serving the public interest and values diversity. Boalt Hall impressed me as such a school as evidence by its strong clinical program and the wide range of courses offered that focus on public interest. Thus I apply to become a member of the class of 2001 at Boalt Hall.

现在，Heather 正在 UC Berkeley 大学的 Boalt Hall 学习，这是她的第一选择。该校以其偏重于公益事业方面的课程而深感自豪。

整体融入——个性突出

另一种衡量回报/风险之比的方式是对“整体融入——个性突出”问题的考察。这一方法被很多招生官员采用。所谓整体融入，就是你能融入所研究的课题中，并被你的同学接受，而不被视为一个古怪的人。如果你有能力完成该课程的学习，与课程的目标保持一致，并能与其他学生融洽相处，那么你就可以做到整体融入。而个性突出，则是指你将一些特殊的、并能表明你与其他同学完全不同的事物带入到整个学习中。

很明显诀窍在于既能融入整体，又个性突出。单单顾及其中一方面是不够的。如果说你完全做到了融入其中，看上去就好像是整体中的一部分，这反而会使得学校找不到接收你的理由。因为你与其他学生没有任何区别，也就不会有任何独特之处。但如果你完全独树一帜，不在任何相关方面与任何学生类似，也同样没有好处。因为，你可能让人感到接收你这样的学生太过冒险。要同时兼顾这截然相反的两个方面，你必须：在某些重要问题上融入集体之中，而在其他一些特殊的方面，要与其他人有所区别。多数人倾向于在其中一种行为上投入较多的精力。那个法律助理无需担心她无法做到融入整体；她的问题在于如何突出自己。那个摄影师无需担心自我的突出；他要注意的是表现出自己能够融入到整体中去。（相比之下，那个刚毕业的大学生就完全不必为这两方面过多地担心了。）

个人信息的整理：定位

定位是一个市场营销中的概念。它是当太多的申请者需要极力引起评审官的注意时而产生的问题。要想在信息的迷雾中独辟蹊径，你必须有一个明确而清晰的构想，且能被评审官注意到，并能为他们理解和尊重。

让我们看一个例子，这个例子一直铭记在我心中。威士忌酒的种类很多，有一种叫苏格兰威士忌——甚至还有单麦芽酿造的苏格兰威士忌。即便如此，对于单麦芽苏格兰威士忌市场来说，就有众多不同定位的产品种类。例如，Laphroaig是碘酒味道，是一种较之其他品种更浓（更为刺鼻）的单麦芽苏格兰威士忌。它独特的品质使其迎合了那些自认为饮酒品味高出“初级水平”的消费者的需求。该消费群希望得到他们能找到的、味道最为浓烈的威士忌。另一方面，Macallan的口味却格外平淡，甚至失去了类似白兰地酒的味道。该厂商告诉消费者，他们的产品在葡萄酒桶中经过了多年陈酿，因而会有一股扑鼻而来的、特殊的、葡萄酒的清香。

这两种产品在苏格兰市场上进行激烈竞争，但又各自有其独特的市场定位。他们大搞营销的目的在于使大众对各自产品的主要品质特征有清晰的认识，并且都取得了巨大成功。虽然两家厂商认为他们之间事实上互不相关，但二者均在资深的单麦芽苏格兰威士忌饮酒者中树立了各自的威信。其结果是，二者均可以因自己的产品具有与众不同的特色而确定各自的价格。但如果他们一开始就选择针锋相对的竞争的话，就不可能出现这种双赢的竞争局面了。

▶ 运用自我的概念

你如何运用这一自我的概念呢？你必须不同于那些可能与你申请同一所院校的申请者。法学院的申请者并非都一个样；你的工作就代表了你的特殊性。你通过展露自身的个性增加了你的价值。毕竟，如果你是 2500 名申请者之一，有哪所院校会考虑只录取你，而不录取其他 2499 人中的一名呢？如果你独具魅力，便可使人更为难忘。一味默默无闻，将不会有任何帮助。如果一位评审委员会成员想得起你来，甚至他只是在对你的讨论中做过一个简短的描述，情况都要好得多。如果被评论为“那个原来是迈阿密的私人女调查员的申请者”之类的话，意味着你已被评审官员记住了，并已被视为一位独特的申请人。相反，如果有人问，“哪一个是她？真的吗？我可以再看一下那份文件吗？我不记得此前阅读过这份文件。”等等诸如此类的问题，那情况可算是糟透了。

▶ 大体定位 vs 精确定位

针对不同的目标学校，你应该如何进行自我的定位呢？没有任何两所院校会是完全相同的。那么，你的定位也应该各不相同。另一方面，对每所院校进行完全不同的申请又会带来很多麻烦。这不仅需要你撰写不同的短文，还需要请推荐人编写不同的推荐信。例如，如果你有意同时申请攻读 Berkeley 的 International & Comparative Legal Studies Program 和 Harvard 的 Program on Negotiation 课程，那么，你所面对的困难就是奔走于两校间，充当说客的角色。

采取改进措施；制定一个大体的定位策略，使你的申请材料不必有较大的改动便能较好地符合其他院校的要求。针对不同的学校，强调你各种不同的经历；不要试图为满足某一所学校的要求而重新塑造自己。显然，如果你还不明确进入法学院学习的目的，以及将来的职业发展方向，那就应该针对不同的学校制定不同的申请材料了。

你所采用的任何一种定位方案必须以特殊且有力的实例作为支撑。

定位的技巧：运用主题定位

定位意在为你提供一种清晰展现自身形象的方法。一种简单的、实现定位的方法是，运用几个主题来组织你的申请材料。例如，当你撰写短文时，要将你所有或是大部分的资料与所选主题联系起来。如果你的材料都围绕着三个或四个主题进行组织，你的定位就将非常清晰且易于掌握。

你所使用的主题应与其他申请者将要（或应该）选取的主题相异。因为法学院要在他们所有的候选者中寻找那些有明确特点的人。但另一方面，你应该有一两个那些实力强劲的申请者也会采用的主题。第 7 章讲述了各院校常注意寻找这样的人：(1) 在学习法律过程中，有超越他人的动机；(2) 拥有成为一名颇具效率的律师的基本素质。

法学院希望接受那些能够克服各种障碍，最终完成学业的申请者。有了克服困难的决心，就有了取得成功的前提。在 22 岁的时候，你可能没有付出太大的努力，或没有遇到什么真正的障碍，就已取得了一定的成功。但这种好运不见得会在你今后的事业中持续下去。因此，你只有在克服了前进道路上的困难之后，方可宣告大功告成。

名列前茅的院校相信他们所提供的教育颇具价值，所以，他们希望接收那些将能够充分估量这种价值的学生。这样的学生有希望获得法学学位的正当理由；他们处于各自人生和事业的佳境，并且还会对这二者尽力挖掘。这意味着，他们会对法学学位为其带来的一切心存感激。这也意味着，他们懂得如何选择合适的课程和实习工作，建立合适的关系，并掌握在潜在的未来雇主面前自我推销的方式，从而将教学的益处最大化。一些申请者没有考虑过自己的前途，或是对其才能和兴趣的展现机会不加珍惜，那么，他们就不一定能将法学博士这一学位的优势最大化，也就有可能被那些最好的法学院拒之门外。所以，我们说，你要始终明确表达希望获得法学学位的愿望——以及你为什么会如此钟情于它。这是你的责任。

你选择的主题内容应该符合你自身的情况。在第四部分，我们列举了一些成功申请者的短文。从我们所说的主题的角度出发，你可以多参考一些这方面的例子。下面，我们举几种可能的情况。

- **利他主义者：**你在过去的两年中，为联合国和平工作组工作，在法属西非发送药品和食物。

- **通晓多门语言者**：你可以流利地讲五国语言，并了解多种文化。
- **幸存者**：你生长在阿巴拉契亚一个偏远、贫瘠的地区，你是镇上第一位上大学的人。
- **全能型**：作为一名建筑师，你必须同时集工程师、设计师、律师、会计和城市规划者等于一身。
- **辛勤的劳动者**：在过去的一年里，你破译了 Alexis de Toqueville 的手稿。
- **拥有不寻常背景者**：你的父亲是一位牢狱总管。你从小生长在声名狼藉的监狱环境中。
- **冒险者**：作为一名记者，在危险的环境中获取信息，并从历史事实的角度进行分析。
- **社会活动积极分子**：在你自愿为计划生育事业工作时，你曾组织了一系列有关堕胎权的运动。

▶ 你应该选择几个主题？

你所选择的主题应该是有数量限制的。如果选用的主题太少，在你撰写短文时，供你发挥的空间就会非常狭窄。因为文中所有内容都必须与那一两个主题相吻合。但如果你选用的主题过多，那么你无法组织好任何一个主题，你的定位也不再清晰。解决这一问题的诀窍在于均衡上述两种情况。一般来说，使用三个主题较为合适。对于这个数量，你不会因为付出过多的劳动，而感到厌烦；相反，你可以集中精力，对这几个主题进行充分的叙述，使各院校录取委员会的工作人员通过阅读你的短文，便可以对你有一个全面的了解。我们知道，问题的关键在于，他们阅读你的短文，然后用三到四个短语对你的定位加以概括。你想在他们面前表现为一个单独的个体，但更应该是一个他们能够把握的个体。

▶ 推销手段

有三种途径可使你把自己的信息传递到各个法学院：短文、推荐信，以及可能经历的面试。你必须利用这三种途径，并交叉配合运用它们，以达到最好的效果。在接下来的几章里，我们将告诉你如何对它们加以充分的利用。

结束语

对于那些未能发挥自身实力，没能准备好一份具有说服力的申请材料的人来说，最终的后果就是被学校拒绝录取。各院校都接受了足够多的、合格的申请者。而申请者也都花费了大量时间，去了解与领会整个申请过程，并且出色地完成了申请材料的准备工作。不能完成这些工作，也就暗示着你尚不具备申请的能力，或至少说明你没有专注于此。无论怎样，你都不被认为具备问津顶尖法学院的潜力。至少目前如此。

招生办主任谈如何进行自我推销

► **自我推销的重要性**

申请者较好地进行自我介绍非常重要。因为对我们来说，从众多申请者中做出选择是困难的。那些拥有优异的LSAT成绩和良好的学业记录、在大学中表现积极并有着良好的工作或课外经验的申请者，其经历都可以帮助他们丰富各自的申请材料。

Erica Munzel，Michigan

我已经拒绝了很多的申请者。原因很简单：他们言之无物。申请材料空洞得说明不了任何问题。

Edward Tom，Boalt Hall（Berkeley）

整个的申请程序对法庭辩护能力都是一个很好的考察过程。你可以收集证据，取舍证据，并决定就此事进行辩护。

Willianm Hoye，USC

如果申请者能够很好地进行自我推销，将从中受益匪浅。我们一般从所有的申请者中录取20%－50%的学生。成功的自我推销，对他们表现自身特点和经验，或是表明自己真正热衷法学，尤为重要。

Albert R. Turnbull，Virginia

那些被我们录取的申请者，一般都提供了具有说服力的自我陈述材料。

Joyce Curll, Harvard

从一个人的申请材料的准备情况，我们可以客观、辨证地了解到该申请人的情况。

Elizabeth Rosselot, Boston

▶ **很少有人能够成功地进行自我推销**

在4000名申请者中，可能只有100人能够出色地完成自我推销工作。我本希望能有更多的人做得更好。但不幸的是，事实就是这样。

Janice Austin, Pennsylvania

很少有申请者能够出色地完成自我推销的工作。

Elizaberth Rosselot, Boston

▶ **表明你对该校的兴趣，并说明自身条件非常符合该校的要求**

如果我们感到他们十分在意 Michigan 大学，并花了大量的时间准备他们的申请材料，我们会非常乐意在评审工作中给予一些特殊的照顾。

Erica Munzel, Michigan

由于现在提交申请很容易，所以在某种程度上，申请者仅仅是将他们的材料递交至全美排名前二十五位的（法律）院校。如果有人想要把目光投向我校，并提交符合本校要求的申请，他/她便会因此占据强项。该申请者做出了努力，认为我校所开设的学科能够满足他的需要而下定了决心，都必然会打动我们。

Elizaberth Rosselot, Boston

如果一个人在我校申请攻读国际人权专业，而该专业并不是本校的强项，我们就会对他的决定提出质疑。但如果他完全清楚该情况，并仍坚持自己的选择（同时，他指出整个 Pennsylvania 大学的教育、知名度都值得他在此求学深造。），那就不存在什么问题了。

Janice Austin, Pennsylvania

我们有很多申请者希望成为政治家、理论家或政策的制定者，所以，同 Stanford 大学相比，在我们这里攻读专利法等专业的学生可能要少得多。

Jean Webb，Yale

我们希望能够录取那些非常符合 Harvard 法学院要求的学生。这里看上去像是一个装满各种选择和可能性的糖盒，还是一个令人惊慌的地方？那些对东亚研究、伊斯兰法律等有真正兴趣并富于经验的人，才是我们特别感兴趣的。

Joyce Curll，Harvard

那些只选择 Michigan 大学而非其他院校攻读某个专业的学生将最有可能通过申请过程这个独木桥。与此类似，如果一个人希望在某一特定教授名下求学，则他可在申请过程中提出。我甚至可能会将该申请材料交给那个教授，并征求该教授的意见，看他是否乐意接受这个申请人。教授的反馈意见将影响到我做出的决定。

Erica Munzel，Michigan

那些能充分投入校方所提供的主课程学习的学生，我可能会优先考虑。但这可能仅对在特定领域中有经验的人有效，而不是那些刚刚毕业的大学生。有太多的学生在求学中改变了主意。我愿意接收的那类人，举个例子来说，就是那些有着切实的实践经验，或是从事过专利或商标局工作的人。

Robert Stanek，George Washington

我的意思是说，如果你对费城和这所大学有着非常特殊的感觉，曾到学校参观过，并且希望从师于某位教授，那么，Pennsylvania 大学当然会重视你。

Janice Austin，Pennsylvania

▶ **确保你提供的信息前后一致**

一定要准确、真实、仔细地介绍自己。其中很重要的一点，我们从申请资料中得到的信息均要保持一致。即推荐信与个人陈述相符，而个人陈述又要与业余表现记录相符等等。这样易于别人理解和信任你。

Joyce Curll，Harvard

当一名申请者表述他将来愿意从事某种类型的法律工作时，我们的第一反应是核实相关的材料。我们要看看她究竟是否能够承担得起——比方说，看她是否曾积极投身这一领域的相关行业或组织。如果她能承担得起，那就太好了。这对于她的申请绝对是有帮助的。极端一点的例子包括，一个希望今后从事婚姻法研究的家庭问题顾问。

Elizabeth Rosselot, Boston

我所关心的是申请人所述的个人兴趣，以及他们所付出的努力和取得的成就之间的联系。

Kenneth Kleinrock, NYU

不要在申请的过程中涉及今后你无法回答的问题。我们没有时间对你记录中的漏洞和不一致进行电话查证。

Elizabeth Rosselot, Boston

经验老道的招生部负责人都非常清楚，任何申请人都可以撰写一份书面申请函，宣称自己拥有极强的个性，坚定的价值观，崇高的理想和伟大的成就。很多人也的确做到了。但是，对于Columbia大学来说，我们一定会把所有宣称自己获得过专业成就的材料和他的其他申请材料放在一起考察……的确是对其人生的考察。我们会实际考察申请人是如何具体利用自己的时间、精力和才华的。我们会考察他们在求学、工作、人生设计过程中以及在社区、课外活动中所做出的选择。甚至包括他们的政治派别和宗教信仰方面的选择。

Jim Milligan, Columbia

附录4
特殊案例

居民身份

公立法学院——即州立大学中的法学院——通常为其本州居民提供优惠的入学政策。照顾程度因学校而异。例如，Hastings没有任何优待政策，Michigan优待政策很少，而North Carolina，Texas和Virginia则提供具有实质性意义的优待政策。再如，对本州居民，Virginia可以降低0.25－0.3分的UGPA成绩或4－5分的LSAT成绩。考虑到录取结果——加上州立院校较低的学费（见第17章中的讨论）——不论是在提交申请前，还是在提交申请后，你都有必要研究一下成为该州居民的可能性。如果你在申请前取得了该州的居住权，理所当然，你可以享受到入学的优惠政策，同时还可以交纳较低的学费；如果你是在申请提出之后才成为了该州的居民，那么，多半只有通过延期入学去争取奖学金了。

一般来说，各州政府在决定是否接纳你为该州居民时，要考虑许多因素。如果你曾就读于该州的高中，你父母也一直是该州居民，并且除了上大学或服兵役，你未因其他任何原因或某种目的离开过该州，你便可以被视作该州居民。另一方面，你若想成为一名该州居民，希望你能考虑以下的部分或全部问题：

- 你登记投票选举的地方（或已经投票选举）
- 你是否拥有该州的汽车驾照（或身份证，若不会驾驶）
- 你在学校、就业和军队记录中提供的是哪个地址
- 你在什么地方对自己的汽车进行了登记
- 你是否以居民身份在该州交纳个人所得税
- 你居住在什么地方（每年住多长时间），你的个人财产保存在什么地方
- 你是否根据习惯，要回到你以前居住的州

你必须提供以上有关因素的文本证明。

如果你被认为还在依靠父母生活，而且你父母居住在其他州，那么你在该州定居就会存在困难，因为这个简单的因素会使你获得和你父母所在州相同的居民权。如果你想被看作在经济上已脱离父母独

立，至少要做到你的个人所得税不能减少。一些州还会考虑你的年龄，你的婚姻状况，是否有赡养者（配偶除外），经济上是否独立。

为了核实你的情况，法学院教务处会找到你所上大学的某位推荐人，对你进行调查。（这一般是基于全校范围的一项职责。）

注意：在有些州，当你在法学院校就读时，由暂住者身份变为居民身份比较容易；在其他州，如果你仍是一名学生，这种转变的可能性几乎没有。

招生部主任谈居民身份问题

▶ 居民身份对录取的影响

在我们的学生中，25%~30%的学生是本州居民，70%~75%的学生是暂住者。在录取问题上，我们对二者采用相同的步骤。若存在疑问，我们会优先考虑本州居民，但这些优惠条件很难进行量化。

Erica Munzel，Michigan

德克萨斯州的居民会在录取过程中占有一定的优势。

Shelli Soto，Texas

我们对本州居民和暂住者采用完全不同的两套录取标准。例如，我们录取系统（评定指数）的57分，相当于LSAT成绩的168分和GPA成绩的3.62分。我们招收本地居民中80%的申请者，但只能依据57分的转化分数，招收暂住者中33%的申请者。

Albert R. Turnbull，Virginia

▶ 获取居民身份

要成为本地居民，你需要以非学生的身份在本州切实生活和工作一年的时间。

Erica Munzel，Michigan

在此居住一年后，要成为本州居民就相当容易了。你只需要登记投票选举，获取加州的汽车驾照和申请一个银行账户，定居下来，并保证一直住在本州。这相当于给自己一笔10，000美元的奖学金。

Edward Tom，Boalt Hall（Berkeley）

对于如何成为一名德克萨斯州的居民，本州有相当严格的规定。你需要以非学生的身份，在本州生活和工作整整一年。你不能被视为是依靠外地人员资助的人。为了获得本州的居民身份，你可以向学校（如UT法学院）申请延期入学一年。

Shelli Soto，Texas

现在，要想成为一名弗吉尼亚州的居民相对容易一些。但是，还不像其他州那样容易。如果你是一名非本州的、法学院的一年级学生，而且来Virginia受教育也只是你暂时的目的，那么，要想成为一名弗吉尼亚州的居民，只能是一个难以实现的梦想。要成为一名本州居民，你可以休学一年，并在这里工作、纳税。如果你与某人结婚，而且他/她已经在本州工作并纳税一年或更长时间，那么，你也可以获得本州的居民身份。

Albert R. Turnbull，Virginia

遗赠关系

成为一名“遗赠人”——即找到某位曾就读于该院校且与你有关系的人——这样，可以大大增加你被录取的机会。但是，在研究生院一级上，情况却完全不同。首先，各研究生院很少关注那些来自该大学其他院校的“遗赠人”。换言之，如果你的母亲曾就读于Northwestern医学院，那么Northwestern法学院校就绝对不会把你看作是一位“遗赠人”。即便那些有亲戚曾就读于该法学院校的申请者，在申请入学过程中也很少能得到过多的照顾。

决定“遗赠人”影响力的因素有三个，即：

- 对方关系越近越好。如果你父母中有一方曾就读于该法学院，其效果将比你叔叔是法学院校友的影响大得多。
- 对方曾在校友会和学校事务中表现得越积极越好，捐助院校的资金越多越好。（捐献的标准的确很高。每年 1，000 美元的馈赠不能使某人的入学资格有所改观；每年 10 万美元的馈赠也不一定够用。）
- 与州立法学院相比，私立法学院对“遗赠人”的身份较为重视，原因在于，传统上，私立院校的办学在很大程度上依赖于私人募捐。

招生部主任谈“遗赠人”问题

▶ 怎样才算是一位“遗赠人”

对我们来说，“遗赠人”是指曾经就读于 Michigan 法学院的某人的儿子或女儿。如果这是你申请 Michigan 的附加原因，某人最好与大学有关部门联系。“遗赠人”身份常常不会改变我们的录取决定，但我将尽力为“遗赠人”提供方便。

Erica Munzel，Michigan

在我们这里，要成为“遗赠人”惟一需要满足的条件是，你有一位家长曾经就读于 Boston 大学的法学院。

Elizabeth Rosselot，Boston

▶ “遗赠人”身份的影响力

如果申请者的家长是 Columbia 法学院的毕业生，在我们做出决定时，“遗赠人”这一身份可作为一个考虑因素，但不是一个有很大影响力的因素。它不过是整个评审工作中的一个点而已。但是，如果申请者靠其自身的优势靠近录取标准，“遗赠人”的身份则是一个重要得足以扭转劣势的因素。但“遗赠人”身份仅能在每年的录取阶段发挥一定的作用。相对于大学的招生工作，“遗赠人”身份在法学院录取新生方面的影响力较小。与所预料的恰好相反，在申请那些对学生来说是非常挑剔的法学院时，你会发现，它们其实没有想象中那么思想落后或墨守陈规。

Jim Milligan，Columbia

与其他许多法学院相比，我们对“遗赠人”并不感兴趣，因为我们不是一所私立院校。

Shelli Soto, Texas

作为一所大学，我们有很强的“遗赠人”传统，但如果该家庭每年仅捐赠 50 美元，则无缘于这项传统。

Janice Austin, Pennsylvania

对那些“能够给学校的建设带来贡献的申请者”，我们可以给予一定的照顾。但这样的情况，真的是非常非常地少。我从负责“学校建设”方面的同事那儿感受到一些压力。但我给他们的答复是，我无权决定那些他们所代表的学校的利益的轻重。所以，我只是反馈给他们，那些竞争力不够强的申请者的优秀之处，以及他们可能被录取的机会。

Jim Milligan, Columbia

“遗赠人”问题，它可以在 LSAT 成绩上补偿 1 分或 2 分（或更多）或在 GPA 成绩上补偿0.1 分。(关系越近，越会影响结果。“与我的兄弟姐妹结婚”并不就具有了“遗赠人”资格。）若属于边缘情况，它无疑会增加申请者的好运。当“遗赠人”很高兴到我们这里求学，这非常好，而且这也会增加其校友捐赠的可能性。

Robert Stanek, George Washington

“遗赠人”身份不会给你带来任何帮助，即使你是教员的儿子或女儿。

Edward Tom, Boalt Hall (Berkeley)

“遗赠人”身份本质上不会影响我们的决定。

William Hoye, USC

我们会对“遗赠人”另眼相待，并给予一些特殊的照顾（在他们的申请被拒绝后)，帮助他们再次提出申请或是寻找其他机会。

Jim Milligan, Columbia

国际申请者：法学博士和法学硕士

国际申请者代表着法学博士市场的一小部分，而且是迅速发展的一部分。随着法律市场的日益全球化，美国法学院的招生策略也在发生变化。当然，如此多的非美国人提出申请是美国法学院校享有良好声誉的证明。过去，国际申请者通常是在他们的国家获得法学学士学位后，再工作几年，然后申请美国的法学硕士。这样一直持续下来，人数越来越多，但是，现在许多外国申请者希望在美国攻读法学博士学位，而不是在他们自己的国家攻读法学学士学位，或是其他的学位。

外国申请者攻读法学博士学位的原因很清楚。传统的理由是要学习美国法律，期望回国后能成为一名见多识广的律师、教授、外交官或政府官员。当然，这也会有助于他们的个人履历因多了一个 Harvard，Georgetown 或 Columbia 的学位而价值得以提升。这些年，申请者又有了一个新的理由：许多国际申请者在一流的美国法学院获得法学博士学位后，都打算在美国工作发展。拥有法学硕士学位的申请者可以在诸如纽约州的律师行里找到工作。

那么，为什么外国申请者都会考虑在美国攻读法学博士学位呢？一些人也许没有法学学士学位，因此被迫在他自己的国家或在美国预先学习三年左右。一些人也许想在美国的某个州发展，例如伊利诺依州，但是该州的律师业不承认仅有法学硕士学位的申请者。其他一些人或许想经历美国法学博士学位的严格训练，与选择他们自己国家的学位相比，他们更喜欢美国的学位。还有一些人或许希望通过在美国院校学习三年，或借助颇为吃香的美国学位，获得一些学校内部提供的就业机会（通过这些就业服务机构，他们可以找到自己未来的美国老板）。

国际申请者究竟是申请法学博士学位，还是申请法学硕士学位，这之间是存在差异的。美国法学院常常发现，他们很难理解海外受教育的申请者的高中或大学学习的特点和质量。工作经验、课外和集体活动等等情况也同样难以理解。结果是，法学院要求外国申请者的个人材料清晰、易懂。这有助于表现某所大学或高中是多么地独特；充分体现学分制的有效性；以及公司的雇佣政策等等。

你在美国学习的根本原因将是一个不可避免的难关。按申请法学博士学位的标准，你若能够说一口流利纯熟的英语，加上能阅读大量的文字材料，并且能很老练地参与到对这些材料的讨论中去，这样的素质将是难能可贵的。

国际申请者在申请过程中存在一个很有趣的问题：攻读法学博士学位通常不要求托福成绩，但要求 LSAT 成绩；而攻读法学硕士学位的要求则正好相反。

招生部主任谈有关国际学生的问题

▶ **LSAT（法学院入学考试）**

国际申请者随着其年龄的增长，工作经验也逐年增多。当他们回国后，就会发挥巨大的作用；而且从一个毕业生的发展前途来看也是相当好的。这里，我们来看看较低的 LSAT 成绩。一个来自中国的 164 分的学生，或印度的 164 分的学生，或韩国的 164 分的学生，或瑞士的 160 ~ 161 分的学生，或是非洲的 165 分（法属西非：162）的学生，或前苏联/东欧的 160 分的学生，或墨西哥的 160 分的学生，或波多黎各的 155 分的学生（我们把他们当作第一代拉丁族，尽管不十分清楚应把他们视为国际申请者呢，还是少数民族。）和具有 167 分 LSAT 成绩的美国学生，其意义是大致相同的。假设申请者没有在英语的环境中受过教育。

Janice Austin，Pennsylvania

对于一名中国的申请者来说，162 ~ 164 分的 LSAT 成绩就相当不错了。

Faye Deal，Stanford

一名 LSAT 成绩为 165 分的美国学生，和一名成绩为 163 ~ 164 分的德国学生（即从一个几乎不懂英语的国家来的人），或来自中国内陆的、成绩为 161 ~ 162 分的学生，意义是大致相同的。（我们常常根据外国申请者撰写的短文来判定他们是否具有英语水平。）

Andy Cornblatt，Georgetown

国际学生将用英语进行学习，而这对他们来说，是完全陌生的。所以，我不会像其他院校的同僚们那样，在 LSAT 成绩上做出让步。

Robert Stanek, George Washington

我们不欢迎那些来自非英语国家、而 LSAT 成绩又较低的申请者。法学院是通过英语进行交流的，所以，我们要对他们的英语交流能力加以评估。

Erica Munzel, Michigan

我们希望外国申请者的 LSAT 成绩能与美国学生相媲美。但是，由于 LSAT 成绩包含的范围很广，所以在申请过程中，我们并不会过分苛刻地对 LSAT 成绩加以要求。

William Hoye, USC

▶ TOEFL 成绩和 LSAT 成绩

关于 LSAT 成绩，我们不给国际申请者任何破例的机会。对于 TOEFL 成绩，我们不接受 600 分（按新的考核标准为 250 分）以下的申请者。

Elizabeth Rosselot, Boston

我们对 TOEFL 成绩没有什么要求；有 LSAT 成绩就可以了。

Kip Darcy, Hastings

▶ 对申请材料中成绩单的评估

国际学生：我们要求申请者把成绩单复印件寄到 UCLA 专门负责外国学生成绩单分析的部门；我们不接受来自私营服务机构的那些学生。

Michael Rappoport, UCLA

对国际申请者的大学成绩进行评估是件非常困难的事。如果他们能提供其所使用的评分体系之类的信息，对我们会有帮助。如果我们能够对他们的成绩加以评定，并且成绩相当不错，我们或许会考虑在LSAT成绩上给他们以照顾。相反，如果我们不能从他们的大学成绩记录中找到有用的信息，就会更加重视他们的 LSAT 成绩。

Don Rebstock，Northwestern

对他们的学校越了解越好，这主要因为我们一般不是很清楚外国院校的情况。若能获得该院校的简介我们会非常高兴。

Robert Stanek，George Washington

一些院校要求国际资格认证服务机构来评定外国学生的成绩。我们不要求这点，但我们仍然觉得这很有帮助，因此我们会欢迎那些已做了资格认证的申请者。

William Hoye，USC

▶ 综合评论

作为一名国际学生，要想获得入学许可是件非常困难的事。你不得不符合与其他本土的申请者一样的标准。在 LSAT 成绩方面，我们可以为你破个小例，因为我们知道，英语并非你的母语。尽管如此，作为一名国际学生，要得到入学许可仍然是十分困难的。

Edward Tom，Boalt Hall（Berkeley）

国际学生来到一个完全陌生的制度下学习，即使是在最优越的环境中，摆在他们面前的，仍然是一条充满艰辛的道路。有鉴于此，展示一下他们对美国法律体系的了解，对他们的申请是非常有帮助的。如果他们能够在申请过程中证明这一点，我更可能会录取他们。因为我知道，他们不必再花费巨大的精力去掌握这些知识(他们已经不厌其烦地去学习了那些知识，这能说明些问题)。

Robert Stanek，George Washington

对一名未用英语从事过大量工作的外国申请者来说，不论他们的 LSAT 成绩有多高，我们都会仔细核查他们的个人简历。这是因为，法学院的成绩考核通常是建立在一种简单的、限时的笔试制度上。有无英文的写作能力会在此类的考试中暴露无疑。

Faye Deal，Stanford

招生部主任谈他们的法学硕士学位项目

▶ 法学硕士学位符合你所在州的律师业的要求吗?

国际学生可以在这里获得法学硕士学位，然后到纽约工作；他们不必拥有法学博士学位，也能获得纽约律师业的认可。

Jim Milligan，Columbia

对宾西法尼亚州的律师业来说，仅有法学硕士学位是不够的。但是，若能再拿一个硕士学位，即 LCM（在获得 LLM 之后），则也是能够行得通的。现在，许多国际申请者攻读两个学位，利用其攻读的第一个学位获得的较高声望可以很快地获得第二个学位。

Janice Austin，Pennsylvania

在伊利诺伊州，你仅有美国的法学硕士学位是不能从事律师工作的，尽管在纽约你可以。

Don Rebstock，Northwestern

只要有法学硕士学位，你就可以在弗吉尼亚州当律师。

Albert R. Turnbull，Virginia

▶ 录取工作中，最重要的申请材料

该学位是为希望回国发展的外国律师设立的。我们不要求他们的 LSAT 成绩。但我们注重他们中最优秀的和有固定工作经验的（至少一年）。

Don Rebstock，Northwestern

▶ 其他特别项目

我们授予法律/商业的法学硕士学位，其中包括两个学期的法律课程，以及三个月在 Kellogg 商学院学习的时间。

Don Rebstock，Northwestern

▶ **项目的国际化**

我们有160名攻读法学硕士学位的学生，其中140名是在国外受过训练的律师。

Jim Milligan, Columbia

我们的法学硕士研究生中至少有一半是国际学生。近几年来，招收的新生几乎爆满。

Albert R. Turnbull, Virginia

注意：法学硕士研究生无权享受我们所有的就业安置服务（因为一般认为他们会回国发展）。

Don Rebstock, Northwestern

▶ **法学硕士学位申请者人数**

我们每年大概有1100名申请者，录取400名，最后注册入学的有270名。

Andy Cornblatt, Georgetown

大约有400名学生申请我校的法学硕士学位，其中每年录取150名，最后有60名学生注册入学。

Don Rebstock, Northwestern

附录 5
PERSONAL ORGANIZER

(Make extra copies of this form to have additional room for describing multiple schools, jobs, or other experiences, as necessary.)

▶ EDUCATION

School:

Degree: | Date Received:

Grade – point average: | Major/Concentration:

Minor: | Relevant additional course work:

Substantial papers written:

Activities:

Offices held/responsibilities/achievements (academic & extracurricular): Honors and Awards:

Scholarships:

Why did you choose this school? In retrospect, was it a good decision? Why or why not?

(Repeat for choice of major.)

▶ WORK EXPERIENCE

Start with your most recent job and work backward chronologically. If you had more than one job with the same employer, fill out separate data fields for each.

Include all part – time as well as full – time jobs.

Employer:

Dates employed: From ______________ To ______________

Location:

Title/Position:

Beginning salary: Ending salary:

Key responsibilities:

Whom did you manage? To whom did you report?

Key accomplishments (quantify whenever possible):

Key skills that enabled you to accomplish these things:

Superiors' reviews (excerpts):

Reasons superiors feel this way about you (think in terms of your achievements, skills, actions, attitude, etc.):

Reasons for taking the job:

Reasons for leaving the job:

Ways in which the job met your expectations:

Ways in which the job did not meet your expectations:

Important stories illustrating your leadership, teamwork, analytical, and communicative abilities:

What sources (including people) are there for developing further information about each story?

▶ PROFESSIONAL ACCOMPLISHMENTS

Copyrights:

Title:

Date:

Publisher/Publication:

Patents;

Title:

Date:

Number:

Professional certification:

Organization certifying:

Date certified:

Professional honors and awards:

Name:

Date awarded:

Organization awarding:

Reason for the award:

▶ EXTRACURRICULAR (AND POST-GRADUATION) ACTIVITIES (artistic, athletic, community, religious, political, social, etc.)

Activity: Dates of involvement:

Offices held/responsibilities/achievements:

Was this a voluntary position or one to which you were elected/appointed? If elected or appointed, by whom?

Reasons for your involvement:

How does it relate to your other activities and interests?

▶ PERSONAL QUESTIONS

Who are the four or five people who have most influenced you? How?

What are the four or five things you most admire in others? (In whom and why?)

What are your four or five most memorable experiences, whether great or small?

What was your greatest success, and what did you learn from it?

What was your greatest failure, and what did you learn from it?

What fear have you overcome? (How and why?)

What do your friends most like (and dislike) about you?

What are the four or five (or more) key words that would describe you? What on your list demonstrates this?

Do you have a personal motto or something that you frequently quote?

▶ YOUR FUTURE CAREER

How has your interest in this career developed?

What are your career goals? What do you hope to accomplish in your life?

▶ LEISURE TIME

What are your favorite books? Why? What have you read most recently?

(Repeat for favorite movies.)

What do you like to do when given the time? Why? What do you most enjoy about it?

▶ PULLING YOUR INFORMATION TOGETHER

At the conclusion of this exercise, list your major accomplishments in each category.

Work:

1.
2.
3.
4.
5.

Education:

1.
2.
3.
4.
5.

Personal:

1.
2.
3.
4.
5.

Which events or activities represent inflection points in your life (i.e., when you changed direction)?

In what ways are you different from a year ago? Why? (Repeat for five years ago.) Think in terms of your personality, interests, personal and professional goals, and values.

How have your various experiences helped you to grow? What do they show about your abilities? What do they show about your interests?

Which of your experiences demonstrate the following characteristics?

Characteristic	Relevant Experience
Intellectual Ability	
Analytical Ability	
Imagination and Creativity	
Motivation and Initiative	
Maturity	
Organizational Skills	
Ability to Work with Others	
Leadership Potential	
Self – Confidence	
Ability in Oral Expression	
Ability in Written Communication	
Sense of Humor	
Career Potential	

第九章

通用的申请短文主题

内容概要

申请短文的主题、内容和体裁都是招生委员会评估的依据

■

精心选择短文的主题

—— *通过短文主题深化你的申请定位*

■

一般申请者关于某个主题的写作方式

和

我们建议你采用的更有效的处理方式

■

如有必要，应同时提交补充的申请短文和悉心准备的个人简历

—— *如果你拥有大量的工作经验，这一点显得尤为重要。*

Yale法学院在其招生材料中对申请者的个人陈述作了如下要求："通过应学校要求提交的申请短文，招生官员在评价申请者的写作水平、思维能力和编辑技巧时，也进一步了解了申请者的其他素质，如智力水平、学习热情、幽默感或综合利用各学科知识进行思考的能力等等。"仔细阅读关于个人陈述的要求，不难发现，学校一般会把篇幅限制在250个单词以内——这绝不是一件轻而易举就能办得到的事情。

除一两家以外，国内多数顶尖法学院都要求申请者提交至少一份个人陈述。这就给了你一个向法学院展现真实自我的机会，所以，要充分把握这个机会。由于推荐人——要么是你的导师，要么是你的雇主——只在某一特定阶段和特定环境中对你有所了解，因此，他们往往不能全面概括你的能力。还有，许多法学院并不会为每一位申请者都提供面试的机会。即便有，面试也完全不如个人陈述那样，可以在你自己的掌握之中——进行不断地修改和编辑，直至它能够展现一个"真实的你"为止。

个人陈述能够且应该展现一个清晰的你，但你也没必要将自己毫无保留地暴露于他人面前。根据你的申请定位，适当选取素材，对你的观点加以论证，就可以展现一个真实的你。实际上，个人陈述更应该像是在讲述自己的故事，而不仅仅是申请短文的写作过程。这样，你会感觉到压力小了许多。

短文主题的选择

多数法学院有关个人陈述部分的问题都是开放式的，即可供申请者自由回答。下面，我们听听Columbia大学是怎么说的：

> "个人陈述可以帮助招生委员会掌握以下信息：申请者的个人经历，家庭背景或是教育背景；申请者的工作经验和在某一特定领域内的才能；申请者申请法学院的理由，人生目标以及事业目标；或是其他各类有助于招生委员会对申请者的录取资格做出评判的相关因素。"

通常，学校会就短文的主题提出一些建议，但这些建议要么含糊不清、模棱两可；要么就范围太大、不够具体。学校所给你的这种自由度，即是你的机会，也是为你设立的陷阱。他们有意把问题搞得含糊不清，目的是让申请者自己去做出选择。他们的想法是，那些对自我、申请本身、申请过程中存在的竞争以及其他相关因素有着深刻认识的申请者肯定能够充分把握这个机会；而那些平庸之辈一旦面对这一机会，肯定会垂头丧气，一筹莫展，最终错失良机。

注意，你**可以**写和法律学习相关的方方面面，不管它们是否重要，但这并不意味着，你就**必须**写这些东西。Chicago大学对申请者是否提交个人陈述并没有做硬性规定，却也在其宣传材料中写道：

"把申请短文的论述集中于某一具体问题上，显然要比大谈特谈自己的职业目标/学术目标与法律之间的关系更有说服力。"

下面，我们逐一分析各种不同的申请短文题目。在阅读完这部分之后，你就会明白，究竟应该选择怎样的主题，才能使你的个人陈述和整套的申请材料融为一体。

针对不同的短文题目所做的具体分析

在撰写个人陈述时，最简单的方式通常是由学校给出一个特定的问题，要求你做出回答，而不是让你自选主题。考虑一下，你希望回答哪一类的问题呢。譬如，你最大的优点是什么，你最大的缺点又是什么？或者，你为什么要从业法律界？在回答了这些问题之后，你就形成了申请短文的组织架构。下面，我们对学校经常提出的问题加以分析，看看申请者都是如何来回答这些问题的。然后，再看看你又该如何充分利用个人陈述来展现自我。

▶ 描述一下你当前的工作

通常的回答

在描述自己当前的工作时，多数申请者都只是把他们的个人简历简单地复述一遍了事。惟一不同的是，他们把简历中的短语连缀成了完整的长句。至于从事该项工作的背景和当时所处的环境，则没有任何说明。结果，人们往往难以理解其工作的重要性，也不明白该工作对他们的能力有怎样具体的要求。

▶ 更理想的回答方式

每一项特定的工作都有许多构成因素。你必须认真回顾并罗列出你所做过的诸多事情。之后，从中选出最有意义的部分和那些与你的申请定位最相关的内容，并尽可能从正面对其进行归纳和描述。下面，就此提出我们的一些建议，供你参考。

Is your job important? 一般情况下，只有那些自负、挣钱多或是有着令人艳羡的职位（或许是市场战略高级执行总裁什么的）的人才会回答“是”。

假如你不属于上述情况，是否就意味着你的工作不重要，而应该为此感到羞愧呢？答案当然是否定的。在不同条件下，每个工作职位都有其重要性。确切地讲，只要符合下面两个条件，我们就可以认为它是重要的：第一，高度的不可确定性（即，无法确认最理想的处理方案）；第二，对公司发展的潜在影响是巨大的。换句话说，如果把某个平庸之辈换到你的位子上，是不是会把事情搞得一团糟呢？如果搞糟了，真的会对公司产生重大影响吗？假如你对上述两个问题的回答都是肯定的，那么，你的工作显然就是非常重要的了。

What must you do to perform successfully? 换言之，你面临着怎样的挑战？假如你是某家咨询公司的分析师，就存在着同时参与两个部门的工作的可能性。每个部门的负责人都希望你将全部精力放在该部门的工作上，为此，你很可能会应接不暇，疲于奔命。还有，你可能对分配给自己的任务并不十分了解，且根本没有接受过相关培训，这时，就要求你向其他曾经也有过类似经历的前辈们学习，汲取他们的经验，弄明白自己究竟该干些什么。有鉴于此，除了认真完成分析工作之外——既包括财务分析，也包括对组织内部的关系网的分析——你还得掌握参与组织内部派系斗争的技能。

又如，你或许是一名工程技术人员，但需要同时向地区经理和工程技术部门的负责人汇报工作。对你来讲，最大的困难就是，明知他们的工作进度根本无法保持一致，却还必须同时满足他们的要求。地区经理可能更关注经济效益，不管手下人的职能分工如何，只要求其团队中的每一位成员都能为这个目标而努力。另一方面，技术部的负责人却希望自己的下属能够保持其在技术水平上的良好声誉。在这样职能交叉的团队中工作，如不另外挤出时间来提高自己的技术水平，很有可能就会导致一种恶性循环——在市场营销部门表现平平，在技术部门也惨遭淘汰。想要出色地完成自己的工作，两者兼顾，就要求你具备平衡这两方面矛盾和冲突的能力。

也许你毕业后找到的第一份工作就让你成了律师事务所的帮办，当上了某宗案子的“第二把手”。这时，你就不得不着手处理这宗在你加入之前就已开始调查和审理的案子。你不但要学习“第二把手”在诉讼中扮演的角色，还要尽快处理好那些与办案相关的事宜——尽快融入到新的环境中去，并学会与该案的搭档融洽相处，要知道，他可没时间等你慢慢“适应水土”。

如果你的两位前任都是被解雇的，那情况就更是如此了。你的表现会引来同事们更多的关注。但另一方面，你也不应忽视前任在担当该职期间所获得的待遇。如果你的前任已经在公司内部得到提升，这说明，该职位是一个有前途的岗位，这就增加了该岗位的重要性。还有，你所面对的直接负责人的地位越高，你的工作岗位的重要性也就越大。

What is the nature of your work? 工作的种类有很多。市场调研员通常做的是分析性的工作。而金融分析师尽管需要处理大量的账面工作，如向金融机构提供的资产净值分析报告等等，但他所做的工作总的来讲还是以量化分析为主。而品牌推广经理则可能需要同时兼备分析能力和个人影响力。他必须要能对在不同市场环境中影响品牌的成败因素进行分析，对该品牌在本国市场上的竞争环境做出评估，之后，还必须针对这些因素向生产、包装或其他相关部门提出要求。值得一提的是，这时，他本人并不享有凌驾于这些部门之上的权力，而是完全依靠个人的影响力（个人魅力、分析推理能力和专业知识等等）来实现的。餐馆老板可能更关注人事的管理，而技术主管可能更加注重工作程序的管理。参议员的行政助理不但要把参议员的日程安排得井井有条，还得周旋于不同的选举人、说客、竞选工作人员、其他议员、甚至包括参议员家庭在内的诸多利益之间。

此外，你还可以从自己的工作中概括出其他许多的特点。例如，你的工作环境就像是军营：除了时不时的恐惧，就是永无休止的厌倦？你的工作需按部就班地完成的呢，还是说，像税务会计员那样（他们通常只需10周时间即可完成全年一半的工作量）呢？面对出现的新问题，你是喜欢创造性地提出自己的解决方案呢，还是仅仅根据公司的惯例加以处理？

Do you supervise anyone? 你手下有多少人，都是些什么样的人？你的工作包括哪些内容？例如，你负责市场行为，通过电话和下属保持联系，是直接对他们的表现加以控制呢？还是说，你只是负责制定预算、对各种经济因素和产业因素进行分析？

Do you have a control of a budget? 如果有的话，金额是多大？你能直接决策并产生影响的数额有多大？

What results have you achieved? 任何事情的结果都可从不同的角度进行审视。从战略角度看，你在市场推广、客户服务和与对手的竞争中取得了怎样的成就？从财务角度讲，你在成本、收入和利润方面做了哪些工作（毋须提及你动用了多少资产，等等）？从业务角度来讲，你在提高部门和你自己的生产效率方面取得了哪些成就？对于客户的退货和某次失败的投标等问题，你是怎么处理的？从内部管理机制角度讲，你是否采取措施对现存的机制提出过改进的方案，或是引进过全新的整合和协作机制？在此，尽可能多列举数据和具体的细节问题，以支撑你的观点。

How has your career evolved? 你的职业计划是在上大学之前就制定好了的呢？还是在大学期间或是毕业后才制定的？如果是的话，你是否全身心地投入其中了呢？该计划是否有利于你提高自己的能力，并增强你的责任呢？（如果有的话）是什么原因打乱了你的原定计划呢？你对这些干扰或推动你计划的事件做出了怎样的反应？在谈到某位雇主对你个人的发展所起的作用时，别忘了提及他对你的升职、转行、奖励或表扬的**事由**，以及构成这一切的**事实依据**。

How does your career progress with that of your peers? 有时，拿自己与其他同你一块进律师事务所或同一行业的人做比较，是显示自己所取得的成功的最简单方法。你现在的职位比他们的要高吗？你承担了更多的责任吗？还是说，你赚的薪水更多呢？

▶ 该处理方式的优点

法学院对你过去和现在的工作都非常感兴趣。他们希望能了解你做过（正在做）什么，取得了哪些成就。因为这能在很大程度上反映你在法律事务方面的天赋和个人的兴趣爱好，以及你的雇主是如何评价你的这种天赋的。在谈论自己所从事过的工作时，放宽视野，打开思路，能使你将曾经担负的责任和取得的成绩描述得淋漓尽致。

▶ 描述一下你过去的职业生涯

通常的回答

多数申请者只是简单罗列了过去从事过的职业，而并没有指出自己选择某一工作或变换某一工作的动机何在。其结果是，纸上的内容几乎都互不相干、各自独立。这就是招生官员所称的“个人简历”。

更理想的回答方式

参看本书关于以“工作描述”为主题的申请短文的写作方法一节，然后，尽量以讲述故事的形式而不是以罗列事件的方式在头脑中进行整理和思考。一个好的故事必须要有矛盾冲突，那是因为，主人公在通往胜利的道路上必然会遇到障碍。他并不一定每次都克服了困难，但他非常努力，且不轻言放弃。

此外，你也可以采用下面的这种方式：确定一个主题，然后，以此为线索，将自己的工作经历连缀起来。例如，讲述自己面临挑战时所采取的态度就是非常不错的选择。起初，挑战令人畏缩，但你不断努力，最终实现了最初的目标；接着，你又开始为了新的、更高的目标而努力。实际上，一旦迈出了第一步，你就会站在一个更加广阔的层面上，全新认识自己的工作。所以，自然而然地，你会向更高的目标努力，并要求承担更多的责任。

在讲述工作经历的时候，应该集中讲述自己过去的经历和现在努力的方向。如果努力的方向已经发生了改变，那就应该解释其原因。假如过去的经历已经证明了你的选择是正确的，那么，你应该阐述一些事实，说明它们是如何使你对自己的选择更加深信不疑。

(采用该主题的申请短文与“获取法学学位的理由”一文紧密相关。)

该处理方式的优点

故事的焦点是主人公遇到的困难和挫折，以及为此付出的努力。这样的文章会比较有趣，容易吸引人。着重表现自己是如何应对挑战的处理方式完全是针对教育工作者而言的，因为他们非常看重学生个人发展的潜质和能力。

同时，这样的回答也说明了你申请法学学位的理由：通过学习如何完成新的工作，你已经克服了一个个的障碍。同时，你的知识和技能也得到了提高；现在，你还需要再向前迈一步。

▶ 你的优点和缺点各是什么?

这个问题的目的在于弄清你对自己的看法。谦虚的人，还有来自非美国这样的以自我为中心的文化背景下的人，在回答这个问题时往往会犹豫不决。因为回答这样的问题，毕竟需要替自己稍微吹嘘一下。你既要诚实，同时还得坦陈自己的缺点。自信心较差的学生在回答这个问题时会感到很困难。这个题目是衡量一个人的自信心（自大）、成就感（沾沾自喜）、成熟度、自我意识以及诚实与否的一个很好的标准。

通常的回答

多数申请者都会列举出一大堆的优点和缺点。即使有缺点或不足的话，也都是些表面上看起来是缺点的优点（如“我是个完美主义者”、“我工作太努力”）。

更理想的处理方式

开始时，选择两到三个主要的优点。以此为中心，将其他一些优点和长处围绕它们组织起来。例如，如果你说自己意志非常坚定，那么你可能就要说明一下为了坚持完成某项重要工作，你有长期努力所必备的耐心。问题不在于找一些泛泛之词来表扬自己，而在于一定要将话题限定在对几个优点的集中阐述上。对你来说，列举的优点是越少越好。这样，就可以用充分和详实的材料对它们加以论证，而不会是仅仅列举了一大堆华丽的辞藻。因此，精心选取两三个优点作为中心观点，然后用大量的事例进行论证。

切记，将自己的长处或优点简单罗列总是难以达到写作效果的。应该用客观的事例来凸显自己的长处，使之可信，且给人留下深刻印象。例如，不必吹嘘自己有如何坚定的意志，只须提及，你在儿童时代曾患有白血病，用了五年时间与之作斗争，并最终战胜了病魔。这就是非常好的处理方式。

然而，还有一个更大的问题，那就是你对自己的不足之处所持有的态度。仅仅把自己的某个优点加以掩饰，然后将其伪装成缺点的方式是行不通的。无数申请者都采用了这种策略，他们毫无诚意的做法几乎注定招致招生官员的不快。相反，如果申请者能够实实在在地讲述自身的缺点，那么，你对自身优点的阐述将会更加令人信服。说明你思想成熟，敢于承认自己的缺点。或者，你也可以描述自己是如何努力以减少这些缺点所带来的负面影响，甚至最后是如何完全克服这些缺点的（不过，也别扯得太远。如自己是瘾君子这类的问题还是不提为妙）。

在篇幅的分配上，阐述自身优点和缺点的文字与怎样面对这些优缺点的文字应该保持在3：1或4：1的比例。你们可能注意到，我在这里提到“缺点”一词时，使用了单数的形式，因为缺点提出1、2个就足够了。在介绍自身缺点的时候，不必详细描述缺点本身，也不必费笔墨去讲它给你带来多少麻烦。尽量用简短的语句加以描述即可，这样，避免了招生官员受到过多负面信息的影响，而对你申请不利。你应该重点讲述自己（已经）采取了哪些措施，克服了这些困难。

你要做的，就是尽力使自己看起来满足学习法律的各种条件，避免显得狂妄自大。

该处理方式的优点

有条理的阐述，可以使你尽可能多地讲述一些自己的优点和长处，同时也可以避免漫无目标地东拉西扯。强调自己的长处和优点当然无可厚非，但有时，讨论一下自己的缺点和不足之处也是个不错的主意。通过讲述一些生动的事例，可以使你的优点和长处给人留下深刻的印象；此外，还可以加强你文章的真实性，避免给人留下自吹自擂的嫌疑。

▶ 你最大的成就是什么？

显然，这是给你一个“吹自己的号，唱自己的调”的机会。你可以将自己取得的成就稍稍吹嘘一下。而且，你可以自主地选择一些事例加以说明，解释一下你是怎样克服其中的障碍和困难的。

通过阐述你所取得的最大成就，学校会对你有更多的了解。有些成就的重要性是显而易见的。例如，获得“美国国家图书奖”本身就是一项莫大的荣誉，这是毋庸置疑的。因此，你毋须多言，人们也能意识到你所取得的成绩。不过，其他一些成就的罗列就要因人而异了。如果你在孩提时代，有口吃的毛病，但到了20多岁，经过努力，你纠正了这个毛病。这可能就是你取得的最大成就了。尽管你也可能做过对周围环境或他人影响更大的一些事情，但对你个人而言，纠正了自己的口吃会显得更有意义。你可以把它作为证明自己毅力和不断提高上进心的具体体现。

另外，这个题目还为你提供了一个机会。借此你可以说说那些客观数据说明不了或推荐人不可能提及的方面。即使你列举的成就别人同样可以能获得，但你在阐述过程中还是可以将其个性化，从你个人的角度进行说明。这一点，是客观数据和推荐信所不可能做到的。

通常的回答

多数申请者将个人陈述的全部篇幅都用于证实成就本身是多么吸引人；他们过于强调成就，而没有将重点放在自己身上。另外，他们还可能犯的错误就是，列举了一长串的事实，却缺乏对其中一两件事情的充分详实的阐述。

更理想的处理方式

首先，确定自己将要讨论的成就，而选择的标准一般是相似的。哪些对你的申请会有帮助？哪些成就很特别，可以引起招生人员的兴趣？所讨论的成就是不是真的对你非常重要？等等。

下列的各项标准具有一定的参考价值：

- 在取得某项成就的过程中，需要你克服巨大的困难，显示出坚韧的毅力。
- 对自己有了更加深入的认识。
- 你从中理解和认识到学习和掌握更多的技能是必要的，比如说，需要学习法律，成为法学博士（JD）。
- 真正发挥了你的主动性。比如，促使某一官僚机构迅速对你的要求做出了答复。
- 你所取得的成就之大是出人意料的。
- 针对某一个明确的目标，你奋力拼搏。
- 你工作成就所造成的影响是有目共睹的（比如，你并不只是简单地作为助手参与某项工作，而是真正从事了核心工作）。

如果你想表明尽管自己年仅 23 岁，却已经积累了相关的经验，那么，你可能就需要讲述一个（或多个）这样的事例——最好是职业经历，来证明你在大学毕业后所取得的成就。不是每项成就都可以同时符合上述所有标准，但是整篇文章显示，大部分的标准都得到了满足。

描写自己参加过的、具有挑战性的专业项目

在撰文描述和介绍自己的专业成就时，可以通过介绍自己曾经参与过的某一专业项目来实现。这样的项目很适合用于写个人陈述。因为它本身就有非常明确的开头和结尾、目标等等。你可以按照下面的方法进行写作：

1. 首先，对自己的专业技能要有充分的认识。
2. 认真分析自己所经历过的最具挑战性的专业项目。最好是成功完成的或者是你从中汲取了宝贵经验的某次经历。
3. 尽力回忆当时的细节，然后从中提取你所运用的技能（或是你本来应该具备的技能，却是经过那次的经历之后才领会到的）。

4. 应该牢记你的写作对象希望你具备的基本素质和能力：分析能力、交流沟通的技能、人际交往的能力、领袖的素质、专注精神以及持之以恒的毅力等等。
5. 通过对所经历的专业项目的介绍，你可以体现上述哪些方面的素质？对你的申请来说，哪些因素是最具重要性的？哪一个最具有可读性，读来令人趣味盎然？哪方面还可以通过别人写推荐信来进行补充论证？

尽管大量的细节描写有助于提高短文的生动性，但你还必须做进一步的阐述：为什么将其视为自己最大的成就？为什么你会为之感到骄傲？从中，你学到了什么？事后，你是否有所改变——或者说，通过此事，你变得更加成熟？在克服了其中的困难之后，是否改变了你处理问题的方式？

招生委员会绝不会小瞧你的个人陈述，不会简单地将它视为你对一些客观数据的补充说明。相反，通过阅读你的申请短文，他们希望对你了解得更多。假如你讲述了一件对你个人来说是十分重要的成就，他们甚至愿意了解一个更加隐秘的你。他们想知道你的动机，想了解你的价值观。此外，他们还很想知道，在人生成长的过程中，你又是如何发展和提高自己的专业水平的。

该处理方式的优点

上述问题为你提供了一个相当广阔的写作空间。这样，你就能避免短文撰写过程中通常容易犯下的错误，可以充分地展现一个真实的自我。在此，你不必再重复那些客观的数据；而应该着重强调，你已经做好迎接各种挑战的准备、有了克服一切困难的决心且具备了实现自己目标的实力。

▶ 举例说明你是否已具有了成为领袖人物的潜质？

顶尖法学院希望能培养出法律界或在其他领域的领袖人物。他们对那些曾经担当过领导职务的申请者非常有兴趣。要知道，过去的成绩往往是今后能否成功的一个重要参照。

通常的回答

很多情况下，申请者只是提到自己曾经参与过某一个颇受世人关注的项目，却没有说明，他到底是不是该项目的领头人。

更理想的处理方式

这个题目和“你所取得的最大成就”一样具有欺骗性。正如前文所说，该题目要求你描述一项真正的成就（以及该项成就对你的意义）。但从另一方面讲，这种“领袖潜质”的题目对“成就”本身并不如前者那么看重。相反，它的重点在于，你是如何领导大家取得了最后的成功。换言之，在回答这类问题时，应该把重点放在自己的领导能力上，而非所取得的成就上。

要想写好这篇短文，你首先必须明确，领导能力究竟是指什么。把直接向你负责的下属管好，这是一个展现你的领导能力的最基本的例子；而促使不是你下属的人按照你的意愿行事，也同样反映了你的领导能力。在领导风格上，可以是以身作责、身先士卒，可以是通过自己在某领域的专家地位发挥影响力，也可以通过自己的道德说服力，或通过个人私交和友谊来实现。不管怎样，你可以通过直接的管理和自己的影响力这两种不同的方式来领导别人。在短文中，介绍你使用到的所有的领导方法；你采用的策略，以及为什么采用这样的策略？当然，有时候，你可能不是有意地或者完全有意识地，这时，你可以阐述一下自己采取了什么行动，该行动之所以好或不好的原因是什么。你遇到过什么样的问题？学会了如何管理和影响他人了吗？如果当时采取其他的策略或行动，会不会是更好的选择呢？为什么？你有自己的一套领导哲学吗？

你应该强调自己具有的潜质足以使你成为将来的司法部长或某家大型企业的董事长，而不单单是校足球队的主力。因此，成熟、有头脑、通情理、有决心、尊重他人的劳动、管理和影响不同类型的人的能力、还有将各种迥异的因素糅合统一的能力以及正直诚实的素质都是极为重要并受欢迎的。

你可以从自己的职业生涯中选取一段进行介绍，也可以选取业余或私人交往中的事例来进行阐述。

该处理方式的优点

这样题目的短文的目的在于了解你对领袖的理解和你的领导方法。如果你明白这一点，就完全可以做出令人满意的回答。你的成就本身并不是最重要的，招生委员会关心的是你在处理和解决问题时是如何发挥自己的领导才能的。如果你能够根据情况，显示自己对领导才能和能力的清醒认识，并从具体事例中就自己领导策略的有效或无效概括、抽象出一些恰当的评论，同时找出原因，那么，你就已经掌握了针对这个问题写出一篇好的个人陈述的精髓。

▶ 讲述某次失败的经历（以及从中汲取的教训）

通常的回答

多数申请者会集中讲述他们所犯的错误或是遭受的失败，而没有集中笔墨，对自己从中获得的经验和教训进行总结。另外，他们没能讲述最近取得的成就，以证明原来的过失或失败的确对他后来的事业有了很大的帮助。

更理想的处理方式

在选择自己曾经犯过的错误或者遭受的失败时，你有相当大的自主权。下面的一些因素是你在写作过程中应该考虑到的：

(1) 尽量深化你的申请定位。如果你想说明自己是一名世界级的谈判高手，也许你可以讲讲自己第一次和来自另一文化背景的人谈判时，因缺乏了解对方在交易中所看重的因素而把事情搞砸（接下来，你就可以讲述那段经历是如何惊醒了你，从此以后，你开始研究谈判伙伴和商业对手的价值观和信仰，从而为你此后不断取得成就打下基础）。

(2) 向他们展示自己的确从所犯错误中汲取了宝贵的经验和教训。这其中就暗藏一个条件，就是不能选择那些上个星期才犯的错误，而应该选择较长时间以前的失败经历进行描述。近期的失败在短期内可以提供的学习机会是很有限的，但如果是两三年前的一件事情，那你就可以得到许多学习的机会（而且你从中汲取教训，取得了成功，积累了成功的经验）。这其中的原因是：想要从教训中充分受益，通常需要一定时间将所得反映在实际工作和生活中。

(3) 即使选取的是较早前的错误，你也要表示你现在并没有再犯同样的错误。

一旦决定想要讲述你的失败经历，不必过分详细地进行描述。应该牢记，重要的是你从失败的经历中学到的东西，而不是失败本身。仔细考虑这种经历对你自己、你的工作、你的公司、你的行业、如何待人等方面产生了何种影响。

该处理方式的优点

文章强调的重点应该在于你取得的进步。我们从失败和错误中学到的东西要比从成功中学到的东西多。勇于承认错误并从中汲取教训是成熟的标志，同时，也是接受过良好教育的人应该具有的特性。

▶ 谈论自己曾经面临的道德窘境

社会上现在正就律师的角色辩论不休，本身说明在律师培养过程中，道德素质是非常重要的问题。同样，在招生时这也是非常重要的。

通常的回答

多数申请者在面对“道德窘境”的问题时总是急于表明自己的立场，而没有认识到，问题其实具有两面性。结果，他们的做法往往使招生官员认为其缺乏对事物的细微性和精确性做出准确的归纳和分析的能力。

更理想的处理方式

要回答这个问题，最大困难在于找到一个合适的话题作为切入点。下面，我们列举了一些可供你选择的题目：

- **人情 vs 利益**。例如，如果你们部门以西班牙裔为目标市场的产品已经上市，那么，你是否考虑过要解雇那些西班牙裔的研究人员呢？他们在最初接受该项工作时，又有过怎样的期待呢？你曾经对他们做过什么承诺吗？一旦被解雇了，他们还能找到别的工作吗？如果留下（或解雇）他们，会对你的公司造成怎样的影响呢？
- **你个人事业的发展 vs 他人的利益**。如果你的论文导师以他的名义将你的论文发表了，你会怎么办？你原来的预期是什么？你和你的导师是否曾经达成过某种彼此心照不宣的（或不明确的）默契吗？即由他赞助你的论文写作——作为回报，他享有了你最终的研究成果。你是否因为放弃这一成果而错失某些良机？或者，你是否由于对这一不公的待遇进行过抗争，而使得你付出了更大的代价？
- **利用了他人的无知窃走了本属于别人的机会**。你会将产品推销给一位因不了解其性能而无法判断该产品是否能够满足自己需求的顾客吗？等到他明白过来的时候，你或许已经转到公司的另一个部门去了。所以，也不必担心面对他的愤怒或由此产生的长远影响。

有关个人陈述主题选择的几个小窍门

牢记一点，一篇文章并不是在真空中单独存在的。相反，个人陈述是整个申请材料的一部分，应该立足于你对自己整个申请材料的把握来进行写作，吸引别人阅读，并使你的风险回报率最大化(见第8章)。你在申请某所法学院时，个人陈述的选题取决于下列一些因素：

- **理想的申请定位。**（关于这一点和下面第二点的讨论，请见第8章）
- **对不同主题的组织。**
- **具体情况具体分析，对有的学校要区别对待。**例如，Pennsylvania大学现在要求提交两篇申请短文，一篇由自己命题，而另一篇则要求你陈述申请Penn的理由。在这种情况下，如果两篇文章都以“申请Penn的理由?”为主题，就不合适了。同样道理，如果你的通用个人陈述里大谈特谈自己将如何学习卫生法，而该学校现在根本就没有设立相关专业，那么，你最好还是换个别的话题。
- **学校明确要求你围绕某个主题来写。**有些学校会明确给出主题，对你的选择加以限制。
- **学校要求你提交的短文数量。**例如，如果Michigan大学让你选择写两篇比较短的文章（一篇是，你如何能为学校的多样化作出贡献；另一篇是，你是如何进行思考的。)，这时，你就需要权衡二者，以使整个申请短文起到最有效的推销作用。
- **字数的限定。**有些需控制在250字以内，而有的则更长一些。
- **一些必须提及的东西。**如果你已经填好了PO（见附录5)，你就会明白自己应该准备哪类材料。一定要好好检查**第四部分**的个人陈述部分，要有自己的观点。在选材时，注意以下几点：

  —— 趣味性
  —— 不寻常性（因此令人难忘）
  —— 揭示了一些你申请材料中没有说明的东西
  —— 展现自己的领导才能和经历
  —— 明确展现自己的分析或与人沟通的能力

—— 展现自己在某一方面或某一领域的精通

—— 讲述应该由你自己讲述的东西，而不是由你的推荐人来讲述的东西。

—— 能否得到推荐人的证实

你的年龄和经历。如果谈及想成为律师的原因，仍在校的申请者很少可以从这个问题中受益；而已经工作了一定年限的申请者则很少有人回避这个问题。在前一种情形下，极少有人能讲述新鲜有趣的东西。在写这个题目的时候，几乎所有在校申请者都暴露了自己对法学的无知、对自我缺乏了解，尤其是在职业取向方面更是如此。而在后者的情形下，招生官员非常重视这些人更换工作的理由，认为这是非常关键的因素。尤其值得注意的一点是，你最好能说明自己非常明确地认识到：可以从法律的工作中寻求到目前的工作所不能提供的东西（见“我为什么想当律师?”部分）。

还要注意，你也可以不写关于职业的事情，而写一些发生在个人生活中的事情。事实上，生活中的这种窘境是很常见的，因此，可能会有大量的素材供你选用。

你要表现的是窘况的真切性，至少表面上的确是非常令人难以取舍的两难境地。正是在这种境地中，任何草率的决定都会导致不良的后果，所以你才可能表明自己曾对问题深入调研，探讨其本质。在叙述自己所采取的行动的同时，就可以表明你已经尝试了每一种可能采取的行动，并将负面的结果降到了最低。

文章采用的语气是另一个值得挖掘的方面。如果听起来你还像个七八岁的小男孩，天真地坚信撒谎是不对的，那么，你显然不适合学习法律，因为律师要和各种难以对付的高级管理人员和其他律师打交道，需要常常做出利己害人的决定。另一方面，如果听起来你像是Machiavelli（意大利新兴资产阶级思想政治家，历史学家）那样，只将个人私利置于一切之上而漠视别人的损失和痛苦，那么，你将被视为道德怪兽而被学校拒之门外。你必须在二者之间找一个平衡点，既要认识到现实世界的多面性，承认每一个决定的必然缺陷，也要表明自己是在尽最大努力降低其可能造成的不良后果。只有在极少的特定情况下，才可以选择逃避，不在两者之间做出选择。

该处理方式的优点

找到自己能够深入其中的主题是非常重要的。我们所举的范例也许可以帮助你找到一个题目，即拨开层层细节，道出进退两难的窘境。如果你就此进行深入分析（不过，应该避免听起来像个天真的小孩子或是尖刻的阴谋操纵家），从不同的角度进行探讨，提出各种深思熟虑的想法，你就可以说明自己是块当律师的好料。

▶ 我为什么想当律师（或者，我为什么要申请法学院）？

通常的回答

写这个题目的人数不胜数。在那些饱经沧桑的招生官员面前，**年轻的申请者**——尤其是那些还未毕业的大学生——在回答这个问题时，无一不显得幼稚浅薄。对那些宣称自己将如何保护环境，如何为社会中遭受不幸的人代言，如何帮助自己的族群（现今为之，还没有站出来为他们的权益高呼呐喊）的人，他们的浅薄和天真更是一览无余。招生官员知道——而且也深信——这些东西讲起来是非常容易的，甚至是他们在自己21岁的时候就明白了的道理。而且他们知道，绝大多数在入学时声称自己有上述理想的申请者在毕业时，都削尖了脑袋钻营，以进入最大的律师事务所工作。

另一个不值得推荐的回答方式，是过于强调你渴望进入法学院学习。这样会令别人以为，对你来说，法学院教育就是大学文科学习的继续，而不是在为一项非常严肃的事业做准备的重要阶段。这一点，再一次成为年轻的申请者们暴露出来的弱点之一——他们对自己未来的事业还需要进行认真地思考。

通常，**有多年工作经验的人**中途辞职去申请法学院的原因是对目前工作的极端不满。太多这样的申请者并不明确自己努力的方向，也不明白自己在逃避什么。结果，他们对这一问题的回答表明，他们并没有一个现实可行的职业发展规划。而只是模模糊糊地描述着自己希望得到的工作，用华丽的辞藻宣称自己愿意为人类的权利而战或是宣称自己想从事某项对智力要求颇高的职业。对法律，他们经常表现得和在校的年轻学生一样无知。

更好的处理方式

年轻的申请者一般对法律难以有深刻的理解，所以，通常应该避免谈及这个话题。（那些已经在法律行业中从事了大量兼职工作的学生是个例外。）他们不应该暴露自己的无知，而应该选择一些对自己有利的话题进行讨论。

有多年工作经验的申请者需要对自己为什么要当律师做出回答。他们可以考虑从下述几方面进行准备：

1. **完善法律体系/公益法**。如果，而且只有在这种情况下，你对法律体系的某一方面有大量的工作经验——或在与你将来要从事的法律职业相关的领域工作了相当长的时间——你才可以考虑探讨现有法律体系的不足，以及你将如何来完善和弥补这种不足。同样道理，想要学习公益法，那么你过去的工作和经验应该对你的话提供强有力的支持。想为那些受虐妇女争取权益，而你曾在受虐妇女康复中心当过多年顾问，这将大大提高你被录取的可能性。如果你只在过去的半年时间里（大约相当于准备法学院申请材料的时间?），隔三差五地到妇女中心去当志愿者，那么，你的短文必然写得平淡无奇。在回答这样的问题时，当时的工作背景是决定性的东西。为了使你的回答令人信服，你必须表明，你确实在你选择的领域有过深入的研究。
2. **从事法律是顺理成章的职业选择**。另一个不错的选择是，谈论为什么法律行业会是你顺理成章的职业选择。多数情况下，一个在校的政治学专业的申请者会说，法学院是他大学教育的最终目标。当然，这是显而易见的。但这位申请者最好还是选择其他话题进行讨论。另一方面，对那些已经在和法律相关的领域里获得丰富工作经验的人来说，这的确是一个不错的选择。例如，你可以参考一下附录4中Sacha M. Coupet所写的个人陈述，进入法学院前，她在Michigan法学院所属的密歇根州儿童福利院法律援助中心担任心理咨询师。这样的经历是非常具有说服力的，对她来说，进入法学院就是顺理成章的选择。

尽量表明你并不是在逃离和抛弃从前从事过的事业。那样的话，可能会暗示你身处绝境，精神状态异常，对自己的事业选择难以做出正确的判断。还可能叫人猜测，你是一个失败者。因为人们总是喜欢自己擅长的工作而讨厌自己不擅长的东西。如果可能的话，你应该向招生官员展示学习法律是你人生发展道路上的另一次进步。谈论自己未来的职业计划，应该非常明确地和自己的经历、优势、缺点、爱憎等结合起来。换句话说，你的未来完全是建立在过去的坚实基础之上的。

对某些人来说，这个题目很好回答。例如Sacha，她有与该职业直接相关的经验，非常了解该领域的律师的工作内容，且曾经和这样的律师合作过。同理，与证券律师打交道的投资银行分析师或是与税务代理律师处理税务的会计也都在回答这个问题时具有优势。

该处理方式的优点

对于年轻的申请者，特别是那些仍然在校就读的申请者，如果写别的题目可能会效果更好些。但对于那些已经有了工作经验的申请者来说，这个题目有供其发挥优势的潜力。

法学院希望能确定你是经过深思熟虑之后，才对自己未来从事的事业做出选择的。他们希望看到的是你自主决定成为一名有前途的法学博士。如果你在你的文章中解决了“事业目标”的问题，那么你就会与众不同，可以向学校表明，你完全明白法学院本身并不是你的终极目标。

在回答其他问题时的注意事项

▶ 关于性格塑造的申请短文

多数顶尖法学院的申请者所拥有的证书、资历材料都是相似的，很难从其工作经历中直接反映出他对法律学习的热情并认定其资格。因此，法学院一般都认为，由申请者提供的描述自己性格的方方面面的文章对了解申请者非常有帮助。

然而，申请者通常会犯的毛病是，没有从自己生活（和性格）的方方面面中将其中出色的一面找出来。首先，他会宣称从其父母那儿继承了勤劳的工作美德。接着，他就会说自己还有一种尽可能学习一切东西的强烈愿望。于是，突然他就得出结论，只有 Harvard 法学院才可以满足他对知识的饥渴。这样写作的结果是，该申请者没有将自己从一大堆的申请者中凸显出来。

要想写好这样题目的个人陈述，申请者应该回过头去，用客观的眼光审视一下自己生活。在自己想要强调的方面中，哪些是和自己经历相关的，哪些和导师的影响力有关，哪些和某些间接事件相关的？自己和其他申请的人有什么不同？自己在法学院学生群体中有何突出的价值？

每个人都明白我们是一定环境下与人接触的产物。法学院对这点知之甚深。他们想了解各种外界因素是如何影响你的，尤其是那些你所无法控制的因素。不过，这并不是说将个人背景用做凸显自身的惟一方式不存在危险。学生往往视之为法宝，妄想因此无往而不前。事实并非如此。有一定的背景当然有利，但你应该明白自己不仅仅是从属于一大群人中的一个。

不幸的经历

尽管各招生委员会的官员阅读了数以千记的个人陈述，都已疲惫不堪，但他们仍然是有血有肉的人。因此，如果你选择叙述你生活中的不幸，也不用担心他们会立刻就撕了你的申请材料。不过，这类题目的文章一般适合于那些经历过常人所未遇到的困难的人来写——可能是极端的贫困、悲剧、改变人生的突发事件等等。而且，不仅如此，申请者本人必须已经克服了这些困难。这种人生遭遇的不幸可以用来说明自己的毅力、坚定不移的信念和机敏。因此，你（如果是你的话）付出了比别人更多的努力，而且还会坚持下去。这也可以用来对申请材料中的自己的一些不足进行解释和说明。

采用这个题目的风险是你可能会牢骚满腹，自以为是，整个人都被过去的阴影所笼罩。想要在这种题目上取得成功，你必须表明，这些不幸或者是意外仅仅是你个人的遭遇，而你经过努力之后，成功克服了的人生障碍。这种经历是你不可或缺的一部分吗？对你产生了什么样的长期的（积极的）影响？

族群背景

在个人陈述中谈及自己的种族背景也要遵循同样的原则。即使你身处的族群是所申请大学竭力想吸收的，也不要仅局限于表明自己只是该族群中的一员。要尽量写得生动有趣、谈谈细节的东西，向他们表明，你最终从自己的成长环境中得到了非常重要的东西——对法学院的生活乃至今后的整个人生都非常有价值。

残疾

身有（或曾有过）残疾的申请者在申请时也基本遵循上述思路。但有两点需要注意。如果说过了火，可能会带来负面影响。因此，不要过于夸大你面临的问题。例如，即使你走路拄着拐杖，那么，你也不必将自己的经历渲染成是某次大悲剧的后果。用一种平实、实事求是的态度来对待这种问题，往往能取得最好的效果。另外一个应该注意的问题是，你的残疾可能会叫人以为你在完成法学院的课程方面有困难。如果确实存在这个问题，应该在申请材料中加入相关的文件（推荐信等）来消除这方面的疑虑。

不平凡的童年或其他不一般的经历

如果你有着不平凡的童年——直到10岁以前，你都住在印度洋上一个作为海军基地的小岛上；或你与母亲讲波兰语，与父亲讲德语，在学校讲法语，与邻居讲英语；或者你是被一对同性恋夫妇养大的，等等——你都有机会表明，由于特殊的住所、语言、环境等因素，你获得了极不平凡的经历。招生委员会会因此记住你，如果你能表明这种人生不平凡的开始对你现在的能力、性格、奋斗目标等已经产生了重大的影响，那么，这对申请的成功尤其有利。

同理，如果你有其他不一般的经历，考虑是否可以在你的申请材料中着重提出。例如：

- 你是否来自比较特殊的地方：Ajaccio（法国科西嘉岛首府），成都（中国四川省的省政府所在地），或是Tampere（芬兰西南部城市）等地？
- 是否与一些不同一般的人共事过？（如果你曾是一名戏剧演员，以法学院的标准来看，你的同事肯定可以算得上是不一般了。）
- 是否对某一特殊行业有所精通（例如，马戏或者是生物技术等）？
- 是否曾在不一般的工作环境中工作过？（如果你是一名美国人，在巴黎经营一家德州——墨西哥式的餐馆，管理来自阿尔巴尼亚和希腊的厨师，而你的老板却是荷兰人，他的收入实际上来自毒品买卖，你所要取悦的顾客呢，是很挑剔的法国人，那么，你就在非常不平凡的情况下拥有了写出生动有趣的文章的好材料。）
- 是否从事过特别的工作（例如，在东南亚国家当油库的看门人）？
- 是否具有别人没有的才能？
- 你是否有某些特别的爱好？（出过书，得过全国壁球比赛大奖，利用业余时间经商，取得了较大的成功，等等。这些，都可以作为不平凡的经历来讲述。）

注意，不要因为自己经历的不平凡而谈论经历本身。相反，你之所以谈及这些经历，是为了增加自己的风趣、魅力，是由于自己的能力值得称道。例如，如果你选择讲述曾经从事的不平凡的工作（当油库看门人，以防有人盗油），那么，不要仅仅描述工作本身，更应该强调的是这种工作要求你在一种不同的文化环境中对付世界上最野蛮和最危险的窃贼——在这样的环境中，极易犯下简单却是致命的错误。还可以引用你收集的资料，并说明你是如何收集到这些资料的。讲讲在确定盗窃案嫌疑犯的过程中，你是如何进行分析的——是公司的船长、新加坡油库的合同工、财务审计员，还是其他什么人？等等。换句话说，不要简单地说你的工作不平凡，应该从中提炼出更多的内容。（如果你做不到这一点，最好换个题目）。

▶ **适应未知的环境**

对于那些在“异域的”环境中生活/学习/工作过的申请者来说，写一篇讲述自己在这种经历中的收获是非常有价值的。在这里，“异域”并不一定就是指在另一个国家。一个本来住在城郊、衣食富足的人来到一个混乱无序的城镇，在一所危机四伏的公立高中教书的申请者，或者，一个在曼谷工作过的美国人，都可以谈论这一话题。同样，一个生长在穷苦人家的孩子到富人的乡村俱乐部照管厨房或是教授网球，他也是身处在一个“异域的”环境中。

选择这个题目的时候要特别小心，很多人在写这样的题目时处理不好，结果适得其反。举例来说，如果你在大学低年级时，有一个学期是在国外度过的，很有可能，你会写出一篇肤浅的文章，简单地认为尽管各地的人们表面上看起来不同，但实际上都是一样的。这样的个人陈述只不过抓住了事物的表面，会导致灾难性的失败。或者，你可能会说自己对该国的文化有了深刻的认识和了解（也许你当时参加的是专门为美国学生开设的班级，或你也许根本就不能流利地讲该国的语言）。对于那些根本没有理解另外一种文化的人来说，也存在这样的危险。背着行囊穿越欧洲或是印度可能是比较有趣的，但是，你如果没能从中发掘出蕴涵的意义和理性，这种经历对你的申请来说也没什么价值。实际上，还有另一种风险，你可能会被看成一个被惯坏了的孩子，而不是能为法学院带来真正价值的人。

一名来自乡村的孩子在富人的乡村俱乐部里服务，这种经历可能会更加有价值。还是举例来说吧，如果你在 Clermont – Ferrand 的轮胎工厂，和法国、阿尔及利亚的工人一起工作了两年，和他们用法语（或阿拉伯语）交流，那么你和一个在 LSE 度过一个学期的学生相比——陶醉在酒吧文化、留意门卫换岗的英武、惊奇于英国汽车左行的交通规则——你的经历会显得有趣和有意义得多。

对另一种语言和文化的理解越深，经历越广泛，离开那种富裕的美国人特有的、业余爱好者式的习惯越远，在写作这个题目时就越容易获得成功的机会。

▶ 谈论与导师关系的短文

对于那些对导师（或成长过程中的某个人）深怀感激的人来说，写写两者的关系为你带来的经验也是一个很好的题目。选择这样的题目具有潜在的优势。法学院也是教育系统的一部分，表明你自己是一名积极的学习者，这自然不会对你的申请产生不利影响。应该证明自己足够成熟，完全可以接受那些高深的东西，对申请人来说，特别是那些年龄比较小的申请人来说，这是个不错的写法。你还可以通过与另一个人的这种关系表现出你性格中的待人热情的一面。

但其中隐含的危险是，你很有可能在这个对你有很大影响的人身上花费了大量的笔墨，而忽视了你自己。他只能作为陪衬——从理想角度讲，也应该如此。他身上应该折射出你的兴趣爱好、所取得的成就以及你的奋斗目标等最吸引人的东西。你也可以写通过人际交流，你获得了发展，取得了进步，但着重点应该在你取得的进步和发展上。

▶ 表明你在思考的短文

每年，都有一小部分申请者的个人陈述没有发表意见或提出学习意向。他们希望通过自己非凡的写作技巧和对外界的敏锐性（也可以说是晦涩地）而选择一些主题加以暗示。通常，这些文章的主题与法律专业或他们自己的学历资格毫不相干。这一类的文章或充满哲理，或讲述逸事，或分析问题。读完其中一些优秀的作品时，读者往往被作者的感受强烈地感染，而结论是读者自己得出的。作者并没有过多地说明和阐释，只是巧妙地利用写作技巧委婉间接地提出自己的意见和看法。

“个人陈述是你展现自己的智力水平和兴趣爱好的一个绝好机会。你可以通过撰写对你非常重要的某门课程、某个研究项目、一本书、一种艺术或者文化经历来把握这一机会。”(Harvard)

从本质上讲，这些都是高风险的文章。招生官员非常忙，在每个人的档案和材料上只花费很有限的一点时间。他们也不可能对你文章中提到的某一问题激发共鸣。这就决定了，如果你的个人陈述不是写得非常突出的话，它们反而会对你不利。因此，只有对自己的写作能力非常有把握的情况下，才可以选择这样的主题。同时，要请其他人，包括对你不熟悉的人，事先帮你看看你的个人陈述。如果他们不能够很好地理解你所（间接）表达的东西，至少你还有机会重新改正。

▶ 对不良的学习表现做出解释：只可以在补充材料中提及!!

许多学生将个人陈述用来针对他们的缺点进行解释。例如，他们试图解释为什么 LSAT 的成绩不能真正反映他们的能力，他们为什么在过去四年都没有获得提升等等。做一些这样的解释是必要的，但却不应该在个人陈述中提及。

实际上，每个学校都接受学生在申请袋中的补充材料，就自己经历中的某一段空白或不尽人意的成绩做出解释。但他们坚持认为，不应该将个人陈述这样非常重要的篇幅做此用途。（相反，你应该将个人陈述的篇幅用于表现对自己的申请能产生积极影响的方面。）

在写作针对经历中的某一段空白或个人缺点的这种附加材料时，你只用遵循非常简单的原则：用平实的语言，简略地介绍情况即可。不要抱怨或牢骚满腹。如有必要，可以提供一些证明材料，比如，参加 LSAT 考试的前三天，你曾因为发高烧而入院接受治疗等等。如有能更好证明自己能力的材料，那就列举出来。如，尽管你在前三个学期的成绩都不太理想，却在后五个学期通过努力取得了优异的学习成绩。做一下解释：你并不喜欢化学（你原来的专业），但转到物理专业后，你终于“找到”了自我。

不要画蛇添足：过分的自我吹捧，只能将你的缺点更多地暴露在招生官员面前。这可是要担风险的。

▶ 大学成绩

说明你在不断进步，在专业课方面有突出表现，除了某一个学期之外，其他学期都表现优秀，等等。不要以自己的不成熟作为成绩不佳的借口，而应该归咎于某些客观因素：尽管课业负担繁重，却还不得不从事全职工作以维持生计、家庭不幸或者是对自己在诵读方面存在的障碍意识不够等。

▶ LSAT 成绩

如果 LSAT 考试成绩不理想的话，这可真是一件令人头疼的事情，要知道，法学院可经常会有各种各样的测试哦。如果考试期间恰好生病，可以借此机会谈谈这个问题。如果第二次考得好了些，那就说说为什么这次你的成绩提高了，而且你的真实水平也的确得到了相应的提高。假如你大学期间的学习成绩的确不错，但SAT测试的成绩却不理想，要特别加以说明。

招生主任谈个人陈述

▶ 个人陈述的作用

个人陈述构成了整个申请材料的基本框架。申请者正是利用这个机会告诉我他们的经历，向我展现他们的成长过程，以及他们能为学校做出的奉献。

Edward Tom，Boalt Hall（Berkeley）

一篇好的个人陈述可以令我们对申请者的写作能力充满信心；相信他完全可以应付法学院的功课；同时，他也能够而且将为法学院的学术和学校的多样性做出贡献。

William Hoye，USC

我们尊重自由，因此，从根本上讲，法学院的纪律也是极其松散的。那些优秀的申请者面对我们提供的散乱的问题时，会面对挑战，充满激情和活力，感到很兴奋，而不是压力、甚至茫然无措、吓得慌乱不堪。我们正是在寻求那些能够独立完成我们的问题，并做出富有创造性回答的申请者。

Jean Webb，Yale

申请者的个人陈述具有决定性的作用。在没有进行面试的情况下，这是他获得候选资格的一次宝贵机会：

告知招生委员会，他们为什么需要接受法律的专业培训；同时表明这个选择与他们的个人价值观和职业目标正好一致；如果成绩本身不能说明问题，就要向我们证明他们具有足够的智力水平，并已掌握了必要的学术技能，可以满足我们学校的特殊要求；描述他们生活中的各种情况和不同经历——优势和劣势，机遇和困难——正是这种经历塑造了他们自己的世界观和对周围环境的看法；

告诉我们，他们是如何提高自己的价值以及个人、学术和职业目标的；与招生委员会探讨，作为一名法律从业人员，他们对自己所担负责任的理解，不要单单只注重其所带来的利益。

Jim Milliagan, Columbia

▶ 个人陈述的重要性

个人陈述是整个申请材料“成败”的决定性因素。它应该在某一方面对整个申请材料进行补充，但不是各个方面。换句话说，个人陈述应该集中于某一点，而不要力图涵盖太多。文章并不总是越长越好。

Joyce Curll, Harvard

人们可以凭借个人陈述的写作被法学院录取——或被拒绝。

Elizabeth Rosselot, Boston

我们看重的不是申请者做过些什么，而是他讲述这些事件的方式。向我们证明，你有能力和周围的人进行沟通和交流，告诉他们，你学到什么，你是如何思考的，这非常重要。

Dennis Shields, Duke

如果在自己的个人陈述上多下些工夫，肯定能有所收获。

Erica Munzel, Michigan

每年，我都好像是在组建一个新的家庭：你想了解他们的背景吗，他们失败的经历吗？是的，答案是肯定的。

Edward Tom, Boalt Hall (Berkeley)

构思巧妙的申请短文可以使我们对申请者有一个深入的了解。这一点，非常重要。

Albert R. Turnbull, Virginia

▶ 关于个人陈述的一般性建议

在阅读一篇个人陈述时，我会问自己，“这个申请者对自己的了解有多少，对法律了解有多少，是什么使他决定以法律作为将来的发展方向的呢?”我希望他们是在经过深思熟虑之后才决定申请法学院的，而不是一时性起。(“我不知道自己将来能干什么，所以，我就决定申请法学院”。)

Jim Milligan, Columbia

在向学校推销自己的时候要积极主动，不要牢骚满腹。表明自己是如何克服种种困难的，将具有重要意义。同时，应该从多个方面对自己所取得的学习成绩进行论证，而不只是简单地列举考试成绩。例如，可以说明一下在学校的校刊上发表文章有着怎样的意义。

Michael Rappoport, UCLA

过去，曾风行将个人陈述写在蓝底的信纸上，用法院传文的形式寄到学校：“In re applicant X vs. UCLA.”我可不怀念那个时代。

Andrea Sossin - Bergman, UCLA

我们学校有面试要求，因此，个人陈述对我们来说有不同的意义。申请者在写作时，可以和其他学校的个人陈述稍微有所不同：介绍自己的成就、领导能力、工作经验和上进动力，说明自己已经为入学做好了准备，并对所申请的学校非常的了解。

Don Rebstock, Northwestern

考虑一下：自己做过些什么；最有意义的是什么？为什么？对你影响和冲击最大的是什么？向我们证明，你不仅仅是某一事件的转述者，你还具有对该事件进行概括和分析的能力。个人陈述文笔优美，有效地传递了信息，充满趣味性，这些，都是非常重要的。不过，不要仅仅为了新颖独特而刻意做出某种“创造性”的举动。一篇优秀、有思想的个人陈述会发挥它应该有的作用。

Erica Munzel, Michigan

个人陈述所面临的第一道关口就是它是否真实反映了申请者的情况——是不是申请者本来面目的真实写照。另外，还要看：我能否理解到他们的动机，他们为什么喜欢教学，他们将来如何成为一个好学生等等。

William Hoye, USC

▶ **选题**

不要记流水账。将个人陈述想象成一次面试：问一个你自己想要回答的问题。采用一个主题将所有的材料有机地组织起来；同时，要重点突出。避免任何虚假的东西和华而不实的噱头。简单、直截了当地传达你的信息的个人陈述就算是不错的个人陈述了。

Joyce Curll, Harvard

我们对他们所做过的事情和所取得的成绩最感兴趣。能了解到他们曾经受到过的打击也很好，这可以帮助我们了解他们的成长历程，曾经怎样奋斗过。从形式上讲，集中在某一个问题上比较合适——突出它的重要性，表现他们取得的成就。但最重要的一点是，必须要有一定的写作技巧，文章要写得好才行。

Don Rebstock, Northwestern

我想从个人陈述中看到一些饱含激情的东西。同时，因为我们是在揣摩别人，因此，对你自己的性格做一些介绍也是非常有必要的。我所读过的一篇最好的个人陈述是关于航海的：该申请者讲述了他在航海过程中学到的技能以及他是如何学到这些技能的，并讨论了其与法律学习的关系。

Elizabeth Rosselot, Boston

不要啰嗦重复：尽量找一些你还没有向我们展示过的方面进行阐述。

Anne Brandt, Vanderbilt

弄清楚学校的需求到底是什么。申请者的短文题目应该能够反映出他的判断力。

Shelli Soto, Texas

我们的头脑中并没有任何先入为主的偏见。我们想要了解申请者。好的个人陈述和申请材料的其他部分是浑然一体的。其本身可能是关于一次抒发个人感情的经历，讲述某种关系，甚至是一首诗。有时，这些也是申请法学院的理由，但仅仅是有时候。

Albert R. Turnbull, Virginia

▶ 应该避免的题目

假如你对堕胎行为极为拥护，不要写关于这方面的题目。不管你自己持何种立场，都有可能会冒犯他人。

Janice Austin, Pennsylvania

有些个人陈述的题目是永远都不可能写好的："我之所以申请法学院，是因为律师在我母亲的离婚官司中帮了大忙。"

Janice Austin, Pennsylvania

在个人陈述中要取舍得当。申请者描述某人如何在自己三岁时拿走了自己的尿布就很不合适；如此过于细致的描写可不是我想要知道的。同样地，描述自己在一个发展中国家旅行时患腹泻也不恰当。

Michael Rappoport, UCLA

我们不喜欢申请者说这样的话："我去世的祖父就是一名律师。""我为什么要读法学院。"

Michael Rappoport, UCLA

最好避免以下几种写文章时常用的套路：一开头就引用别人的话："我之所以想成为一名律师，其原因是……。"；不要对自己简历的各个部分平均用力加以描述，而应该把重点放在有关你的一两件趣事上；不要使用讥讽的语气；也不要使用过于诗化的语言。

Dennis Shields, Duke

按时间顺序像流水账一样进行陈述从不会有好效果，纯粹是浪费时间。

Don Rebstock, Northwestern

按时间顺序对自己的工作和学习经历进行描述在所有方法中起的作用最小。

Erica Munzel, Michigan

专注于对某一事件的描述基本上毫无意义可言。

Elizabeth Rosselot, Boston

一些个人陈述的写作方法通常不会奏效。有时，申请者想尽力表现得有创造性或很聪明，但这很少起作用。使用诗化的语言通常不是一个好办法。幽默的语言只有当大部分招生官员都能领会和欣赏时才会起作用。喋喋不休地解释自己为什么学习成绩不好也从不会起作用。不要指望用个人陈述来抒发你个人的情感；也不要指望因为一个不认识你的人同自己有某些相似的特征，进而体面地证明自己的能力。

Kenneth Kleinrock，NYU

有些主题真的没有什么意义。比如说游记（我暑假乘火车周游欧洲），叙事诗，或者罗列参加过的活动。也要慎用所谓“创新性”手法，此类手法能引起我的注意，但往往起到的是恰好相反的效果。

William Hoye，USC

对应届大学毕业生，我并不想知道他们为何选择法学院。他们的理由可能是正确的，但完全雷同。对于那些工作过的，这个问题的答案多种多样，需要认真回答。

Jean Webb，Yale

选择一个比“为什么我要进法学院”更为有趣的短文题目。当然，你可以在结尾时表明你为什么想进法学院。

Kenneth Kleinrock，NYU

论述自己家庭生活是明智的，对我们很有用处。有的老话题偶尔会起作用，如描述在国外学习对自己的好处：“开阔了眼界，使我思想开放，能够容忍其他文化，等。”而且我从未发现有申请者能在“当庭陈述”中表现较好。尽管他们尽量显示自己对法律的精通，却连法律术语也弄错了。

Shelli Soto，Texas

我们发现我们常用的论述题目，如为什么要进法学院，常常写得不够好。候选人写的是自以为我们想知道的东西，而实际上常常搞错了。他们重复同样的陈词滥调：“服务社会”、“帮助公众”，等等。我们没遇到过真正独特的申请者。

Albert R. Turnbull，Virginia

避免使用“LA Law”或“PERRY MASON”等词语。不要将自己的简历写成段落形式。不要把自己所有缺点都说出来，要知道解释得再好也不会弥补。实际上，你可以单独提交一文，专门说明自己的缺点，最好在个人陈述里详述。

Andy Cournblatt，Georgetown

▶ **针对不同的法学院，提交不同的个人陈述**

通常，我能知道我与我其他学校的同僚读到的简历是否完全一样。最好花点时间为自己申请的每个学校都斟酌一份个人陈述。如果你这样做了，我会非常赞赏。那些录取形势不妙的申请者更应特别注意。

Dennis Shields，Duke

我最讨厌的是同一份个人陈述被复制发往所有学校。我希望个人陈述是专为适合我们学校而写的。

Don Rebstock，Northwestern

当一个申请者显示出自己对 George Washington 大学十分了解时我会很高兴。当然这不是最重要的。但如果申请人仔细研究过我们学校的介绍，比别人花了更多的精力，这更有利于他们被录取。

Robert Stanek，George Washington

许多人都犯了很明显的错误，如他们以为我们开设某门课程，而实际上我们不开这门课。

Elizabeth Rosselot，George Washington

可供选择的申请短文

如下框“可以提交的补充短文篇数”所示，多数顶尖法学院要求申请者必须提交至少一份个人陈述。通常对题目没有特别要求。因此，申请者可以撰写一篇好的短文，然后略做修改润色，即可用于所有的学校。

但如果你认真阅读了目标学校的招生简章之后，你会发现，你确实有许多机会可以提供补充材料。多数顶尖法学院直接说明，申请人可以自愿提交一到两篇短文，并暗示说，可借此提交一些别处没有提及的信息，这对录取非常有帮助。另外，学校也可能允许在必须提交的材料后附上一篇短文，用以回答一些简短的问题。所有这些，都为你提供了良好的展示自己的机会，应充分加以利用。你可以且应该利用这些隐藏的额外机会，这样，就不必把所有要说的内容都塞进只有两页纸、写得密密麻麻的个人陈述里面。这样做的好处是明显的：首先，你向学校录取部门表明，你态度积极且思维缜密；第二，你显示了自己是一个能力全面的人。利用提供补充材料的机会，你可以提高自己申请材料的说服力，并补充一些要加以说明的内容。

提交补充材料的机会

	1个	2个或更多	补充材料（包括个人简历）
Cornell		x	
Duke	x		x
Fordham	x		
Georgetown		x	
Michigan		x	x
Northwestern		x	
NYU	x		
Penn	x		
Stanford	x		
Texas		x	x
Tulane		x	
UCLA		x	x
USC	x		
Vanderbilt	x		
William & Mary	x		
Yale	x		

对于那些严格限制个人陈述的字数的学校，如Yale来说，附加短文尤其重要。在限定的250个字内，你只能论述一到两个主题，要同时全方位描述，如你的性格、你的独特之处、你的理想、Yale适合你的理由等是完全不可能的。所幸的是，你还有两次机会可以全面描述自己。Yale申请表中的第10个问题没有字数限制，为你提供了机会。问题如下：

"Optional: Please add to this application whatever additional material you believe will enable admissions readers to make a fully informed judgment on you application. Many applicants include the personal statement they have prepared for other law school applications. Examples of issues you might choose to address are: personal goals, history of standardized testing, or special circumstances involving your educational development and achievement The admissions file readers especially welcome statements that enable them to understand the contribution your personal background would make to the student body at Yale Law School; such statements might concern, for example, your racial or ethnic identity and your socioeconomic background."

很明显，如果你没有对这个问题给以足够的重视，则只能说明：你要么乏善可陈，要么太懒，或者说，Yale根本就不是你的首选。

▶ 须牢记在心的几点建议

- 注意，在一个学校申请表的"简要回答"部分，如果要求你"列举和描述"某些事情——而不单纯是"列举"，同时，允许你另起一页进行回答的话，你可以把答案从20字扩展为一大段的文字，即一篇篇幅较短的申请短文。
- 认真阅读申请表格。通常，如果你觉得确实还有必要对自己做更多的说明，那么，在阅读到申请表格最后一页的时候，你会发现那里有一段不太显眼的文字"准许提交补充材料"。
- 把自己某次不太理想的表现（如，某个学期不够理想的考试成绩）留在附加文字中加以说明。
- 不要为了完成任务而撰写可写可不写的申请短文。除非你确有重要内容需要补充，否则，招生人员会认为你在浪费他们的时间。
- Michigan等大学坚持要求申请者提交补充材料（如出版物、论文或学术演讲的内容摘要等），对此，请务必加以尊重。考虑到对方的工作量，材料尽量精简。假如你把自己关于美国内战的长达100页的论文寄给他们，他们会记住你——却不会欣赏你的这种做法。

招生主任谈可选择的申请短文和补充材料

如果有必要补充某些材料的话，我希望它们能够说明一些关键性的问题；但申请者往往没有充分把握这一机会。

Janice Austin, Pennsylvania

如果你认为自己的经历中存在一段空白，应该花点时间进行解释（专门用一段的篇幅）。这就避免了招生委员会浪费太多的时间和精力去琢磨这个问题。直接告诉我们，我们不必因为这个而对是否录取心存顾虑。此外，我们还希望你能解释一下，为什么你的LSAT成绩不能完全反映你的能力。当然，你必须表现得专业一些，简略地加以解释即可，不要怨天尤人。

Erica Munzel, Michigan

我并不反对申请者提交补充材料，这些材料可以对某些事情做出解释。

Anne Brandt, Vanderbilt

个人陈述可不是用来解释你过去为什么考试成绩不佳的。当然如果你的SAT成绩很低，完全不能反映你的学习能力，我们欢迎你做出解释，但这不应在个人陈述中，而应该在补充材料中进行说明。

Kenneth Kleinrock, NYU

我们允许申请人补充提供几份陈述材料。

Shelli Soto, Texas

我们欢迎申请人提供补充材料，特别是那些工作和生活经历丰富需要特别说明的。申请人最好对自己的工作经历和生活经历分开说明，前者通过个人陈述，后者通过补充材料。

Albert Tunrbull, Virginia

我们欢迎申请人在必需材料之外额外提供材料。特别在以下情况下：你想解释影响你学习成绩的某个特殊情况；你想解释自己选USC大学的理由；你如何对法律产生兴趣的；你如何参与社区服务的。

William Hoye，USC

我需要通过你的描述来了解你。你不应把我的时间浪费在解读你的特点或者解开你过去学业中的“谜团”上。如果你对自己的描述不完全，我会很烦，不会花太多时间读你的个人陈述材料。

Erica Munzel，Michigan

我们向申请人提供机会，让他们解释自己的GPA和LSAT成绩，但很少有人充分利用，我们感到很惊讶。

William Hoye，USC

如果你的大学成绩不够突出，解释一下原因对你很有用处。

Jim Milligan，Columbia

第十章

写作具有说服力的申请短文

内容概要

动笔前，先制定写作计划

■

按照本章的指导进行写作，定会增强你申请短文的力度

■

申请短文中出现的某些显而易见的错误，是不可原谅的

如：拼写和语法错误，与事实不符，学校名称混淆

■

对申请短文进行反复的修改与构思

记住："好文章不是写出来的，而是改出来的"

■

参阅本书第四篇中列出的30篇短文范例——

全部出自不同背景的、已进入名牌法学院学习的申请者之手

Yale在自己的宣传手册里这样写道："我们要求所有的申请者提交申请短文。通过阅读这些文章，我们可以对你的写作技巧、思维能力、编辑水平做出评估。同时，还可以进一步了解你所具有的其他素质，如智力水平、学习热情、幽默感或利用学科知识进行思考的能力等等。"如果你试图凭借"考试分数"的优势而获得录取，就会错失许多提高自己的机会。实际上，学校越好，申请材料中的客观数据在决定你命运的过程中所起的作用也就越小。相反，申请短文却在录取决定中起着举足轻重的作用。

通过你的短文，招生官员可以对你的写作能力（包括说服别人的能力、组织架构的能力、说理论述的能力、与人交往的能力）、为人诚实和思想成熟与否、对所选专业的了解以及可能为该专业做出的贡献、还有将来的发展方向诸方面有个初步的了解。根据这些因素，他们就可以决定是否录取你。此外，招生官员们还想知道，你曾取得过怎样的成绩、为人处事如何、与别人沟通的能力如何，等等。针对你写作的文章，授课的教师们会说："我打分的依据是你写作的内容，而不是你写作的风格。"但招生官员们不同。他们既看重其中的内容，也看重短文所反映出来的其他许多深层次的东西。

实际上，本章目的就是为了帮助你写作申请短文。在前面的章节里，我们已经谈到过你应该写作哪些方面的内容。但是，还没有说该怎么写。这，正是本章的任务。不过，要想真的写出优秀的申请短文来，除了阅读本章以外，你还必须认真阅读书中列出的各类范文（见第8章和**第四部分**）。

准备工作的开始

▶ 节省时间：借助申请软件

填涂申请表格上的每一个涉及细枝末节的小框格是整个申请过程中最耗时的一项工作。（现在，有谁还会用老式的打字机来填写申请表格呢？）幸运的是，我们现在有了更好的选择。一家名为Multi-App的公司开发出一种软件，可以帮助你在计算机上复制你的申请表格。所有申请表格所要求的一些基本信息——包括你的姓名、地址、本科就读的学校等等——都只需要输入一次就够了。该软件可以将所有相关信息正确填入每份申请表格。63 所法学院与该公司签订了协议。其中，包括了所有的名牌法学院。

想要了解详细情况，请联系：

- Law Multi – App
  740 South Chester Road, Suite F
  Swarthmore, PA 19081
  (800) 515 – 2927
  mcs@multi – app. com
  www. multi – app. com

一套 Multi – App 软件的售价为 59 美元；可以通过因特网下载，非常方便。

各学校的招生主任们似乎都非常乐意收到这种格式的申请材料。所以，不必担心由于采用了该申请方式而使自己在激烈的竞争中处于不利地位。

▶ 开始写作之前

在开始写作之前，让我们先来研究研究你的读者，以及他们的录取标准是怎样的。

申请短文的读者是谁？读者就是各个学校负责招生工作的官员。你的申请材料会由他们来阅读。他们非常有责任心。但是，他们每天都要阅读大量的申请材料，几乎快累垮了。对进入法学院学习和你的事业成功与否的决定因素，他们都了如指掌。因此，他们会仔细审阅你的申请材料，看看你是否具备成功所需的智力水平、从业法律的潜质以及性格特征。这些招生官员自身从事的是教育工作，因此，他们喜欢那些重视学习和教育的申请者。他们还希望通过你的申请材料，发现你是一位善于抓住机遇的人，而不管机遇是大还是小。

通过有效的交流——将你的申请材料条理化，尽量精确，而不要夸大其辞或撒谎——你就会赢得信任，使你的申请材料成为校方了解你的信息源之一；同时，也使你具有了被录取的候选资格。记住，应该针对招生委员会所关心的话题，提供相关的材料。通过申请短文，向他们展示你的优点，并向他们传达你的为人和品质方面的信息。事实上，这也可能是你惟一向他们证实自己的机会。

名牌法学院所看重的申请者素质。前文提到过的三个原则、标准——你的智力水平、从事法律的潜质和性格特征——通常都是所有名牌法学院要求的申请者素质（详情请参见第 5 章）。

某一特定法学院寻求什么样的素质? 所有的学校都希望申请者具有较强的分析能力这样的素质。但并不是所有学校都寻求这样同一类型的学生。有些学校可能会侧重于那些立志为公益事业提供服务的申请人，而有的则想要招录技术型的学生。如果你了解某所学校的需求，你就可以在申请短文中强调、突出自身相应的方面，以迎合对方的需求。正如我们在第3章中所谈到的，阅读学校的宣传手册，并与该校的在校生及毕业生交谈，是了解学校的第一步。

制订计划

在动手写作短文前，制订一个写作计划，这是非常重要的一步。它可以使你在进入写作前，对需要写作的内容进行思考。很多人都采用了截然相反的方法，先随意写一些段落，然后希望能把这些段落整合起来。或者，还没有动脑筋思考过，就想完成整篇短文。这种写作方法的结果可想而知：其中包含的材料只是一些随意选取的、可能有用也可能无用的材料，既没有经过严密的组织，也达不到连贯的要求。问题不仅仅是选词或过渡衔接的问题，改编多少次也无法克服其中的弊病。这种没有动脑筋就开始写作的方法存在一个最大的问题：即便作者花费了大量精力，也仍然会对作品感到失望，最后不得不重新返工，从头再来——开始思考到底应该写些什么。

▶ 扩展材料

许多申请短文读起来都千篇一律。可怜的招生工作人员在读了近5，000篇或者更多的这样的短文之后，却发现，从某一位申请人的陈述中仍然是一无所得，因为申请者的陈述没有任何的特别之处，几乎与其他500名申请人的陈述如出一辙。很少的一部分申请者会进行咨询，或者试图去弄清楚到底哪些方面可以使自己与众不同或显得独特(有价值)。**你的目标：收集那些能体现你自己独特经历的材料。这些经历正是你区别于其他申请者的独特之处。**

如果没能够认真收集或整理自己的材料，那么，写出来的东西很可能就流于干巴巴的大话、空话，结果使整套申请材料粗陋无比。“旅行使我接触到不同的文化，开阔了我的眼界”或“这件事使我认识到努力和坚强的意志可以帮我达到目的”，申请短文中，如此的表述可以说毫无意义可言。如果你想使自己的文章熠熠生辉，吸引招生委员会的目光，就应该避免此类毫无实际意义的套话。

将零散的材料整理成文，需要你做大量的工作。如果你在过去的几年中曾从事数种不同的工作，这一点就更加突出。适用于申请短文写作的材料可能来自生活中的某一时刻，也可能是你经历中的某一个小小的片段。

通过填写本书第 8 章**附录** 5 中的“PO”，即个人材料登记表格，是着手整理申请材料的最佳途径。只需一瞥即可发现，需要注意的细节数不胜数。你可以留出一段时间来专门完成这项工作。要知道，所有的材料是不可能一下子回想得起来的。记得再回头去翻翻你的简历，这对材料的收集很有帮助。实际上，如果有的话，你可以将从前的简历找出来，对照着看看。也许，你还可以找出从前使用过的记事本，帮助自己回想以往的经历。

准备一个笔记本，随时记下自己的想法、过去的经历、一些细节以及自己对未来的规划等等。仔细阅读笔记，其中的某些事件很可能会帮助你打开记忆的闸门。你可以将回想起来的点滴经历随手记在本子的空白页边上。

▶ 整理材料

收集到所需的原材料之后，实际开始写作时你应该说些什么呢？如果你已经阅读了本书的第 8 章，那么，你应该已经确定了短文的主题。现在，再回头看看，根据现有的材料，原定的主题是否依然合适。如果你想把自己说成是热衷于历史研究的学者，你能论证这一点吗？你的相关科目的考试成绩能够证明这一点吗？如果不行，现在正是你对自己进行重新定位的最佳时机。根据手头的材料，选择一个最佳的主题。

在收集了各方面的材料和信息以后，你还需要对它们进行整理。对材料进行整理的方法很多。其中，你可以通过确定信息的核心内容来实现。换句话说，你想要表述的要点是什么？如果已经完成了这一步，那么下一步就是据此将相应的材料进行分类了。

一般来讲，列出短文的提纲是将自己的思维条理化的最好方式了。这样做，很节省时间。因为有了提纲，你就可以发现材料到底是多是少。另外，这样做，还有利于你早对材料做出取舍，而不必等到最后才发现其中某些材料不合适。换句话说，这是对你思维的测试。

如何罗列提纲

通常，有数种罗列提纲的方法，包括：

▶ **用箭头和横线罗列一个非正式的提纲：**

- 基本观点
  ——次要观点
  ——次要观点
  ——次次要观点
- 基本观点
  ——次要观点
  ——次次要观点

▶ **用罗马数字、英文字母和阿拉伯数字罗列出一个正式的提纲：**

I. 基本观点
  A. 次要观点
  B. 次要观点
    1. 次次要观点
    2. 次次要观点
      a. 次次次要观点
      b. 次次次要观点
    3. 次次要观点
II. 基本观点
  A. 次要观点

实际采用哪种罗列提纲的方法并不重要。重要的是，不管使用哪种方法，都要发挥应有的功能：将相关材料有机地组织起来，显示材料与材料间的逻辑性，表明哪些观点是主要的，哪些又是次要的，而主次之间又是如何联结的。你会逐渐发现，开始时，你的提纲可能是非正式的，但随着观点和思想的逐渐成熟，提纲也日趋正式。

对优秀作品构成要素的回顾

对那些只习惯于写简短备忘录的人来说，回顾一下优秀作品的构成要素是非常有必要的。Peruse Strunk & White 所著的*The Elements of Style* 一书，就对本书**第五部分**中提到的文章体裁方面的原则进行了集中说明。在写作和修改自己作品的时候，说不定还需要检查语法和词汇的用法。手头有这么一本书的确非常有用。

写作时，应该特别注意以下原则：

- **语言简洁明了**。每句话都应该力求简练，任何多余或没有意义的词都应该删除。在减少和去掉不必要的词或短语的同时，作品质量也就得到相应的提高。例如，“my mother’s friend”就比“a very good friend of my mother’s”要简洁得多。“Hideously ugly”则不如简化成“ugly”或“hideous”。
- **表达精确**。从始至终，表达都应该尽可能细致、精确。细节的描写可以使文章真实可信。如果读者见到“car”这个词，他们头脑中只会出现一个模糊不清、容易忘记的图像。但如果他们读到的词是“rusted - out，pea - green ’78 Dodge”，他们头脑中就会留下很深刻的印象。
- **用事实说话**。不要只是试图告诉申请材料的阅览者，当时的情况是什么样的，应该通过事实（即，对事实的详细描述）来让读者自己感受你想向他们传达的信息。例如，不要说：“I was very sad when my old brother moved to Bangkok”。相反，你应该描述自己坐在哥哥床上、看着他收拾行李时胃部痉挛是何等痛苦；回想他出门前，你们两个交谈的最后几句对话；描述望着哥哥乘坐的机场巴士开动后你眼中的泪水；讲述哥哥离去后，你独自和父母坐在餐桌旁吃早餐的情形；还可以展开描述之后他打电话回家，但却从未要求和你单独讲话的失落感等等。通过对这些事实的描述，可以更加强有力地向读者传达你感受到的孤独和悲伤。
- **精心选词**。不要人云亦云；避免使用一些陈词滥调和一些常用的词汇，应该用不同的词来更有效地表达相同的意思。陈词滥调只会令文章索然无味，让读者觉得你毫无想象力或不屑于遣词造句。像“blind as a bat”或“it was like looking for a

needle in a haystack”这类的词句最好换成你自己的话来表达。

- **保持风格和语气上的一致性。**在写作短文之前，要先确定短文的风格以及表达的语气，并注意保持前后的一致性。如果文章开头使用的是轻松、诙谐的口吻，那么中途就不要转变成沉重、严肃的腔调。如果你的短文是以个人日记体切入的，那么，就不要突然间向读者大发感慨。
- **不断转换句子的长度、风格和韵律，以求变化。**你的短文中应该有一些较长的长句，同时也应该有特别短的短句，以求最好的表达效果。不应过分依赖某一两种句式，而要将许多不同的句式和句子结构融合运用在短文中。
- **将在小学里所学的那一套教条抛在一边。**并不是每篇文章都像你在小学课本里学到的那样，必须包括有明确的“引言”、“正文”和“结束语”几部分的点题句。文章的确需要组织和整体统一，可一旦掌握了基本的写作技巧之后，组织文章就有了更加广泛的含义。“引言”部分并不一定要有一个“主题句”，也不一定非要对下文的方方面面做出概括。“结束语”也不一定非要和开头相呼应。在写作法学院的申请材料时，最好使用第一人称“我”。不要受那一套所谓的写作规则的制约。

让自己创作的灵感尽情发挥

如果你发现自己写不出明快、有力的作品，可以通过很多方法来激发自己的创作灵感和想象力。首先，大量阅读！阅读名家的作品，特别是“有创造力的非小说类的散文文学作品”，可以使你自己得到放松，受到启发，为申请材料的写作做好准备。如果你想找些个人回忆录或自传类的书籍来阅读的话，下面这些书目就是不错的选择：

Ernest Hemingway	*A Moveable Feast*;
Zora Neale Hurston	*Dust Tracks on a Road*;
Jill Ker Conway	*The Road from Coorain*;
Vladimir Nabokov	*Speak, Memory*;
Penelope Lively	*Oleander, Jacaranda*;
Maxine Hong Kingston	*The Woman Warrior*;

Andre Aciman *Out of Egypt;*
Vivian Gornick *Fierce Attachments*
或者 Calvin Trillin 和 John McPhee 的任一自传体作品。

许多图书都提供帮助读者解放自己创造力的方法和这方面的练习。例如，你可以看看 Natalie Goldberg 的 Writing Down the Bones 或者 Anne Lamott 的 Bird by Bird，寻找些灵感。

草 稿

写作的下一步是拟出一个粗略的草稿。此时，不必对自己要求过高。即使你想写得好，现阶段也只能是“欲速则不达”。如果因为没有达到最终的标准而不想动笔，那么，可能拖到最后，你也写不出什么东西来。不要寄希望于一蹴而就，一下子就写出令人满意的作品。你应该将自己的目标暂且定为写一篇能包含和连缀所有基本要点的草稿。如果对文章安排的顺序不太满意，思想也没有完全表达出来或者用词有些别扭，先不用着急。只需把一些合理的东西写下来，作为整个作品写作的起点。

作家在开始写作时，采用不同的策略和方法。这些方法不分孰优孰劣，完全是个人喜好的问题。你也可以采用下面推荐的方法。选择一种（或创造一种你自己的）方法，写出一个相对完整的初稿。

- **先写出文章的结尾**。使用这种方法的人，总是觉得如果事先不知道文章的结尾，就不知道如何安排文章的主体部分。
- **先写引言部分**。如果引言对文章的基本观点和脉络勾勒出了一个大致的框架，也就有效地控制了整篇文章。有些人喜欢先写出引言部分，以确认在撰写正文之前对文章有一定的把握。
- **先写好正文中的某一段落**。有的人喜欢先从文章正文中随便一个独立的部分写起，然后到下一部分，这样一个接一个地完成。他们首先搭建起文章的物质基础，然后再写引言和最后的结束语。
- **从不同的角度，打几份草稿**。采用这种方法，可以先从一个角度出发，完成一篇草稿，尽量写得完整。然后从另一个角度出发，再写一篇。之后，你可以从中选取一篇，或从每一篇中选择不同的段落。

大多数人采用第三种方法——先写正文中的某一段落。他们先将每个部分写出来，然后根据事先想好的顺序组织起来，之后才开始着手引言和结尾的部分。他们之所以这么做，是因为他们对所选主题的某些方面相当熟悉，手到擒来。但对于写作像引言和结尾这样一些部分却要费劲一些。

如何克服思路阻塞、下笔无言

许多人在写东西时发现“无话可说”。他们坐在那儿，呆呆地瞪着面前的白纸或电脑屏幕，而后者也傻傻地瞪着他们。想要避免这样尴尬的局面，就不要强迫自己一次写太多的东西。在写作的最初阶段，只要将想到的次要观点写下来就行，不必过分在意东西的质量。那是以后修改编辑时才应该关心的事情。

- **技巧一**。在构思一篇文章后，尽量将自己各种观点用短语记在小卡片上。（当然也可以通过电脑来实现这一目的。）每句话都不用太长，只要把想到的东西记下来即可。然后，把这些卡片按不同观点归类分组。写一些能表达这些思想的段落，尽量将这些观点都连缀在一起。然后看看你能否将这些段落按照一定的逻辑顺序安排起来。之后，根据这个结构作一个提纲，看看是否合理。如果很通顺，就再增加一些适当的过渡，把这些段落联结起来。如果不合理，可以试着重新安排这些段落。

- **技巧二**。可以请一位朋友帮忙。首先向他/她解释你想要表达什么样的内容，让他/她把你所说的记下来。和他/她一起将这些笔记按一定逻辑顺序整理一下，然后再向他/她解释一遍。但要注意，应该根据笔记中的逻辑顺序来安排。如果把这次的解释也记录下来，稍加整理，就有了一篇完整的草稿，可以开始着手编辑和修改了。

对草稿进行编辑

应该牢记："好文章是改出来的。"对草稿进行修改和编辑就是这个过程中的一部分。

对时间的安排是本阶段工作的关键。如果在打草稿和修改文章之间没有一段时间休息，你很可能不容易发现文章的不足之处。因为这和你起打草稿的时间太近了，所以你很可能会忽略本该添加一段过渡或说明的地方。如果可以先休息一阵子，最少一个晚上，或更长点，比如一周的时间，你就能以一名旁观者的角度来阅读自己的作品，进行修改。

在对语言进行修改之前，先对文章内容进行修改——哪些内容应该保留，哪些可以删去。否则，有可能花费了大量的时间和精力谴词造句，而最后又把这些段落删掉了。（更糟的是，很有可能仅仅因为文字上的需要，而保留了某些本该删除的内容。）通常，你可以对草稿进行三次修改和编辑。但事实上，如果你比较善于写作，而且构思很成熟，那么你可能只需要修改一次或两次。同理，如果写起来很吃力，你可能需要修改好多遍才能找到短文中存在的问题和不足。

注意：修改不会使文章失去活力。修改的作用是去除文中的枯枝败叶，尽可能地突出自己所要表达的观点。

▶ 第一稿的修改

第一稿的修改应该集中完善文章的整体。

写作的目的达到了吗？你的短文是不是可以直接回答学校的问题？想要表达的主题思想清楚吗？

对文章的内容进行修改。通常，草稿可能存在材料不足的问题，也可能存在材料过多的问题，或者二者兼而有之。有的材料仅流于表面，不能提供令人信服的细节。而有的材料则只是讲了一些和文章主题关系不大的东西。

一篇好的文章应该去除那些无用的材料，同时又包含了一切必需的东西。要通过充分的事实来说服招生官员。因此，应确保你所提供的材料都是对主题思想的有力支持。能够论证主题的材料就可以保留，而与主题无关的材料则应该义无返顾地删除。

对短文结构进行修改。条理清晰的文章将相近的观点结合起来，按照逻辑关系进行安排。如果根据草稿就很容易提炼出提纲，同时所有材料的逻辑也很清晰，那么，你文章的结构就是令人满意的。否则，应该考虑对文章的结构进行调整。

对短文的长度进行调整。短文的长度大致符合要求吗？如果大大超过了要求的长度，那么应该考虑如何裁减文章的篇幅。许多学校对申请材料中短文的篇幅并不做特殊规定，留待申请人自己决定——但要注意，不要因此而写出冗长的短文。除非由于主题的需要，否则应该将短文的篇幅控制在自己规定的范围内。如果你的短文比预想的短得多，那么可能需要在短文的深度上再加把劲。倘若已经觉得无话可说，那么就应该考虑是否有必要重新选择主题。

▶ 第二稿的修改

假设你已经完成了对短文第一稿的修改，其内容也完全符合你的要求。那么现在，你应该将注意力集中到短文的各基本要素上：段落、句子和用词。

对段落的修改。一个段落并不是主观搭建的实体。在某种程度上，一个段落应该紧紧围绕一个中心或主题。在对段落进行修改时，可以将某一段落单独从文章中拿出来，看看它是一个整体呢，还是仅仅是一些互不相干的语句的集合。

接下来应该注意段落的长度。大多数人容易走极端：要么所有段落都很长，要么都很短。长短结合才是最佳的选择。偶尔某一段很长或篇幅很短是可以的，但这只是作为一种例外，不应该当作一种标准。原因很简单：太多篇幅短小的段落使你显得头脑简单，很难对复杂的话题深入分析或将众多相关论点综合论述；而除了个别非常认真的读者，谁也难有阅读冗长段落的兴趣。篇幅短的段落可以用来强调某一主题；篇幅长的段落可以用来阐述复杂的观点或举例。

阐述主题观点的三种方法是：举例、说明和细节描写。没有充分使用这三种方法的作品都会显得没有说服力。概括性的描述（如“I am a morally - driven person”）只有在得到具体例证的支持下才会有说服力。

对短文进行修改，使之流畅。即使每个段落写得很好，而且也颇具逻辑性，但你的短文仍旧可能不够流畅。这是因为，短文中缺乏将不同观点连贯起来的过渡段落或其他联系不同观点的过渡句。为了达到这一目的，可以使用过渡词和短语。常用的此类短语包括：

目的	常用过渡语
展开	besides, furthermore, moreover, in addition
因果	therefore, consequently, as a result, accordingly
结论	as a result, therefore, thus, in conclusion
对照	although, but, despite, however, on the one hand, on the other hand
举例	for example, for instance, specifically
顺序	first, second; former, latter; first of all

另一种较为简单的方式就是在一段的开头直接承接上一段落的结尾来写。例如，如果上一段末尾刚刚讲了“I needed the chance to show what I could do without overbearing supervision”，那么下一段的开头，你就可以写“My opportunity to prove myself came with the founding of a new office in Toronto.”在这个例子中，上下文的关系通过这种有机的联系而得到加强。

要确保句与句之间逻辑关系的紧密性。

短文开头部分的检查。短文的开头不仅要介绍文章的主题，还要紧紧抓住读者的心。好的开头应该生动有趣，并表达出文章的中心思想。它不但要吸引住读者，还必须为整篇文章定调。有许多非常不错的开场白。比如，你可以叙述某件重要的或是有趣的事情，可以谈及最近发生的新鲜事，可以谈论自己的一段经历，甚至还可以提出某个问题（当然，你应就此在短文中进行回答），或干脆笼统地阐述一下你的某个观点。当然，如果短文题目本身就是一个问题的话，你就不必对它进行重复了；这样做，只会浪费非常有限的短文篇幅。而且作为开场白，也难免显得乏味、缺乏说服力。

结尾部分的检查。好的结尾应该符合以下一条或多个要求：

- 对文章进行总结
- 重申短文的主题（但不是通过语句的重复来实现）
- 表明所提供素材的重要性
- 提出建议
- 进行预测
- 面向未来——例如，可以说明，你打算如何利用所学的知识
- 文章具有完整性

在短文的结尾部分，不要再提出新的观点，也不要拖沓。如果愿

意，结尾段落可以承上启下，顺势而成。这样做，有利于保持全文的流畅性。

对词句的修改。大多数人在写作时，喜欢一个长句接着一个长句。可以通过将一些长句截短，来实现句式的变化。短句用来提出重要的观点；长句用来阐述复杂的问题或用来举例论证。句式的变化还可以保持读者的阅读兴趣。切忌每隔一句就使用像“not only……but also……”这样的句式。还应该将朗读起来别扭或不连贯的句子删掉。

对句子进行修改的过程中，要删除那些不够准确或过于啰嗦的语言。例如，应该用“although”代替“despite the fact that”。使用新鲜和有趣的表达，避免陈词滥调，可以使文章充满活力。尽量使用名词和动词，而不是形容词。（形容词使节奏变得缓慢，削弱了语言的冲击力度。）同理，尽量使用主动语态，避免使用被动语态。

对文章语气的修改。即使没有到傲慢的程度，你的语气也可能显得过于武断。短文的风格应该力求充满自信、热情洋溢且平易近人。避免赌咒发誓（“I' d give you anything if you would just let me in”）或怨天尤人（“I never do well on those awful standardized tests；it' s so unfair that schools even look at the results”）。

要想对自己文章的语气有所了解，最好的方式就是大声地朗读。先自己朗读，觉得没什么不妥，再读给朋友听。向她/他征求意见：文章是否易于理解、优点和缺点分别是什么、是否有错误、是不是如实地反映了你的风格？理想的申请短文读起来应该感觉像是你本人在娓娓道来。但是，请注意，应该避免使用像“you know”“like”等这样的口头禅。短文不一定听起来显得很正式，但应该是轻松、流畅的。

许多人一定还记得高中课本中教授的写作方法——写作时，应该极力避免使用第一人称。其实，在写作申请材料时，我们不但建议你使用第一人称，而且还认为这非常必要。在要求就个人情况进行陈述时，不要使用第三人称。第三人称不仅使文章读起来显得不够紧凑，而且还会产生距离感。

▶ 第三稿的修改

三次改稿并非不可思议的事情。大多数人至少需要修改三次才行。将文章多修改几次并不是什么坏事。

再一次对文章风格进行调整。见前面有关叙述。

对语法、标点符号和拼写进行校对。要检查语法、标点符号的错误，最好是将短文搁置一段时间后，再拿出来慢慢地品位，也可以放声朗读。即使你的语感再好，也应该找一位擅长语法的朋友帮助你进行修改。最后再对文章的拼写进行检查。

检查短文的篇幅。法学院一般规定了短文的最长篇幅，这也是制约大多数短文写作的主要因素之一。如果不遵守这个规定，可能会令人对你在其他情形下是否能遵守规则产生怀疑。因此，应该尽量将短文的篇幅保持在规定的字数以内。校方规定短文的篇幅，其目的在于为所有的申请人提供一个公平的环境；那些不遵守这一规则的人，对其他人来说是不公平的。

请他人对你的短文进行评论

当你将自己的作品修改到一定程度，自认为很满意了，或者实在不知道还有什么地方需要修改的时候，就将它交给几位对写作有研究的人来进行评论。他们会从一个客观的角度出发，对你的短文提出修改意见。这一点，是你自己无法做到的。短文中的诙谐是否有效，是否真实地反映了你的个性，是否漏掉了某些重要的过渡句，或是对某一观点的阐释等等。这些，都可以通过他人的评判得到改进。

还应该将作品交给那些对你并不十分了解的人，请他们阅读，他们会告诉你文章是否清晰易懂。一方面，听取他们的意见；另一方面，你也应该注意，文章是你自己的，不要因他们的意见而使文章失去原有的特色。

校　对

你已经认真仔细地对短文的最终定稿进行了修改，为什么还需校对呢？这是因为，即使你再仔细，文章中还是有可能存在错误。谨慎行事，最后检查一下，是明智之举。

校对的目的是什么？一般说来，这时对文章进行校对，不是看结构是否合理，而是极力发现每个句子和每个词中的错误或纰漏。有时候，会因对文章的某些改动而导致错误。例如，将两个段落合并成一段，就很有可能会导致缺少一个应有的过渡短语；另外，也有可能存在语法错误。

正如前面所述的短文修改程序，最后的校对也需要时间上的合理安排。一定要到终稿完成后，再开始校对工作。如果时间允许，应该先将文章搁在一边，放上一段时间。这样，校对的效果会更好一些。如果时间太仓促，你校对的时候还可能会疏漏一些错误，因为你离文章还是太“近”了。另外还有一个办法，就是找朋友帮忙，进行校对。

写作短文的几个小窍门

▶ **应该：**

- **为自己留出充裕的时间。**及早动手；写文章是很费时间的。从从容容地准备申请材料比急急忙忙地赶着完成，效果要好得多。组织材料大概需要 10－20 个小时，平均每篇短文需要 5－10 个小时，其中第一篇可能需要更长的时间。
- **使用诙谐的语言，但一定要恰到好处。**很少有人能够写出诙谐的小品文，或者是将某个幽默的故事复述得有声有色。如果你能做到诙谐幽默，那么你就可以显示自己独特的一面。想要检验自己文章的效果，可以请几位不同年龄、不同背景的人来阅读你的作品，看看是不是可以像和你亲口讲述的一样，令他们感受到其中的幽默。不过要注意玩笑的格调。低级的笑话在法学院是没有市场的。
- **突出自我。**例如，不要一味指责某一法律领域的某个方面而越扯越远。让人弄不懂那和你有什么必然的联系。
- **抓住机会，阐述道理。**讲述你为什么会去做某件事？从中，你学到了什么，受到了怎样的启发。这才是讲述某件事情的意义所在。

- **集中、完整地讲述一件事情，而不要蜻蜓点水似的，同时列举许多事例。**一般来讲，用一定的篇幅集中讲述某件事情或取得的某项成就；而不应该泛泛地同时提到许多事件，又不说明原因、意义和你从中获得的教训。
- **详尽而精确。**表达要做到详尽而精确，文章才会生动有趣。如果只有概括和综述，没有具体信息和例证来做补充，文章会显得苍白无力，而打动不了读者。
- **请别人代为修改。**向他说明你写作的目的和可能的读者。这样，你请来的“编辑”就可以帮助你来判断，你是否实现了写作的目的，并订正你的语法错误。检验你作品成功与否的标准，不是你想要表达多少内容，而在于读者对你作品的理解程度。

▶ **应该避免：**

- **在未明确选择某一学校的理由之前，就开始写作。**反复阅读所申请学校的介绍材料，以及你能收集到的相关资料，提醒自己，明确申请该校的原因和目的（除了该校的排名和声望以外）。认真阅读学校提供的申请表格，从中可以摸清学校对申请者有着怎样具体的要求。
- **将有限的篇幅用来重复一些其他材料中也会提到的东西。**如，罗列兼职经历或反复提及LSAT成绩。
- **回答问题没有深度。严肃对待申请表中的问题，尽力做出满意的回答。**没有如实地介绍自己。只有是你自己的亲身经历，别人听来才会觉得真实可信。
- **撒谎或夸大其辞。这样做，导致的恶果是，你的一切都令人怀疑。**
- **认为对个人陈述方面的限制同时也是对短文长度的限制。**没有人因为其个人陈述的字数没达到规定要求而申请失败。意尽则言止，说完了想说的内容，就可以结束。
- **缩小字体或占用边框空档，以在规定格式的表格内安置你的个人陈述。**请注意，个人陈述的读者是已经阅读过上千上万篇同类作品的招生官员，他们是不会为了阅读你的作品而专门戴上放大镜和老花眼镜的。
- **以“In this essay I will write about...”开头。**

- **不恰当地引用“意义深远的”警句作为开头。**很多人都习惯于引用装腔作势的警句，而不管是不是符合文章的主题。通常，这样的开场白也与文章本身的语气极不吻合。莎士比亚、拿破仑、丘吉尔和马克·吐温都讲过很多值得引述的话，但这并不意味着你非要引用不可。
- **通过下定义作为文章的开始。**这种开场白的方式通常说明作者本人的理解并不全面，只是一知半解，因此要避免使用。
- **谈及自己的不足。**除非有充分的理由，否则应该避免谈及不令人满意的 LSAT 成绩或自己的其他劣势。通常来讲，这些不足的方面不应在个人陈述中谈及，而应在申请材料中另外附文，加以说明。
- **索然无味。**语言新鲜、构思巧妙，可以引起读者兴趣的个人陈述非常有利于申请。
- **使用花哨的词汇。**使用最简洁的语言准确地阐述你的观点。除非你已经在法律界工作了一段时间，否则，“法律术语”的使用只会让招生官员感觉到你的傲慢和自以为是。

招生主任谈申请材料中短文的写作

▶ **优秀的个人陈述是由什么构成的?**

如果第一段能吸引我的注意力，那就很有效。我喜欢有感染力的文章——能让我跟着一起欢笑、流泪，能紧紧抓住我的心。很少有情况能让我逐字逐句地读完长达三页纸的申请短文。

Janice Austin, Pennsylvania

短文的一开头就必须牢牢吸引住我们。如果提笔便是“I have always wanted to be a lawyer since I was five years old”这样的话，马上就会让我觉得没劲，都是老生常谈的东西。

Michael Rappoport, UCLA

多用主动语态。短文读起来应该富有韵律，句子有长、有短，相互结合。要避免过多地使用那些饶舌的词汇，这会使文章很难读懂。我可不想读了一遍又一遍，还是弄不懂你究竟想要表达什么意思。语法错误和打印错误当然是应该避免的。千万不要把寄给 Cornell 大学的材料递交到 Northwestern 大学来。如果申请者真这么做了，我会回信说："祝您能获得 Cornell 大学的录取通知书。"

Don Rebstock，Northwestern

很多个人陈述在第一段就注定了失败的结局；短文缺乏条理，感觉就像在记流水账——我根本就不明白作者到底想说些什么。在招生委员会中，我们特意安排了从事法律研究和写作工作的专家，就是希望能够招收到真正具有扎实的写作功底，并悉心准备个人陈述的学生。毕竟，从某种意义上来说，对法律的研究其实也是对语言的研究。

Elizabeth Rosselot，Boston

不必过多地使用华丽的词汇，那样，只能表明你在吹牛。

Kenneth Kleinrock，NYU

有时候，我真的会被个人陈述中所讲述的故事和逸闻趣事深深吸引。

Shelli Soto，Texas

▶ 短文的定调

应该以严肃的态度对待个人陈述（和所有的申请材料）。过于调侃的语气对你的整个申请过程不利。因此，申请者若想显得诙谐幽默的话，需谨慎从事。

Erica Munzel，Michigan

如果可能的话，尽可以发挥你的幽默感，但不必强求。

Elizabeth Rosselot，Boston

要诚实，但别太让人质疑其可信度。

Janice Austin，Pennsylvania

▶ 对细节的关注

我们希望招收那些有头脑、有能力的学生。也许你不会想象到许多个人陈述差到什么程度：通篇的语法错误，连法学院的名字都能弄错（如，本来申请 Harvard，材料中却写着 Stanford）。应该牢记，你申请的是研究生学位，那些矫揉造作的噱头是不合时宜的——此外，请不要使用绿色墨水。

Faye Deal，StanfordP

经验丰富的招生官员花在每一份申请材料上的时间大约只有 20 分钟。要紧紧吸引他们的注意力，不要让语法和拼写之类的错误出现在你的申请材料中。对申请材料中细节的关注表明，你申请该学校的态度也是严肃认真的。

Elizabeth Rosselot，Boston

没有认真进行最后的校对和拼写检查，可能是个人陈述中最严重的错误了。语法、标点、拼写都是个人陈述的组成部分。

Shelli Soto，Texas

个人陈述是申请人最高写作能力的代表。如果其中有很多小毛病，说明该生粗心大意，不注意细节，这对一名律师来说是致命的。千万不要将用来申请 USC 的材料寄到 Michigan，而文章的结尾还说“I very much want to attend XXXX”。

William Hoye，USC

对细节的关注是法律专业的学生能否成功的重要因素。如果连申请材料中的错误——打印错误、语法错误、漏字或拼写错误——都不能克服的话，即便学了法律，又能有什么前途呢？申请者应该仔细检查自己的材料。阅读材料过程中，我仍然可以发现许多电脑没有检查出来的错误。

Erica Munzel，Michigan

个人陈述写作的好坏至关重要。常见的错误包括语法错误、拼写错误或是句子结构错误等等。逗号位置的不同，表达效果都可能会有很大的不同。

Edward Tom，Boalt Hall

许多申请者都非常马虎：事实有出入、拼写错误、语法错误等等。他们经常犯了太多的小错误。我已经阅览了超过10万篇的申请材料，所以，根本无法容忍这种粗枝大叶和马马虎虎的作风。

Janice Austin，Pennsylvania

不恰当地使用粗俗的口语或俚语也是一个值得注意的问题。当然，拼写和语法也是非常值得重视的方面。我还记得有一篇个人陈述的开头写道"Education is a privilege"，而另一名申请人则提到自己"vollunteering at a literacy program"。真让人感到惊讶。当然，申请材料上如果浸沾了咖啡的痕迹也是非常糟糕的事情。

Michael Rappoport，UCLA

▶ 究竟能否超出字数的限制？

（注意关于这个问题的不同看法）

我们一般要求申请者写一篇500字左右介绍自己的自命题短文。稍微超出这一篇幅也可以，但应该避免长篇大论。对大多数人来说，500字应该足够了。但不必为了控制篇幅而强行截短、改编自己的文章。

Albert R. Turnbull，Virginia

如果个人陈述超出了750个字数的限制，一般算不上是问题。

anice Autin，Pennsylvania

我们没有对个人陈述的篇幅做特别的规定。重要的是质量，而不是数量（当然，一个已经有了多年社会阅历的人比一个刚刚毕业的大学生也许可以写得长一些）。

Elizabeth Rosselot，Boston

在写作的同时，也应该从读者的角度想一想。在我读完了8，000份个人陈述之后，得出的结论是：只讲述必要的内容，然后闭嘴。对大多数人来说，两页纸的篇幅就足够了。

Andy Cornblatt，Georgetown

我们对个人陈述的字数没有特别规定。但过长的短文很少会得到好的评价。一般两到三页的篇幅比较适中。

Kenneth Kleinrock，NYU

请按照我们的要求去做。既然我们说了最多三页纸，那就一定不要超出这个限度。当然，也不必非得三页，一页半也可能很好。

Michael Rappoport，UCLA

▶ **最后的进言**

最好请不认识你的人读一读你的个人陈述，然后让他根据他的理解向你描述一下他所获得的信息。如果他说不出什么具体内容来，说明你的个人陈述还有很多需要改进的地方。

William Hoye，USC

个人陈述的重复使用

各法学院想从申请者身上获得的信息都是相近的。因此，可以将申请一所学校的个人陈述作为申请其他法学院的基础。有效利用已完成的个人陈述，会大大减少申请过程中的工作量。

另一方面，让法学院招生官员最头疼的事，是在收到申请材料后，发现其中的个人陈述显然是为申请另一所学校打造的，有的甚至还留有另一所法学院的名字。如果肯动动脑筋，多次使用你的申请材料是没什么问题的。这么做的理由很充分——节省时间和精力——所以，每个人都想把准备得最完善的个人陈述用在多份申请材料中。

应该注意，不要以为仅仅更换一下学校的名称就万事大吉，还应该相应地做些必要的改动。在以下几种情形下，更是如此：

- 你在申请某一特定学校过程中的自我定位，与你一贯使用的定位策略不完全一致的情况下。
- 如果在申请某所学校时，根据要求准备了好几篇短文。而申请另外一所学校时，却只需要一篇个人陈述，这就要求你将几件事的叙述都压缩到一篇文章中。反过来，如果你所申请的学校提出了好几个需要撰文回答的问题，那么你可能需要将这几件事分别放到不同的短文中。
- 你所申请的学校对短文的篇幅要求各不相同。

—— 要想将一篇短文拉长，可能需要列举更多例证。为了扩充已有的例子，有时甚至还需要你另外补充一些内容。

—— 缩写一篇短文，可以在保留要点的基础上，减少那些展开说明的部分。

推荐参考书目

The Random House Dictionary of the English Language
作者　Stuart Berg Flexner

On Writing Well
作者　Willliam Zinsser

The Elements of Style
作者　William Strunk，JR. 和 E. B. White

Fumble rules
作者　William Safire

Woe Is I
作者　Patricia T. O' Conner

The Chicago Manual of Style

附录 6
撰写个人简历，
填写申请表格，
以及其他申请材料的补充

撰写个人简历

一些学校，包括 Chicago，Duke 和 Texas 在内，都要求申请者提供一份个人简历；其他学校虽然不做特殊要求，但也欢迎申请者能够提供个人简历。一般讲，你的申请材料中最好能够准备一份个人的简历。假如你的工作经历丰富，则更是如此。撰写个人简历时，你可以对如何看待自己的经历和取得的进步做出设计，并且要充分利用这个难得的机会。申请法学院用的个人简历在风格上孰优孰劣并不明显。只要能通过最简单易读（方便浏览）的方式将你的个人信息有效地传达给对方，就可以了。你应该注意以下几个方面。另外，还可以从随后所附的两篇简历范本中汲取一些灵感。

简历撰写的基本注意事项：

- 假设浏览一遍你的简历需要 30 秒的时间。因此，将简历的篇幅控制在一页纸的范围内。
- 突出重点，不必面面俱到。可以通过简历展示你撰写简历以外的能力，如你区分主次以及组织材料的能力。
- 突出成绩。有可能的话，提供量化的或实实在在的材料（如证书等）加以证明。
- 对于打算详细介绍的工作经历，将职责（可以用一段简短的文字加以介绍）和所取得的成绩（可以分点列出）分别加以介绍。
- 使用“简历的语言”——尽量使用短语，而不必使用完整的句子。
- 简历应该尽可能地赏心悦目：不应该是填鸭式的、一股脑儿的、材料的堆积，而让读者感到厌烦。
- 简历的要点应便于浏览，包括所取得的工作业绩和个人的兴趣。保证 15 秒到 30 秒的时间就能够浏览完毕。

- 每个主题所占用的空间大小应该反映其重要性的高低。

▶ 个人简历范本

仔细阅读下面的两份个人简历。这两份简历都很不错：每一份的基本信息都很直观。读者很容易就可以找到自己感兴趣的内容。首先，注意两份简历在体裁方面的共同点。相关类别，如教育经历，很容易找到。对学校和雇主的强调甚于对工作和学位的介绍，但是每一个基本方面都有提及。职业变更的日期很清楚，每个人的职业经历都非常清晰（我个人更倾向于 Garth 的总体布局，因为这样的结构更易于让人掌握工作和求学的日期）。

另一方面，这两份简历中所体现的不同点也很具有启发性：

- Garth 将求学经历置于首位。一般说来，这种方式只适用于那些工作经历比较少的人。而 Garth 正是如此。Paul 以介绍自己的工作经历为主，这对一位有着 7 年工作经验的人来说，也是非常恰当的，很有吸引力。
- Garth 的简历中求学经历占了很大比重，甚至还谈到了高中的求学经历。除非是像 Garth 这样引人注目的高中经历，否则申请法学院的个人简历中不必涉及高中的求学经历。而 Paul 没有在自己的求学经历上多花笔墨，而将重点放在了实际工作中所取得的成就上。
- Garth 在上法学院以前只有两年的工作经验，所以专门列举了一些从事过的兼职经历。而 Paul 已经有了 7 年的工作经验，根本就没有提到兼职的经历。当然，考虑到两人不同的实际情况，他们的选择是完全正确的。
- Garth 将自己所有的工作经历——不管是求学期间，还是参加城市经济发展计划期间，也不管是全职还是兼职的——都统统放在一起来介绍。而 Paul 将自己的工作经历分为制造业和军队两大部分来介绍。在每一部分又分两类：前者分为制造和工程，后者分为维和与战斗行动。
- Garth 的简历中还可以再加入一些材料。他参加大学生足球队和在 Yale 担任助教的经历也应该列出。他完全可以通过自己在民主党助选运动中的工作来突出自己的统筹、组织和协调能力。同理，他在费城授权区（Philadelphia Empowerment Zone）的工作应该通过一些具体的成绩来加以描述。而 Paul 在这一方面做得很好，他用量化、具体的论证来说明自己在工作中所取得的进步。

- Garth 将重点放在自己的学术成绩上；而 Paul 则将重点放在工作业绩上。Garth 在学术方面的优异表现通过他获得的奖状和奖学金就可以体现，但是他相对缺乏具有同样说服力的实际工作经验。反之，Paul 有充分的工作成绩证明自己的实际能力，但学术奖项却比较缺乏。换言之，他们两人的简历都突出了自己的优点，做得很好。

尽管两份简历都算得上是优秀的简历，但其中 Garth 在对材料进行编排的格式方面做得比较好，而 Paul 则更善于用实际取得的成绩说话。

GARTH HARRIES 101 Main St., Menio Park, CA, 90000

(415) 555 – 5555 gharries@xxx. com

▶ **Education**

1991 – 1995 YALE UNIVERSITY New Haven, CT

B. A. in Ethics, Politics and Economics; focus on Urban Affairs. Course work include multivariable calculus, intermediate physics, data analysis, and corporate strategy.

Honors: *Summa Cum Laude with Distinction in Major*

Phi Beta Kappa (elected junior year)

Heinz Fellow and Richter Fellow (summer 1994)

Men' s Soccer Academic All – Ivy Team (1994)

Activities: Men' s Varsity Soccer. Tutoring and classroom assistance. Ultimate Frisbee, Northeast regional champions (1995). Research assistant to School of Management professor (Fall 1995).

1987 – 1991 PHILLIPS EXETER ACADEMY Exeter, NH

Honors: *Awarded the Yale Cup for general excellence, a Coxe Medal for scholastic rank, a National Merit Scholarship, and other academic prizes.*

Activities: Student Judiciary Committee (chair). *Extonian* Editorials Editor.

▶ **Experience**

1997 PHILADELPHIA EMPOWERMENT ZONE Pescadero, PA

Special Projects Coordinator, Economic Development Office. Facilitated, designed and/or directed a variety of high – priority economic development projects in disadvantaged neighborhoods of Philadelphia. Significant projects included

——Planning for a worker – owned apparel factory, including creating a successful $500, 000 grant application with business plan

——Initial analysis of a major retail/entertainment development proposal

——Research into the economic development programs of comparable and/or competing cities and new business creation in the Zone

——Program design for a Zone – wide job matching and counseling system

1996 DEMOCRATIC COORDINATED CAMPAIGN Scranton, PA

Field Coordinator. Responsible for Democratic Presidential and State Party can activities in the 10th Congressional District. Directed campaign office, recruited and managed over 200 volunteers, organized events and voter outreach, and coordinated with other campaign organizations.

1995 – 1996 VAIL MOUNTAIN SCHOOL Vail, CO

Teacher . Coed K – 12 private day school. Taught Algebra and History to 9th, l0th, and llth graders. Advised 10th grade homeroom and high school backcountry club.

Coached 7 – 12 boys' soccer team to an undefeated season.

Spring 1994 OFFICE OF BUSINESS DEVELOPMENT New Haven, CT

Part – time intern. Helped rejuvenate and organize merchants' association along commuter corridor.

Summer 1994 DEPT. OF HOUSING AND URBAN DEVELOPMENT Washington, DC

Intern, Empowerment Zone/Enterprise Community Taskforce. Policy interpretation and implementation, office coordination and management, and review of urban applications.

▶ **Personal**

Avid soccer player, telemark skier, and hiker. Backpacked through Africa and Australia.

Paul Simpson

123 Center Ave., Long Beach, CA 91234 (310) 555 – 0000 ps@isp. com

MANUFACTURING EXPERIENCE

LEVI – STRAUSS Los Angeles, CA 1997 – Present

Supervisor/ Project Engineer – Responsible for manufacturing operations. Manage capital projects for world's third largest blue jeans assembly plant.

Manufacturing

——Supervise 100 employees from three unions; represented Company during union negotiations, which resulted in a four – year contract.

——Reduced inventory levels by 60% through automation of materials management system, with cost savings of $1.5 million per year.

——Partnered with outside vendors to improve cleaning system efficiency by 15%.

——Implemented operator maintenance program that increased production efficiency, resulting in a $1.5 million annual revenue increase.

Engineering

——Designed and supervised installation of two production lines, increasing output by 15%.

——Implemented strategy that ensured Year 2000 compliance six months ahead of target date.

——Led process improvement team that reduced water usage by 30,000 gallons/day, saving over $130,000 annually.

MILITARY EXPERIENCE

US ARMY CORPS OF ENGINEERS Bosnia & Los Angeles, CA 1993 – 1997

Captain – Coordinated a range of projects for construction and combat applications.

Responsible for the deployment readiness of engineering equipment and the combat training for 60 soldiers.

United Nations Peacekeepers

——Initiated a Civic Assistance program while in Bosnia. Completed 24 projects by working with the Bosnian gov't, humanitarian groups, and military personnel from six countries.

——Directed the construction of a multilane bridge, which enabled the UN access to southern Bosnia in order to deliver emergency medical and food supplies.

——Supervised construction of living quarters for 1200 – member, multinational UN organization.

Combat Operations/Readness

——Integrated engineering strategy into overall combat operations plans for a 1500 – soldier interdisciplinary force.

——Developed and implemented a program to monitor equipment readiness and repair status for 415 – vehicle fleet; decreasing processing time by 60%, and clerical errors by 75%.

——Supervised on – time rail transportation of 600 vehicles during base deployment to Bosnia.

EDUCATION	DARTMOUTH COLLEGE *Bachelor of Science in Civil Engineering*	1989 – 1993
	——Captain of ice hockey team (1992 – 1993); selected to All – Ivy Team.	
	——Ranked in top 10% nationally in ROTC class; supervised training program for 250 cadets.	
	——Designed and fabricated Formula 1 car as part of an independent project team.	
PROFESSIONAL DEVELOPMENT	——Licensed Professional Engineer in California.	
	——Additional coursework (Financial Accounting, Managerial Finance, Negotiations, Leadership Communication Strategies) at the UCLA Extension School.	
PERSONAL	——Mediator and Project Coordinator, Orange County Community Mediation Program.	
	——Led United Way fundraising drive; doubled annual contributions.	
	——Married; enjoy furniture restoration, sky diving, golf, and reading early detective novels.	

招生主任谈个人简历的作用

在申请材料中附上一份个人简历，绝对不会有什么不好的影响。事实上，我认为如果申请人已经工作过一段时间，在申请材料中附上一份个人简历对他/她的申请是非常有帮助的。我尤其鼓励那些有工作经历的人能寄一份个人简历给学校。

Albert R. Turnbull, Virginia

我很乐意收到申请人寄给我们的个人简历。通常，他们以这样一种方式来组织和整理自己的相关信息，说明对他们来说，最重要的是什么，他们最骄傲的是什么或他们生活、工作的不同阶段是如何衔接在一起的。

Erica Munzel, Michigan

如果一份申请材料中附有个人简历的话，我通常都会先看简历。这样，可以对该申请人有个总体了解。

William Hoye, USC

招生主任谈申请表格的填写

申请人用不着勉强自己把申请表中的所有空白都填满。我们并不指望一个人在大学期间既是学校的学生会主席，又是校报的主编，同时还要参加许多实践工作，另外，他还获得了 4.0 的 GPA 成绩，并且每周还要工作 35 个小时。

Kenneth Kleinrock, NYU

我常常感到很吃惊，很多申请人竟根本不理会申请表格的填写要求。他们对表中所提出的问题不予以回答，只是写上："请见附件。"而我们已经明确告诉他们，这样做是不允许的。

Kenneth Kleinrock, NYU

一定要仔细阅读我们关于申请表的填写要求。尽管表中的问题只有寥寥几个，但我们还是希望你能认真思考后，再做答复，而不是简单地写一句："见个人简历。"

William Hoye，USC

这是一个给你展示自己的机会。如果不假思索，随便应付——申请材料中充斥着涂改的痕迹、打印错误、拼写错误等——这可以说明你是怎样的一个人呢?

Kenneth Kleinrock，NYU

请注意，申请人经历中任何一段未加解释的经历空白都会让我们感到疑惑。你应该表明自己全部的行踪。即使那段时间你正在环游世界，那也没关系，但是你一定要指明。

Kenneth Kleinrock，NYUQ

招生主任谈申请所需的其他材料

不要将标有"save me"这种护生棒一样的东西寄给我们。

Janice Austin，Pennsylvania

如果你提交的申请材料篇幅很长，可以写一段介绍性的文章，告诉我们其中比较有代表性的一两页内容，因为我们可能没时间看完整篇材料。

Erica Munzel，Michigan

我们没时间阅读篇幅很长的材料。一份简历还有两三封推荐信，这就可以了。有人寄来一篇报刊杂志上的文章，仅仅因为报头上有他的名字；还有人将自己乐队的CD寄来……我的确没有时间来看这些东西。

Edward Tom，Boalt Hall (Berkeley)

不管怎么说，提交一份个人简历——这是介绍自己职业经历的最简便的途径。但是，不要寄其他乱七八糟的东西；我们根本不可能在一份档案上花太多的时间。

Robert Stanek，George Washington

常常有申请人寄来录像带、学术论文、图片等等，我们根本没地方存放这些东西——没人有时间看这些东西。

Michael Rappoport，UCLAQ

寄份一两页的个人简历是个不错的主意。申请人有提供其他文件和材料的自由，但他们同时应该想到，我们需要阅览的材料太多了。因此，一份材料中应该包括什么样的信息，以及信息量的多少，都应该予以考虑。最起码应该做到简洁明了、引人注目。找到一个适当的平衡点，可以使你的申请材料给我们留下很深刻的印象。

William Hoye，USC

申请人应该明白，招生委员会是根据他们提交的所有材料来进行评估的。我认为那些将长达 80 页的论文也寄来的学生显然是犯了判断性的失误。如果有人真的认为阅读他的论文对了解他的经历非常重要，我宁愿他寄一篇论文的概要过来。一页篇幅的论文概括就可以了。有时候，数量少的东西价值反而要高许多。

Kenneth Kleinrock，NYU

提供一份个人简历还是可以的，但是用不着将毕业论文也寄过来。也许，将论文的大纲和一封评估论文的推荐信寄过来就可以了。

Elizabeth Rosselot，Boston

第十一章

推 荐 信

内容概要

选择适当的推荐人，这非常重要——推荐人可以是教授、雇主或其他人

■

小心谨慎地接近推荐人

—— *给他们说不的机会*

—— *解释你想获得法学学位，以及选择你的目标学校的理由*

—— *解释推荐信的重要性*

—— *告诉他们，推荐信中应该包含哪些内容*

—— *请他们重点讲述相关的故事*

■

尽可能地帮助他们简化推荐信的撰写工作

■

考虑多写几封推荐信能否为你带来更大的益处

有些人认为，推荐信只不过是例行的官方手续，大致就是请系主任或主管领导写一封信罢了。读完本章，相信你会有一个不同的看法。申请人抱怨说推荐信真的是浪费时间，因为“所有的申请人都能找到一些替他们说些好话的人。”他们认为，所有的申请者都能找到一个支持者，这没错。但是，他们低估推荐信的重要性，却是大错而特错了。

为什么需要推荐信

为了理解推荐信所起的重要作用，我们分别来看看 John 和 Laura 的推荐信。俩人都毕业于著名的常春藤联合会大学，都有很高的 LSAT 分数，年龄都在 25 岁，都是三年的工作经验。两个人都提交了内容详实的论文，且都在申请读法学院。申请过程中，经常会出现这样的情况：招生官员会碰到两个资历相当的学生，却只有一个录取名额。在这种情况下，推荐信就成为录取决定中的关键因素了。请比较下面两封推荐信的异同：

▶ **John 的推荐信：**

I had the pleasure of teaching John two different classes: his freshman writing seminar (required of all students at the college) and a course on Southern African - American authors that he took during his junior year. I occasionally had coffee with John during his years as an undergraduate here and have kept in touch with him since he has left. I thus feel well qualified to address his candidacy to your law school.

One look at John's grades (and his LSAT score) and you will see why he graduated in the top 10% of his class. He is bright, thoughtful, and articulate; he often stimulated discussion in the classroom; he has a wonderful command of language. He never received below a B+ on a paper in my class (I am considered the toughest grader in the English department). I feel confident in John's ability to succeed academically at a law school such as yours. Knowing how active and curious he is, I'm sure he will contribute to your various journals and even make law review.

John is also quite a soccer player. Although I don't follow soccer very closely (fencing is my thing), I went to a few games when John was on the team here, and was always impressed with his athletic prowess and his team cooperation skills. I know that he was highly regarded by his teammates and coaches while here; in fact, he even won the "Spirit Award" during his senior year.

Truly, I can't say enough good things about John. He would be a wonderful addition to your school.

▶ **Laura 的推荐信:**

Laura undoubtedly belongs in your next class of promising future lawyers.

A student alike Laura comes around only once or twice in a professor's entire career. I have been teaching at the college level for 21 years and have seen such a student only once before I met Laura. (That former student, by the way, is now on the Philosophy faculty at UC Berkeley, a star in his field, and also sits on several boards of directors of major corporations. If my view of Laura is anywhere near correct, you can assume that she is also headed toward great successes in life.) I taught two classes to Laura before becoming her senior thesis advisor, for which I spent the better part of an academic year working closely with her. We keep in close touch today, even seeing each other occasionally. I feel well qualified to write this recommendation on her behalf.

Laura excelled well beyond other students in both classes I taught her. In the first, "The History of the Industrial Revolution in America," she wrote with such extraordinary insight on a number of topics in the mid-term exam that I approached her about the possibility of her doing research for me on an upcoming book. (This kind of thing is all too rare. Never before had I sought out a particular student to perform research for me before.) Accordingly, Laura did a superb job collecting and analyzing materials for me on western railroad development and its affect on Native peoples. She unearthed several unstudied documents showing that seven members of particular tribe in Wyoming were actually promoters of the railroad companies and their plans for expansion. Always curious and up for a challenge, Laura chose Indian collaboration with white settlers on rail development as the topic of her thesis. I applauded her choice; it was novel and would require much original research, not something that every college senior is ready or able to tackle.

As soon as she began her preliminary studies, Laura ran up against two enormous obstacles, which I believed even she would not be able to surmount. First, the library of Congress had not declassified certain documents that Laura needed to access in order to complete her study successfully. Second, a well-known Native American professor on our department heard of Laura's research and tried to persuade her against pursuing it, believing that her findings might jeopardize the strong perception that the particular tribe under study was particularly recalcitrant, often able to halt or even reverse the white man's progress. This particular professor, as part of the History Department's thesis committee, would be one of the faculty members responsible for reviewing and approving Laura's thesis at the end of her senior year. Although I obviously disagreed with my colleague's position——I was in fact outraged that a faculty member would try to stop honest and valuable research from taking place because of his own contemporary agenda——I also believed that, realistically speaking, going against his wishes was ill-advised. Looking at these two ominous obstacles, I actually suggested to Laura that we find another topic. But she decided, against all odds, to persist with her original topic.

Laura managed to overcome both problems thrown in her way, although neither was easy to do. First, she petitioned the Library of Congress to declassify the specific documents she needed. She wrote a persuasive letter explaining the historical value of her research and the new light it could shed upon many different aspects of America's past. The maturity she demonstrated in writing her plea and then campaigning about the campus to get prominent research faculty (as well as students and administration members) to sign the petition on her behalf was remarkable. I have never seen someone go after a goal with such ardor. She eventually accumulated over 1,000 signatures before she set off for Washington, D. C. to present the petition in person and argue her case, if necessary. The student newspaper wrote a feature article, and several updates, on Laura and her cause. The entire campus was impressed by her efforts. The Library consented and she was allowed access to the documents she wanted to study.

In the second case, Laura played her cards well and, again, showed great maturity in dealing with my colleague. She wrote him a letter laying out the reasons she believed her topic to be worthy of study. She also explained that she was personally a defender of Native rights and culture, in no way wanting or intending to do harm to the tribe's legacy. By highlighting her own contributions to Native study, she showed my colleague that she indeed had no evil agenda to pursue. She convinced him that it was unlikely it would harm the reputation of contemporary Natives. My colleague, though of course still wary, appreciated Laura's attention to his concerns. Although a tough questioner in all thesis presentation party her parents gave for her, indicating that the two had indeed become friends after the disagreement. Laura's interpersonal skills are clearly well developed. She holds her own, yet is appreciative of others' opinions and stakes, always giving attention where it is due. She is certainly stubborn, but she is also sensitive.

Laura's thesis was the best I have ever supervises. Although she entered a completely new area of study, meaning that there will long be unanswered questions and more room for research, she covered a lot of territory. She made convincing conjectures about the motives of the seven natives who supported the expansion of the western line, the exact nature of their collaboration with the white man, how their collaboration with the enemy affected their relations with fellow tribe members, and how it affected the future of the tribe. Her thesis required both an enormous amount of original research and a keen ability to analyze sparsely recorded data to come up wit an accurate picture of history. Her writing, too, is better than that of most of our junior faculty. Moreover, and particularly important to her future in a law career, her passions about Native rights and culture today did not cloud her judgment or her ability to look accurately at the historical record. She was an impartial historian, willing to face up to evidence that she would have preferred to have been different.

Laura is not just an intellectual powerhouse (though that she is). She is also simply one of the finest young people I have ever had the pleasure of knowing. Her fire and enthusiasm in academics is matched by a similar zest for life in her other endeavors. She is thoughtful and warm, ready to share her emotions or lend an ear when it is needed. She became a very close friend of my family's during her senior year, and my kids (who still see Laura now and then) miss her baked treats and her skill as the best kick - the - can player they've ever known. She became so endeared to my wife and me that we used to leave our children with Laura when we went away. I miss being able to go on vacation knowing that my children are with someone responsible, mature, fun, and smart.

Please do not hesitate to contact me if you need any more information about this wonderful candidate.

你会选择哪一个呢？John 还是 Laura？Laura 很轻松地取胜了。若是我们比较这两封推荐信的话，Laura 看起来是个更强的竞争者。实际上，她可能并不是最强的竞争者，但这封精心写就的推荐信使天平向她这边倾斜。尽管 John 的推荐人也为他说了好话，但 Laura 从推荐信中得到了更多的好处。她选择了正确的推荐人，一个和她既有共同的学习经历又有私人交往的推荐人，并提供了有趣而且是极有说服力的逸事。而且，Laura 让教授写了有利于她以后学习的有用的信息。这封信不仅仅是复述已经发生的事实，它还包含了很多极有力度的见解。

接下来，我们来分析怎样让你的支持者（推荐人）为你做同样的事。

招生委员会谈推荐信的重要性

大部分推荐信都说好话，只有少数包含了实质性的内容。但另一方面，很多成功申请者的推荐信中都包含了实质性的内容。

Joyce Curll, Harvard

在实力相当的情况下，推荐信非常重要。注意你所选择的推荐人：不说好话的推荐信是很成问题的。

Michael Rappoport, UCLA

招生委员会希望从推荐信中获得怎样的信息

▶ **你陈述的真实性**

首先是检验推荐信在多大程度上与你的陈述相符。若是你在申请短文中，说你是孜孜以求的学者，坚持不懈地研究一个问题的两个方面，那么，阅读材料的官员就会看看你的哲学教授是否也这么认为。

▶ **你有多方面的资历**

推荐人应在多方面评价你的能力——从写作表达能力到创新能力，从分析思考能力到思想的成熟程度。推荐信是提供关于你更多信息的机会，最好是阐述性的，而不仅仅是事实的罗列。理想的推荐信是你个人陈述的一面镜子，从不同角度的但却是对同一个人的积极评价。

▶ **了解你短文之外的、更多的东西**

你的个人陈述所能包括的东西是有限的。要想包括所有的内容、而使你成为理想的竞争者是很困难的。因此，推荐信可以弥补这方面的不足。得到推荐人的支持，你就可以通过他们的视角来阐述你申请材料中没能包含的内容。

▶ **你的成就给他人留下了深刻的印象**

推荐者的积极评价让招生委员会的官员知道你给他人留下了深刻印象，也使他们相信你的自我描述是真实的。

▶ **巧妙地获得你想要的东西**

你必须决定由谁来为你写推荐信，想好你希望别人说些什么，然后让推荐人说你想让他（她）说的话。另外，你应确保推荐信及时寄送到你所申请的学校。一般写推荐信的人不会是你的下级，所以你只能给他们一些暗示，而不能命令他们。因此，写推荐信的过程也是检验你劝说能力的过程。

▶ **影响你学术表现及课外活动的特殊环境**

有些记录可能会给你带来负面影响。推荐信可以说清楚你当时所处的异常背景情况和特殊环境。教授证明：你的专业是机械工程；你参加校队比赛；同时，还从零开始，成功地学会一门难以掌握的语言。而你的出色表现，是在他任职期间所教学生中独一无二的。这样，招生官员就可以在这个特殊的背景下，看待你平平的GPA成绩了。

▶ **准确评价他人以及他们对你的看法**

若你选择的推荐人为你写了一封中等评价的推荐信，那么你在许多方面都会受到怀疑，包括你的判断能力。别人可能会认为你连为你说好话的人都找不到。这种看法可能会导致你最终不被录取。

推荐人和申请者写的内容如果都差不多，只能说明申请者不够优秀或经验不足。这表明申请者没有多少成功的事迹。

谁是推荐信的理想人选

选择合适的推荐人应考虑许多因素。总地说来，你应找那些了解你的人，他们应能够就你的候选资格的关键问题发表评论。你要让他们说你有足够的智力水平、自我约束能力以及能够在某个研究生院获得成功的优势。任何研究生院的录取结果都会告诉你，最好的选择就是找一个了解你的教授。(也有例外，我们将在下一章中讨论。)

如果没有很多候选人，你的选择就会较为容易。然而，如果你能挑出并选择一个好的推荐人，这会助长你的优势。如果你在读本科时还没提出申请，而且还没有和一两个优秀的教授建立起关系，请你现在就开始沟通。选择了一个教授或理想的支持者之后，一定要在某一段时间内去听他的（她的）几门课。上课的时候帮老师做些事情，让教授感到你是一个聪明的学生，而不是一个令人讨厌的人。

招生主任谈理想的推荐人

如果现在还不太迟的话，你应选择一个能鼓励你的教授。为了建立起良好关系，多去听他（她）的几门课。

Erica Munzel, Michigan

一切就绪，按照下面的原则去做就很简单了。

1. **选择了解你的人。**不要选择某个诺贝尔奖获得者。他可能只会说你上课坐在前排，看起来能专心听讲。你应找那些能使你的推荐信真实可信的人。他应能通过写别人不知道的轶事来显示你的过人之处，从而使你的推荐信更有力度。能做到这一点的人，都是了解你的人。
2. **选择真正喜欢你的人。**为什么？喜欢你的人会花时间为你写一封好的推荐信。这是非常重要的一个方面。一封看起来只花五分钟写就的推荐信使人感到推荐人认为你只值五分钟。相反，一封看起来经过深思熟虑才写成的推荐信让人感到写信人真的想帮助你。另一个这样做的理由：推荐人将努力给予你积极的评价，选择对你有利的事例，尽可能积极地描述它们。相反，并不真正关心你的人不会写出他们毫不费力就可以想起来的事情。
3. **选择写作水平高的人。**不要以为所有的教授都是一样的，尤其是表达能力。比如说，你可观察一下老师们在你论文上的评语，看看他们的评论是否言词优美、恰当恳切。你最不应找的那种推荐人就是不能很好地表达自己的人，他们无法很好地描述你。
4. **选择不同领域和具有不同背景的人。**如果你向学校呈交的推荐信不止一封，就请选择那些能提供关于你的各方面不同信息的人。这些资料之间应该能够相互补充。例如，选择两个都研究乔叟时期文学的人很可能导致两封推荐信相似。法学院就会怀疑你能力和兴趣的广度与深度，以及你同多种类型的人打交道的能力。

如果你从学校毕业已有几年，应请教授和老板各为你写一封推荐信。

5. **选择不同性别的人。**如果你是一个看起来在异性的领导下可能会做得不好的人，这一条尤其重要。（如果你是男中尉，就考虑找一个女上尉为你写推荐信。）这并不是一个不容变通的规则，只是在其他条件相同的情况下，在性别上进行选择。

▶ **头脑。理想的推荐人应关注你以下几方面的能力：**

- 学术成就
- 分析能力
- 量化能力
- 独创性
- 足够的怀疑能力
- 想象力和创造力
- 交际能力（书面和口头）
- 独立工作能力
- 研究能力
- 课堂讨论、辩论、会议上的活跃程度
- 解决问题能力
- 精确细致
- 综合材料的能力

6. 选择那些可以对你各个方面都进行评价的推荐人：头脑、性格、专业成就以及领导才能。

当然，并不是所有的教授或雇主都能做到这一点。选择那些了解你多方面能力的人。例如，论文指导老师就是很合适的人选。他们熟悉你的写作过程，听过你的答辩，看到你曾实施过一个宏大的计划，知道你具备消化大量材料的能力。若是你离开学校时间太长，或是指导老师不喜欢你，或是他（她）过世了，那就另外找一个人好了。任何一个知道你从事过艰难的智力挑战的人都是可能的人选。他可以是最近为你讲授有关提高职业能力的课程的老师，也可以是你们系里上讨论课的老师，甚至可以是你在他（她）手下从事过极富挑战性的脑力工作的经理。

▶ **性格。理想的推荐人应关注你以下几方面的能力：**

- 值得信赖
- 积极主动
- 诚实正直
- 幽默感
- 自我约束
- 精力充沛
- 坚持不懈
- 独立性
- 发展潜力
- 虚心坦率
- 责任心
- 领导才能
- 成熟
- 判断力
- 关心他人
- 社会公德
- 正义感
- 人际关系

评价你头脑和专业成就的推荐人应同时提及你性格方面的因素。换句话说，你不需要一个精神方面或道德方面的领导来评价你的性格。然而你选择的人应看过你在很多不同环境下的表现，能够全面地对你进行评价。他或她关于你的了解不应仅仅局限于评价你的智力能力。

▶ **专业成就。理想的写信人应关注以下方面：**

- 面面俱到的学习习惯
- 自信沉着
- 深思熟虑
- 发现有价值线索的能力
- 和他人合作的能力
- 鼓励他人的能力
- 做出明智决策的能力
- 有压力环境下的自控能力
- 交际才能
- 沟通才能
- 解决矛盾的能力
- 组织和计划能力
- 控制预算的能力
- 领导才能
- 分析复杂问题的能力
- 从事法律工作的潜在能力

最有资历评价你专业成就和潜在能力的人是你现在的老板，最好他（她）已经看你工作了很长时间。然而，你可能无法让你现在的老板写，那么你可以选择你以前的老板、老板的上级、客户、甚至你的竞争者（比如说你的同事）。若是你没有选择你现在的老板或是其他明显可选的人作为推荐人，你最好应解释一下为什么。

▶ **领导才能。如上所述，这可能在你的专业成就中显现出来，也可能在学校或课外活动中表现出来。**

- 在选举或任命职位上的成就
- 激发他人的能力
- 决策能力
- 团队构造能力
- 对下属负责
- 找出优先问题能力
- 确定目标能力
- 适应和应变的能力
- 培养下属（及其他人）的能力
- 价值观的体现
- 在工作中提升价值和实现目标的能力
- 憧憬未来
- 正直
- 内在动力
- 成熟

如上所述，领导才能才会在你的专业成就中显现出来，或在另外的环境中得以彰显。因此，你可以选择雇主、你志愿参加的慈善组织的负责人、还有你在大学负责的俱乐部里的专家老师，他们都会强调你的领导才能。

▶ 应该选择雇主作为推荐人吗?

是的。尽管录取委员说他们喜欢教授写的推荐信，但法学院正向以职业为中心的模式发展。超过一半的顶级法学院明确表示，他们接受的申请信息是来自于雇主的推荐信，他们也认为这种推荐信很有效。例如，Columbia大学要求在职的申请人提交一封来自雇主（或主管领导）的推荐信。法律比以前任何时候都更像一种商业活动，申请人的年龄又越来越大，因此，申请人的专业成就是非常重要的。律师事务所想要成熟的、生活经验丰富的、领悟力强的人。这一切所带来的影响就是雇主的推荐信越来越有价值。越来越多的人用雇主的推荐信来证明他们的智力水平。以前这是由教授来证明的。

使雇主的推荐信发挥最大的价值

当雇主的推荐信涉及的内容是法学院最看重的东西——如，分析能力，笔头和口头交际能力时，推荐信就非常有价值。

鉴于你现阶段工作所取得的成就，雇主的推荐信是极为有用的，在有些时候也是必要的。这里有两个原因。第一，你最近取得的成就可以减轻本科时的过错。第二，你应充分强调进法学院将为你从事法律工作提供良好基础。若是你认为你的雇主能充分理解你的智力能力和从事法律工作的能力，那么他（她）的推荐信就会使你与众不同。

雇主的推荐信是必要的，这里还有其他的原因。你的年龄越大，教授对你的印象就越少——如果他还有印象的话——他为你写一封详细的、充分评价你的智力、分析能力和从业法律潜力的推荐信的几率就越小。另外，你的本科专业与法律相差越远，你就更可能变得成熟，并拥有经过磨砺的能力和与人不同的目标。事实上，你离开了学校，工作了五六年，却没有雇主的推荐信反映这阶段的经历。这是很令人怀疑的。

▶ 选择推荐人的其他标准

1. **选择能够支持你观点的人。**如果你说你是铁杆的慈善家或是公众利益的倡导者，那至少你的一个推荐人应讨论你对于公益事业的强烈关注。若没能找到一个曾经看你在很长时间从事这种工作的雇主、同事或是客户，来为你写推荐信，那将会为你的录取亮起红灯。
2. **选择能够在推荐信中评论你的可能的缺点的人。**如果你是一个工程师，担心学校认为你没有幽默感，你应抓住这个机会证明你的确是一个吸引人的、风趣的小伙子。
3. **当心那些说不的人。**有一些个人品质会暗示这个人会是很有帮助的。那些总地说来热爱生活的人是一个极好的选择，因为她很可能把一个中等程度的人说成是极棒的人，而那些郁郁寡欢的抱怨者却可能把这个人说得糟糕之极。同样，一个表达力强的人会比一个不善言辞的人写出更具感染力的推荐信。
4. **寻找经验之声。**注意不要找那些看起来不很明显是你上级的人写推荐信。若是找一个你的下级为你写推荐信，看起来就会怪怪的。
5. **时间的重要性。**找一个值得信赖的人，这样，他就能按时写完你的推荐信。
6. **推荐者应从哪里毕业？**那些从顶尖学院毕业的人，最好也是从顶尖研究生院或职业学院毕业的人。这样，他们才可以很有力地证明你的相关能力。

院长来信

过去，各学院的院长们对学生是比较了解的，所以，有些法学院仍然要求提交院长来信。他们并不期望从信中了解很多，因为院长们对学生的价值观知之甚少。通常情况下，学校只是想确保申请人在本科时没有什么劣迹。

► **招生委员会主任对院长来信的评价**

通常注册者应提交院长来信。我们想确保他在本科时没惹过什么麻烦，同时检查一下申请人在这方面的陈述是否属实。院长来信不必是建立在对学生了解的基础上的详细描述。

Faye Deal, Stanford

除非学生有学术或纪律方面的问题，否则，我们并不要求院长来信。在这种情况下，我们想知道发生了什么。除了院长来信之外，我们也要求申请人就该问题进行自我陈述。

William Hoye, USC

我们要求院长来信是想确保他没有违纪问题，或者说，即使有，现在也已经解决了。当然，院长（或是班级指导）的推荐信对我们是很有帮助的。在大的学院，院长对一个个大学生了解甚少。我们认为正是这种现实。若是这样的话，申请人不必太在意。

Albert R. Turnbull, Virginia

我们不需要院长来信。

Michael Rappoport, UCLA

招生委员会主任关于推荐人的几点建议

► **总的评说**

雇主的推荐信对于工作了几年的人来说，非常重要。但如果你只工作了六个月，就没有必要了。

Joyce Curll, Harvard

我们要求申请者提交两封推荐信。我们希望有一封是来自学校的。如果申请者刚刚毕业，那两封推荐信都可以是学校的教授写的。如果一个人离开学校已五年多了，就只需提交或主要提交与工作有关的推荐信就可以了。顺便说一下，大部分的申请者都提交了三封推荐信。

Faye Deal, Stanford

教授或名牌法学院的毕业生们是推荐信的最佳人选。我不喜欢公司老板写的过于严肃的信函。当然，这些信件还是能说明申请人的分析能力和商业才能方面的情况。

Elizabeth Rosselot, Boston

通常情况下，来自学校的推荐信比检察官写的推荐信更有分量。

Michael Rappoport, UCLA

我愿意收到商务法律专业的学生们写的推荐信。这些学生时间紧迫，写信比简单地赞扬一个人更花时间和精力，所以也更有说服力。

Elizabeth Rosselot, Boston

我们收到很多政治家写的推荐信。若是你直接为之工作的人（政治家的职员）愿意评价你，这会更有帮助。同样，比起教你背诵练习的教授来，该门课的助教应该更加了解你。

Kenneth Kleinrock, NYU

▶ 一定要找教授写推荐信吗?

你可以找教授或助教为你写推荐信。我们知道在大的学院里，教授很难有机会了解你，并为你写出含有大量信息在内的推荐信。无疑，助教的问题在于他的经验不足。他可以说你是他这几年教学经历中所碰到过的最优秀的百分之五的学生中的一个，但这并不能说明，你是他以后三十年教学生涯中最优秀的学生。

Erica Munzel, Michigan

我们要求一封由教授写的推荐信。这反映了我们对学术的重视。

Albert R. Turnbull, Virginia

从理论上讲，教授应该是最了解你学术成就的人，是可以评论如下问题的人：分析能力、创新思想以及创造力。

Kip Darcy, Hastings

如果知名的教授并不十分了解申请人的话，我们宁愿接受助教的推荐信。

Albert R. Turnbull, Virginia

▶ 对年龄较大的申请者的建议

若是一个人刚离开学校几年，通常他仍能得到来自学校的推荐信，尽管这种推荐信并不十分切中要害。对于那些离开学校很长时间的人，我盼望收到他们现在雇主的推荐信。若是你不想让人知道你想走的话，也可找以前的雇主为你写。

Kenneth Kleinrock, NYU

一个离开学校很长时间的人告诉我们，他无法提供一封有价值的学术方面的推荐信，这是可以理解的。但对此，我们并不十分赞赏。

Albert R. Turnbull, Virginia

教授的推荐信是最优选择。其次是雇主或同事的推荐信。当然，随着一个人年龄的增长，这也会发生变化。

Edward Tom, Boalt Hall (Berkeley)

对于年龄大的申请人——离开学校已一二十年的人——我们显然期待雇主而不是学校方面的推荐信。若是我们可能基于他的工作经验才录取他，这就尤为重要。

Michael Rappoport, UCLA

一个超过三十岁的学生根本没有必要提交他本科教授的推荐信。

Don Rebstock, Northwestern

对于那些离开学校有一段时间的人，我们要看教授五年前写的推荐信。有些学校有这种规定。我们也接受那些了解你的独立思考能力、分析能力和其他能力的人写的推荐信。

Erica Munzel, Michigan

▶ **应回避的推荐者**

找你的法官邻居写一封推荐信："他这几年来常和我的孩子们玩耍，他们相处得很好。"这是没有多大用处的。

Erica Munzel, Michigan

人们认为推荐人名望越大越好。根本就不是这回事。我们想看他对你的真实评价。

Faye Deal, Stanford

你高中老师的推荐信很少会给你带来帮助。你的亲戚肯定喜欢你，所以他们的推荐信也不会有参考价值。

Kenneth Kleinrock, NYU

当推荐人觉得不得不替某人写推荐信，而不是真正支持他的时候，我们很善于读懂字里行间的意思。

William Hoye, USC

遗憾的是，找身居高位的商业、政界或学术界的人士写推荐信，是申请者通常易犯的错误。这些名人无法实实在在地评论申请人。因为他们对申请人的了解受到时间和有限的交往的限制，他们与申请人可能根本没有实质性的交往。他们可能更了解申请人的家庭而不是申请人本人。

Jim Milligan, Columbia

申请人应仔细选择推荐人。例如，我看到很多推荐信说申请人应申请比 Stanford 差一点的学校，或者说 Stanford 对申请人来说真的是很困难的。很多情况下，他们并不是在推荐申请人。

Faye Deal, Stanford

推荐人数量

大部分名牌法学院需要两封推荐信（参看下面的表格）。Michigan、NYU 和 UCLA 需要一封；George Washington、Hastings 和 Texas 一封也不需要。多数学校的招生计划会指明必须提交的和最多可以接受的推荐信数量。例如，Chicago，要求两封，但可接受四封。因此，多数学校的招生计划鼓励申请者多提交推荐信，甚至多出他们所要求的数目。如果你申请 Hastings，不管怎样，寄一两封推荐信。你若不这样做，就失去了一个机会；除非你找不到一个人为你说好话。

当然，过多的推荐信有时也是有害的。如果多余的推荐信重申了别处已说过的观点，那就没有必要了。相反，若你的推荐人的确能说些不同的、重要的观点，那就非常有必要。找到你需要额外提交的写信的推荐人，向他说明情况。然后，让他随信附上简短的留言，说清楚应先浏览其他的推荐信。只有在学校认为合适的时候，再去读这封额外提交的推荐信。换句话说，你提供这封推荐信补充材料，只作为招生委员会的参考。

要求的推荐信

	0	1	2
Boston College			X
Boston University			X
UC Berkeley（Boalt Hall）			X
UC Davis			X
UCLA		X	
Chicago			X
Columbia			X
Cornell			X
Duke			X
Georgetown			X
George Washington	X		
Harvard			X
Hastings	X		
Illinois			X
Michigan		X	
Minnesota			X
New York University		X	
Notre Dame			X
Northwestern			X
Pennsylvania			X
Southern California			X
Stanford			X
Texas	X		
Vanderbilt			X
Virginia			X
Wisconsin	X		
Yale			X

招生委员会主任谈推荐信数量

我们一般要求提交两封推荐信，但如果更多，我们也表示欢迎。我们尤其喜欢那种两封由教授写的推荐信和一封由雇主写的推荐信的组合。推荐信的数量也是判断申请人的一个标准。不能有太多重复的观点，也不应浪费招生委员会成员的时间，而是应该充分阐明重要的观点。

Albert R. Turnbull, Virginia

我们要求两封，但也可以接受四封。我们的确希望前两封来自于学校。若是申请人已经毕业好几年了的话，那就是例外了。

Anne Brandt, Vanderbilt

如果一个人提交三封推荐信，最好有两封是来自于学校的，另一封则是由雇主写的。

Kep Darcy, Hastings

一个22岁的申请人最好只有两封推荐信。一个人要是工作了三四年，可以提交三封。比如，他或她的申请材料中可以有两封是来自于学校的推荐信，另一封则是由雇主写的。

Elizabeth Rosselot, Boston

我们要求申请者提交一封推荐信。他们经常会给我们两到三封。若是提交太多的话，可能会显得你的推荐信缺乏参考价值。

Kenneth Kleinrock, NYU

接触可能的推荐人

你最好在提交推荐信最后期限的三个月之前开始这项工作，和你可能的推荐人交谈 30 – 45 分钟，提出你的要求。（你若能亲自、而不是打电话和她交谈，会得到更好的答复。）把交谈变成一种正式的商务会议，打印出议事日程和你想了解的每一个问题的提纲。简要地解释一下你事业的发展方向，以及向这个方向发展的意义。此外，说明你打算如何充分利用法学学位。然后告诉她，申请过程都需要什么材料，仔细解释申请材料中推荐信的重要性。告诉她，你想请她为你写推荐信。

接下来是推荐过程的关键部分。确保每位推荐人都会写一封对你有利的推荐信。不要强求她为你写推荐信。如果她觉得自己的诚实使她无法写一封有利于你的推荐信，她会感到不太舒服。但她可以推荐别的更合适的人选。如果她这样回答的话，别再强求她。谢谢她和她为你浪费的时间，然后去找别人。

相反，如果她很感兴趣，再向她做进一步解释。告诉她，写推荐信需要做哪些工作。注意，你应尽可能地使这件事看起来很轻松。因此，把她的工作限制在 3 小时之内。（如果时间对她来说是主要问题，建议你先拟一个草稿，然后她就可以快速“修改”了。参看下面关于这个问题的讨论。）告诉她，你正在考虑申请的学校，以及选择每一所学校的理由。向她解释你给自己的定位。有必要的话，解释你对每一所特定学校的把握性有多大。告诉她必需回答的、关于你的问题，这些问题与你对学校的把握性有怎样的关系。给她提供足够的细节材料。

让推荐人的工作变得简单

尽可能多做一些工作，因为你的推荐人无疑很忙。给她足够的时间写推荐信。确保向她提供：

- 申请的最后期限。
- 贴好邮票，写好地址的信封。
- 每一张表格都复印几份，填好名字、地址等信息。
- 你自己短文的复印件，关于你定位策略的描述。
- 如果她为你所有的目标学校写推荐信，告诉她在一封总的信件中应包括的要点以满足每个学校的要求。（尽管她仍要满足每一所特定学校的严格要求。）注意这要求你充分了解你申请的每一所学校。

- 你为她准备的样本。
- 列出你最近的（过去的）活动，突出你的兴趣及适合法学院的部分。
- 你希望讨论的内容提纲。
- 你想要讲述的故事的简要描述。
- 个人简历。

确保推荐人理解什么是重要的以及怎样有力地说服别人。也就是说，选择恰当的故事。

建议推荐人写一封总的推荐信，回答你申请的学校要求的每一个问题。你的提纲性材料将为她写推荐信打下基础，把这份材料留给她。这样，你将减少她的许多工作。推荐信每一自然段的主题都用大写字母打印，这样读者能快速挑选出他们所感兴趣的部分。暗示你的推荐人，如果她能明确地将你和其他去过这所或类似学校的人进行比较，那将对你非常有利。让她尽可能地量化评价。例如，不说“聪明的”，让她写“我所教过的三个最聪明的学生之一”。

如果你的推荐人异常繁忙，这里还有一个可能。她可能会建议你先写一个推荐信的草稿，然后她会按自己的喜好进行修改。或者她可能让你写，她签一下名就可以了。然而，这种策略会对你不利。模仿推荐人的视角和口气——无论是学术的、还是职业的——都需要经验和敏锐的头脑。可能你所写的推荐信读起来稚气、不自然或完全只是一种角度。

总体上，只有当你非常清楚你的推荐人的预期以及你如何满足这种预期时，自己写推荐信才是安全的。如果你在“现实的社会”上摸爬滚打了一两年，你就更可能会拥有这方面的知识。模仿雇主的口吻比模仿教授的口吻要容易些，因为前者的期望值、标准和判断都是不言自明的。洞察知识世界是困难的事，尤其是当你还身在其中时。

无论是推荐人为你写或你自己写，你都要认真考虑，再做出选择。这样做在很多方面都是非常有益的。首先，它不致使你找到的推荐人太冷漠。第二，它使你的计划周密、专业性强。如果你以局促不安、低三下四的方式接近你的推荐人，她凭什么要告诉 Harvard，你是个能成就大业的可塑之才呢？第三，提前知道她将讲述什么故事。这意味着你对申请过程有了一定的控制力。你自己有一些事情可讲，这些故事最好不要重复。第四，按这种程序做意味着你将有一封写得很好的推荐信。如果你的推荐信自己写，她很可能会用你的提纲，因为你已经这样做了。她也同样会严肃对待这件事情。如果你自己写推荐信，你当然可以努力写成一篇好的推荐信。第五，你这种内行的处理方式意味着你的推荐人很可能提高她对你的评价，意味着她将有一个比通过其他方式更好地了解你将来事业的机会。

处理难题的几点建议

- 如果你发现必须亲自写推荐信，就要使用不同的行文方式，使推荐信看上去仿佛出自不同的作者之手。例如，你可将其中的一封按书信的格式完成，另一封则写成一问一答的形式。同样，你还可采用不同的字体和字号。
- 如果你上的是二流或不知名的大学，或是一个好的学校而你的成绩平平，你应让推荐人抓住每个机会来讨论你的分析能力和智力倾向方面的优势。
- 如果无法找到受招生委员青睐的推荐人为你写推荐信，你一定要解释其中的原因。你可以在自选的短文中，也可以另附纸条，对此加以说明。
- 除非申请人放弃这项权利，否则，学校会允许申请人看推荐信，因为那代表着他们的利益。但你应放弃这项权利，这是由于：学校将把这看作是你尊重推荐人的诚实表述的表现。实际上，你应和推荐人一起构思推荐信，整体把握它的创作过程。

招生委员会谈与推荐人的沟通

你必须给推荐人：时间、成绩单的复印件和履历表。此外，让他们知道你想做什么以及打算怎样去做。

Joyce Curll, Harvard

给推荐人足够的时间。否则，他们无法进行认真的思考。要知道，你的最后期限可不是他的最后期限。

Kenneth Kleinrock, NYU

如果申请人放弃看信权利，我们就会更相信这封推荐信（几乎所有的申请人都放弃了这一权利）。

William Hoye, USC

你有义务帮助推荐人回忆你为什么会给人留下如此深刻的印象。给你的推荐人提供尽可能多的帮助，包括你某次行为的背景材料。将你论文的第一页（包括教授的评语）、履历表和成绩单的复印件提供给推荐人。

Kenneth Kleinrok, NYU

增加推荐信的价值

一封好的推荐信应表明你是一个优秀的人物，一个聪明得足以上名牌法学院的人。同时，它还应该对你个人的定位有所论证。

下面所列各项均能增加推荐信的价值：

- 推荐信写得好。没有语法错误，并反映出了一位受过良好教育的人的思想。
- 反映出相当的思想深度和努力。换句话说，这个人真的关心你，愿意为你花费时间，愿意尽力帮助你。
- 显示出你的与众不同。事例的选取将极大地增加这种意味。作者非常了解你，能够提供极为具体的例子来证明她的观点。这些都是你的短文或推荐信所能注意到的细节。就如你的短文一样，故事和例子的运用将使推荐信真实可信，读后记忆犹新。这表明，推荐人非常了解你，而不是你随随便便抓来凑数的一个人。
- 比如说 LSAT 成绩这种最好出现在申请材料中其他部分的内

容，推荐人不应该再提及。

- 推荐人谈论你的成长和发展过程。尤其值得一提的是，你一直在努力学习，不断地提高自己。这种兴趣，是使你成为一个理想学生的重要理由。
- 推荐人明确地将你和其他同学进行比较。让她尽可能地量化这种评价。比如，不要说“聪明的”，而说“为我工作过的、三个最聪明的人中的一个”。（或者更好一点，“几百个从常春藤毕业的、为我工作过的、最聪明的三个人中的一个。”）
- 推荐人必须表示，在她看来，你完全符合成为一名优秀律师的要求。

推荐信给人的总体印象应该是：一个非常优秀的人为你写了一封深思熟虑、热情洋溢的推荐信。

一封适合所有学校的推荐信

理想的状况是，所有推荐人都有时间和精力为申请人的许多目标学校写许多的推荐信。当然，理想的状况永远都是，最好每天都有 36 小时，每周都有 8 天。因此，现实决定了许多推荐人只能给申请人写一封涵盖面广的推荐信，提交给申请人所有的目标学校。

为了提高效率，推荐人只要写一封推荐信，回答学校提出的所有问题，和每个学校的推荐表格放在一起，总的来说就可以了。换句话说，推荐人不必感到他们应为每一个学校另起炉灶，但是他们必须认真地完成这项工作。所有的推荐人必须明确地回答每个学校提出的所有问题。如果他们选择写一封适合所有学校的推荐信，他们必须填好学校提供的推荐表格和清单（关于申请人的品质和能力）。

另外，有些情况下，某一个特别的学校应收到略为不同的或更为详尽的推荐信。例如，若你对某一个特定目标学校的定位策略可能不同，那你应让推荐人记住这一点（如果合适的话，让她知道学校对你的评价）。或者如果你的推荐人曾经上过你的某一个目标学校，她可能会在推荐信中提到这一点。

招生委员会主任谈适合所有学校的推荐信

推荐人填妥所有相关的表格，然后附上一封可以针对任何学校的推荐信，这种做法是完全可以接受的。

Andy Cornblatt, Georgetown

▶ 推荐信的长度

推荐表格为推荐人回答学校的提问提供了有限的空间，而你的推荐人可能想多写点。这种空间有限的表格是不是就不可逾越呢？不。推荐人有权利选择写一封最好的推荐信。这就是为什么可以写一封适合所有学校的推荐信，甚至可以不用考虑学校所提供的格式。

通常情况下，单倍行距的推荐信至少应在一页左右，更多时候是二至三页，有时还可以更长。

录取委员会成员谈成功的推荐信

坦率地讲，我喜欢内容详实的推荐信。像这样的一封推荐信，平淡无奇，没有任何意义——John Smith received the highest grade in my class. He appears to be very bright. I know of no problems in his record. I think that he would make a very good lawyer —— 这不是在写推荐信。该申请人显然选错了自己的推荐人。

Faye Deal, Stanford

人们往往错误地理解了推荐信的含义，认为推荐信就是形容词的堆砌：他是伟大的、聪明的等等。推荐信所传递的信息应该是事实本身，而不是过多的描述。推荐信应该表明为什么申请者的强项往往就是对他较为有利的一项录取指标。例如，如果申请者拥有很高的LSAT成绩和中等的GPA成绩。推荐人解释说，申请人的GPA成绩偏低，是因为他在课外活动中过于积极和优秀所导致的——因此，LSAT就成为评估申请者的有利指标。

Any Cornblatt, Georgetown

一般说来，很少碰到能使我对申请者刮目相看的推荐信。写得好的、内容详实的推荐信太少了。

Elizabeth Rosselot, Boston

推荐信看上去都一样：95%的推荐信都会说，这人干得不错等等。到底是什么东西使你觉得这人真的就非常优秀呢?

——推荐信是给学校里的人看的，所以学校里的人写的推荐信是最有力度的。

——教授谈论学生的学术能力是很重要的，尤其是他的平均成绩没有完全反映出这一点的情况下，尤是如此。

——如果某位教授说“这是我 20 年教学生涯中所遇到的最优秀的二三个学生中的一个”，或“这是我所遇到的最聪明的学生之一”，这是很有分量的。

——确认一个人究竟干了些什么是很有帮助的。例如，确认说，为了照顾生病的母亲，该申请人一周工作 30 个小时，等等。

——讨论学校某一个特定专业的教学是很有帮助的。例如，提及应用数学系比其他系的评分标准要严格得多；或者，说明在该课程的学习过程中，获得系里的荣誉意味着什么；或者，学生若想获得参加推荐人所教授的某一门课程的资格，他必须是在学院排名前 10 位；或者，他参与了学校为大学本科生与研究生专门设置的课程学习，并在异常激烈的竞争中，获得到了 A 的好成绩。

Michael Rappoport, UCLA

大部分推荐信起不到应有的效果，因为它们太缺乏针对性了。推荐信应列举很多具体的例子。但似乎只有极少数的人意识到了这一点。

Don Rebstock, Northwestern

一封好的推荐信应该包含对申请人缺点的讨论。尤其是关于申请人是如何克服这些缺点的问题，更应该加以讨论。

Faye Deal, Stanford

通过推荐信，我们想知道申请人是怎样与别人共同学习和工作的。它能展示：申请人帮助同事和向其他同事学习的能力；接受他人观点或挑战持有不同观点的人的能力；何时领导过讨论，并且是如何组织讨论的，或者是如何鼓励他人组织讨论的。我们看重这些品质，因为它们是竞争者在法学院学习和以后在工作中必需具备的品质。

Jim Milligan，Columbia

成功的推荐信展示了竞争者是一个独特的，并能对他人产生积极影响的人。教授可以说：尽管申请人的分数（LSAT，GPA）不高，但他有成为优秀律师的潜能。当然，教授应该给出他的理由。这有助于我们了解申请人的思想、是否尊重他人、是否愿意帮助他人、为他的同学（和教授）在教育经历中做出了贡献，处理事情及与别人打交道过程中体现出耐心体贴等等。另外，表明申请人是其所教过的学生中最聪明、最有创造力和最有领导才能的，且表达能力最强的5人之一，这也很有意义。

Erica Munzel，Michigan

学校招生委员会认为，推荐人应该说些能够提升申请人候选资格的话，以增强申请人的竞争力。因为推荐人曾在较长时间内，在不同的环境中（工作、娱乐、体育、个人与集体的活动中），或在同一环境但不同条件下（压力、最后期限带来的紧迫感和难于相处的同事和客户打交道或是需要表现出精明、老练、外交手腕及判断力的场合），有机会观察申请人在智力、性格和品质方面的各种表现。

Jim Milligan，Columbia

我希望更多的推荐人能把申请者和其他已经被法学院录取的人相比较。如果是和一个最近入学的人相比较，这真的很有帮助，因为我们对这个学生仍有印象。这反映了推荐人非常了解他/她的学生。如果推荐人把这个学生和他/她教过的所有学生相比较，也是很有帮助的。例如，“这是20年来教的最优秀的学生之一”。

Faye Deal，Stanford

如果能把申请人和其他进入顶级学校的学生比较，那是再好不过的。

Elizabeth Rosselot，Boston

我们喜欢的是那种内容详实、有具体情境的推荐信。对于那些和 Virginia 大学在校生有某种关系的人，最好能拿他们相互进行比较。而泛泛而谈、不痛不痒的推荐信是毫无意义的。

Albert R. Turnbull，Virginia

按时提交推荐信

学校会及时通知你，他们是否收到了你寄出的推荐信。若是学校还没有收到你的推荐信，时间又很紧迫，请联系你的推荐人，礼貌地询问她工作的进展情况，是否还需要你提供更多的信息。在不冒犯她的情况下，你要督促她加快工作的速度。

后续工作

一定要给你的推荐人寄一封感谢信，对她的付出表示感谢。并告诉她，申请若有进展，你会及时通知她。这是礼貌。如果你还不明白这么做的必要性，那么，请记住，当学校这次拒绝了你，你可能还需要她的帮助。

如果你能“笼络住”你的推荐人的话，她会加快为你写推荐信的进程。然而，当你从给学校的电话中得知，推荐信还没有提交的时候，你该怎样办呢？一方面，你可以打电话给推荐人，让她尽快完成。另一方面，你可采取较为委婉的方式，寄给她一张便条，并解释说：你已经完成了全部的申请程序，现在正等待学校的录取决定。这会促使她加快行动。如果这还不奏效，你可以试着再联系她一次，看看她是否需要你的帮助，以尽快完成推荐信的写作。比如说，你可以拟一个推荐信的草稿，或是听听她有没有其他的提议。

把每所学校的录取决定都告诉她。同时，应告诉她你最后的决定。比如说，你选择了X学校，而放弃了Y学校。这个时候，送她一份小小的礼物，表示感谢。这是非常合理的做法，但很少有人会这么做。礼物不一定要非常昂贵，但你的做法会令她对你的评价大大提高。

告诉她你的学业进展情况。尽管可能只是一张明信片或是一封简短的电子邮件，但还是应该在读法学院期间，尽可能地与她保持联系。继续保持联系，意味着你真心感谢她为你所做的工作，并能确保你继续与你的支持者保持联系。她甚至可能会成为你一生的朋友和事业发展的顾问。

给国际申请者的特别建议

如果推荐人英文不好，你可以考虑将写好的一些小故事，甚至推荐信的完整草稿提供给他，这会非常有帮助。既然你的英文很好，你的推荐人极有可能直接使用你自己撰写的推荐信，而不用他再费力气了。一定要请一位合适的人选，最好是母语为英语的人，替你检查一下推荐信中的语法错误。这个人可以是你们都熟悉的同事，也可以是你对她的语言能力比较有信心的人。

雇主推荐信范文

本章的开头是Laura的教授为她写的推荐信。那是一封极具推荐价值的、有关Laura学术方面能力的推荐信，写得非常好。下面是Steve的雇主为他撰写的推荐信，也非常成功。

▶ Steve的推荐信

I enthusiastically recommend Steve for X Law School. I believe that he has high potential for achievement in your program and that he will go on to be a successful recommendation, this time from an employer.

I hired Steve as an analyst to the media division of SB Bank (for which I am Managing Director) four years ago and I have worked with him daily since that time. Steve has taken initiative in his own career and has matured into an accomplished self－educator, finance analyst, "intra－preneur," and project manger. In fact, he has become the one person I rely on most to help me manage my division of our company.

I hired Steve because of his academic success, particularly in economics, and his intense desire to come to Wall Street in order to decide whether he wanted to follow a path in corporate law or corporate finance. He was honest with me from the beginning about the fact that he was not certain whether his talents and interests would push him farther into business or eventually to corporate law. I appreciated his honesty. I did not see a problem with this kind of ambiguity from a youngster, since a stint as an analyst at our bank is compatible with both goals. As Steve's inclination toward law has grown, he has taken several measures to ensure that he remains as tuned in to legal matters as possible. He has befriended our in－house counsel, having lunch with her often and even moonlighting for her as a research assistant on several occasions. He tries, when his time allows, to attend all of our drafting sessions with lawyers, even though it is not routine for those at the analyst level to be at such meetings. As a result, he has gained a fine command of much of the legal code (and thinking) involved in M & A, IPO, private equity, and LBO transactions.

As with most of my assistants, I gave Steve a trial by fire when he first arrived four years ago. I put him in charge of running my prospective client operations without giving him any training. I do this as a way to test a new hire's raw intellectual firepower and ability to think on his feet and deal with the unexpected. I was more than pleased with Steve's performance. He immediately figured out that the key to any busy corporate employee's job is prioritization. He developed his own system for handling our pitch calls by the target companies' sizes, time zones, financing needs, and levels of previous contact with us. The immediate result of his effort was an incredible 30% increase in new deal work; we began to acquire one new deal per month, each bringing in anywhere from $40,000 to several million dollars in fees. Steve's system was so effective that I asked him to make it a formality, incorporating it into our best practices efforts and teaching everyone in the office what it was all about. This system – which we nicknamed "SS" for "Steve' s System" – still helps us to get appointed as the lead bank in deals. Our income generation has continued to set new records, due in no small measure to his brilliant plan.

Once Steve saw the power that he had to get things done and make improvements, he asked me if he could investigate the possibility of developing an intranet (i. e., an in – house network) that would give every employee at – a – glance information at a moment' s notice, keeping everyone up to date and also allowing employees to communicate via chat – rooms and intranet meeting centers on important issues and problems. I gave him my approval; we met weekly for the next seven months so that Steve could update me on his progress.

At our first meeting, it looked as if he had lost some steam on the idea, probably a result of being thrown too many tedious projects during that particular week, which had sapped all of his time and given him little of a personal life. But within a few more weeks, it looked as if he had again mastered the art of survival in our demanding environment. He had again recaptured his enthusiasm for the project, first researching our needs by interviewing everyone in the office. He then made himself an expert on the possibilities of an in – house net by doing extensive research, including conducting meetings with the leading providers and consultants in the field. Steve then presented his plan for an intranet, in a three – hour meeting, to myself and the other principals of the bank. His plan included all of the relevant details, including a realistic budget and projections of how the tool would eventually improve our efficiency and the bottom line. After the meeting, several of my colleagues asked me where they, too, could find analysts like Steve to work for them – everyone was impressed with his knowledge, confidence in front of a roomful of senior executives, and oral presentation skills. We unanimously approved his plan, and he moved right ahead to hire engineers and other relevant technical staff to implement the project. Steve was the de facto project manager of this very involved effort, a task no one I know envied. This required that he sort out the usual sorts of difficulties among the various sub – contractors as well as soothe the ruffled feathers of those of us whose ongoing activities were intruded upon. He managed to complete the project on schedule and on budget.

Seven months later, our intranet was ready for use. Although we have not yet been able to study its effect on our business (it has been up and running only a few short months as of this writing), I am confident that the results will be very positive. Although Steve was not the first person at SB to vocalize the idea of an intranet, he was certainly the first actually to do something about it. He has an amazing sense, of initiative and perseverance. I would commend any co – worker for having implemented such a huge, new project – but from someone at the analyst entry level, this kind of thing is unheard of.

Steve is not just excellent at managerial tasks: He is also a superb financial analyst. His M & A work, for example, is characterized by a thoroughness that exceeds that demonstrated by our MBA hires. He understands and applies the relevant financial theory, whether that be simple Capital Asset Pricing Model use of comparables or sophisticated valuation of real options. Similarly, he has a useful understanding of the accounting and tax treatment of business combinations. Finding a young analyst with this range of understanding is a treat, but Steve actually goes far beyond this in his work. He routinely excels in understanding the likely operational difficulties that will be experienced by a combined entity. For instance, one bank acquisition was initially pitched on the basis of proposed cost savings that would be made possible by combining systems and reducing retail branches. Steve' s highly detailed analysis, based upon an in – depth understanding of the actual costs of combining the specific systems the two banks had in place and the locations of their branches, showed that the likely cost savings would be only 50 – 60% of the total and would take an extra eighteen months to be realized. This changed our advice to our client and dramatically altered the actual purchase price.

Steve' s value has extended beyond our local office, too. Since realizing Steve' s public speaking capabilities, I have taken him on the road with me when I deliver seminars to investment banking employees in other branches of SB (we have branches in San Francisco, London, Singapore, Shanghai, and Buenos Aires). I have shared the floor with him on numerous occasions; his contributions have always been well prepared and his answers to spontaneous questions insightful. He was once pressed by an important high – level executive attending one of our sessions to admit that the reason our media division is so financially successful is that we aim to become the secondary (rather than the lead) bank on most of our transactions. This type of practice concerns many executives of SB Bank because, although it may help the bank' s finances in the short term, it jeopardizes our reputation in the banking world, making it a bad long – term strategy. SB has been warning all of our divisions to stay away from developing this kind of reputation, and has thus encouraged our division to take on more lead banking positions; we have often been scrutinized on this account. Steve handled the man' s questioning exceptionally well, explaining our particular difficulties in securing the lead position on media deals (which represent a relatively new field for us), and the ways in which media banking is different from banking in other industries. Even at only twenty – five years of age, Steve has remarkable composure.

Steve is one of our firm' s best assets. As I think you can see from the stories I have recounted here, he has intellectual smarts, sales ability, project – management ability, interpersonal skills, oral and written communication skills, creativity, and initiative. He is also a good guy, very well liked by everyone. Much of this is because he is humble about his talents and often tries to include others in his successes, so that they may benefit and grow and share the glory with him. In my experience, when a new, hotshot youngster joins a firm and starts making waves with all of his accomplishments, others tend to form a backlash against the person, perhaps in jealousy but also perhaps due to the newcomer' s own inability to deal well with success. This is certainly not the case with Steve.

I wholeheartedly recommend Steve for your program. Please do not hesitate to call me if you have any questions or want to discuss his candidacy further.

附录 7
推荐信备忘录

Name ______________________________

Title ______________________________

Organization/Department

Mailing Address

Telephone (office) (home)

Fax (office) (home)

E – mail

Planned Date for Contact

Date Contact Made

Schools He/She Is Writing For

Materials Given/Explained (and Date)

Further Materials to Be Supplied

Progress Checks to Be Made

Date/School

Date/School

Schools That Confirm Recommendation Receipt

Notes: This form can be copied, or you can generate your own version by computer, and use it for each recommender.

附录8
推荐信的提纲

（The material below is meant to provide，an . outline – to illustrate how you can structure briefing sessions with your recommenders to get them to provide you with the kind of recommendations you need.）

- My ultimate goals：
- How a law degree would help me to reach these goals：
- Why I should get a law degree now：
- Which law programs best suit me：

  ——Why/how：
- My positioning/marketing for these schools：
- How he/she can . help me：

  ——Does he/she want to help me?

  ——Total time required：
- Show application forms/explain that only "ticking the boxes" and writing a general letter is required.

  ——Show that the objective information has already been filled in，letters stamped，and so on.
- Take recommenders through outline of an appropriate letter.

  ——Include details of stories，copies of reports，and so forth.
- Discuss style and form of the master letter.
- Deadlines：

第十二章

面　试

内容概要

建立目标：

—— *给面试官留下良好印象*

—— *展现你的优点*

—— *展示你的知识*

—— *获得信息*

■

准备工作：

—— *对最可能被问到的问题进行预先准备*

—— *了解你自己以及其他与申请入学有关的情况*

—— *了解学校的情况*

—— *列出你想了解的问题*

■

了解各类面试官可能的评判结果

—— *学校招生官员*

—— *校友*

—— *在校学生*

■

进行模拟面试练习。如果条件允许，对模拟面试进行录像。

■

对面试中“应该做的”和“不应该做的”要熟记于心。

对可能会被录取的申请者，越来越多的学校会对其中相当一部分人进行面试。原因之一，一个人应对面试的能力可以显示出他（她）在法学院学习期间或毕业后，对雇主有多大的吸引力。一个申请者如果今后可能不被雇主看好，那么，即使他（她）的“文字”材料写得再好，对学校也不会有吸引力。另一个原因，通过单独面试，学校可以为申请者提供更好的就业服务。这对那些希望招收到优秀学生的精英学校来说，更是如此。通过面试，学校对申请者进行更全面的评价，以便将最优秀的学生招进学校。这样做，使他们在与其他学校的竞争中，立于不败之地。

面试使学校有机会更多地了解申请者。有些东西，不经过面对面的谈话是无法做出结论的，如：一个人的长相、魅力、说服力、外表和当律师的潜质。此外，面试还可以让学校对申请材料中没有充分说明的那些方面，进行更详细的了解。

招生委员会主任谈面试：他们对哪些人进行面试

对所有让我们感兴趣的人，我们都要进行面试，并大力提倡面试的做法。不仅如此，只要申请材料中有表述不够充分的地方，我们都会与申请者电话联系。这是因为，我们需要获得更多的信息；当然，也是因为我们觉得他们对学校的了解还不够充分吧。（我们希望申请者对学校有充分的了解。在希望进入法学院学习的申请者中，存在有这么这一种现象：有些人只是寄出了一大堆的申请材料，却没有对这些申请材料进行过认真的研究和思考。）对一些较为优秀的候选者，我们可能会对他们提前进行就业推销。

Don Rebstock，Northwestern

我们对 4，100 名申请者中的 1，750 人进行了面试。

Don Rebstock，Northwestern

我们对百分之二的申请者进行了面试。今后，这个比例还要扩大。我们主要约见的是那些校友的孩子、重要的捐助人或捐助人的孩子；此外，那些我们在电话联系中发现存在问题（英文水平、申请材料中的数据相互矛盾）的申请者，以及那些让我们感兴趣的申请者，我们都要进行面试。

Janice Austin，Pennsylvania

我们对三个组的申请者进行面试。第一组，大约有50人，他们的申请材料中一般存在有疑问。对他们的面试，主要集中在那些我们关注的细节问题上；第二组，大约有150人，是我们从那些可能被录取的申请者中随机选取的。通过讨论某一具体的、预先准备的话题，对他们形成一个“整体印象”。当然，这样做的目的，并不是为了获得更多的信息。所有候补名单上的申请者构成了第三组。候补名单上的申请者只要提出面试请求，都可以获得面试的机会。在候补名单上的150－200名申请者中，大约有三分之一到二分之一的人会提出面试请求。

Rick Geiger，Cornell

最近，我们刚刚开始对候补名单上的申请者进行面试。面试均在校园内进行，持续约25分钟。面试官一般会事先阅读申请人的申请材料，因此，面试提问主要集中在几个与申请者密切相关的关键问题上。

Elizabeth Rosselot，Boston

几年前，我们就已开展了对申请者的面试工作。去年，我们面试了250人。今年，我们面试了350人。我们还将适当增加面试官的人数。我们邀请Texas州本地申请者中的三分之一参加集体面试。由于这些人都非常具有竞争力，所以，我们一般无法在他们中做出选择。此外，我们还接待每一位提出面试请求的申请者，不管是不是本地居民。（我们还试着对已被录取的学生进行面试，以决定奖学金等级。此外，对优秀的候选人，我们也会进行面试，为未来的人才推销做准备。）

Shelli Soto，Texas

每年，我们只对很少一部分人进行面试，通常也是在招生委员会的要求下进行。面试一般是要求候选人就学校此前提出的、关于申请材料中存在的某个问题做出解释，以确保该问题已经得到了解决。

Kenneth Kleinrock，New York

► **“隐性”面试**

所不同的是，我们不进行评估型的面试。但与大多数法学院一样，如果我们与某位申请者举行一次谈话型或介绍情况型的面试，可以对他或她的选择产生影响。

Dennis Shields，Duke

不断会有申请人给学校打电话。如果是我接的电话，我会把电话交谈中产生的印象记录下来，并附在他的个人资料袋中。

Faye Deal，Stanford

一方面，我们没有搞过面试。但正在考虑采用这一做法。不过，目前还受到学校后勤方面的诸多限制。另一方面，如果申请人来学校参加一次了解情况型的面谈，而接待他（她）的工作人员对他（她）有好感，该工作人员会做下记录，这个记录会成为该申请人档案袋中的一部分，并会对我们的录取决定产生影响。

Andy Dornblatt，Georgetown

许多法学院都在搞面试，但我们很快就会放弃这一做法。目前，我们也不经常举办非常正式的面试，但另一方面，我们也与许多候选人见面，并在审阅他或她的申请材料时，将我所了解到的、有关他或她的情况也考虑在内。

William Hoye，USC

然而，每个学校的面试方法也不尽相同。例如：Northwestern 和 Virginia 允许申请人自己提出面试请求；Harvard 和 Michigan 没有面试要求；另一些学校则只面试那些处于录取与不录取边缘的申请者。对申请材料中存在较多疑问的申请者，学校会提出面试要求。反之，即便学校没有给他们安排面试，也可以接受他们的申请。

有些学校的面试只由招生官员执行，而有些学校则广泛地利用校友来进行面试，还有些学校会起用三年级的学生来担当面试官。由于受到时间和工作安排方面的限制，那些依赖招生官员进行面试工作的学校显然无法与所有他们希望与之见面的申请人一一面谈。例如，候选人此刻可能正在遥远的阿拉斯加的某个地方，参与某个 24 小时连轴转的项目，那么，面试基本上就成为不可能了。有些学校会用电话交谈取而代之，而有些学校就只能根据申请人提供的材料做出简单的评估了。

如果可以选择，你是否应该提出面试请求

大多数申请者认为，他们可以成功地通过面试。但事实上，他们做得并不好。做一个好的受试者，你必须事先清楚你要传达哪些信息，你会被问到什么样的问题，如何将你的能力最大程度地发挥出来，以满足你自己的以及面试官的要求。解决这个问题的关键在于：对你可能遇到的问题进行周密的分析，并在实战的条件下进行模拟练习。这么做，有助于你避免打无准备之战，扬长避短，突出重点，并能成功地控制面试，使之以你喜欢的方式进行。

如果某所学校允许你提出面试请求，那么，要求参加面试就会对你非常有利：你表现出了主动；同时也说明你是一个认真、有头脑的申请人；显然，你也付出了更多的努力；并且你的申请材料中也没有任何虚假捏造的成分。

如果学校提出面试要求，你该不该接受

如果学校提出让你参加面试，不管是什么情况，如果你拒绝了，都是一个错误。拒绝参加面试，可能会被看作是对该校缺乏兴趣的表现，或是默认你的申请材料中存在某些见不得人的东西。它也可能表明，在一对一的情况下，你可能会因为害羞或紧张（或更糟的原因）而不能妥善应对。当然，学校也会考虑到你的处境，不会让你长途跋涉三千英里，花上好几天的时间，放下手中的工作或学习，参加某个星期三上午的面试。但现在，问题不会像以前那么严重了，因为许多学校都有自己的代理人，定期穿梭在各大城市和地区之间，或者请校友代表学校执行面试。

一般说来，接受面试是正确的选择。不过，一旦你确信面试可能会产生不好的效果，那么，你要么设法提高自己的面试能力，要么就

设法避免参加面试。以下这些人应该避免参加面试：心理上十分害羞者；紧张时语言能力衰退者；或因为太争强好胜，肯定会与面试官发生争吵者。

招生委员会主任语录：如果为你提供了面试机会，是否应该接受？

我们认为，对一个处于可录取、可不录取边缘的申请者来说，面试至关重要。对那些候补名单上的申请者来说，同样如此。要知道，我们倾向于录取那些在面试中表现出真正优秀品质的申请者。

Don Rebstock，Northwestern

某些申请者以为面试肯定会对自己有利，其实未必尽然。你只要在申请材料中充分地表述了自己，并对学校表现出好奇心就足够了。

Kenneth Kleinrock，NYU

请求参加面试，表现出你对学校的诚恳、主动，以及你的自信心。

Shelli Soto，Texas

对常规的申请人，我们只进行介绍情况型的面试。在申请表格中，我们没有面试通知。我们只对候补名单中的申请人进行评估型的面试。但他们可以选择参加或不参加。我们约见面试的申请者大约在 5 到 10 人左右，面试可以使他们的候选地位得到实质性的提高。申请者为面试所付出的努力也表明，他们想进入该校学习的强烈愿望。

Jean Webb，Yale

如果某位申请人就住在 Northwestern 附近的地区，却没有参加面试，那他就没有被录取的希望了。

Don Rebstock，Northwestern

那些在一对一情况下，交流存在有困难的申请者，也许应该避免参加面试。如果是这样的话，那就应该对自己事业的发展重新做一个安排。也许，你应该考虑从事法律之外的工作。

Albert R. Turnbull，Virginia

参加面试的人被录取的机会更大。参加面试，说明他申请 Virginia 态度是认真的、诚恳的。

Albert R. Turnbull，Virginia

面试前的准备工作

▶ 设定面试的目标

面试的重要性显而易见。学校强调面试，意味着你有机会来推销自己。而对于这种方式，许多人并不能很好地加以利用。有些人害怕面试，对面试的结果抱着听天由命的态度：一方面希望不要被太为难，另一方面还希望顺利过关，甚至希望面试官能喜欢上自己。事实上，面试为你提供了一个塑造良好形象的机会，它可以为你的自我推销提供一个新的展台。因此，能不能抓住这个机会，全看你自己。要通过面试，不能只靠幻想。你必须通过努力以获得最好的效果。同时，借助面试，加强你申请过程中的定位。

一旦确认了自己的推销策略，就应该仔细研究一下你的面试目标。即，你希望通过面试达到一个什么样的效果。如果你立志要成为一位人权的捍卫者，那么，你在面试中的定位就应该围绕该主题进行，并做好相应的准备。

在开始准备前，先问自己几个问题：

1、你希望面试官对你有怎样的评价？你想给面试官留下怎样的印象，打算让他了解怎样的信息？

2、如何扬长避短？

3、如何才能把书面申请中一些可能没有给予充分注意（或根本没有引起注意）的重要信息告诉给面试官？

4、如何表现出你对申请学校有充分的了解，并且为参加面试做过认真的准备？

5、你是通过何种途径获得择校过程中所需掌握的各校信息的？

▶ 准备面试

无论参加何种形式的面试，你都应该做好思想准备。首先，你应该了解一般的面试程序，同时也要了解你即将参加的面试程序可能会是怎样的；其次，你必须明确自己希望通过面试要实现的目标；第三，你应该对学校提供的各项待遇有所了解；第四，应该预想一下面试官可能会提的问题。

▶ 一般的面试程序

不论是何种形式的面试，其程序不外乎以下几步：

- 致欢迎辞
- 几个“暖身”问题，也许是“你好”，“找到面试地点难不难”等等
- 对学校的一些介绍
- 进入正题，提出具体问题，先是你的学历，然后是工作经历，或者你在学校申请表中填写的内容
- 给你提问的机会
- 结束语

▶ 面试的模式

一般的面试会持续约 30 到 60 分钟。如果由某位校友来进行面试，时间会更长一些。面试的前几分钟，面试官不会提实质性的问题，但它对面试官形成一个对你的总体印象仍然十分重要。因此，当你在回答这几个问题时，必须尽量表现出自信和轻松。开局成功会使你在后面的面试中，更加自信，并帮助你顺利过关。

面试官

给你做面试的可能是招生官员，可能是某位校友，也可能是某个

高年级的学生。不同的面试官会产生不同的面试结果。下面就你可能遇上的各种面试官，提供一些建议。

▶ 面试官是学校的招生官员

在三种类型的面试中，与招生官员的会面可能是面试中最正式的一种，但不一定是最难的一种。招生官员在面试中会表现出谦和与沉着，他们的工作不仅是更多地了解你，同时还要为学校塑造一个良好的形象。他会更多地将面试看作是一次公关活动。招生官员往往具有丰富的面试经验和社会阅历，他们一般不会让你感到难堪或误导你的谈话。

与申请人会谈，是招生官员的一项重要职责。因此，他会对面试做充分全面的准备。但这并不意味着他会与你交谈很长时间。相反，由于工作繁忙，他一般只会尽量缩短面试的时间，而不会超时。而负责面试的校友或高年级学生则不同，他们会有更多的空闲工夫与你周旋。

招生官员所关心的，是你的经历和事业目标是否与学校培养计划一致。但这并不是说，他对你的个人生活不感兴趣。他会对你的言行举止形成一个整体的印象。在掌握着生杀大权的招生官员面前，千万不要表现出口无遮拦、目光短浅、招人生厌，一定要严肃认真，但又不过于呆板。他们感兴趣的，不只是成绩优秀、志向远大的学生。

招生委员会对他们自己的学校非常地了解，特别是学校的长项——法律。但有关研究生宿舍里的集体生活是个什么样子，可能知道得就不多了。

招生委员会主任谈他们是如何进行面试的

面试时间从 15 分钟到 55 分钟，长短不一，取决于谈话的质量。如果申请人为参加这次面试，特地从芝加哥赶来，而我与他的谈话只持续了 15 分钟（因为他不能让我产生与之继续交谈下去的兴趣，或他不能把自己的情况表述清楚），那么，这次面试就是失败的。

Janice Austin，Pennsylvania

电话交谈一般会持续 30 分钟左右，而面试一般要进行 55 分钟左右。

Rick Geiger, Cornell

我们的面试时间一般为 30 分钟。

Albert R. Turnbull, Virginia

▶ 面试官是学校的校友

在三种面试类型中，与学校校友的面谈可能是最放松的，也是最容易的一种了。（但情况也不总是这样，如果你遇上了他——一个偶尔客串面试官的校友，一门心思地想着要让最好的申请者脱颖而出——此刻，他也许在自豪地回想自己当初在校时的“幸福时光”，想着为学校严格把关，高标准严要求。这下，你就可能与他发生人格上的冲突。如果面试你的校友是这样的一种人，那么，这次面试与由招生官员和高年级学生把持的面试就没有什么区别了。）大多数情况下，能志愿牺牲自己的个人时间，来给申请人做面试的校友，一般都是那些有风度、和蔼友善的人。他们之所以愿意会见新人，主要在于推广自己的母校。

校友一般会将面试地点选在自己的家中、办公室或类似咖啡厅这样的公共场所。倘若面试是在校友的家中进行，气氛一般会更加轻松，持续的时间也会更长一些。在校友的办公室面试，由于办公室的氛围，以及面试官在自己的工作地点（如果是一家法律事务所，更是如此。）所自然而然表现出的更为严肃的举止，使得面试会更加正式一些。

没错，在你到来之前，这位校友对你的基本情况已经有所了解。当然，他对你以及你的申请材料的了解，也只能算是点皮毛而已。因此，在与他见面前，你最好向他本人或向学校的招生公办室了解一下他对你的了解程度。这样，你可以在前去面试时，决定应该带上哪些材料，以供他在面试时进行阅读或留给他做进一步的研究。你也许会决定给他带上一份你的申请材料或个人简历的复印件，他也许还没有充分地阅读你的申请材料，对你的弱点还不够了解。因而，他不会就你的弱点纠缠不休。但与此同时，他对你的长处和优点也定会知之不多。因此，要想给他留下一个好的印象，你必须花很长时间来说明你在申请材料和其他相关资料中已经表达的意思。如果你的面试官自己不主动说明的话，你应该自己主动问，学校为他提供了多少关于你的背景材料，这样，你就知道应该说些什么，有哪些东西不用再做无谓的重复了。这么做，肯定没错。

校友面试官会按照学校指定的某种面试原则与你谈话。因此，他们肯定会问一些要命的问题，但一般不会像学校招生官员或学生面试官那样问得过于细致和尖锐。校友面试官的谈话一般会更亲切、更放松，他们对推销他们所热爱的母校（或者向你讲述他们过去的光荣岁月）更感兴趣，而不会以盘问你、给你出难题为乐。校友比学校招生官员要慷慨得多，他们会给你更多的时间，让谈话更轻松、更从容。

由校友面试也存在不足之处，他不能出席学校的招生委员会会议，不能亲自为你的入学申请说话。而且，他也许并不知道如何为你的入学申请赢得一个有利的位置。虽然学校十分重视校友面试官的意见，但校友面试官只能以书面评价的形式来表达他对你的看法。在与你的面谈结束后，他的书面意见将交给学校招生委员会。即便他对你的评价较高，但如果他的报告中没能充分地表达出这一点，那么，他的报告可能并不会对招生委员会产生太大的影响。另外，他也可能对招生工作并不太了解，所以，不知道如何帮助申请人逃脱被拒绝的厄运，而被学校录取。相反，专业的招生官员不仅知道如何为申请人进行适当的申辩，同时，还可以在学校的招生会议上亲自为申请人仗义执言。

校友面试的另一个不足之处是，离开学校已经有一段时间的校友对学校近期情况的了解也不够。如果你希望通过他来了解学校目前的教学计划以及与其他学校相比谁优谁劣，而这位校友离开学校已经有五年的时间了，或者更久，那么，你肯定会大失所望。即使他是刚刚毕业离校，而学校的某些教学安排很可能在他离校前夕就已经有所变动，或者目前正在进行调整。如果这位校友已经毕业了多年，就算他积极参加校友会活动并努力与学校保持联系，他可能对学校的环境和目前的课程设置已经知之甚少了。

▶ 面试官为在校学生

由在校学生主持的面试一般不常见，但有些学校还是采用了这种做法（还有些学校正开始准备这么做）。作为新手，学生面试官在面试策略的使用上常常显得不够老道。尽管他们已经接受过面试技巧方面的培训，但由于各人课程安排的松紧程度不同，导致他们的准备工作也有充分与不充分之分。(可以想象，如果该生的学习任务过于繁重，一面要准备模拟法庭的辩论陈述，一面要准备与未来的学生的面试时，他会在哪方面花更多的工夫呢?) 另外，学生面试官在保持谈话流畅、寻找话题方面的能力可能差些。如果你不幸遇到这样的一位面试官，你的面试就变得较为困难。由于他可能缺乏责任感，以及对这项工作不够熟悉，使得他可能会跟你一样紧张不安。当然，情况并不总是这么糟糕。要知道，能被学校招生官员选中、代表学校来主持面试工作的学生，一般都拥有良好的沟通能力，举止也非常得体。

学生面试官常常会问申请人一些十分难回答的问题。由于缺乏足够的观察力和生活经历，有时会分不清重点。而且，由于整日埋头于复杂的案例分析中，所以，他们手中常常会有许多面试资料可供参考。他们熟悉校园生活，因此，会提出一些直截了当的问题，有些问题可能具体得与你的申请毫无关系。特别是当你与你的面试官在某些方面产生共鸣的时候。比如说，你们俩对环境法都兴趣盎然，情况尤是如此。如果出现这种情况，你的面试官可以问你的话题就更多了。他可能会不无兴趣地问你一个特别的问题，如“我们著名的某某教授，你可能听说过，最近在高等法院刚接办了一件大案子，你是否同意他的基本辩护观点?”

对这种问题，你防不胜防，更无从进行准备。如果面试过程中出现了这类问题，对方提出的问题又不容易回答，或者关系到对某一理论或某个有争论的问题的理解，而你对这些东西又一无所知，你只需要尽力保持放松、表现出平静和自信，并试探着让面试官做进一步的解释。面试官可能只是想炫耀一下他的知识，千万不要让这件事影响你的情绪，你只需尽可能地回答他的问题，然后继续后面的谈话即可。

当然，这类事件并不会经常发生。有些学生面试官可能与校友面试官一样，活跃、友善、放松，让你觉得很舒服，并幻想能跟他做朋友。如果是这样，你当然很幸运，但也要记住，保持思想上的警觉以及严肃的态度，不要因为你面前坐着的这个人面慈目善就放松警惕。或许，你也想如面试官般，表现出一种轻松、愉悦的情绪来，但不要忘记，这是一次非常重要的面试。你的目标是推销你自己，你必须让人信服，觉得你应该被录取，表现出舍我其谁的气概来。向一个在校学生推销自己，也有些棘手，因为，你不能让自己看上去趾高气扬，或是招人讨厌。向一个代表官方的管理者毫无保留地推销自己，比向一个与自己处在同一级别的人推销自己可能要容易得多。(这就有点像当你考得好成绩时，你可以骄傲地与你的父母分享。但倘若也以同样的方式告诉你的好朋友，可能就不太妥当了——你的朋友会觉得你骄傲自大，觉得你是小人得志。）

如果你想在面试过程中，多了解一些关于学校的情况，那么，学生面试官对你来说是最合适不过的了。因为他每天都参与学校的生活与学习，对学校的情况最为了解，你提的问题再具体，他都能给你一个准确的答案。你可以很轻松地问他关于法学院的校外生活，你可以打听学校食堂伙食的好坏、每年可以滑几次雪，甚至可以知道得更多。但言多必失，所以，最好三思而后行。面试结束，你可能会感觉得到面试官是否喜欢你提出的这些随意或古怪的问题。如果学生面试官因为自己在某一门功课上考得不理想，跟你开玩笑说，他觉得及格——不及格的考试评审制度真是妙不可言。这时，如果你问他一个学生在校期间可以有几次及格——不及格的考试选择机会，肯定没事。但如果该学生面试官看上去对学业十分严肃认真，或提到他认为目前学校的评分制度太松了，这时你还提这种问题，肯定是自找苦吃。

招生委员会主任谈不同类型的面试官

我，Jerry Stokes（学校招生与就业服务部主任），Karen Anderson（主任特别助理、法学院研究生），Sara Parker Johnson（法学院研究生，主持过面试工作）都做面试工作。

Albert R. Turnbull，Virginia

我们聘请了一位研究生做全职的面试部主任，负责学校招生工作，由她主持所有的面试。面试一般都在校园内进行，每次持续大约20分钟。面试完全在“不知底细”的情况下进行——事先，她不阅读申请者的材料。

Shelli Soto，Texas

学校90%的面试由我或我们的副主任来主持，其余的10%则由招生委员会的某位委员来主持。

Rick Geiger，Cornell

> 我们的面试可以由我来主持，也可以由另外一位学校招生官员来主持。有时，也会从20名学生中选出一位来主持，或者，也会从250名校友志愿者中选出一位来主持。除了我以外，一般不需要再找学校招生官员做面试官，因为在学校招生过程中，我们对所有的面试都给予同样的重视。
>
> *Don Rebstock，Northwestern*

面试评估表

Northwestern使用下面的面试评估表。从表格中可以看出，学校对一个入学申请者感兴趣的方面，以及希望申请者所达到的水平。该评估表也许并不能涵盖一位候选人素质的每一个方面，但对于招生学校来说，它所反映出来的东西已经足够了。当然，不同的学校有着自己的评估方式，但基本上大同小异，主要区别是，有些学校的评估表更加简洁。

了解学校

第3章介绍了正确选择学校的相关标准，并详细介绍了如何获得信息，为你的决定提供参考。我们假定你已经读了这一章，并在提出申请前，已经按照文中的建议去做了。现在，你既然准备参加学校的面试，你最好能再温习一下你收集到的关于这所学校的资料，特别是学校公布的关于它的信息，你应该记得滚瓜烂熟。如果你在面试中对面试官说，你想学习知识产权法，但这所学校的培训计划中并没有开设这门专业，那你可就丢人丢到家了。

NORTHWESTERN UNIVERSITY'S INTERVIEW EBALUATION FORM

Applicant's name: ____________ Date of interview: ____________

SS No.: ____________ LSAT Score & Date:

Undergraduate/Graduate Institution(s): ____________

Undergraduate GPA: ____________ Degree(s) & Major: ____________

Please complete the applicant evaluation grid below.

Using a sliding scale, position an "X" in the appropriate box within each category.

Outstanding	Strong	Average	Below	Average	Poor
N/a	Top 5%	Top 25%	Middle 50%	Bottom 25%	Bottom 5%

M ____

SCFO ____

LS ____

IA ____

CP ____

CF ____________________

XC ____________________

LP ____________________

NUM ____________________

OVERALL ____________________

Interviewer's Name ____________ NUSL Class: ____________

Daytime Phone: ____________ E – Mail: ____________

mployer and Position: ____________

Interview Quality (Check Appropriate Box.): Good ________ Fair ________ Poor ________

If fair or poor, please elaborate: ____________________

The admissions committee is concerned with assessing the candidate's interpersonal skills, intellectual ability, career progress, clarity of post – degree career plans, extracurricular involvement, leadership potential, and interest in Northwestern University School of Law. Using the space below, please comment on these characteristics as well as any other observations which may be of interest to the committee. Cite specific examples if possible.

M – MATURITY (poise, confidence, presence, self – awareness) ____________________

SCFO – SINCERIT & CONCERN FOR OTHERS (politeness, interest in well being of others, not self – centered)

____

Ls – listening skills (attentiveness, pertinence of responses, appropriate length of responses)

____

LA – INTELLECTUALN ABILITY (analytical skills, communication, creativity, curiosity, thinks well on feet)

____

CP – CAREER PROFESSION (professional, career – oriented internships or post – undergraduate experience)

____

CF – CAREER FOCUS (motivation for law school, clarity of post – degree goals)

____

XC – EXTRACURRICULAR breadth (well – roundedness of interests and activities)

____

LP – LEADERSHIP POTENTIAL (initiative, contribution beyond expected responsibilities in extracurricular and/or work activities)

____

NUM – MOTIVATION FOR NORTHWESTERN (knowledge of and enthusiasm for Northwestern University School of Law)

____

OVERALL IMPRESSION/OTHER OBERVATIONS ____________________

如果你是去这所学校参加面试，你应该事先花几个小时了解一下学校的情况，熟悉一下校园的环境。你可以在学校的餐厅或休息室与人们闲聊几句，看看他们的反应。他们对学校是否感到满意？他们对学校大多数的教授是否尊敬？他们认为新生入学安置办公室是否称职？他们对学校有没有什么特别的不满？如犯罪、没有延时服务的餐厅等你所关心的问题。俗话说“百闻不如一见”，如果你能花时间亲自来学校转一圈，而不是靠阅读学校提供的说明材料来了解学校，那么，这将会给你的面试官留下深刻的印象。了解学校有什么样的空闲宿舍、学生们喜欢上哪位教授的课，这表明你是一个既有决心又有心计的有心人。这也有助于你想到很好的问题来问面试官，而不至于让面试官听起来过于做作。为了这点，即使你不是在学校内进行面试，你也应该尽量亲自到学校走一趟。(面试官总能发现申请者去过学校，并了解了学校的课程安排。)

如果你知道谁将负责你的面试，最好了解一下周围有没有人参加过这所学校的面试。如果有，向他打听一下他们的面试是怎么进行的。是正式的还是非正式的？到什么程度？谈话速度的快慢？面试时间的长短？受试人可以提多少个问题？面试官的和善程度？如果你知道面试官如何进行面试，你的准备就会更有针对性。

对学校进行充分的了解，能给你带来如下好处：

- 充分的准备工作，可以使你在面试过程中保持放松；
- 你可以问一些关于学校的问题，而这些问题问得得体而聪明，从而给面试官留下深刻印象，将有助于你选择一所适合你的学校；
- 可以显得你目标明确、对事业负责、拥有良好的职业道德，这会使得你的面试官对你赞赏有加。

预测面试官可能提到的问题

面试官一般会问你两类问题。一类是他对每一个人都要问的问题，如“Why do you want to attend School X?（你为什么要申请 XX 学校?)”另一类问题是根据你的个人资料提问的。如果你在申请材料中声明取得过十分优秀的成果，他可能会就你的这项成果进行一些提问，以确认你没有夸大其辞。他也可能对你本科学习期间的某段空白或就你的弱点提问，如最常用的方法是，从你的简历中发现一段没有作任何说明的时间，如果在你的简历中有这么一段空白时间，他会问你，这段时间你在做什么。

最有可能会被问到的问题

- Tell me about yourself.
  谈谈你自己。
- What are your greatest achievements?
  你最大的成就是什么?
- What are your strengths? Your weaknesses?
  你的强项是什么?你的弱点是什么?
- What are your personal and professional goals?
  你的个人目标和职业目标是什么?
- Why do you want to go to law school?
  (How much do you know about the practice of law?)
  你为什么会申请法学院?(你对司法有多少了解?)
- To what other schools are you applying?
  你同时还在申请哪些学校?
- Why do you want to attend this school?
  你为什么会申请本校?
- Show have you learned about the program?
  你是如何了解到学校的招生计划的?
- Why should we accept you?
  我们为什么要接收你?
- What would you add to the program?
  你会给学校带来怎样的贡献?
- Discuss. (whatever legal issue is in the news.)
  讨论。(新闻中提及的任何法律事件)
- What questions do you have?
  你还有什么问题需要问的?

最容易准备的问题是“What questions do you have?”大多数面试官会给你机会，让你问几个问题。你应该准备三到五个问题，以示你对这所学校十分地关心。你应该将这些问题烂记于心，而不是写在纸上。不断地看你的纸条会影响面试的速度，并让人觉得你连几个问题都记不住。

面试中通常会提到的问题

总地说来，一般会有两种提问方式。第一种是直截了当的。面试官对他感兴趣的、关于你的性格或能力方面的问题直接向你发问。如，在问到你的独立工作能力时，比较直的面试官会直接问你，“你愿意在多大的程度上接受监督和指导?”而另一种提问方式则比较委婉，但面试官一样能从你的回答中发现答案。在这种情况下，面试官会集中询问你的过去、现在的经历——学历、工作经历和个人生活经历——从中发现在你过去从事的各种项目中，你接受了多少监督和指导，而这些监督和指导是否适合你。这种问题常常会这么问，“在这个项目中，你与你的指导人是一种什么关系？你对这种关系是喜欢还是不喜欢？为什么?”

这种更为开放性的问题，看上去其目的不是那么明确，但目前却是面试中的标准做法。越是有经验的面试官，他可用的时间就越多，而他使用这种非直接的提问的可能性就越大。

你可以根据下面列举的问题，对两种提问方式进行准备。下面列举的问题包括了在各种面试中最可能被问到的常见问题，从教育、就业、奋斗目标到个人生活。当然，面试官所提的问题并不局限于这些，但只要你能对下列问题的回答做到表达清晰和前后一致，对其他任何问题你都能对答如流。在对下列问题进行准备的过程中，会强迫你对法学院感兴趣的主要问题进行思考。

▶ 有关法律方面的问题

Is the expense of trial by jury sensible for civil trials?

陪审团的审判费用对民事审判是否有意义?

Should the U. S. switch to an English system of civil litigation (where the

losing party must pay the attorneys' fees and court costs of the winner)?
美国是否应该改用英国的民事诉讼系统（即败诉方必须支付律师费和胜诉方的庭审费）?

When is jury nullification appropriate?
在什么情况下，可以宣布陪审团无效?

Is capital punishment ever warranted?
是否应该执行死刑?

What is the relationship between law and morality?
法律与道德的关系是什么?

Do you favor euthanasia?
你是否赞成安乐死?

Should criminals be forbidden to sell their stories?
刑事犯是否应该被禁止出售他们的故事?

Do you agree with the right to silence? Should it ever be restricted?
你是否赞成沉默权? 它是否应该受到限制?

Should Britain have extradited General Pinochet to Spain?
英国是否应该将皮诺切特将军引渡给西班牙?

Should drugs be legalized?
是否应该让毒品合法化?

Under what circumstances should abortion be permitted? Is this a legislative or judicial matter?
在什么情况下才会允许堕胎? 这是立法事务还是司法事务?

What type of affirmative action, if any, should the U. S adopt? Should this be limited to governmental organs or extended to private concerns as well?
如果有的话，美国应该采取哪种肯定行动? 这是不是应该仅限于政府组织，还是同时也扩展到个人关心的问题?

Do you support the recent series of Supreme Court decisions giving more power to the states? To what extent do you believe the federal government has usurped power within what is supposed to be a federal, not centralized, system?
你是否支持最近高等法院做出的关于给予州政府更多权力的决定? 在应该是联邦制度而不是中央集权制度内，你认为联邦政府在多大程度上存在侵权的行为?

Should Congress or the courts determine gun - control policy for the country? What should that policy be?
控制枪支政策是应该由国会决定，还是应该由法院决定? 该政策应该是什么样的?

At what age should minors be tried as adults for serious crimes? For what crimes?

未成年人到多大岁数可以因为严重犯罪跟成人一样审判？这些犯罪包括哪些?

Should tobacco companies be liable for damages to those who smoke (or once smoked) cigarettes? Does your answer change if the plaintiff began smoking after health warnings were put on cigarette packages?

烟草公司是否应该为那些因吸烟（或曾经吸过烟）而遭受损失的人负有责任？如果在烟盒上已经印有健康警告标志后，原告开始吸烟，你会不会改变答案?

Or if the plaintiff knew smoking to be dangerous? Should meat packers be liable for obesity?

或者，如果原告知道吸烟有害身体，又该如何处理呢？肉罐头生产商是不是应该为肥胖症负责?

Should Clinton have been impeached?

克林顿是不是应该被弹劾?

Should gays be allowed to marry? To adopt children?

同性恋是不是有权结婚？并可以收养孩子?

Should internet service providers (ISPs) be held liable for whatever they disseminate over the net?

网络服务提供商是不是应该为所有在网上传播的内容负责?

Should large political donations to candidates be prohibited? To politically active organizations?

是不是应该禁止向候选人提供大笔的政治献金？是否应该禁止向政治组织提供大笔的政治献金?

Under what circumstances is Congress justified in turning down a Presidential appointee?

国会在什么情况下可以否决总统的人事任命?

How would you define justice?

你如何理解公正?

What is (should be) a lawyer's role in society?

律师在社会中的作用是什么?(应该发挥什么样的作用?)

Do you feel a lawyer is obligated to be "moral" or to be impartial?

你觉得律师应该服从于“道德”还是服从于“大公无私”?

▶ **关于法律问题的回答要点**

1、最可能被问到的法律问题不外乎一些老生常谈的问题，如堕胎、死刑等，或者是当前媒体报道的头条新闻。
2、你应该对头条新闻中的所有事件都有所准备，经常阅读诸如《经济学家》*The Economists*、《纽约时报》*The New York Times*、《华盛顿邮报》*The Washington Post*、《新共和报》*The New Republic*、伦敦《星期日泰晤士报》*The (London) Sunday Times* 等报纸，或其他大型的定期出版物。特别是在参加面试的前两个月。（我强烈推荐《经济学家》*The Economists*，一定要读"领导人"专栏，为讨论当前的新闻事件、法律或其他问题做准备。）
3、在讨论法律问题时，在引经据典论述你的观点时，不要忘了承认反面观点的可取之处。面对最煽情的问题更是如此，如堕胎问题，你应该表现出你有能力不带任何偏见来分析所有问题。你应该表现出像一个理智的人，正参与一场激烈而又文明的讨论。换句话说，你不要只是滔滔不绝地大谈自己的信条，你应该在一个法律的框架里讨论问题。
4、准备好讨论新闻中涉及的十多个重要的法律问题；了解每个问题对立双方的观点，并选定你支持的一方，进行准备。
5、如果你觉得这里建议的准备工作太多、太麻烦，那你就应该考虑是不是还要读法学院。

▶ **大学教育（在适当的时候，复述研究生期间的学习情况）**

Which school did you attend?

你此前在哪所学校学习？

Why did you choose that one?

你为什么选择那所学校？

(If you attended a lesser quality school) Don't you worry that you will be overwhelmed by the quality of students attending our program?

（如果你就读的学校水平稍低）你难道不担心自己会跟不上在我们学校学习的学生？

What factors most influenced your choice?

影响你选择的最主要的因素是什么？

In hindsight, are you glad you chose that school? What should you change now if you could? Why?

现在来看，你对选择的那所学校是否满意？如果可能的话，你现在会做出什么样的改变？为什么？

What was your major? Why?
你的主修专业是什么？为什么会选择该专业？

In hindsight，are you glad you chose that major? What should you change instead if you could do it over again?
现在来看，你对你选择的专业是否满意？如果可以从头再来，你会选择什么专业？

How many hours each week did you study?
你每周学习多少个小时？

In which courses were you most successful? Why?
你哪门课学得最好？为什么？

In which courses were you least successful? Why?
你哪门课学得最差？为什么？

Do your grades reflect your abilities? If not，why didyou not do better?
你的分数是否反映出了你的能力？如果没有，你为什么没能考得更好？

In what ways did your education prepare you，or fail toprepare you，for your career to date?
到目前为止，你所受的教育对你的工作有何帮助？或者，为什么你所受的教育没能对你的工作有所帮助？

What did you most enjoy about college?
你对大学最喜欢的是什么？

What did you least enjoy about college?
你对大学最不喜欢的是什么？

What extracurricular activities did you participate in? What was your role and contribution in each?
你参加什么样的课外活动？在这些课外活动中，你发挥过什么作用？有何建树？

How did you pay for your education?
你靠什么支付教育经费？

How would you describe yourself as a college student? Is this still true about you?
在大学的时候，你如何评价自己？你现在仍认为这种评价中肯吗？

▶ 关于大学教育方面问题的回答要点

1、不要把你在大学的生活描述成社会生活，应该尽量把它描述成是一个学习知识的生活。

2、如果你的记录没有什么骄人之处，要表示你已经决定迎头赶上。如果你能对这段不辉煌的经历做出解释，同时又不显得怨天尤人或孩子气，又能让人接受，那最好不要说得太多。

3、要表现出你对学习十分投入，不管是为了学习本身还是为了你未来的事业。

4、如果你曾多次改变你的奋斗目标和兴趣，要说明你在追求那些目标的当初，至少有一次是十分认真的。

5、对你的学习兴趣与课外活动都作一些描述，主要集中在那些对你目前（或当时）的事业有益的方面。

6、讨论你的领导能力。

7、如果你申请的是一个非全日制的课程项目，千万不要用半工半读造成你不能很好地集中精力学习的理由，来为你在本科时平庸的表现开脱。你今后还要以半工半读的方式在这所学校学习，这会使你看上去不能很好地处理两者的关系。

▶ 工作经历

(必要时复述一下你在不同公司的就业情况和所从事的不同工作。)

Why did you choose this profession?

你为什么选择这个职业?

What is your job title? To whom do you report?

你的职务是什么? 你向谁汇报?

What are your key responsibilities?

你主要的职责是什么?

What have been your major successes?

你主要的业绩是什么?

What resource and whom do you manage directly?

你手下管理的人员和支配的资源是什么?

What are the skills required of you in your job?

你从事的工作需要有什么样的工作能力?

What are the key challenges of your job? Why?

你在工作中遇到的主要难题是什么? 为什么?

What do you do best/worst in your job? Why?

你在工作中做得最好的是什么? 做得最差的是什么? 为什么?

How could you have improved your performance?

你在工作中是怎样获得进步的?

What have been your major successes?

你最大的成功是什么?

What have you done that best shows your willingness to work hard/take ini-

tiative/innovate/exceed expectations?
你通过什么来表现你愿意努力工作、积极主动、有创新精神、不负众望?

Describe a failure on the job.
谈谈你在工作中的某次挫折经历。

What are you doing to address your failings?
你是怎么面对你的挫折的?

What do you like most/least about your position? Why?
你对你的职位最喜欢的是什么?最不喜欢的是什么?为什么?

How do you see this work experience preparing you for the study and practice of law?
你认为你的这个工作经历对你在法律方面的学习和事业有什么帮助?

▶ 关于工作经历方面问题的回答要点:

1、在谈到你的上司时,你对他好坏的评价会暴露出你想从他那里得到的是什么,暴露出你最不能容忍他的是什么,也会暴露你自己的能力和弱点,所以要小心。
2、即使在描述你工作中并不特别喜欢的事情时,要设法强调积极的方面,不要让自己看上去牢骚满腹。
3、你每次跳槽的动机应该是想面对更大的挑战、想承担更大的责任、获得发展的机会等等。换句话说,就是要强调积极的一面、强调你是在“向前看”,而不是“向钱看”;要避免提到消极和落后的一面,如在公司不被老板赏识、工资太低、跟上司关系不好等。
4、如果你是被老板“炒的鱿鱼”,必要的时候可以坦白这一事实,但一定要提到你从中已经吸取到教训。
5、每周工作时间不到50个小时,说明你的工作积极性欠缺。回答得当应该给人这么一个印象:为了完成你的工作目标,你舍得花力气、下功夫。
6、在谈话中设法展示出对一所法学院来说十分赞赏的技能与才华:如分析能力、沟通能力(书面与口头的)、领导能力。

▶ 对法律的兴趣,及对你的奋斗目标的兴趣

What inspired you to apply to law school? How long have you had this in your plans?
是什么促使你决定申请法学院?你为此计划了多久?

What in your experience (educational and professional) has prepared you for legal study?

你的经历（学历和工作经历）中，哪方面对你学习法律有帮助？

What interests you about the legal system?

法律制度的哪方面让你感兴趣？

Which undergraduate courses gave you a grounding in legal theory?

你在本科学习中，哪些课程为你学习法律理论打下了基础？

What research have you done regarding law school?

在法学院方面，你做了哪些研究？

What do you expect to be the largest challenges you will face in law school?

你认为你在法学院将会面临的最大挑战是什么？

What type of law do you want to be practicing in five years? Ten years? Twenty years?

在今后5年、10年、20中，你想从事哪类法律工作？

(If you profess an interest in public interest law) How will you reconcile your desire to practice public interest law with your debt repayments and desire to earn a good living when you graduate?

(如果你表示你对公益法感兴趣)，当你毕业后，你将如何协调从事公益法方面的工作与你要还债、还想过富裕生活之间的矛盾？

What do you want to accomplish in life?

在生活中，你想实现什么目标？

How have your goals changed in recent years?

在近几年，你是如何改变你的奋斗目标的？

What do you expect to learn in law school?

你想在法学院学习什么？

Which other schools are you applying to?

你还在申请的其他学校有哪些？

How did you choose these schools?

你是如何选定这些学校的？

What will you do if you are not accepted at a top school?

如果你没能被顶尖法学院录取，你会怎么做？

▶ 关于你对法律的兴趣，以及你的奋斗目标方面问题的回答要点

1、要表明你对你未来的职业选择是经过长期和慎重的思考的，

表现出你是一个认真负责的人。

2、在谈到你的远期目标时，不要说你想尽早退休，躺在 Cancun（墨西哥的一个海滨旅游城市）的海滩上享受阳光。这么说，只能说明你是一个懒人，或者你的压力过大，进入富有挑战性的法学院学习并不适合。你应该谈谈你是怎么选定这一目标的：考虑到你的强项和弱点，你最喜欢的事，你的背景和你的愿望等。

3、不论你如何界定什么是事业成功，你应该表现出你在为事业的成功而奋斗。

4、不要让人听上去觉得你选择法学院是一个无可奈何的决定，这应该是你积极主动去追求的。

5、如果你已经表明你想学习公益法，你的一言一行都应该来证实你所说的是真的。（很大一部分学习公益法的人最后并没有从事这项工作，特别是那些大学本科毕业后，工作时间不长的人。）如果你能举出例子来说明你个人在相关领域所做出的牺牲和工作来证明你的观点，那就尽量去做。如果你做不到，你应该重新考虑你的奋斗目标，想想你为什么要选择法学院。

▶ 个人问题

Tell me about yourself.

谈谈你自己。

Who most influenced you when you were growing up? How?

在成长过程中，谁对你的影响最大？有什么样的影响？

What publications do you read regularly? Why?

你常看哪一类的刊物？为什么？

What books have you read recently? What impressed you about them?

你最近读过什么书？你对他们有什么印象？

What have you done to keep yourself current, or to develop your skills, in your particular area of interest?

为了保持你在你专长领域能跟上潮流发展，或者为了提高你的技能，你做了什么样的努力？

How do you feel about:

- China’s advent upon the world stage?
- African internecine warfare?
- (Anything else on the front pages, especially if it relates to your home

region or that of the school?)

你对下列问题有什么看法?

- 中国登上国际舞台;
- 非洲部落的种族残杀;
- (其他任何在新闻头条中的事件,特别是与你的家乡或你的学校有关的事。)

How do you spend your time outside of work?

工作时间以外你做什么?

Is your current balance among career, family, friends, and interests the right one for you over the long term?

在比较长的时间里,你在事业、家庭、朋友和个人爱好方面保持的平衡是否很好?

What would you do with the extra time if days were 28 hours long?

如果一天有28小时,在多出来的时间里你会做什么?

What activity do you enjoy the most? Why?

你最喜欢参加什么活动?为什么?

Who are your heroes? Why?

你心目中的英雄是谁?为什么?

▶ 关于个人问题的回答要点

1、在谈你的个人情况或你的长期目标时,应该记住把回答重点集中在个人的事业上,你应该表现出既热爱工作,又不缺乏个性或其他的兴趣。

2、抓住每一个机会来展示你的成就欲,表现出你会尽一切努力在家庭和事业取得双丰收。

3、同时,你还应该用让人确信无疑的业余爱好,包括(但不限于)家庭和朋友,来表现出你是一个敏感和很会搞平衡的人。

4、在谈到你的阅读兴趣时,你有没有读科幻小说、关于拿破仑战争的专栏文章、侦探小说都没有关系,只要表明你在你感兴趣的领域有见地、有热情就行。

5、这些问题给了你一个机会,你可以巧妙在回答中从侧面证明你的观点。

在面试中保持清晰的思路

在面试进行过程中，你必须记住你在面试前所设立的目标。问问你自己，你是否已经将你的主要意思传达给了对方。如果你还没有，你应该简洁、但要让人信服地将你想表达的意思说出来，同时还要有你事先准备好的用来佐证的例子。

正确使用语法

对一个受过高等教育的专业人员来说，遇到一个不能使用正确的英语语法说话的（年轻）人，是一件最恼火不过的事了。许多面试官发现，近年来，即使是受过很高教育的申请人，如果不犯一些让人无法容忍的错，他们是无法把一句话说完的。面试官对此深恶痛绝。因此，在你准备参加法学院的面试前，一定要改掉你说话中的恶习，特别应该注意以下这些常见（无法原谅的）错误：

- 分清“good”与“well”的区别，前者是形容词，后者是副词。当你要修饰一个名词时，用“good”。如：“My grades last year were very good.”当你要修饰一个动语或副语时，用“well”。如：“This year is going really well.”你就不能说“go good”。
- 不要把宾语人称代语（如“me ”、“her”或“him”）用作句子的主语。如：“Me and my parents went to Italy.”就是一个全完错误的用法。你会说“Me went to Italy.”吗？
- 如果你没有百分之一百的把握，就不要用那些连自己也拿不准的单词或短语。要分清“imply”和“infer”之间的区别，记住“irregardless”不是一个单词。千万不要用“I could care less.”这样的短语（除非你就是想说你十分在意）。
- 在谈话中尽量避免使用“you know”、“like”、“as if”、“uhh”、“whatever”等类的口头语。

为谈论重要事件做准备

你应该做好准备，在面试中介绍你个人生活、受教育情况和工作经历中大大小小的重要事件。有些面试官愿意问一些非常笼统的、开放性的问题，来考察你的语言组织能力。这种问题一般是面试官从你的简历或申请材料中发现的。你要准备的是将你要介绍的相关事件的每个方面做一个详细地回顾，如果你有一些成功的商业或研究项目，你应该从以下几个方面来回忆：

- 项目最初的目标
- 项目的组织者
- 项目的负责人
- 可支配的资源
- 时间表
- 采取的行动
- 你做得比较好的和做得比较差的方面是什么？为什么？
- 你使用的是什么技能？
- 现在回想起来你会有什么不同的做法？
- 其他人的作用是什么？
- 结果
- 什么做对了？什么做得不对？为什么？

如果有一份成功的论文或一项先进的研究项目，你应该回忆以下几个因素：

- 你要证明的命题或假设是什么？
- 你是如何系统地阐述你的思想的？
- 你进行了什么研究？
- 可以支配的资源
- 时间表
- 采取的行动
- 使用的方法
- 项目的结论或结果
- 你哪方面做得比较好？哪方面做得比较差？为什么？
- 现在回想起来，你会有什么不同的做法？

将以上问题中半数最重要的事件用笔记在卡片上，是一个十分有用的做法，这种做法可以举一反三地运用在各类问题的准备上。随身带着这些卡片，当你有空闲时间或者正在排队等候时，你可以随时拿出来温习一遍。把它们记得滚瓜烂熟后，一有需要你就能出口成章，毫不迟疑地将各方面问题做一个自然而又优雅地总结。但千万不要像背课文那样把它背出来。你要有心理准备，面试官可能会随时打断你的讲话，一旦你回答完他的问题，还要不露痕迹地接着刚才没说完的话题继续下去。

决定某个问题是否会被问到的因素

面试官提的问题一般都是有目的性的。有些面试官认为某些问题对谁都可以问，不管他是什么背景。在法学院的招生面试中，最可能被问到的问题是：你为什么要学法律？为什么选择这所学校？你还在考虑其他哪些学校？你认为你会给X法学院带来什么贡献？在近期和远期，你打算从事什么职业？

另外一个决定面试要提的问题的因素当然就是你本人了。针对你的背景提出的问题与针对不同的人提出的问题大不相同。如果你目前所在领域很少产生法学博士的候选人，你可能会被问道你为什么要获得法学博士学位这个问题。如果你的某一个证书比较而言牌子不够响，面试者也会盘问你一番。如果你是一个非英语国家的公民，并在一个外国学校读过书，他会测试一下你的英语水平。

不论是好的面试官，还是不好的面试官，他们都要想方设法地在面试中尽可能多地了解你的情况。由于大多数面试官都不会仔细地研读你的申请材料，他们会问你一些各种各样的申请材料中都会出现的问题，而这些问题大同小异。如果面试你的人对你了解不多，你可以将你的简历带上，这是一个对面试过程施加影响的好办法。多数面试官会拿它作为向你提问的参考，他们问你的问题也多是你选出来、写在简历上的事情。他会就一些前后不一致的表述和看上去似乎不可能的事情进行提问。

面试官可能会提问的其他一些事情是那些他与你有共同之处的事，或者令他感到好奇的事。（如：“我发现你曾为某某参议员工作过，你怎么看他在某某方面的政策?”）面试官越是这么提问，你的面试就会变得越容易。讨论两人共同感兴趣的事情，双方都会有积极性，而应付这些问题，当然要比让你说明在进行了六个月后，你为什么突然放弃了你的论文计划之类的问题要容易得多。高兴归高兴，投缘归投缘，此时你还要保持清醒的头脑，明白你是来干吗的。哪怕你们此时正在讨论的是你暑假是怎么在日内瓦花天酒地的，也要记住用清晰的思路和良好的语言组织给他留下深刻印象。

招生委员会主任谈他们是如何进行面试的

当我在与人面试时，我要设法亲自了解到他是否有观察力、能否与人愉快地讨论有争议性的问题、能不能接受别人的批评。我不想了解他们是如何与同学相处的，他们能不能平静地与周围人交流思想。

Rick Geiger, Cornell

我坐在那里，他们的材料放在大腿上，哗啦哗啦地翻动着这些材料。我就是想让他们感到紧张，让他们冒虚汗。我在等待他们的回答的同时，也在看他们的反应。

Janice Austin, Pennsylvania

我会根据不同情况提问，往往是申请者那些让我感兴趣的事情或者是一些有疑问的事。当然主要是关于他们的学习背景方面的，这方面的情况我们会认真地盘问。如果这个人的条件很好，我们就会转进入向他推销学校的交谈，说服他来我们学校学习。

Albert R. Turnbull, Virginia

到了面试的后半程，我会给受试人 15 分钟，让他就一个谁都可以发表见解的话题写一段文章。如，让他写一篇介绍他最喜欢的小说人物。我们提供两个题目，让他自己选择其中之一作答。写出的文章不会打分，只会用可接受和难以接受来分类。（与实际面试相比，这种书面作业重要性不大。）

Shelli Soto, Texas

> 我们的面试一般只进行30分钟。主要的问题包括受试人的学历、工作经历、奋斗目标、业余爱好、课外活动、入校学习的目的。我们会努力在一种比较放松的环境中进行，因为这样才可以对受试人做出最有价值的判断。我们也会问一些让他们迅速做出反应的问题。
>
> *Don Rebstock，Northwestern*

演 练

你可以通过两种方法来练习你的面试技巧和回答问题的技巧。第一种是进行模拟面试，练习对象可以是也在申请入学的人，也可以是对面试感兴趣的人。弄明白面试到底是个什么样，你就有了一个良好的开端。模拟面试的质量如何，很大程度上就要看你的合作伙伴准备得是否充分了。如果你能找到一个愿意认真阅读你的入学申请材料、并能读一下本书这一章的内容的合作对象，你的模拟练习肯定会十分成功。理想的合作对象是那些目前也在申请进入同一所学校求学的人，但他的背景最好与你有很大的区别，并且在需要的时候敢于问你一些尖锐的问题。当然，要找到这么一个十全十美的人不是一件容易的事。如果你与你的合作对象再交换一下角色，不仅大家扯平了，你也会有更多的感受。当你在阅读他的申请材料和个人资料时，你不妨看看人家的优缺点在哪里，他能为学校做出什么贡献，如此等等。这时，你对面试官在盘问你时的心态会有更多的了解。

你的模拟面试合作者会向你指出，你的哪些回答有说服力，哪些回答显得苍白，并且告诉你为什么。一定要让你的合作者特别留意你在哪些方面做得不错、哪些方面做得不好。总之，你说了什么并不重要，重要的是你的面试官听到了什么，这是决定你的面试是否成功的关键。事实上，只是大声地说话、回答问题，常常会让你去琢磨哪儿说的不对。大声说话常会反映出你神志恍惚，思想不集中。当你越是为前面的失误进行解释时，你就越显得不自然，看上去只是在辩解什么，而没有什么说服力。正所谓“越描越黑”。

第二种练习的方法是，如果可能，你最好能先参加一个对你来说不是很重要的学校的面试。这样你可以改善和提高你的面试能力，也让你消除首次面试的紧张情绪，而且还不用付出很大的代价。

如果可能的话，将上面介绍的两种方法都用上，当然是最好不过的了。在与你的合作伙伴结束模拟面试后，让他对你的表现做出评判，或者自己反省一下，弄明白哪里做得较好，哪里还需要提高，以及为什么会这样，这会使你的模拟练习达到最佳的效果。

身体方面的准备

▶ **体力**

- 在参加面试前的两个晚上，一定要把觉睡足；
- 面试当天，吃一顿丰盛的早餐或午餐，不要出现体力不支的情况。

▶ **仪表**

- 按照约定时间稍稍提前到达面试现场，不要因为快要迟到而显得匆忙和紧张。找一个洗手间，检查一下自己的仪表。

▶ **男士：**

- 看看头发是否梳理整齐，领带是否平整，是否完全盖在衬衣的衣领下面。
- 最好带上备用领带和衬衣，以防在你吃午饭时不小心溅上汤汁，可以及时更换。

▶ **女士：**

- 看看嘴唇上的口红有没有玷污了，牙齿上有没有沾上口红。
- 带上一双备用的长筒袜，以防奔跑过程中出现的损坏。

▶ **面试地点**

- 一定要搞清楚面试地点，行车路线（和停车地点）。

▶ **其他**

- 带上几份你的简历和申请材料的复印件；
- 带上一份介绍法学院的宣传小册子以及其他与招生计划有关的介绍，以便在你提前到达时，可以拿出来复习复习。
- 带上你的面试官的姓名和电话号码，以防出现你不得不迟到时，需要电话通知他。

保持放松

保持适度的紧张还是十分有益的，因为它可以让你全力以赴地应付挑战。如果你显得过于紧张，试着用以下的办法来放松自己：

- 提醒自己，你已经准备得十分充分了（不管是不是充分，你就这么告诉自己），你的准备工作可以让你顺利通过面试。
- 表现出积极主动，适当的身体语言会帮助你感觉到你的表现。积极的身体语言包括下颌稍抬、端平双肩、目视前方。身体保持正直但不僵硬（不要晃腿、不要敲桌子。）
- 呼吸平缓、深呼吸。
- 我有一个了不起的朋友，他在参加考试和全国比赛前，常常会旁若无人地、强烈地反复大声说："我是金刚，我是金刚！"

招生委员会主任对如何准备面试的建议

一定要穿职业装，如，穿西服打领带。（有些人没有做到。）对学校要有过一番研究，时刻做好胸有成竹地就学校的话题进行讨论的准备。阅读招生目录和其他资料。做好举例说明你所取得成果的准备，准备好用事实来证明你所拥有的资格。

Don Rebstock, Northwestern

如果申请人目前在大学读书，他应该准备谈谈他现在做什么，如：正在学习的课程等。总的来说，他必须明白，我会发现一些他不想告诉我们的东西，因此他应该记住他们要告诉我们什么。我们会给他机会让他集中介绍他想要对我们说的东西，因此他应该头脑中有一个主线，并按照这个主线展开来说。

Rick Geiger，Cornell

最专业的做法是，在面试前几天寄来一份简历，在面试时再带上一份。把你递交的申请材料中所有细节过一遍，在五分钟内组织出一个说服面试官接受你入校的说辞，面试一般就从这里开始。进屋后就要做好推销你自己的准备。你应该明白：一个申请人如果不能与人进行交谈，不能用自己的观点来说服别人，会有损别人对他的评价。

Shelli Soto，Texas

设法看一看法学院风景，再看看学校的设施。在学院里走一走，与学生、校友聊聊天。问一些关于选择这所学校的主要问题：如，学校的竞争力如何、学校的规模、地理位置等，这些问题十分重要。这样可以对学校有更加形象的了解。（这也表明你完成了你的课外作业。）

Albert R. Turnbull，Virginia

你应该尽可能地多了解法学院，为此你应该进行一些调查研究。我对他们坦诚相见，他们也应该跟我坦诚相见。我的问题会十分尖锐。如果推荐书说此人能力较强，但在课堂十分安静，我就会问，这是不是向我们提出的一个问题。我会问你为什么在这门课上只得了个 C？为什么你停止了在救济所的工作？

Janice Austin，Pennsylvania

面试进行中

你在面试中给人留下的印象相当一部分不是通过语言获得的，这种非语言信息在你传达给面试官的信息中可能要占到一半。因此，注意你的着装、举止等外在因素，对你取得面试的成功十分重要。

▶ 着装

男士应注意：

- 衣服干净、熨烫整齐，皮鞋擦得锃亮。
- 确保衣服合体。不要让人感觉你穿的是刚买的新衣服，但也不要穿那种旧得会引起人注意的衣服。
- 颜色不要太艳，样式不要太前卫。
- 男士穿一身有点保守的深蓝色或深灰色西服，配白色或蓝色衬衫或有些条纹的衬衫，系一条保守点的领带，永远也不会出错。
- 梳理头发，不洒抹香水。
- 不用说，你的衬衫应该是百分之百纯棉衬衫，长袖、干净、平整。领带应该是真丝的，正垂到你的腰带扣的中间。
- 手指甲干净、修理整齐。
- 脸部胡须修剪干净。如果你蓄有胡须，没关系。如果你不蓄胡须，你应该避免带着满脸的胡茬参加一个正式的面试。

女士应注意：

- 女士应该穿套装（下身穿裙子或裤子），或简单的礼服。戴少量的首饰，化妆，洒香水。首饰不要发出响声或分散他人的注意力。
- 女士在衣服的颜色、长短和样式方面比男士有更大的选择余地。你可能穿新潮的样式，但不能过于前卫。特别是裙子不要太短，领口不要开得太低。
- 尽量不要同时带公文包和手提袋，因为同时拎着两个包，看上去不会很雅观。
- 一定要穿连裤袜（不论天有多热），避免裸露双臂。

男士和女士都应该注意：

- 千万不要穿着可能会让面试官感到不快、有点卖弄的昂贵服装，例如：如果你有条 Hermes 领带，而其他人一眼就能看出这是一件名牌，那你最好把它放在家里。
- 你的手提包应该是上等皮革制造的，可以是棕色、黑色或暗红色。
- 确保进行过口腔清洁、身体除臭，以及进行其他必须的个人卫生。
- 你来面试是要让人记住你说的话，而不是让人记住你穿的衣服（或忘了穿什么）。

举 止

形体语言

你的目标是让人觉得你自信和放松。在面试过程中，你可以通过保持姿态和周密的思考来表现这点。

- 与面试官互致问候时，要微笑、伸出手与他握手，握手时要坚定有力（力度大小要与面试官的力度相配合）。
- 看着面试官的眼睛。
- 在接到邀请前，不要自己先坐下。
- 不要在面试官的桌上放你自己的东西。
- 不要吸烟、喝饮料或吃东西，即使面试官邀请，你也千万不要这么做，就算面试官自己在吸烟、喝水、吃东西，你还是不要这么做。因为这会分散你或面试官的注意力，也许会显得你笨手笨脚，甚至更糟，而且你还没有任何机会来改变他对你的看法。如果面试官递给你一支香烟，应该礼貌地说："不，谢谢。"拒绝他的邀请。
- 不要嚼口香糖。
- 在面试中，应该与面试官保持一定的目光交流，时间比例约为 25－40%，但不是盯着对方看。
- 可以适当地运用一些手势来说明问题，但不要做得过分。
- 身体保持静止，不要坐立不安。面试官常常会提一些尖锐的问题，来观察你对问题的反应，看你是不是会表现出紧张（或撒谎）。
- 表现出热情和微笑，与面试官保持良好的关系。但也不要在整个面试过程中没完没了地一直傻笑。

- 坐姿挺拔，但不僵硬，稍稍前倾。这会显得你对面试官说的话很感兴趣，显得你很有职业作风。
- 认真聆听，用点头或偶尔说“嗯－嗯”“我明白”“对”等话来表示你正在听他讲话。
- 不要在胸前抱臂，也不要把双手交叉放在脑后。
- 你的声音要保持抑扬顿挫、充满活力。保持正常的说话速度，不要说得太快。

▶ 态 度

- **保持乐观**。要强调你的优点。不要过细地讨论你的缺点，除非面试官非要这么做不可。永远也不要对发生在你身上的事而怨天尤人，也不要抱怨上次考试为什么得了低分，不要抱怨跟你的上司或导师处不好关系，这样面试者会对你有个好印象。
- **不露痕迹地拍拍面试官的马屁**。虽然一个好的面试官在面试中，会让百分之七八十的时间给你说话，但如果有机会你应该听听他的高论。

你的情绪要与面试官保持一致。如果你的面试官是一个一本正经、不苟言笑的人，那你最好也不要显示出你幽默的天分来；如果你的面试官是一个开朗、爱开玩笑的人，你就不要摆出一付老夫子相。

如果你的面试官总坐在办公桌后，甚至在你进来时都没有动动窝，主动地问候你，那你一定要规规矩矩，谨慎应对。

- **尊重你的面试官，但不要过于敬畏**。虽然他目前拥有控制你的面试如何进行的权力，但你与他的关系应该是平等的。你不要表现过于谦卑。然而，你千万不要贸然地称呼他的名字，除非他让你那样称呼他。(译者注：英文人名中名在前，姓在后。关系不很熟的人之间，一般只称呼对方的姓，另外加上先生、女士、教授等，不应该用对方的名字来称呼。如与你面试的人是 Don Rebstock。Don 是他的名，Rebstock 是他的姓。初次相识应称之为 Rebstock 先生，如果关系较亲密了，对方请你叫他 Don，就是他的名字，这时你才可以用他的名字称呼他。)
- **放松并以之为乐**。有些人能把面试当作一种乐趣，当然这种人可能并不多。他们把面试当做是一个与一个平等的人讨论一件重要事情的机会，他们来面试是为了能更多地了解学校，能更好地向学校招生人员介绍自己。

紧张是在所难免的，但如果表现得过于紧张就会影响你的面试质量，因为一个有竞争力的候选人应该十分自信，能够很好地应对这种场面。

- **记住这只是一次谈话**。一次成功的面试其实只是一场谈话。如果在谈话中出现了冷场，想一下造成冷场的原因，考虑是不是要采取以下某种措施：
  - ＊ 你已经回答完提问，但如果你觉得可能是没有，你应该问面试官是不是需要你再做点补充。
  - ＊ 你应该顺着目前这个话题，再说些相关的事情。
  - ＊ 只是静静地坐着，保持紧张，脸上带着自然的微笑。

  向面试官提问，再顺着他说的内容展开话题。这么做会帮助你与面试官建立一种亲密关系，摆脱你作为一个只回答问题的受试者的角色，让自己跟面试官处在一个更加平等的位置上。一次正常的谈话应该经常互换角色。
- **不要让自己看上去太机械**。如果你能按照本书的建议去做，并能为面试做好充分的准备，你在回答问题时可能会像事先安排好的台词，而显得不自然。最好是让人觉得你是对相关问题作了准备，但不要显得你是在死记硬背。

  如何才能避免这个问题？注意三个要点：

  1) 要用机械的语调说话，或者不要让人看上去你是在背诵什么。
  2) 把注意力集中在面试官身上。只要想着你已经准备得很充分了，你就可以保持放松，也才能有精力观察你的面试官对你的回答有什么反应。
  3) 在你说话前，偶尔停顿一下，好像你是在组织你要表述的内容。
- **表现出兴致勃勃**。不要去看你的手表。不要在椅子上伸懒腰。不论面试者如何长篇大论地侃侃而谈，不要显得不耐烦。
- **回答问题不要太随意**。如果你回答的内容太多，应该把你想要说的要点简洁地复述一遍。

如何对你的面试官做一个判断

面试官的举止会暴露出他对你的反应。微笑和点头显然是表明他同意你说的话。这时你应该想想你哪方面做对了，然后你就再接再厉，投其所好。也许是他喜欢你用有力的事实来说明抽象概念的表达方式，也许是当问你一些尖锐的问题时，你所表现出来的冷静和镇定。

把目光从你身上移走、皱眉头或不停地拨弄手头的纸笔，这说明他不同意你的说法或对你所说的不感兴趣。如果你发现面试出现这种举动，设法问面试官一个相关的问题或让他就某个问题做出评价，如一些自嘲式的幽默或提一些你觉得可以代表你好的一面的事件，但一定要让你处于不败之地，这样让谈话回到轨道上来。

记住面试官在开场白中所说的话对你来说十分重要，你也许可以从中发现他的好恶。

如果你说得太多，面试官可能会把目光投向它处，看手表或问你这样的问题，如“你能不能把这部分总结一下?”

轮到你提问的时候

如果面试官给你一个机会提问题，但你却放弃了这个机会，会给人一个印象：你不是没有做准备，就是对学校会不会要你并不特别在意。提问让你有机会展示你对学校招生情况的了解，可以表现出你对未来的事业是主动进取的。

如果面试官问你有什么问题，不要急着提问。如果还有一两个重要的问题没有机会，你可以问，你可不可以回到前面的话题上，并提一下你刚才已经说过的内容（或其他）。即使你要说的这些东西与前面的话题没有关系，你也可以说：“我很高兴能有机会问你一些问题，但我希望您能原谅我谈谈我在申请入学时遇到的这两件事。我想它们可能与学校的决策有关，之后我会再向你提一些问题。”把你想说的一两件事简明地谈一谈后，继续你的提问。

要努力避免提一些答案是“是”或“不是”的问题。要深入地了解某些问题，就是计划在这个问题上提数个问题。一个很好的做法是，让你的面试官做一个比较，如：比较一下他的学校与另一个有竞争力的学校（你正在积极考虑申请的学校）各有什么优势、缺点。他可能会列举几个方面来加以说明，随后，你可以更详细地就其中一两个方面提问，或者问他为什么没有提到某某方面。

如果你认为面试官在对你隐瞒一些重要的东西，应该设法让他说出他这么做是为什么。你也可以就他的担心表个态，表示你不会那么做。

如果面试官坚持要你提一些问题，下面的几个问题比较适合：

How do you expect the school to change in the near future?

你认为学校在近期应该作哪些改变?

Has the character of the school changed in recent years?

How? Why?

学校的特点在近几年是不是有所变化? 是怎么变的? 为什么?

What distinguishes students at this school from thoseat its principal rivals?

(本校学生与主要竞争对手学校的学生有什么区别?)

如果你申请入学的主要原因是因为某教授在这所学校任教，你可能通过各种方式来问面试官是否认识这位教授，如果认识，问他这位教授是一个什么样的人。

千万不要用一些你知道面试官无法作答的问题来为难他。例如：他是学校的校友，他肯定不知道为什么学校这次没有继续聘用某某副教授。同样，不要问一些不明智的问题，也不要为了凑数而问那些在学校的介绍材料上已经有答案的问题（如“通常一个班有多少人?”等)。

在问了几个问题后，如果需要，你可以说一句老掉牙的客套话：“刚进来的时候，本来我有很多问题想问，跟你谈完后，这些问题已经都有答案了。”

当面试官问你还有什么问题时，说明他已经准备结束谈话了，因此，千万不要再拖迟太多的时间了。

结束面试

记得对面试官微笑，跟他握手，对他见你表示感谢，离去的动作要有活力和自信。（不要向面试官打听你的面试结果如何，这会使他很为难，也显得你不成熟、欠老练、对按部就班的决定迫不及待，这么做一点儿也不会增加你成功的机会。）

小心不要落入一个已经用老了的圈套：当你觉得面试已经结束，你正被送出办公室时，你可能被问到一些能泄露你真正想法的问题，面试官以为在这个时候你常常会放松警惕。或者面试官会让其助手问一些类似“你自己觉得表现得怎么样?”的问题，引诱你作个评论。所以一定要记住，只要你没有离开面试办公室所在的大楼，你的面试就没有结束！

不利于面试的行为

- 无所顾忌地批评以前就读的大学、上司或公司。（也不必表现得很乐观，以至于对它们没有任何意见。如果有负面的评价，也不要带有不共戴天的敌意，而且在做出负面评价的时候，必须有明确、合理的论据。）
- 不要由于紧张，而忽略了作为一个成功的、充满自信的律师所应该具有的基本素质。
- 对考虑中的学校表现出厌倦的情绪。
- 不问问题。
- 对以往的成绩、法学院入学考试分数不高等牢骚满腹。
- 把自己的缺点怪罪到他人身上。

面试的注意事项

不论你面临的是什么样的面试、面试官是哪种人，以下建议对你十分有益：

不要没有理由地批评他人。即使你有很充分的理由，也不要在面试中讨论批评他人的话题。否则你可能被看成是一个长期对现实不满的人。所以要多说积极的一面。

记住校友面试官不可能将你的申请资料背下来。事实上，学校的面试官大多数可能根本就没有看过你的资料，因此你可以很好地利用你在申请书中提到的事件。

要诚实。在回答问题时不要撒谎。但诚实并不是要让你什么都说，关于自己的一些负面信息，当然是能不说就不说，至少不要自己主动地去说。

你就是你，保持自己本色。不要为了给面试官留下深刻印象，而刻意地模仿他人。很少有人能表演成功，你应该集中精力把你的最好的一面呈现给面试官。

对学校一般工作人员要特别礼貌、友好。一般工作人员在招生过程中往往负责录取工作的具体事务，所以不要忽视他们。招生官员也许会向他们询问对你的看法，因此一定要给他们留下一个好印象。

在面试中不要喧宾夺主，但可以抓住机会表达你的观点。面试官希望感觉到是他在掌握着面试的主动权，以便能获得他们认为重要的关于你的信息。喧宾夺主，把面试官撂在一边，可能会使你一吐而快了，但后果却糟透了。你的面试官对此极为反感，最后得出一个结论：你是一个目中无人的申请人。不要让你的面试官总是在为你是不是会“反客为主”而担心，所以，在面试中应使用礼貌的语言、自信的声调，如：“也许您不介意我……”或“如果您能……我觉得会很有效”等。

不要问面试官你的面试结果如何。这会使他十分为难，你自己也会显得不够老练（不用说肯定是缺乏自信）。这对你取得面试成功没有任何帮助。

保持放松。一个好的面试官会从以下的迹象中发现你在撒谎、含糊其词或想绕过某个话题：

—— 坐立不安。（如挠头皮、不停地敲击手指、腿不停地上下抖动、手抓住身体或衣服的某一部分等。很多人还会不自觉地出现面部抽搐。所以在你进行模拟面试时，要让你的合作伙伴发现你的这些缺点，或者自己通过观看模拟面试的录像来发现这些缺点，并在面试中克服这些小毛病。）

—— 说话太急或太慢。

—— 害怕目光对视。

—— 回答里兜圈子。

—— 迫不及待地喝水。

—— 在回答问题前，犹豫半天。

即使对方激怒了你，也要保持平静。面试官可能会设法让你产生不快，看你对此的反应。不用说，一个成功的律师不可能被轻易地激怒。

回答问题要简洁明了。不要说车轱辘话，除了非常重要的问题，任何问题的回答不要超过两到三分钟。对大多数的问题来说，三五句就足够了。

回答的问题要有条理。（如果你看了本章，并按本章的建议做了。）你对面试问题应该已经做了充分地准备了，你完全可以对可能要被问到的问题做一个有条理的回答。你不用在回答每一个问题时都这么说："我这么做有五个原因，一是……"但是回答问题紧凑、有条理会给人留下深刻的印象。把所有长篇大论似的回答进行概括和压缩。

认真听，做一个好的听众。确保听懂面试官提问的问题。如果有疑问，请他澄清一下。不要答非所问。如果回答的问题驴唇不对马嘴，你不是反应迟钝，就是没有注意听讲。"认真听"不只是说要注意面试官说了什么，你还要表现出兴致勃勃的样子，让面试官有兴致说。当然，你还要有本事听出他的弦外之音，是不是话中有话。

切记：在场的所有官员都可能是面试官。有时，在真正的面试开始前，会有一个低级的职员跟你闲聊。他会给你一个错觉，似乎学校的低级职员应该会跟你站在一边，而不是站在学校一方，他会利用你的错觉，设法套出你对学校或对自己入学条件的真正想法。因此，记住：你流露出的任何信息都会立即被记录在案，可能会使你的真正面试官在没见你之前就产生先入之见了。

招生委员会主任谈面试的时机：在提出申请之前或之后

面试可以在招生过程的任何时候进行，可以是在你提出申请前，也可以是在你提出申请后。

Don Rebstock，Northwestern

我们在面试前一般不看申请人的资料，我们让申请人在面试时带上自己的简历和有关个人情况的全部资料。我们进行"盲试"，目的是为了消除看完材料后有"先入之见"。

Don Rebstock，Northwestern

我们选择面试的时间要看申请人的申请手续是不是完成了。面试时间一般定在每年的十月一日到来年的一月十五日之间，来得早的申请人常常没有准备好个人资料。我鼓励他们事先将简历寄来；来得晚的申请人的个人资料常常比较完整。当我们接到申请人的个人资料后，我们会拿它来为面试做一些准备。我们所有的面试官都会把所得到的关于申请人的所有资料都过一遍。

Albert R. Turnbull, Virginia

如果能把所有资料都准备好，我想是最理想的。我喜欢拿到尽量多的资料。我觉得，如果想对一个人了解得多一些，就应该尽快地找到面试要讨论的实质问题。申请人也可以因为我们对他了解充分而受益。

Albert R. Turnbull, Virginia

只有当学生提出入学申请后，我们才进行面试。

Janice Austin, Pennsylvania

不管在什么情况下，我们在举行面试之前，会认真地阅读申请人提交的资料。

Rick Geiger, Cornell

各种类型的面试

▶ 压力型

压力型面试现在不常用了，但偶尔还会见到，因此值得在此说两句。压力型的面试的用意是，通过给受试人施加巨大的压力，受试人会暴露出他的庐山真面目，也可以看出以后当他面临压力时的表现。不能在压力型面试中保持沉着冷静，说明这个人缺乏自信。

压力型面试到底是什么样呢？它有很多种形式。他们可能让你坐在一个阳光直接照着你的双眼的位置（想一想你看过的侦探电影，警察把嫌犯摁在强烈的灯光下……），或当你回答完问题后，面试官长时间不作反应。给你留下这段尴尬冷场，诱使他主动说出一些你原本不打算说的东西。

更多的可能性是，连珠炮式地发问，只给你很少的时间来回答问题。这种做法往往是在现场有两个或两个以上的面试官的时候采用，在你回答眼前这个问题时，另一个面试官已经在准备问你下一个问题了。当你开始回答一个问题时，他们可能根本就不听你的回答，或打断你的回答，又换一个新的话题，并尽可能快地向你抛出下一个问题。面试官可能会对你的回答提出异议，并十分挑衅性地向你提出质疑。可能每一次都要指出你的缺点。面试官也可能公然表现出敌意和粗暴，这种情况一直持续到你做出反应，最可能的反应是你因为不能把话说完而开始气愤和抱怨。

遇到这种局面的关键是你要识破他们的诡计。如果你知道这只是一场游戏，你就可以以一个游戏者的身份陪他们玩玩。当你识破他们是在故意对你施加压力时，你就有机会控制局面。（以下几个护身法宝屡试不爽，不妨拿去试试，保证你滴水不漏，稳操胜券。）如果阳光直射着你的眼睛，你可以略作歉意，乘机将椅子挪到一个更舒服的位置；如果他们使出沉默的招数，你也省省唾沫，只需要微笑地看着面试官，静候下一个问题；如果他们用话来激你，你就稍往后仰，靠在椅背上，微笑，过几秒钟后再开始讲话。然后再回到你刚才正在回答的问题上，你可以这么说："You have asked me whether this project was really successful.（刚才您问我这个项目是不是真的很成功。）"随后接着解释说，你对这个问题要从四个方面进行回答，这时你的回答必须用"first,（第一,）""second,（第二,）"等打头，这样在你把四点说完之前，他再也不可能来打断你的回答了。

万一他又插话来打断你的回话，你就再次往后一靠，再次示以灿烂的微笑，并说这种做法是不是有点过分，然后邀请他来听你把问题说完。

▶ 友好闲聊型

另一种面试官会以一种特别友善和随便的姿态出现，他会跟你漫无边际的闲扯，从最近的足球比赛结果到你最喜欢吃的食品。当谈到法律方面的问题时，他会完全没有威胁地听你说，并对你说的每一点都点头表示同意。这时候你已经身处险境却混不知觉，他已经将你的防备心理完全消除，结果是你自己不打自招地把一些原本不想让他人知道的心里话也掏出来了。因为你会错误地认为，一个觉得与你有共同语言、认为你有吸引力、永远正确的人跟你会站在一边。扔掉这种幻想，这可能只是面试官要的一个小伎俩，目的就是要你着了他的道，然后掏出你的老底子。

特别的面试地点：饭馆

- 在面试官发出邀请前，不要自己坐下。
- 如果面试官发出邀请，你可以点菜。挑一些口味适中的菜肴，不要花很长时间进行左挑右选。一定要选那些自己熟悉的、容易食用的菜，不要点那些吃起来可能要溅起汤水或者需要用手才能吃的东西。
- 如果面试官要了酒或点了头道菜，你可以根据他的路子点菜，并至少要一些矿泉水，以备在面试官饮酒或吃东西的时候，有事可做。
- 不要叫太多的菜，否则会显得你缺乏克制。
- 在面试前或面试中，最好不要饮酒精类的饮料。
- 不要对饭馆的装饰或食品的口味提出批评。
- 对饭馆服务生和助手要有礼貌。
- 等待面试官自己开始进入“正题”。他可能想等喝完酒或吃完头道菜的时候再开始。

如何与不太称职的面试官打交道

什么样的面试官看上去不太称职呢？例如：总是说得太多、总是跑题、不能控制面试的进行、总是纠缠在一些无关紧要的话题上、注意力不集中。以下就如何应付一些最常见的问题，给你支两招：

他说起来没完。面试官说得越多，他对你的了解就会越少。你要注意在用词造句上不要冒犯他，并与他建立良好的关系。你既不能冲撞他、对他粗鲁，还要把你想说的话告诉他。他表面上对你表示赞同，在顺着他的话题说两句后，紧跟着说："In fact, one of the things that first got me interested in school X was…… (事实上，首先让我对贵校感兴趣的一件事是……)"这类的话。当然，在面试结束时，当他问你还有什么需要提问的，你一定要抓住这个机会，把你尚未说清楚的问题再向他表白一遍。这些话看上去像是在提问，但一定是在为你做一个简洁的推销。如："I believe I would be an asset to your program, with my background: a Master's in Psychology and a lot of counseling experience. Can you tell me more about what opportunities I would have to teach (or share) these skills and experiences to (with) others? Would I be able t o participate in workshops or counseling internships, for example? (我相信我肯定会对贵校有所帮助，我拥有心理学硕士学位和大量的心理咨询的实际经验。我会不会有机会把我的技能教给其他人或与人分享我的这些经验呢？我能不能参加研讨会或做一名见习心理咨询师呢？)"

他跑题了。如果你想把谈话再拉回正题，你可以这么说："Let me be sure I understand this correctly (您看我是不是听懂了您所说的)"，然后简要地复述他说的意思的几个要点，再说："Could we go back to that first point, such and such (我们再来谈谈前面说的第一点吧……)"；"In our remaining time, I hope we will have the chance to touch on the following points that are particularly important for me: X, Y and Z (在剩下的时间里，我希望我们能谈谈以下几个方面、这几个方面对我来说十分重要：一、……二、……三……)"。你在说这些话的时候语气一定要十分友善，没有任何对抗的情绪，表现出你并不是在利用这个机会来多打听一些关于学校的情况或推销自己。

他的讲话总是中断。当你们的谈话出现中断的情形时，你应该记下你们刚才说到哪里了，当面试继续进行时，如果面试官想不起来刚才说到哪儿了，你可以及时提示他。他会对你注意力如此集中留下好印象。

招生委员会主任关于面试的建议

遵循一般的礼貌礼仪，要有目光交流，不要坐立不安，要轻松自如，并表现出自信：不要对是应该抱着手臂还是垂着手臂等小问题想得过多。

Don Rebstock, Northwestern

聪明地使用时间，帮助我（面试官）：给我一些感兴趣的东西，忘掉你的考试成绩。不论你（受试人）是不是会被问到这个问题。

Janice Austin, Pennsylvania

要有热情和活力，否则面试会枯燥乏味。你要表现出你对来参加面试十分感兴趣。

Don Rebstock, Northwestern

要积极主动，我们没有多少时间用来引导一个人怎么说话。你自己的时间也很有限，你要在这些有限的时间里来说服我们，为什么我们应该招你入学。而在实际的面试中，我的第一个问题可能就是“give me some sense for why you’re here.”（请谈谈您来参加面试的想法。）

Elizabeth Rosselot, Boston

面试中一个常见的错误是不坦率——遇到有异议时，总是含含糊糊、躲躲闪闪。

Shelli Soto, Texas

在面试中不敢进行目光交流是一个重大失误。

Rick Geiger, Cornell

面试本身也给我们一个机会去正确引导面试的进行。如果一个受试人走进面试办公室，在我还没有提问之前，就滔滔不绝、文不对题地说了二十分钟，这会有什么结果呢。

Don Rebstock, Northwestern

面试结束后

首先，自己反省一下，在面试中你哪些方面做得很好，哪些方面做得还有欠缺，为什么。这会对你参加其他学校的面试有所帮助，你可以想到你哪方面的缺点会被问到。

需要事后检查的内容：

- 着装：我的衣服是不是合适，穿得是否舒服；
- 入场表现，包括握手和问候，是不是积极主动；
- 身体动作（微笑、目光交流、身体语言、避免坐立不安）是否得体；
- 态度：我是不是表现出自信、热情和友善；
- 我回答得比较好的问题（一一列出，并注明好在什么地方）；
- 我回答得有欠缺的问题（一一列出，并注明哪里回答得不妥，应该如何改进）；
- 总体评价：

  ——我说得太多或太少；

  ——我很快地、很容易地与面试官建立了（或没有能建立起）友好关系；

  ——我与面试官基本上保持了（或没有能保持）一个平等的关系；

  ——我有没有给（或已经给）面试官留下了一个自卖自夸的印象；

  ——根据面试官的风格，我很好地（或没能）把握了严肃与幽默的度；
- 我在面试结束时的提问比较恰当（或充分），或者不恰当（不充分）；
- 我退出面试办公室时平静而乐观，或者不是；
- 我对学校的招生计划（和学校本身）有（或没有）充分的了解；
- 面试官对我的印象可能会是：

  ——个人方面：

  ——职业方面：

其次，向你的面试官发一封简短的感谢信。信中要提到一些在面试中发生的一些事，以表明这不是一封应付差事的客套信。例如，你可以说，你对他告诉你在大学附近很容易就能租到价格适合的公寓十分感激。写这封信的一个特别的要求是，对面试官的姓名和称谓不能有丝毫差错，因此在面试中，一定要向他索取名片。如果你忘了索取名片，你一定要给学校打电话，确认你了解的相关信息是正确无误的。

招生委员会主任再谈面试

► **法学院为什么要搞面试？**

我们鼓励举行面试，每年秋季我们要面试600到800人。一般来说，只有医学院和商学院把面试作为招生的一部分，法学院不搞面试，我们这么做看似荒谬，却不无道理。我现在兼任就业服务和招生的双重责任，这影响着我对这个问题的思考：既然面试对员工招聘是关键的一环，我们何不把它引进到招生过程中来呢。

Albert R. Turnbull，Virginia

我们对越来越多的学生进行面试，原因之一是，面试可以帮助我们确认哪些人才是现代的律师事务所需要的人才。负责就业服务工作的同事告诉我们，公司需要的人是那种可以与他人搞好关系的超级说客。面试可以帮助我们发现受试人身上与此类似的各种性格。

Janice Austin，Pennsylvania

我们法学院规模不大，因此对不同类型学生的分布结构作一个小小的调整，对提高班级的活力十分重要。面试可以让我们很好地把握这个结构平衡。

Rick Geiger，Cornell

法律是一个十分讲究互动的职业，沟通技巧对取得成功十分重要，它在获得成功的最重要的因素中，不排第一也要排第二。与客户保持关系，做一个好的客户代理人全靠个人的沟通技巧。任何一家律师事务公司招员工都要经过面试，我们当然也可以这么做。

Don Rebstock，Northwestern

面试可以获得在入学申请材料中没有的或者没有完全说明的信息。

Shelli Soto, Texas

我们曾经遇到这种人，他们的LSAT成绩或GPA分数都很高，但在面试中却错误百出。这种人我们不会要。

Don Rebstock, Northwestern

▶ **你认为可以通过面试获得怎样的信息?**

面试对各有特长的人来说会产生很大的区别。例如，有人LSAT成绩很高，但其他科目成绩有好有坏，那应该更看重哪方面呢？或者有人LSAT的成绩并不高，但他的母语不是英语，他在谈话或面试中的语言表达能力就很重要。

Dennis Shields, Duke

针对有色人种学生，我会在面试中了解他们有多大的勇气来面对压力；万一他们遭遇种族主义，他们能不能很好地面对。

Dennis Shields, Duke

我们会了解他们的成熟情况、人际沟通技巧、在职业背景下的表现。这对那些毕业后、缺乏实际工作经验或在工作经历中没有给人留下深刻印象的人来说尤其重要。另外，我们要看他有没有做领导人的潜质，对那些在工作经历中没有担任过领导职务的人来说，更是如此。

Don Rebstock, Northwestern

只有10%到15%的人会在面试中有良好表现。45%到50%的人可以面试及格，20%到25%的人做得就要差一些，15%到20%的人的表现可以说糟透了。

Don Rebstock, Northwestern

▶ **那些不进行大规模面试的学校的看法**

我们不搞面试的主要原因是它太费时间了。面试是可以帮助我们筛选掉一些我们从书面资料中没有发现的不合格的人，但也有一些人根本不值得我们花时间跟他们见面。例如，一位刚毕业的学生为了找到一份工作碰了不少钉子，他总觉得对他不公，牢骚满腹，他在面试中的表现肯定好不了。他把自己的不幸全归咎于他人，就是不在自己身上找原因。感谢上帝，在我们招到的人中，像他这样的并不多，而面试同样也会筛掉他们。

Faye Deal, Stanford

在对申请入学的学生进行确认方面，所有的法学院都应该从法律的角度，对面试和其他非量化因素在评价一个人的过程中所扮演的角色进行一番思考。

Jean Webb, Yale

如果我们能像商学院那样搞面试，那当然很好。如果要搞面试，我们招生部门可能需要再增加一倍的人手。

Joyce Curll, Harvard

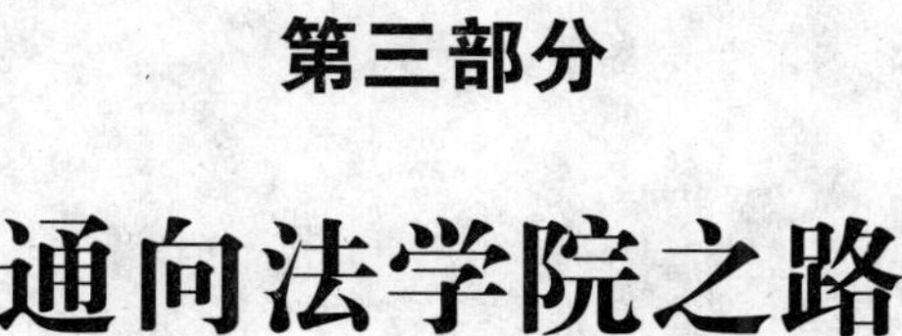

第三部分

通向法学院之路

第十三章

一旦被列入候补名单、被拒绝录取，或遇到其他不如意之事时，怎么办

内容概要

为了加大从候补名单中被选中的机会，
建议提交新的申请材料，
以引起招生官员的注意。

■

在向另一所学校提出申请时，
先了解被上一所学校拒绝的原因。
——为了确保第二次申请的成功，应认真弥补存在的缺陷。

如果按照我们建议的方式进行申请，那么现在，你应该已经向6至10所学校提交了申请材料。而这其中，会有1至2所属于“很有可能录取你”的学校，其余的则属于很有可能拒绝你的学校。做好被其中几所学校拒绝的准备。（事实上，如果你被所有的学校录取，只能说明你给自己制定的目标太低了。）

没被学校录取，又分为许多种情况。你可能被置于“行政推迟”之列，可能“被列入候补名单”，也可能是由于申请材料中某个小小的缺陷而被告知“欢迎下次申请”，或者干脆被直截了当地告知“拒绝接收”。

一旦出现上述情况，怎么办？这取决于你所申请的学校类型。比如说，如果拒绝你的只是一所备选学校，你的反应肯定会与被首选学校拒绝时的反应大不一样。但是，无论被任何一所学校拒绝，你都不必反应过度。招生过程的复杂性和学校间的差别，使得某所学校的录取结果对其他学校而言，是没有多少预示作用的。（这也是我们建议你申请多所学校的原因之一。）

如何应对“行政推迟”

“行政推迟”是指学校无法在通常的4至10周内，就你的申请做出决定和答复。因此，你的申请将被暂时搁置，留待以后再做决定。这表明，虽然你很有实力，但学校在收到其他学生的申请材料之前，尚不能对你的竞争力做出合理的判断。

如果推迟的时间超过1个月，我们建议你写一份简短的材料，重申你对所申请专业的兴趣。又譬如升职或论文发表这样的新情况，对你的申请都非常有利，应尽可能地告知招生官员。

一旦“被列入候补名单”，怎么办

“被列入候补名单”通常是指，当某个已被录取的学生，由于某种原因，放弃录取资格时，你作为替补而获得了该录取资格。实际上，所有的学校都知道，在他们每年发出的录取通知书中，都会有一部分学生最后去了别的学校，或者有的学生会决定等一两年后再入学。因此，各学校录取的学生人数，通常都会比他们实际能够承受的人数要多出一些。但事实是，“超额”录取的学生人数，常常不足以弥补那些放弃入学资格的学生人数。碰到这样的情况，“候补名单”就可以发挥它的作用了。

通常的做法是，只有当名额出现空缺，候补学生才会被录取。但有一个例外，一些学校会把那些三心二意的学生列为候补。这样，就不会对该校招生业绩的考核造成影响——招生业绩，即实际入学学生人数占被录取学生人数的比例。（提高招生业绩实际上玩的就是学校排名的把戏——即尽量提高所录取学生的入学率，以提高该校在 U. S News & world Report 上的排名。）竞争力最强的申请者和那些同时联系多所学校的申请人，都可能被列为候补。

如果你不幸被列为候补，不要绝望。一方面，如果学校在这之后，发现你确实希望进入该校学习，他们便会因自己的谨慎而深感欣慰。此时，若你同他们联系，告知他们你的想法，那么你被录取的可能性就很大了。另一方面，如果你因为竞争力太强，而被列为候补，这表明学校相信你有能力申请更好的学校。

被列入候补名单的不利之处在于，你可能要很晚才能摆脱候补身份，而最终被学校录取。有的学校会在开课前几天，甚至开课后，才通知候补者入学，这种情况并不少见。一个学校的受欢迎程度越低，就越容易受到其他学校候补决定的影响。那么，该校做出自己的候补决定就会越晚。像 Harvard、Yale 和 Stanford 这样排名靠前的学校，是第一批列出候补名单的大学。当这些学校从候补名单中挑选出一些申请者，正式录取后，这些被候补录取的申请者中，会有很大一批放弃他们原本打算就读的学校（尽管他们可能已经交付了一定的保证金）。第二批大学会从他们的候补名单中补充流失掉的学生，这就导致第三批学校流失本已录取的学生。这种涟漪效应会一直持续到第一学年的期中。

但法学院一般不会告知申请者在候补名单中的排名，这使情况变得更加复杂。事实上，大部分学校并不对候补人员进行排名。这是因为，招生官员知道，录取过程中存在太大的变数。他们无法确认到底需要从候补名单中提取多少个候选者，或者需要哪一类型的申请者。如果录取工作顺利，候补名单很可能就毫无意义可言。有的情况下，法学院会发现某些专业招生不足，他们会从候补名单中挑出一些以进行补缺。（据说，经济学专业和国际学生的招生工作中，就经常出现这样的情况。）不对候补名单进行排名的另一个原因是，被列为候补的申请者本身对学校的选择。有的学生被其他学校录取，以后就不再理睬这所学校。招生人员常搞不清，候补名单上究竟还有多少位申请者对本校抱有兴趣。

基于以上原因，一旦被列入候补，不要“坐以待毙”，而必须同招生委员会经常保持联系。这样，在紧接下来的6月、7月或8月里，你有幸被“转正”的机会就会大大增加。在这漫长的等待过程中，你的能力可能得到进一步提高，或者你又取得了新的成果，所有这些，都应该及时通知招生委员会。

随时将自己所取得的新成果告知招生委员会。你可以不止一次地给他们寄送补充材料。但最好不要超过2至3次，除非你知道他们很乐意你经常与他们联系。如果你被某所学校列入候补名单，先设法搞清楚他们的想法——他们是否愿意接受你寄送1至2次补充材料，是否欢迎你频繁地递送材料或进行咨询呢？

什么样的补充材料才能增强自己的竞争力呢？又通过何种方式递交呢？我们知道，所有的新材料都应该有助于你塑造一个更有活力、更有思想、更成熟的形象。在提交了大量的申请材料之后，你可能已经发现自己在申请过程中存在的漏洞，因而知道还需要补充些什么样的材料。了解了你原始申请材料中的不足之处，就可以在候补期间，通过递交补充材料，从而有效地弥补原先存在的缺陷。比如说，如果你发现自己几乎没有任何社区活动或课外活动的记录，就应该充分利用现有时间加以弥补。

明智的做法是：不管自己有没有全新的材料，都要寄一封短信给招生委员会，尽可能提供一些对你的申请有所帮助的补充材料，并且重申你会在所申请的专业上做出成绩，强调你仍然特别希望能够被该专业录取。当法学院准备从候补名单中进行挑选时，他们不希望联系的十个人中，只有一个表示对该校还有兴趣，也不会愿意费太多力气去联系某个申请者。因此，在整个夏季，保证学校可以随时联系到你。

招生主任谈候补名单

▶ 一旦被列入候补名单，应该递交什么样的补充材料

最有效的方法是增寄几封推荐信，这可以大大增强申请者的竞争力。

Jean Webb，Yale

如果被列入候补名单的申请者还没有参加面试，那就赶快行动吧。他们还应提交一封表明自己兴趣所在的信，详细说明选择 Northwestern 的理由。补寄的推荐信几乎起不到任何作用，这是因为，推荐信太多会显得过于繁琐。申请者可以考虑在 6 月份再参加一次 LSAT 考试；我们曾录取过一些 LSAT 成绩大大提高了的申请者。

Don Rebstock，Northwestern

有时，我会因为你被我们的竞争对手所录取而决定录取你（我们想打败他们）！当然，我们会调查其真实性，所以，别想骗我们。

—位不愿透露姓名的招生主任

有时，寄一封推荐信，说明一下你最近几个月的状况，会非常有帮助。

Elizabeth Rosselot，Boston

如果申请者是大学四年级的学生，我们要对他所取得的所有成绩进行审核，特别是研究课题成果，这可是学业上的最高成就。

Jean Webb，Yale

▶ 保持联系的必要性

请给我们来信，表明你仍旧希望能被我们录取。向我们提供一切有价值的新材料。

Jim Milligan，Columbia

给我们写封信，会对你有所帮助。如果我们在3月份把某位申请者列入候补名单，而他从此也就杳无音信，我们会认为他一定安于现状，而不再对他予以考虑。当需要从候补名单中挑选候补人员时，我们确实更关注那些时常与我们保持联系的申请者。

Anne Brandt，Vanderbilt

一旦被列入候补名单，你应该采取积极的态度同学校保持联系。

Kip Darcy，Hastings

▶ 保持希望被录取的愿望非常重要

为什么希望到Michigan读书？这非常重要。我想知道申请者是否确实想到这儿来读书。这对于那些候补名单上的人来说，特别重要，因为其中有些人即使已经决定去别的学校了，还是不想放弃这个机会。当然，你必须诚实，不要给五所大学都发信说“你是我的首选学校”。

Erica Munzel，Michigan

一旦被首选学校列入候补名单，你必须让他们知道，该校一直就是你的首选，如果能被录取，你一定会入学的。

Jim Milligan，Columbia

我建议候补者大约每隔三周给我们发一次传真或写一封短信。让我们明白你一直希望到USC来读书。我们定期考察候补名单上的申请者，对所有的新材料都予以考虑。

William Hoye，USC

以下做法甚至比提供新的申请材料更为有效：

——即使你正外出休假，也要确保我们在整个夏季都能联系到你。我们可没法等你太长时间。

——如果总联系不上，我们就会认为这些人对我们学校的兴趣降低了。要设法让我们知道Georgetown是你的首选。我们希望录取的成功率达到百分之百，而不是发出了六十份通知书，结果只有二十人真正入学。

Andy Cornblat，Georgetown

没有一所法学院愿意在春季末或夏季时为了一个空缺名额而发出数封录取通知书，因为这样会影响他们的录取成功率，因而导致自己的排名下降。招生人员都希望录取那些对本校怀有特别兴趣的申请者。

Jim Milligan，Columbia

▶ 候补的时间选择

到了8月份，已接到录取通知书的申请者是否会来报到就显得非常重要了。

Shelli Soto，Texas

同我们保持联系，使我们可以随时找到你，这特别重要。因为有时情况变化很快，

候补名单上的大部分人都无法前来报到。

William Hoye，USC

学校和申请者在录取的时间选择上有不同的看法。我们会在新学期临近时，才认真考虑从候补名单中加以筛选录取。但很多申请者那时都已经放弃了，他们应该坚持到底。我们会在坚持到最后的申请者中挑选出最终的幸运儿。许多人都申请了不止一所学校，究竟去哪所学校，一般会在夏季做出决定。就好像航空公司，只有在飞机将要起飞时，才能确定究竟有多少人会登机，然后才能决定额外售出多少张机票。

Elizabeth Rosselot，Boston

▶ 候补人员名额的确定

过去，一般会有150至200人被列入候补名单；最后大约能够剩下125至150人。现在，我们计划将人数调整为100至125人左右。最近几年，我们从中录取的人数一般为0到20名，但经常是一个也不录取。

Jean Webb，Yale

我们通常从候补名单中录取1/4到一半左右的人数，但有时一个也不录取，有时又全部都录取。

Shelli Soto，Yale

通常，我们会有两份候补名单。一份为优先录取名单；另一份则是常规候补名单。一般情况下，优先录取名单上有450至500人，从中录取约25至50人。而常规候补名单上有200人，从中录取约10到20人。当然，不同年度录取的人数相差也很大。

Andy Cornblatt, Georgetown

我们的候补名单上有大约200到300人。最近几年，每年从中录取10到50人。

William Hoye, USC

通常，我们的候补名单上有大约300人。最近，每年从中录取约45到50人。

Don Rebstock, Northwestern

去年，我们一般从候补名单上录取大约1/3的申请者（即从每400人中录取120人）。我们的全日制和夜校课程各有固定的名额限制，因此，我们从候补名单中进行筛选时，要考虑到申请者的意愿。所以，招生过程中，即便在夜校名额仍有空缺的情况下，我们一般也不会考虑那些想上全日制课程的学生。

Robert Stanek, George Washington

最近几年，我们每年将大约150名申请者列入候补名单。夏季，当录取名额基本上达到饱和时，我们就减少名单上的人数夏末，名单上只留下20人，以备补充新学期第一周出现的缺额。（有些年份，我们不设候补名单，而有些年份，我们会在名单上保留20人，以备补缺。）

Faye Deal, Stanford

一旦被学校拒绝，怎么办

一旦被学校拒绝，首先要搞清楚这对你是否很重要。当你已被某一所你喜欢的学校录取了，即便被其他学校拒绝，那也无关紧要。但如果拒绝你的，是你特别钟情的学校，那就应该采取相应的措施加以应对了。

第一步，分析自己被拒绝的原因。如果你发现自己的申请材料中存在有一两项可能不利于你被录取的因素，那么，这就是你要找的原因了。如果你自己无法确定被拒绝的原因，可以向该校的招生部门进行咨询。那些收到申请材料较少的学校很有可能答复你。在春末和夏季工作不太忙时，学校最有可能答复此类咨询。

对这些学校的答复仔细加以分析。他们可能只大略地提一提，而不会对你的申请材料本身发表评论。他们不会这样说："你的论文写得拖沓，你表现得太傲慢，我们不想录取如你在申请材料中所描述的那种人。"要找到申请材料中的缺陷，可以对照本书相关章节，参考本书中所举出的例子，并请一位公正客观的人来评价。

某所学校如果愿意告诉你被拒绝的原因，那可是帮了你的大忙。因此，向他们询问时一定要彬彬有礼。一个人在被告知自己不够出色后，很自然地，会口气太冲或者一味争辩，这样不可能从对方那儿得到有用的信息，因此，最好态度谦逊诚恳。

是否应该对学校的拒绝提出质疑

如果不能提供对你确实有所帮助的新材料，最好不要对拒绝你的学校提出质疑，这样，只会搞得双方都很头痛。招生委员会在审阅申请材料时，一般会尽量为申请者着想。有时，即便是最没价值的材料，也都要由两三个人阅读把关。因此，你可以相信，学校处理申请材料时是认真公正的。

如果你能提供一些有参考价值的新材料，有的学校会愿意重新考虑你的申请，但这种情况非常少见。如果你想提交这类材料，可以联系招生办公室，询问他们是否愿意接受你的新材料。若对方同意，记住，提交的新材料一定要有说服力，并且重申，你非常希望能够到该校读书；如果有幸被录取，你定将为这个学校做出贡献。（如果拒绝你的学校不是你的第一选择，就尽量不要麻烦他们了。要知道，他们本来就够忙的了。）但有一点，你应该明白，让学校重新对你予以考虑，会是一个很漫长的过程。

招生主任谈对拒绝录取的质疑

我们的再评估过程十分严格。对于需要重新考虑的材料，我们会让一位以前从没有看过该申请材料的招生人员仔细审阅。但最后，几乎每次都是维持原判。

Albert R. Turnbull，Virginia

尽管可以申请重新予以考虑，也只存在1%的希望。如果提交新的申请材料后，证实的确有了很明显的改变，可以把拒绝录取改为候补（但绝对不会直接录取）。

Don Rebstock，Northwestern

应该等待下一轮的申请呢，还是转向另一所差一些的学校

有些学校会在拒绝的同时，告诉你，如果你的LSAT成绩提高了，或者有了同法律相关的工作经验，亦或是进修了其他相关课程，他们会很乐意你再次申请该校。他们这样说，一般都是很认真的，因此，姑且相信他们吧。

当然，再申请是一个相当复杂的过程。如果你最后被某一首选学校录取，你可能希望当年就入学，而不愿意等到第二年，再次提出申请，以进入你的第一首选学校。如果你被前七所学校淘汰了，而最后被第八所学校录取，你就面临进退两难的境地了。如果你认为自己在通过努力之后，确实可以提高竞争力的话，那么，就等到下一轮再申请好了。

当然，关键在于分析如何才能增强你的竞争力。认真客观地研究自己的申请材料。从本书提供的视角进行研究，彻底分析材料的每一部分。针对你所申请的某所学校，你申请材料中的某一部分是有说服力呢，还是存在有漏洞？如果漏洞很明显，能不能弥补？第7章详细分析了如何提高自己的竞争力。如果被拒绝的原因不是申请材料本

身，而是由于你的资历所致，那就应该考虑如何提升资历了。问一问自己，通过努力之后，自己的竞争力是否能够大大地提高呢？同时，你应该自问，你为之努力的目标现实可行吗？

招生主任谈再申请

▶ 概述

如果某位被我们所拒绝的申请者，能够在6月至9月期间给我们写信咨询，我们会很乐意告诉他，申请材料中的优势和存在的问题。

Don Rebstock，Northwestern

我们确实会提供一份说明，告知他们申请材料中存在的问题。但大部分被拒绝的申请者自己就能够很容易地找到问题之所在。

Al Turnbull，Virginia

我设法让他们明白问题之所在，特别是指导他们如何进行再申请。当然，被拒绝的申请材料中存在有问题的地方一般不只一处。

William Hoye，USC

▶ 再申请是否真的应该一切重新开始？

再申请不一定会受到上一次申请的影响：再申请者完全是从头开始。

Rick Geiger，Cornell

对于再次提出申请的材料，我们完全重新考虑。我们会将申请材料保留两年。再申请者必须在新材料中附带另一封推荐信，以及一份个人陈述，说明自己过去的经历。

Albert Turnbull，Virginia

研究第二份申请材料时，我们会将之与第一份申请材料相对照，看看有哪些改变。比如说，工作、职称或者职责方面的变化等等。申请者的旧材料一般可保留三年。如果第一次申请时没有参加面试，第二次就应该参加面试了。

Don Rebstock，Northwestern

我们不会查看过去的申请材料，而是让一切重新开始。

Shelli Soto，Texas

今年被拒绝了，并不会影响到你以后的申请。但大部分人对重新提交的申请材料根本没做任何的改动。

Edward Tom，Boalt Hall（Berkeley）

▶ 再申请的成功之道

有三个办法：一是提高自己；二是完善你的申请材料；三是及早递交申请。

Andy Cornblatt，Georgetown

有的时候，只要重新整理，并对申请材料加以改进，便能获得成功。最常见的办法是添加改进后的履历表，或增添一些个人陈述，并从个人陈述中删掉那些对自己的缺点或不足之处的描述。

Shelli Soto，Texas

那些再申请获得成功的人，他们的 LSAT 的分数通常也大大提高了；或者，他们向我们提供了第二年的成绩，并且年平均分有了显著的提高。

Michael Rappoport，UCLA

再申请当然是有可能成功的。但有趣的是，很少有人对他们的申请材料做比较大的改动，以提高获胜的机会。在今年招收的这个班里，可能只有五个人是再申请成功的。

Don Rebstock，Northwestern

我们收到了许多的再申请材料，但很少有申请者在两次申请期间使自己的竞争力有所提高。招生委员会在做决定时，前后的决定是相当一致的。所以没有提高自己申请资格的人将再次被拒绝。一旦被拒绝后，要想再获得录取资格是非常困难的。但在被列入候补名单的申请者中，最终被录取的例子却并不少见。

Andy Cornblatt，Georgetown

下面谈谈申请表格本身。你的文章写得优美吗，具有说服力吗？你的推荐人为你写的推荐信中肯吗？你是否尚可置疑呢？如果已经参加过面试，面试结果满意吗？如果在回答完这几个问题之后，你仍然感到申请表格尚待完善，那么，又该怎么去做呢？这需要你付出大量的时间和精力，那么，它现实可行吗？

一旦你决定再度提出申请，那么就不要松懈。既然已知道原来的申请不够完善，就重新撰写个人陈述和其他必要的材料，将自己的优势充分发挥出来。要根据推荐人对自己近况的了解程度，寻找新的推荐人。即使不更换推荐人，也要尽量让他们为你写一封新的推荐信，要尽可能多地将有关你近况的信息包括进去。

其他选择

即使你申请的学校暂时拒绝了你，也不要放弃。如果你真的想获得学位，有许多学校都可以满足你的要求。许多对学校进行过认真调查与研究的人，包括第一部分中提到的那些提供学校概况和学校排名的机构，绝对相信美国有 50 家以上的法学院开设了高质量的法律课程。所以，如果你上一次申请的几所学校有点不切实际，那么这一次，你完全可以把网撒得大一些，或者重新申请上次那些失之交臂的学校。

对那些已决意要申请自己所喜爱的学校，而对其他学校不屑一顾的申请者来说，我们就没有什么太多的技巧可传授了。我们将在下一章深入探讨这个问题。

第十四章

转学及其他选择

内容概要

若未能进入首选学校，则需考虑：

—— *在另一所法学院学习一年之后，再转入你的首选学校*

—— *花一年或一年以上的时间学习一门国外的法律课程*

—— *通过校际间的交流项目，以获取在你首选学校学习的机会，或成为其三年级的新生*

—— *利用法学院间的互利政策使用另一所学校的就业服务*

夏季到来，也许你会发现，所有你认为最有希望的学校都拒绝了你。虽然这种状况非常不妙，但仍有解救办法。采用这些方法，那些意志坚定的申请者依然能够达到从最好的课程获益的目的，而不是等待来年再重新申请。

从已接收你的学校转学

一流法学院的招生办公室每年都会收到许多其他学校学生提交的转学申请。有些学生表示对他们现行的课程感到失望，原因可能在于所开设的科目不能令人满意，学校的就业服务或是学校的地理位置不够理想，或者，可能是因为他们的最终目标发生了改变。然而，大多数人所抱有的目的是，进入一所比目前所在学校威望更高的学府继续深造。

到目前为止，大多数学校很少接受转校生。即使这样做，也只是为了给二年级的班级“升级”，或者为第一年的流失做补充。如下面的图表所示，某些学校仍然采取这种操作形式，但更多的学校则不这样做。许多一流学校已经确信他们可以从接收转校生的政策中获益，而他们所接收的转校生也已占到二年级学生总数的 20%。学校的政策发生变化，原因是多方面的。尽管一些申请者在最初的申请过程中表现出很强的实力，可学术方面的能力较弱。而这些学生在经过一年的法学院学习之后，将扭转劣势，申请时会很有竞争力。一些学校改变政策的另一个原因是，转校生的 GPA 和 LSAT 成绩并不反映在 U.S. News & World Report 的学校排名中。因此这些学校可以接收那些被认为非常出色的学生（比如工作经验丰富或者个人素质较高），而学校招生工作中的 GPA 或者 LSAT 平均成绩却不受影响，因而学校排名也不会受影响。除此之外，转学申请人最终也是候补者：学校可利用转校生来调整第一学年后的班级结构。

	最近几年的转学人数			
	申请人数	录取人数	录取百分比	一年级学生录取比例
UC Berkeley (Boalt Hall)	200	30	12	18
Columbia	90 – 100	20 – 25	c. 25	19
Duke	50	5	10	28
Georgetown	120 – 130	40 – 50	c. 36	26
Michigan	70 – 100	25 – 30	c. 32	36
Northwestern	85 – 90	20	35	18
Pennsylvania	65 – 75	5 – 15	14	29
Stanford	150	5 – 10	5	12
Texas	40 – 70	10 – 12	20	33
Virginia	80 – 90	23	27	29
Yale	80 – 120	10 – 15	c. 13	8

▶ 对转学申请人的评估

学校在评估转学申请人时，主要考虑以下几个因素：

- 法学院第一学年成绩
- 法学院的教学质量
- LSAT 成绩
- 本科阶段的表现
- 申请转学的原因
  —— 职业/学业原因
  —— 个人原因
- 工作经验，课外活动和社区活动参与情况，以及其他申请材料，等等

所有学校在对转学申请人进行评估时，都会把第一学年的成绩视为一项最重要的指标。实际上，也有一些学校把这作为是否接收的惟一的依据。某些学校会考察你目前所在的法学院的教学质量，但也有些学校根本不考虑这一点。

有些学校还会考察上述标准中的其他一条或多条。因此，有些学校会把转学申请与你的首次申请同等对待。他们会考察你的大学成绩（如分数、课程强度、学校教学质量，等等）以及 LSAT 分数。他们还

会考察你迄今为止的工作表现等。

一些学校还会考察你申请转学的原因。有的学校要求转学必须是学业上的需要。比如，你可能希望学习国际税法专业，但你现在就读的学校并不开设此课程，而你的目标学校正好开设了该课程。还有些学校对这种学业上的需要并不在乎，而要求转学者必须是由于个人原因才提出申请的——比如说，你的配偶将在你所申请的大学的医学院就读，她就不得不搬到那儿居住，这样你只好申请转学。

选择学校，为将来转校做准备

如果你读法学院的目的就是为了进入顶尖的大学学习，那么，你也许不想在最初阶段就把全部精力花费在法律上。如果你能够找份好工作，或者已经找到了，可以考虑半工半读。这样，你可以继续挣钱，而且在上课的同时，还可以丰富自己学业之外的经历。如果你比其他同学都更加努力的话，还能取得最好的成绩（通常的情况是：半工半读的学生的 GPA 成绩不会太高）。如果你发现自己不适合学法律，或者你的学习总分不够高，不能转入一流学校，你可以转向其他领域，而不会造成太大损失。毕竟没有耽误工作，而且在学到丰富的法律知识的同时，又提高了推理、写作和研究能力。

如果你只能参加全日制课程的话，你的选择就比较难了。一方面，你可以选择一个排名非常靠后的学校，因为大家知道，你在差班里排在前十名的可能性大于在一个强班里的可能性。这样一来，要进入那些特别强调学生在班内排名的学校就容易得多。但有一个问题，如果你不能被更好的学校录取的话，你的履历就陷死在这个差学校里了。另一方面，你可以选择进入最好的学校。这种情况下，你在班里排名领先的可能性将很小，但如果你能拿到该校的学位的话，就不会太影响自己的履历了。

总之，如果你觉得自己够出色，一流学校一定会接收你，你就能够在任何一所较差的学校拿到最高分。这样一来，被最好的学校录取的机遇随之增大。

办理转学的注意事项

- 充分利用第一学年的时间—— 在班里的排名至关重要。所以，尽可能地让自己排名靠前（详见第15、16章）。

  ——一定要给其中的两位教授留下深刻印象。尤其是小班上课的教授或开多门课程的教授，这样，你就可以请他们为你在班里的积极表现、出色的论文和优秀的考试成绩写详细的推荐信。在上他们的课之前，要认真准备。

  —— 争取最多的奖励。比如，大多数学生认为模拟法庭枯燥乏味，但这却为你提供了表现的机会，可大大增强你的求职实力。
- 分析目标学校

  —— 确认他们每年都会接收大量的转校生，而不致枉费工夫。

  —— 找招生办公室人员谈话，确定他们评估转校生的标准。他们一般会很忙，所以，要在适当的时间拜访。如果你要申请第一年入学，那么，在递交申请表后的那个夏季，就应该与他们联系。如果你是作为转校生提出申请，可以在下一年的春季，也就是上一年的申请材料已被封存的时候，再联系此事。
- 分析你打算申请的学校

  —— 你递交的材料符合他们的要求吗？比如说，你打算转入 Boalt Hall，而且你有很强的专业背景，但这所大学只考虑因个人因素而提出的转学申请。这样，你就要重新考虑是否有必要将它列为首选了。

  —— 反复研究你所获得的关于该校一年级班的全部信息。这有助于使你尽快在班里找到自己所能增补的位置。
- 适当更新个人简历

  —— 如果目标学校需要申请者的 LSAT 分数，那么，你必须参加这项考试。

  —— 参看第 7 章，如何改进个人简历的其他方面。
- 根据本书的第二部分(第 7 章——第 12 章）中所提供的建议，给自己打分。

  —— 着重强调你在法学院第一学年的学习成绩。

——强调你申请转学的学业方面的因素。（见第四部分，“转学申请范例”及我们的评论。）——不要低估个人因素在转学申请中的重要性。当起草转学申请书时，不要因个人方面的原因而难以启齿。比如说，如果你的配偶移居到你的目标学校所在的地区，而与你正在就读的学校相距甚远，一定要把这个情况告诉招生官员。

- 做好准备，在入学后的第一个夏末，等待回复。

——只有当学校获得第二学期（第三季度）的学分后，才会考虑接收转校生。所以，只有等到仲夏之后，才能获悉是否能被录取。

- 要考虑到学校政策变动方面的因素。

——许多学校都有可能增加接收转校生的名额。这种有增加名额的学校比那些只接收固定人数的学校更容易申请。

——接下来的几年，多数学校都有可能改变招生计划。举个例子，在考虑转校生时，很少有学校只考虑其第一学年的在校表现。学校可能会有全面衡量的标准。所以，一定要搞清楚每个学校的录取标准。

在选择第一年就读的学校时，另有几项因素可供参考：

- 考虑你的目标学校的录取标准。如果多数强调先前就读法学院的教学质量，那么尽可能争取进最好的法学院。但是，如果目标学校并不强调这项因素，你也许可以考虑其他选择。
- 如果你在距目标学校很近、而收费又不高的州立大学学习，一定要在申请书中说明，你这样做的目的，完全是出于经济方面的考虑。这样，你希望转入的学校会理解，你之所以选择一所非一流的院校就读，完全是出于经济方面的拮据。
- 一年级班级人数在 15 到 30 以内的学校比较理想。比起那些每班 100 来人的学校，在这里，你更容易结识教授，至少能给其中的一位教授留下深刻的印象。在申请转学的时候，更容易得到教授详尽并具有说服力的推荐信。
- 如果你目前就读的学校在你感兴趣的领域内开设的课程有

限，不能满足你的要求，那么转学就有更为充足的学业上的理由了。当然，你必须证明，你是在向就读的法学院递交了申请后，才找到自己真正感兴趣的课程。

▶ 入学前的准备

若想在第一年取得好成绩，并且各方面都表现出色，你必须在入学前就做好充分的准备（如何做好准备，请见第15章）。

最后，如何将你在本书中学到的技巧应用到第二次申请过程中去，还得靠自己。各种未知因素都可能使你成为具备条件的转学者。如果某所学校某一类别的学生数量过少，比如女生，黑人学生，或者是对公益事业感兴趣的学生，它也许会把录取你作为提高统计结果的途径。要充分利用这些有利因素。

招生主任谈转学

▶ 评估标准

LSAT成绩太差或本科时相关学科分数太低，会使我们产生疑问。那些就读于不太强的法学院的学生更是如此。但对于已在法学院学习了一年的学生，我们就没有这方面的担忧了。

Jean Webb，Yale

我们看重的是他们在法学院的表现。我们招收其他院校的优秀生，希望他们的转学目的是为了提高自己，而不只是因为想要学习某项具体的课程。

Faye Deal，Stanford

本科生的LSAT成绩和大学时期的GPA成绩都很重要，而法学院第一学年的表现和学习成绩几乎同等重要。我们希望能够录取那些在班内排名前5%的学生。同样，我们也会考虑他们就读的法学院的教学质量。

Albert R. Turnbull，Virginia

LSAT成绩只在预测学生在法学院的成绩时起一定的作用。因此，当你有了法学院成绩时，就不必在乎 LSAT 成绩了，但法学院成绩一定要高。即使你第一年就读的学校实力不强，但如果学习成绩好，照样会起很大作用。

Don Rebstock，George Washington

重要的是，要说明你为什么想到 Yale 法学院学习（当然，我们学校排名靠前这一原因除外）。

Jean Webb，Yale

法学院第一年的学习成绩和该学院的推荐是迄今为止，我们认为最重要的证明材料。LSAT 的重要性就差远了。

Andy Cornblatt，Georgetown

我们认为 LSAT 成绩或大学 GPA 成绩不如在法学院第一学年的 GPA 成绩重要。

Edward Tom，Boalt Hall（Berkeley）

▶ **总评**

现在，大部分法学院招收越来越多的转校生。转校生成为各学校满怀学习激情与动力的一族。

Andy Cornblatt，Georgetown

我们学校二年级学生中有百分之十的转校生。

Jim Milligan，Columbia

我们从 80 至 120 名转学申请人中录取 10 至 15 名。但录取人数并不就正好等于一年级所缺的名额。事实上，我们希望录取一大批转校生，他们构成了一个独特的小群体。

Jean Webb，Yale

我们录取转校生不是为了填补空缺，而是为了揽聚优秀的学生。

Shelli Soto，Texas

去年，我们从 80 或 90 名转学申请人中录取了 23 名。十年前，我们只录取了 5 至 6 名，因为当时我们实行填补差额的做法。现在，我们已经不再采用这种方式了。

Albert Turnbull，Virginia

我们鼓励学生申请转校，包括那些曾被我们拒绝过的学生。如果你能证明自己有能力表现出众，我们会很乐意录取你。我们喜欢看到一位被我们拒绝过的学生回来对我们说："我要告诉你们，这次 UCLA 应该录取我了。"我们更看重他们被拒绝后，在另一所法学院学习所获得的成绩。而至于说上一次为什么会被我们拒绝，这并不重要。

Micheal Rappoport，UCLA

大部分申请转学来此的学生，都是因为第一次申请未能被 Virginia 录取。他们只好在第一年暂时就读于 Richmond，George Mason 或 Wahsington & Lee 等学院。

Albert Turnbull，Virginia

如果第一学年的成绩出色，转学申请人就可以证明自己在当初的申请材料中所表明的：自己的大学成绩和 LSAT 成绩低并不说明其能力真的较差。

Jean Webb，Yale

到国外学习某项课程

如果你没被自己的首选专业录取，那么，你可以考虑不在美国的法学院读书，而去国外学习一年或几年。你可以去一个英联邦国家（比如英国）学习，因为这些国家都属"习惯法系"，同美国类似。或者你也可以去一个属于不同法系（如西欧和拉美的"民法系"）的国家就读。（美国法律体系中正慢慢地吸收许多"民法系"的传统，而

“民法系”也在不断地吸收“习惯法系”的传统。当然，尽管这两个法系正慢慢接近，它们中间还是有很大差别的。）

到国外学习法律，证明自己确实对法律有着浓厚的兴趣。如果你在国外的学习成绩与美国的法学课程联系紧密，美国法学院可以据此检验你有无学术方面的研究能力。此外，通过学习和了解一个全新的法系和一种完全不同的文化，可以大大增强你转学申请材料的说服力。但也要注意，好的学习成绩与更多被录取的机会之间并不存在必然的联系。

如果你在国外学习的是“习惯法”，那么你在申请美国法学院时，其作用是有限的。这种情况非常普遍。每年都有相当多的 Thodes，Marshall，Fulbright，Totary 及其他各种奖项得主在英国学习法律后，回到美国的法学院就读。但另一方面，由于英国及英联邦国家的“习惯法”同美国法的相似性，在这些国家学习一年以后，可以轻松地修满足够的学分。

而与此相反，如果你在国外学习另一种法系，比如“民法系”，在你申请美国的法学院时，你所学的专业就更具独特优势。要知道，美国研究民法的人并不多。（在国外学习另一法系，需要在非英语的语言环境中学习，许多潜在的申请者很难具备这样的能力）。结果是：这可能大大增加你被录取的机会，但风险是同样存在的——你可能修不到足够的学分。

对那些可能从事国际事务的人来说，到国外学习是非常有吸引力的。而且，社会对这类人才的需求越来越大。现在，需要了解外国法律的不再只是那些为设在纽约和华盛顿的公司或者为国会工作的人。甚至在一向要求比较单一的家庭法领域内，都出现了涉外律师。有的律师专长于为那些配偶定居国外或配偶为外国公民的客户办理离婚案，有的则专长于为那些分居两国的夫妇办理儿童监护案。一些希望到国外生活与学习一段时间的人，也倾心于外国法律。

许多国家——不只是英国——的法学院的收费标准都要远远低于美国的法学院。

在英国学习法律

英国的法律学士学位需要三年才能获得。开设这些法律课程的目的是为学生以后从业于英国法律界做准备。其一年级的许多“习惯法”课程类似于美国法学院一年级的课程。(外国人经常只学习一年或两年，目的是了解法律，而并不想学满三年。)比如说，London School of Economics 的一年级就开设了以下课程:

- 英国法律体系
- 契约法和民事诉讼法
- 欧盟法入门
- 财产法 I

同英国其他知名学校(如 Oxford 和 Cambridge)一样，London School of Economics 的学费大约是1万美元，低于美国私立法学院的学费。

▶ **在国外学习一至两年后，转学到一所美国法学院**

大部分美国法学院要求转学申请者以一年级学生身份提出申请，待录取后，再行申请就读于更高年级。系主任或者教师委员会将会根据你的具体情况决定给你多少学分。(包括 Yale 在内的一些学校不会为学生在国外的学习经历给予学分。)很显然，先在国外学习，然后转学是要承担风险的。(因为增加学分与否取决于录取学校的规定。)美国的法学院，在确认你在国外名校(如 Oxford)的成绩后，会承认你的资格，但可能不会给你加上一整年的学分。一定要查询目标学校有关国外学习成绩的规定，并搞清楚与你背景相似的申请者的录取情况，不能想当然地认定你在国外法学院的成绩一定能为你挣得学分。

招生主任谈到国外学习法律

如果有人在 Oxford 获得了法学学士学位后，愿意来 Penn 攻读法学博士，我会很乐意录取。他/她还可以获得优待，可能只需两年就可以获得博士学位。

Janice Austin, Pennsylvania

那些在英国的大学（如 Oxford）学习过法律的人，可以申请转为我们学校的一年级学生，但国外两年的课程只能获得一年的学分（因此，他们只需两年时间就能从 Virginia 毕业）。

Albert R. Turnbull, Virginia

对于那些在国外学习过一年法律的申请者，我们并不会给每门课程都授予学分。只有那些在国外获法律学位的人可以获得一定的学分：他们最多可以获取一年的学分。

Jean Webb, Yale

如果你获学士学位后又在英国学习过法律，可以在两个方面对你有帮助：第一，表明你有严谨的求学态度；第二，可向我们提供相关成绩，我们会在做录取决定时予以考虑。

Elizabeth Rosselot, Boston

在国外申请学位

那些想去国外学习法律的学生还有另外一条途径：可以先在国外获得法律学士学位，这大约需要三年时间。然后，向美国的法学院申请法学硕士学位，该学位大约需要一年时间就可以拿到。获得法学硕士学位后，你可以从业于美国一些州的法律界，但并非所有的州都可以提供这样的就业机会。（见第8 章附录4 ）

但在找工作时，你可能无法让某家大公司或律师事务所相信你的教育背景足以同竞争对手匹敌。如果你的法律学位来自国外名牌大学，你可以将此风险降到最低限度。同样地，如果你在美国法学院的学习成绩极其出色，你也可以更容易地找到好的工作。（有的法学硕士课程对学生的要求同法学博士课程不一样，这对你不利。你可以在学业上直接同那些法学博士们竞争，并努力压倒他们，他们可是你找工作时的竞争对手。)

通过这种方式在美国找工作的风险很大。因此，很少有人愿意采用。只有那些打算以后在两个国家从业或者主要在他国从业者，才可能通过这样的途径获得成功。

▶　另一种选择

国外一些法学院允许学生在他国学习一年，并且承认其相应的学分。因此产生了这样一种可能性：在国外法学院学习两年后，第三年转到美国的法学院学习法学博士（JD）课程，然后第四年在该法学院或美国的另一所法学院学习法学硕士（LIM）课程。如果你在美国的法学院学习过两年，就不会被美国知名的大企业小瞧了。（许多美国法律业内人士认为在法学院的学习可以不必超过两年。）这种方法对那些希望精通多国法律，或者希望毕业后从事跨国法律业务的人士来说，是非常具有吸引力的。

参加校际交流项目，或成为三年级的新生

每年都有少量法学院的学生到其他院校学习一至两学期。期间，所学课程的学分加入其母校课程的学分。这主要有两种方式：作为“校际交流学生”或者是“三年级的新生”。许多学校已同其他院校正式设立了校际交流项目（其中 Harvard ——Berkeley 交流项目是一个典型的例子）。学生可通过此项目到合作学校学习。另外，你还可以申请成为名牌学校的三年级新生。大部分的顶级法学院每年都会接收一批三年级才入学的新生。比如，Columbia 每年接收约 5 至 10 名访问学者。

▶　成为校际交流学生或三年级新生的好处

工作机会。在第二年或第三年，到某所著名法学院学习，使学生有接近大公司人事招聘官员的机会。通常情况下，他们不会考虑招收无名学校的学生。大部分学校允许交流学生享用本校的“就业”服务等。尽管潜在的雇主都知道你不会从这所名校获取学位，但校际交流经历会大大增强你找工作时的竞争力。

你参与交流的学校在地理位置上的优越性，会大大有助于你找到

更好的工作。如果你想在 Chicago 找工作，而你现在却就读于 Texas 州的某所学校，那么你可以在 Northwestern 交流学习一年，这显然会加强你同当地就业市场接触的机会。

引起知名教授的注意。在税法课上，讲课的教授可能不会知道或介意你是外校的交流学生或三年级新生。好好利用这个机会，通过以下方式同知名教授建立学术联系，甚至建立私交：课上好好表现，给他留下好印象；写好论文，考试成绩出色；等等。如果你的成绩远远优于本校学生，你就可能获得名教授们的推荐信，以及在工作机会或者其他就业方面的援助。

从目标学校获得学位的可能性。一些学校在学位授予方面存在漏洞，这使一些学习勤奋且志向高远的交流生可以拿到该校的正式学位。如果你选学双倍数量的课程，在一年内拿到相当于两年的学分，就可能从这所学校拿到学位。成功的机会很小，但确实有一些学生成功了。

▶ 争取机会最大化

要想成为一所名校的交流学生或者三年级新生，竞争非常激烈。尽管成功率取决于该校学生数量的波动，但如果你能向招生委员会证明自己确实希望成为该校的学生，那么你被录取的成功率将大大提高。如果你宣称，你必须在该校就读，因为全世界只有这一所学校开设了“受虐动物诊治专业”，那招生委员会多半不会被你打动。应该向他们表明自己必须到芝加哥、费城或纽黑文读书，而不仅仅说你想进入 Chicago、Penn 或者 Yale 的法学院，这样招生委员才会更重视你的申请。你申明的原因可以是诸如家人生病，配偶原因等个人因素，也可以是其他会严重影响你生活的问题。

一位招生主任谈三年级新生

大约 30 至 40 人竞争 5 个名额。我们只接受那些迫切需要到这儿来学习的人。这跟我们这儿开设的法律课程没有关系；基本上取决于个人因素，比如说配偶转学等。

Edward Tom，Boalt Hall（Berkeley）

利用其他法学院的就业安置办公室

在美国，几乎每所经 ABA 批准的法学院都允许其他学校的法律学生使用本校的就业服务（但不允许其参加本校学生的校内招聘活动）。这种做法被就业服务部主任们视为“互利”行为，可以起很大作用，这对那些在无名法学院就读的学生尤其有用。

每所学校对此规定都各不相同。规定最严格的学校坚持对等补偿原则。比如，如果 Wisconsin 大学的一个学生想使用 Harvard 大学的就业服务，就必须保证有一个 Harvard 的学生使用 Wisconsin 大学的服务。但这条规定并不总是得以遵守，特别是当要求提供此项服务的学生数量不多的时候。

大部分著名法学院在提供此互利机会时都很大方，其中许多学校采取“热情欢迎”的政策，只规定外校学生不得使用本校的工作机遇数据库——而实际上，这也常常得不到执行。

▶ **注意事项：**

- 一些学校只对法学院毕业生提供这种互利服务，而不向在读学生提供。这样，当然就会出现问题。比如说，你是 X 学校的一年级学生，但拼命地想通过 Y 学校的就业服务获得一份暑期工作，问题就产生了。
- 一些学校在忙于本校的招生面试工作时，会停止提供此互利服务。
- 一种普遍的做法是：学生不能使用与本校处于同一地区的学校的服务。因此，George Washington 大学的学生就不能使用 Georgetown 大学的就业服务。

第十五章

接到录取通知书之后

内容概要

如果不能确认法律专业是否真正适合你，那么，考虑延期入学

■

采取一些必要的措施，让校方替你保留入学资格

■

处理手头工作，顺利离职

■

为进入法学院做好充分准备，至少应该：

—— *提高写作能力*

—— *学习法学院的应试技巧*

—— *对法学院第一年将要开设的课程做一个全面的了解*

■

如时间允许，不妨多吸纳一些其他领域的知识

如果你一直遵照本书的建议去做，那么到目前为止，至少有两点可以肯定。首先，你之所以申请法学院，完全是出于从业法律界的目标而做出的选择。在做出决定之前，你已对自己的兴趣爱好、人生目标、个人禀赋，以及从业法律界所必须具有的以上各方面的素质进行过综合考虑。第二，你选择了适合自身情况的目标学校，并已提出申请——因为有了本书的指导，你对申请已经很内行了。因此，你现在应该已经拿到至少一两份录取通知书了。

延期入学

一旦收到你第一目标学校的录取通知书，就需要考虑下一步怎么办了。先不要急着将保证金寄出去，而是应该好好想一想，是现在就入学好呢，还是延期一年或两年再入学好？

大多数学校都执行非常宽松的入学政策，其部分原因是他们知道许多人虽然提出申请，但并不一定就读。不过，每所学校关于延期入学的政策各不相同。对某些学校来说，如果延期入学的时间适合，延期入学的要求就可以得到满足。（一般讲，申请延期到春季要比申请延期到夏季入学容易。）而另外一些学校只提供一定名额的延期指标，常常根据收到申请的先后顺序来决定。所以，在这种情况下，你提出延期申请的时间就成了决定因素。也还有另外一些学校，只要你申请延期的理由充分，就可以获准。

申请延期的理由可以是个人因素，也可以是工作方面的原因。比如，正好获得某一著名的奖学金可以资助你出国学习，或者是正好有一个绝好的机会，让你主持一个非常重要的项目。这样的理由足够充分。但你必须仔细掂量，这样的机遇对你能力的提高是不是会有所帮助，你能否从中获取更多的经验，它是否会提升你在法学院和雇主那儿的价值。大多数申请延期入学的学生——老实说，有的原因说起来真的只不过是一些鸡毛蒜皮的小事罢了——事后回想起来都感到欣慰。就个人因素来说，照顾病重的父母就是非常不错的理由。当然，其他一些并不都这么富有戏剧性的理由，也完全可以行得通。

不同学校设置的障碍是不同的。所以，在申请延期入学以前，必须详细咨询那所答应录取你的学校关于延期入学的相关规定。有几所学校从不接受延期入学的申请。当然，如果你打算以后重新申请该校的话，这根本不会对你产生不利的影响。

招生主任谈延期入学

▶ **你们是如何看待延期入学申请的呢？**

Columbia 大学会接受每一份延期入学申请。同时，对那些极有前途的学生，我们允许他们延期到 7 月 1 日入学。这样，有利于他们在进入法学院之前学习其他知识，并获取更多的就业机会。此外，这些学生的延期可以长达一年到两年，并允许中途缩减或到期延长。一旦情况发生变化，他们只要及时通知（在 2、3 月份）我们即可。 *Jim Milligan，Columbia*

我们几乎从不拒绝一年期的延期入学申请。对于两年期的延期入学申请，我们要求申请人具有两年在某一特定领域内的工作经验，如：财务分析师，咨询研究分析师，和平队的工作人员，或者是拥有硕士学位。

Jean Webb，Yale

通常，我们不接受延期入学申请。不过，在他/她以后再次申请本校时，并不会因此而受到影响。 *Michael Rappoport，UCLA*

每年，我们只批准少许一年期的延期入学申请——大概每年 30 名左右。申请人的 LSAT/GPA 成绩应该高于上一届班级的平均分，而且申请延期入学的理由必须充分。

KIP Darcy，Hastings

我们只想招录那些愿意进入法学院学习的人。每年的录取标准是不一样的，所以，我们也不想因为提供延期入学的便利而使招生录取工作失控。只有当申请人优秀到足以提高我们下一年的招录标准时，我们才会允许他延期入学。如果因申请延期而最终未能入学，在申请人再次提出申请时，我们一般会给予优先考虑。在实际操作中，再次提交申请的学生几乎都可以入学；当申请人数量和质量在整体上较之上一年有所提高时，入学标准也会大大提高。只有在这样的情况下，形势才会有所变化。

Albert R. Turnbull，Virginia

我们对延期入学的申请持相当开放的态度，但候补名单中的人不包括在内。（因为，如果来年的申请者在整体素质要有所加强的话，这部分名单中的人能不能被录取还是未知数。）申请一年期延期入学必须向校方做出书面说明，说明这一年的计划。一年以上的延期申请一般不予批准。

Shelli Soto，Texas

▶ 出于何种目的（何时）批准延期入学申请？

通常，我会把提交延期入学的申请期限放宽至每年的6月1日。如果学生由于学术研究方面的考虑而提出延期入学的申请，我一般都会批准。但倘若学生申请延期入学仅仅是为了到欧洲旅行一趟，我就会三思了。当然，最后也有可能会同意。因此，由于个人因素而申请延期入学，也有可能会获得批准。

Edward Tom，Boalt Hall

我们一般就两类情况的延期申请予以批准：一类是由于就业方面的原因，另一类则是个人或家庭方面的原因。但是，申请必须在6月1日前提出。另外，值得一提的是，我们鼓励申请者在入学前，首先应该获取实际的工作经验。因此，当年龄相对较小的学生为了一份颇有价值的工作机会而提出延期入学的申请时，对我们会有较大的说服力。

Don Rebstock，Northwesten

对于一年期的延期入学申请者，只要是在6月1日前提出，我们都可以通融。在此之后才提出的申请，要想获准，一般难度都比较大。而一年以上的延期申请就完全是另外一个问题了。对于重要的学术项目，我们可能会考虑准许申请者延期一年以上入学。

但总的来说，学生申请延期入学的时间越长，他/她最终能够入学的可能性就越小。实际上，只有一半左右的延期入学申请者最后回到学校上课。

Andy Cornblatt，Georgetown

▶ 申请延期入学的学生可以同时申请其他学校吗？

我们要求申请延期入学的学生与我们签订延期入学合同，作为我们替他们保留将来免试入学机会的交换条件。延期入学合同规定持有 Columbia 大学延期入学合同的学生在此期间不得申请其他法学院。但他们可以申请其他专业的研究生项目。

Jim Milligan，Columbia

如果获准延期入学的学生同时又申请了其他法学院，我们将取消他的入学资格。我们为学生提供延期入学的机会，不是无限期地让他们去考虑选择法学院（或者说就是 USC）是否为明智之举。

William Hoye，USC

已获准延期入学的申请者，依然可以在延期入学期间，向其他法学院递交申请。

Shelli Soto，Texas

获准延期入学的学生必须同意在此期间不得向其他学校提出申请。

Andy Cornblatt，Georgetown

▶ 总的建议

申请人不必将全部精力都放在延期入学的申请上。在其后的一年内，重新提交申请说不定会让你更有竞争力。

Kenneth Kleinrock，NYU

如果你不能完全确认法学院——以及法律这一行业——是否真正适合你，那么，还是延期入学为好。如果没有机会延期，要相信自己的能力，相信自己在将来即使重新报考，也可再次被录取——暂时放弃这次的录取资格。只有并且在你完全确认法律是你所钟情的事业之后，再接受法学院的录取通知书。

接受录取

如果你被首选学校录取，又不存在是否入学的犹豫，同时，入学时间也很合适，那么，你就应该尽快将保证金汇入学校的账户，使自己的录取资格得到确认。如果首选学校还没有回音，却接到了次选学校的录取通知书，那么，看看该学校是不是要求你马上就汇出入学保证金。现在，大部分学校在答复申请时都是非常迅速的，通常不会出现上述的窘境。上述情况一旦发生，首先应与已经录取你的学校取得联系，询问保证金是否可以稍后寄出。同时，与首选学校联系，说明情况，请求他们尽快做出决定。应该注意的是，尽量不要与其中一所学校谈及另一所学校的具体名称，特别是在后者明显要比前者低一个档次，或那是属于另外一个完全不同的专业时，尤是如此。

还有一种可能发生的情况：被次选学校录取的同时，也被列入了首选学校的候补名单。有可能到新学期开始，你都不会从候补名单中被剔除，或者最后干脆被学校断然拒绝。这个问题比较麻烦。你只能冒冒险，向次选学校寄出保证金，同时期待最后能够被首选学校录取。

国际学生。一经选定自己将要就读的学校，马上开始着手办理留学签证。就是说，首先要从录取你的学校获得资格认证（I-20）表格，该表格可以证明你的学历、语言能力以及学费来源等各方面都已达到就读该专业的标准。这张表格，同时还有财务方面的文件，都必须递交至当地的美国使领馆，以办理签证。这一过程总是会因为学校的原因，或是使领馆的原因而被拖延，所以应该尽早行动。

离职

辞去现有的工作可能会让你感到或喜悦，或悲伤，抑或是悲喜交加。不管感受如何，重要的是要学会如何辞职。一旦决定离职，就要小心行事。不要冒冒失失地冲进老板的办公室里，陶醉于就要获得自由的喜悦之中。相反，你应该冷静地考虑一下，各方面需要注意的问题。显然，至少你应该看看劳动合同。仔细审视一下，是否应该注意平衡以下几方面的问题：

- 自己是否会被视为背叛者、奸细，或是会造成其他方面的负面影响呢？如果是，那么你就将成为不受欢迎的人，可能马上就得收拾东西走人。
- 将自己所有手头的资料和业务交代给下一任的难度如何，费时多少？自己是不是需要负责对继任者进行培训？
  —— 如果需要对他进行全方位的培训，那么，你可能需要留出足够的时间来给他以必要的帮助。
- 公司是如何处理其他与你情况类似的员工辞职的呢？
- 与老板关系如何？
  —— 如果你的老板真的很值得信赖，你就可以在正式宣布前向他透露一下。
  这样，他可以有时间考虑你的问题，而且也不会对你最后的薪水结算造成不利影响。
- 公司知道你申请了法学院吗？
  —— 如果知道，就把决定辞职的消息尽快告诉大家。
- 你对继续工作的热情有多高？
  —— 如果你想在开学前多些空闲，就不必担心被立刻解职了。

▶ 辞职

约定在某个星期五的下午，与老板谈谈。这样，他就有整个周末的时间可以对你的决定进行考虑。向他说明，从他身上及公司工作中你所学到的东西。关于这方面，可以从你所从事的行业，工作方式，书面以及口头交流能力等角度来谈。然后向他说明，你为什么要离开公司，去攻读法律。（当然，如果你的老板曾为你写过推荐信，一切都可简洁明了地一笔带过。）

要想留下最好的印象，要注意：

- 手头不要有悬而未决的工作。
- 移交所有文件，同时详细说明你对继任者的工作建议。
- 可能的话，亲自对继任者进行培训。
- 如果你有下属，那么要再对他们做一次评价。
- 如果老板不会因你辞职而大光其火的话，要求他对你在公司的表现做一次总结性的评价。

- 考虑提出你的工作职能以及公司有待改进的方面。但切记，在确信老板听了之后不会发怒时再提出。
- 考虑在你的继任者开始工作一个星期后，与他通一次电话。帮助他解决一些可能出现的问题（可提出以后继续与他保持电话联系，但最后的决定应由他来做。）
- 尽一切努力与从前的同事保持良好的关系。记住，他们可能就是你将来的推荐人或是客户。

完成大学的学业

如果尚有数月才可结束大学的最后一个学期，别掉以轻心而荒芜学业，空度了剩余的大学时光。一定尽力，争取获得最好的毕业成绩。特别是主修科目的成绩——即那些要求进行大量的研究、分析或/及写作的科目。要知道，在进入法学院第一年或第二年的夏季，你也许会抽出些时间，找份工作干干，而雇主可能不但会在意你法学院的成绩，同时也会很关注你大学时的学习情况。大学最后一个学期出现的B和C同清一色的A相比，显然会给雇主留下完全不同的印象。大学时代优异的成绩可以充分证明你的自强与优秀。如果有机会获得美国大学优等生之荣誉或是毕业生之最高荣誉，就一定要尽力去争取。而且你也不应该放弃院系的任何奖项。

在收到录取通知书时，如果你还有整整一个学期才能完成大学学业，那么，在选修课程时，应该注意选择对你将来法学院的学习有帮助的科目。包括：高级写作、与你将来学习领域相关的课程（如果想学习税法，就该选择财务会计课程；如打算从事环境法研究，可选择生态学方面的课程，等等）；同时，选择那些有助于你获得第二学位的课程。写一篇可以用来证实自己能力的学术论文或有关主修专业的论文；为了提高自己的知名度——充实个人简历——试试能否在期刊或学术杂志上发表，当地的报纸也可以。

另外，应该开始考虑将来可能从事的职业。如何才能充分利用学校的服务，组织、团体，校友会，从而实现比别人领先一步？如果有可能的话，和你的就业办公室主任或顾问讨论一下你最感兴趣的法律领域。与已进入该法学院就读的高年级校友联系，尤其应该同就读于你所感兴趣的专业的校友取得联系。这些人是你建立自己关系网的宝贵资源。告诉他们，你将在秋季进入该法学院学习，你很高兴与他们讨论关于家庭法，或知识产权法，或其他任何关于法律的问题。这些关系对你在法学院的第一年暑期找工作是极有帮助的。

考虑加入可以使自己某方面能力得到提高的组织或社团。例如，参加辩论组，可能会帮助你克服对苏格拉底式教学法的恐惧。如果所在的组织或社团的负责人已有退意，自告奋勇接替他。主动接近指导你写出过好报告的教授，看看他目前正在研究的项目需不需要你的帮助。

准备入读法学院

▶ 为专业学习做充分准备的道理所在

如果你志向远大，想要取得最高的法律学位，那么你也一定非常想在专业方面取得好的成绩。

达到这一目的最简单的方法就是，为专业学习做好充分的准备。准备不足的学生会发现要想取得好的成绩非常困难。相当一部分没有好好准备的学生，在非常重要的第一学期里苦苦挣扎，勉强通过考试。这很难有补救的机会，即使有的话，也要等到所有主修科目结束以后。只有到了那个时候，他才能够开始和其他同学在某种意义上进行平等的竞争。

然而，等到了那个时候，可谓大势已去，局面已很难挽回。那些一开始就表现出色的学生早已得到了教授与其他同学的认可，证明了他们是杰出的分析师和善辩的律师。这一点，会在暑期到来时，反映在学生们得到的不同的工作机会上。而暑期工作机会通常又和日后就业的工作机会密切相关（例如，毕业时获得的就业机会）。不管怎么说，最初的这些工作机会可能会影响到其他同学、教授以及潜在雇主对你的总体看法。除此之外，在许多法学院，成为该院院刊编辑的资格也在很大程度上或完全取决于第一年的成绩评定。

在正式开始学习前做好充分的准备，不但可以帮助你在第一学年取得较好的成绩；而且也有助于减轻——如果不能彻底消除——困扰一年级新生的巨大压力。

法学院传统的教学方法增加了第一年的学习难度

许多法学院长期以来都疏于教学，尤其是一年级的教学。尽管有些例外——仍有一些学校在努力改善自己的教学质量——聪明的学生应该竭力避免下述情况。不幸的是，仍有非常多的学校正如我们如下所描述的一样。

在这些学校里，教授们似乎觉得，那些刚刚入校的一年级新生就已经完全掌握了那些本该由他们在课堂上讲授的知识点，并我行我素地安排教学。教授对其所教授的科目没有一个系统的概述，就一头扎进琐碎的案例分析中。然后，他们又进一步将自己的学生推入迷茫的境地：发动强大的攻势，让学生无暇阅读学习提纲或者是系统性的知识概论，而这些材料本来是有助于学生对所学习的课程做一个系统的了解的。

教授们这么做的原因很简单。传统上，法律就是通过案例分析的方式进行教授的。而此外，还有那么一个不值得称道的原因，那就是，这种教学方式对教授来说非常轻松。一名教授只要对自己所教授的科目熟悉到一定的程度即可；讲授自己熟悉的东西很容易，因为教授早就知道自己应该把重点放在哪些方面。结果教授分析案例时毫不费力，简直无所不能。而且，传统的苏格拉底式的教学方法也变得更加容易。例如，一旦学生提出疑问，教授就可以拿出他的绝招做挡箭牌："我不知道，你是怎么想的呢?"

造成这一局面的部分原因是顶级法学院传统上钟情于讲授"黑字头"的法律。为了免于被人视为商学院，法学院总是试图教授一些更为宏观、严肃的东西，至少在第一学年的课程安排上如此。于是，他们会强调公共政策或"像律师一样思考"之类的事情。这种趋势以及其他方面的问题共同导致了最后的恶果——教授们根本不关心学生是否学到了相关科目的知识。毕竟，最重要的不是学习某一特定的课程，而是学习所谓的时代精神。结果，没有客观标准来约束某位教授与学生之间的沟通，也无法对教授的教学做出判定。

此外，上述的情形，还存在一个另外的原因，且有滋长的趋势。教授们缺乏加大教学投入的动力。法学院决定某位教授任留的考虑基于以下几方面因素：最重要的因素是发表的学术论文，还有揽揽的客户，或者是他/她的公众知名度。一名教授需要吸引的不是他班里的学生，而是他的同事，以此来求得续任，受到尊敬。而法学院之间的竞争也并不是基于教学质量的竞争（与此形成对照的是他们对教学质量不高的抱怨）。实际教学质量对招生或聘用教授几乎没有什么影响。十分有趣的是，大部分商学院在这一点上与法学院相去甚远。对商学院最具权威的排名是Business Week所做出的排名，而该排名只选用了两条标准。其一是，请学生根据自己的学习经历，尤其根据学校的教学质量，为学校打分。这样，商学院在提高教学质量方面投入更多精力也就不足为奇了。许多商学院在教授安排上都实行新老搭配，这样，年轻的教授可以向资深的老教授学习教学经验——以及某一特定科目的授课技巧。由学生对教授进行评估，分数低的教授可能不得不观摩那些获得高分的教授的教学。经过观摩，教学仍然没有明显提高的教授很可能就会被辞退。但是，除了极个别外，法学院对教学质量的重视还远远没有达到这一程度。

让人意想不到的是，毕业后面临的律师资格证的考试却是法学院学生的大事。实际上，准备参加律师资格证书考试的学生这才刚刚开始（第一次）真正学习每门科目。某些考试的科目其实在校期间都曾开设，但现在却集中在一段很短的时间段内学习。（当然，律师资格证的考试主要通过考试合格率来对学生学习科目进行考察，这也可能只是个巧合。）

▶ 需要充分准备的方面

要想一次性地掌握所有的法学院学习的基本能力是非常困难的，你不可能指望自己一口吃成个胖子。其中，首先应该掌握以下几个方面的能力：

- 法律文书写作（包括案例摘要，备忘录，模拟法庭摘要以及应试写作）
- 涉猎各领域的实体法
- 案件推理——例如，对相关因素与非相关因素的推演
- 法律研究方法论
- 相关的新词汇
- 如何灵活应对课堂上与教授的交锋（这种情况下，教授总是掌握着每一张制胜的王牌。从某种意义上来说，他们甚至会

认为，能够培养出那种在大庭广众之下、承受难堪带来的压力的学生，才算得上是一个真正好的教授。）

在入学前，了解这些重要的问题。这样，当你真正开始法学院的学习生活时，日子会好过得多。

法律文书写作

写作是绝大多数律师必备的业务技能。因此，在法学院学习过程中，写作能力的培养也显得非常重要。尽管如此，许多人在进入法学院初期，并不善于写作。这一点，与英语专业和工程专业的学生非常相似。老实说，许多法学院在培养学生的写作能力方面做得并不怎么令人满意，但其中，有关辩护词的写作却是个例外。退一步说，即使法学院的写作课程教学质量能够得到保证，在进入法学院前，我们也还是建议你锻炼一下自己的写作技能。

有两种途径可以提高你的写作能力。首先，提高自己的整体写作水平。如果写作不是你的强项，那么在进入法学院前，一定要进行必要的练习。可以参加当地大学的业余写作训练或编辑课程。写作课将帮助你提高写作能力，而编辑课将迫使你提高归纳、评改、编辑别人作品的能力。这种方法对提高写作能力很有帮助。关键是要一丝不苟地对待，并持之以恒。

其次，如果写作能力已经达到一定水平，你就可以参加法律文书写作的训练课程了。例如，Harvard 暑期学校就开设了“法律文书写作”的课程，其简章中相关介绍如下：

本课程招收对象为法律专业的学生，法学院的报考者，以及那些有意提高自己分析写作能力的作家。本课程开设基于以下前提：优秀的法律作品有利于清晰、明了、准确地表达自己成熟的观点。学生利用写作的要素构建法律论据，引证先例，引述法规，最终让事实说话。学习起草大量的法律文书，包括案例摘要、申诉、答复、律师陈述、法律备忘录、法律规章等等。教学材料涵盖并涉及宪法、刑法、家庭关系法、隐私权法等当代社会的主要问题和法律领域。

▶ 参加法学院的考试

尽管在法学院有其他类型的写作课，但考试仍具有最终的重要性。尤其是第一年，写作课的成绩完全由期末考试的成绩决定。正因为考试成绩如此重要——但在平时的教学过程中，却不幸被忽略了——所以你才应该在事先加以准备。上述几类训练整体技能的写作课程可能会帮助你掌握应试技巧。（例如，UCLA 的教程“法学院写作教程”就更注重于法律应试写作。）如果无法参加上述课程，可以利用考试前几个月的时间，采用下面某一种方法加以练习：

参加应试写作研讨会。许多公司都举办相关研讨会，以提高法律应试写作的水平。你可以参加他们的研讨会或购买他们研讨会的录音带。实际上，后者是一种更加明智的方法，因为你可以根据自己的进度听磁带，如果觉得合适还可以重复听。这些研讨会和磁带揭开了举足轻重的法律考试中的秘密，可以为你提供征服这类考试的方法。

参加法律夏令营。近来，一些公司开始举办为期 5 – 10 天的法律夏令营活动，以帮助学生了解法学院生活的方方面面。营地的课程模仿法学院一年级课程的设置，由法学院教授讲课。这些“新兵训练营”学费非常昂贵（常高达 2，000 美元），但学生可以在许多方面得到训练，其中也包括应试论文写作。

▶ 各类实体法

预备工作到此告一段落；现在谈谈相互独立的核心科目。关键是要避免负担一大堆原先没有做好准备的课程。如果不事先对其中几门课程的基础知识有所涉猎，那可就要面临严峻的考验了。一定要确保自己对秋季的课程有所了解，至少准备其中的两门课程。以下提供几条预先准备的方法：

报名参加律师资格考试复习班。律师资格考试复习班的目的是帮助法学院毕业生通过律师资格考试。法学院第一年的课程占整个考试内容的一半还多，是律师资格考试的重点。许多比较不错的律师资格考试复习班都招收法学院一年级的学生，同时在学费上给予优惠，收取很少的预付金（约 50 美元）。你可以拿到一本教材，其中罗列了第一学年所有课程的要点；你还可以参加与第一年课程相关的讲座。总共约 10 个课时，每个课时 2 – 3 个小时。另外，你还有机会参加应试系列讲座。这种做法非常明智，用来为进入法学院做准备，效果也不错。法学院的学习还没有开始，你就已经对一年级的所有课程非常熟悉了。许多讲座都允许录音，这样，你就可以安排在自己时间方便的时候进行学习。但是，如果讲座的时间对你没有不便，最好还是考虑亲临现场听课。与那些真正要参加律师资格考试的学生们一起听课，你会开始感受到法学院的气氛和吸纳法学院学生的观点。这样很可能会激起你更大的学习兴趣。

阅读提纲材料。购买提纲性介绍的书籍也是一个不错的选择。Gilberts，Emanuel，和 Sum & Substance 系列都出版这类书籍。阅读时只需阅读介绍性的提纲，而不必阅读整本书。这些介绍（从 35 页到 90 页不等）可以使你对课程结构有所了解。通读共数百页的概要，对第一次接触这个科目的你来说涉及了太多的细节。另外也可以选择阅读 Nutshell 的图书。不过这些书籍篇幅大多过长，同时还包含了关于该科目的简略介绍，所以更加适合有大量精力投入的人阅读。你可以将选定的材料多读几遍，以获得该科目结构的基本概念。只有如此，才可能准备得比较充分。

正如前文所提及的，法律夏令营培训法学院所需的各种技能，其中也包括法律应试写作。

▶ 案件推理、调查方法、词汇以及与教授的较量

上述建议可使你多方面受益。实际上，如果不懈地按照上述建议进行准备的话，你将至少具备了良好的法律推理能力，掌握了正确的调查方法，还有基本的法律词汇。再加上你对于第一年课程的了解，现在你完全可以面对任何一个难以对付的老派教授了。

▶ 其他准备工作

如果时间充裕，可以试着了解以下几个方面的知识：

- 第二学期的科目。
- 法律调查：如果你想学习法律调查的细节，许多学院都开设培训律师帮办的课程。
- 微观经济学：微观经济学的思维方法已经成为讨论合同、侵权、反托拉斯和其他许多问题时的法律工具。
- 会计学：任何主攻公司法的人都会发现财会方面的知识非常宝贵。令人惊讶的是，这一经验之谈在许多公益事业领域也同样适用。
- 所有对你将来发展职业有帮助的东西：例如，如果你打算主研家庭法，那么你对心理学、会计学、税收或财政金融方面的了解都会对你的职业发展大有帮助。

某些学生需要在开学前多付出些努力

有几类即将进入法学院的学生应该尽可能地做好充分准备。包括：

- 打算转学的人。第一年的学习成绩对转学能否成功至关重要。因此，打算转学的人应该事先多做一些准备，比别人先走一步。
- 立志加入只接受法学院尖子生的公司工作的人。
- 外国留学生。显然，非英语国家的学生首先要过英语关。最好入学前在纯英语的环境中生活、工作或学习一段时间。对非英语国家的学生来说，学习上述预习材料尤其有用。通过对那些材料的学习，一方面可以提高对英语的掌握（包括法律文书用英语），一方面也可以逐渐了解美国的法律体系。那些成长在美国的法律体系之下，并且整日受到该体系所引致的形形色色的辩论所感染的美国公民，与那些自认为其本国的法律体系与美国的法律体系非常相似或接近的外国学生相比，占有绝对的优势。
- 原来专业基础较薄弱的学生和那些还不太适应高强度分析和写作的学生。

第十六章

如何充分利用法学院的时光

内容概要

学会合理安排时间

—— *以最少的时间投入，来应付课堂学习和考试*

■

以开阔的眼界看待职业的发展

■

法学院的学习不能仅仅局限于课堂

■

学会排遣压力

■

关系网的营建和社交机会的把握

若想通过法学院的学习获得最大的收益，从一开始，你就必须刻苦努力——同时，你还应该懂得如何巧妙地学习。首先，在入学前，做好基础知识的铺垫。这一点，我们在第 15 章中已经详细讨论过。它一方面要求你必须对第一学期课程的基本内容有一个比较全面的了解；另一方面也要求你必须掌握一定的应试技巧。另外，要学会如何有效地利用自己的时间。想做到这一点，你必须战胜心中的惶恐与不安，这常常是困扰法学院一年级新生的首要问题。

首要任务就是合理安排好自己的时间

法学院通常会有意给学生安排一些常人所不能负荷的作业量——至少作为血肉之躯的人是无法完成的。因此，你必须学会分清各项工作的轻重缓急。你需要承担的工作量要远远大于你所能支配的时间。选择最重要的内容，集中精力完成。只有在时间允许的前提下，才可以考虑其他部分。

跟不上其他同学的进度，将会是你面临的最大问题。一旦被甩在了后面，更多的问题将接踵而来。最终，形成一个恶性循环：你今天听不懂教授的讲课，是因为事先没有做好预习工作，因此，课后就得花些时间来弥补课上没有理解的内容，而这就意味着，你永远都无法挤出时间来预习第二天的课程，而第二天的课程又会因此而出现更多难以理解的东西，这样，你将不得不付出更多的时间和精力来弥补这一课，如此下去，便只能导致更加恶化的循环过程。

对时间的合理安排与利用，贯穿于法学院生活与学习的各个方面。你必须提高作业的效率，并提前安排和计划好自己的业余时间。合理安排日程，将时间用于参加那些有重要意义的活动，而尽量避免或减少那些无关紧要的事情的参与。也许，你可能有时间同时参加两个俱乐部，如一个体育俱乐部，一个自学小组。同时，你还能经常参加一些社会实践活动，或去听听自己感兴趣的专题讲座。但是，你不可能同时加入 6 – 8 个俱乐部，并参与每个俱乐部的全部活动。

▶ 通过削减工作量来达到目的

在法学院读书，会有繁重的阅读任务。要想完成教授所布置的全部阅读材料几乎是不可能的。关键，不要被它们压得喘不过气来，要懂得轻重缓急之分，重要的先完成，不重要的留待以后再说（或者说，压根就不用去理会它）。

大多数学生的境况。要想提高效率，就不能只见树木，不见森林，只见细节而不见整体。这和法学院的教学方法，尤其是第一学年的教学方法，正好相反。大多数学生，甚至那些受到高年级同学一再告诫要“整体把握”的学生，还是难免缺乏坚持自己信念的勇气，而把过多的时间浪费在那些细枝末节上了。教授们往往鼓励学生多阅读案例（而忽略了各科目的基础知识的掌握），他们听信了教授的话，试图阅读所有的案例，并对每个案例加以分析总结。即使他们原本打算阅读其他课外的知识性综合读物，也都会将案例阅读视为当务之急。结果，大多数学生都被案例压得透不过气来，他们投入了所有的时间和精力——放弃了原本打算用于阅读知识性综合读物和准备考试的时间——仅仅是为了挤出更多时间来阅读案例。他们整天忙于学业，承受着巨大的压力。

解决办法。要想改善这种状况，就必须严格按照既定计划进行学习。选择某一科目，（试图）完成该科目所有的阅读工作，包括对每一个案例进行分析总结等等。这样，你就能够获得比其他同学更多的练习机会。而剩下的科目，你根本不用去理会。相反，你还应该找两本课外材料看看。然后，读一些现成的案例摘要——案例分析。你可以在 Legalines 和 Casenote 等知名出版物上找到此类读物。这样的练习，对你在课堂上的讨论非常有帮助。

在此基础上，还有一项更重要的工作。那就是，反复阅读商业简报。这些由 Gilbert，West，Siegel 和 Emanuel 等发布的商业简报就某一主题的方方面面进行了综合性的概述，非常容易理解。而这些案例概述，通常会是你课堂案例讨论的素材，这样，你就很容易找到与下周作业相关的内容了。反复阅读这些材料。课前将相关内容阅读多次，课后的几个星期仍然要坚持反复复习。（阅读律师业界评论的简报是另一种可能的选择。）

另一明智之举。此外，还有一种学习途径，即研究其他同学所做的提纲。和高年级的同学取得联系，看看是否有人曾经和你听过同一位教授的课，并且可以提供该科目的教学提纲。如果有这么一本提纲，准确而详尽地记录了该科目的教学要点（比如，笔记在100页以上，而且是单行距的），那么，将它作为该科目最主要的参考资料。复印一本，每日课上用它来做笔记。然后在每次课后阅读该提纲以及你的笔记中的相关内容，将任何有参考价值的内容转录到你自己所做的提纲上。

这样做的理由，显然：如果你每天课余还得花3－4个小时在学习上，那么显然，你需要提高自己的学习效率（这是因为，低效率的学习方式，可能让你无法承受满负荷的学习压力，最终把你拖垮）。严格按照自己的计划进行学习；巧学要比苦学重要得多。更多时间的付出并不一定就能带来更高的考试分数，充其量，它也只是额外耗费你的时间和精力罢了。

应试准备

每隔几个星期，就某一门功课进行一次模拟测试。收集整理一些有关已经学过的课程的相关问题。然后，或者找个学习的搭档，互相帮助；或者与你所使用的商业简报上的答案进行核对。这么做，好处多多：

- 你可以逐渐适应法学院的“考试”。当你真的参加考试的时候，就不会感到恐慌了。
- 可以掌握法学院考试的本质。发现问题，迅速回顾相关法律条文，同时对相关事实简单加以“讨论”，这与你记忆中的大学考试是有很大差别的（法学院的考试与其他研究生院的考试也不尽相同）。参加这样的考试，与参加大学考试采用的是完全不同的思维方式。
- 你会明白，对某一门功课进行总体把握是非常重要的。而掌握那些布置给你的案例的细枝末节却没有太大的意思。通过模拟测试，你对案例细节的兴趣会大大降低，就避免了沉迷于大量的课堂笔记中。

更多的应试技巧

了解教授所要考察学生的方向，这是非常有用的技能。注意以下四个方面的问题：

- 课程本身的侧重点。检查一下讲授每个专题所占用的时间。
- 查阅教授以往的考试试卷，或找二、三年级的学生打听一下，看他们是否还记得起原来的试题。
- 看看教授写过的论著、目前正在研究的课题。同理，查查他/她正代表客户处理的事务性质。
- 留心观察某一领域最近是否有新的案例判决。

加入学习小组前，一定要深思熟虑

对许多人来说，参加学习小组是法学院学习的重要组成部分。但对那些需要将学习努力最大化（而不是应试的准备最大化）的学生来说，学习小组往往就成为一根拐杖。不要急急忙忙地加入某个学习小组，首先考虑自己这样做的动机何在。大多数人加入学习小组都希望小组每周至少可以开一次长会。他们还希望小组成员能做出每门功课的提纲，同时，可能的话，做出案例的摘要。这是一项很大的投入，如果你真打算这么学习，想清楚了，再加入也不迟。

然而，你应该按照本书上文提到的方法，单独完成主要的学习任务。学习小组或学习搭档在某些方面也是非常有用的，那就是在评改你的模拟试卷的时候。你完成了自测，可以请你的学习搭档检查，并就你的不足之处提出改进的意见。当然，你也应该为他做同样的付出。当你一旦需要做模拟法庭摘要或其他写作作业时，这样的学习伙伴/搭档也是很有帮助的，他们会是非常不错的读者和交流对象。

你可以通过多种途径获得模拟考试用的试题。出版学习提纲和案例摘要集的出版商也提供此类试题集，前面提到的图书中也包含有此类样题供你练习，此外，市场上还有单卖的模拟题。模拟试题的另外一个来源就是学校图书馆。许多学校保留从前的考试试卷。如果你从师的教授的考试试题也在其中，那更要加以利用。即使图书馆收藏的惟一一份试题是由别的教授出的，也要加以珍惜，留作备用。采用多种不同来源的试题进行模拟测试，可以避免复习过于片面，而忽视了对其他要点的复习。

以开阔的眼界看待职业的发展

一般地，进入法学院学习的一个主要原因是，推动自己的事业向前发展。如果在这段时间里仅仅是刻苦学习，那么你会错过法学院为你提供的事业发展机会。法学院中某些特定的课程，以及某些非学术方面的经历为你提供了理想的事业发展机遇。和潜在的雇主以及就业服务人员进行讨论，谈谈你在学校还应该掌握哪些技能。以下几点建议供你参考：

抓住机会结识你的“同学”。你可以从其中有经验的人身上学到不少东西，而且，你将来也会从你与他们的友谊中受益。这对你的事业大有帮助，与他们保持联系，可能会为你的事业提供重要的建议和信息。

- 结识**教授**，特别是你所选专业的教授。如果有机会接触该领域从事研究的专家，向他们请教，你会受益匪浅。他可能帮你联系本专业的优秀人士、潜在雇主，或者是某个不错的工作机会。但你要避免抱着纯为提高成绩或从他们的慷慨中谋取私利的目的接近他们。对于他们，你也应该有所付出。从这一方面讲，热情主动地学习，总是会得到回报的。
- 加入与你将来事业发展相关的学生组织。例如，如果你对环境法比较感兴趣，那么就加入环境法学社。这样你就有机会结识其他有志于环境法研究的成员。他们能为你提供大量的行业信息和工作机会。另外，还有辩论组织，其成员往往代表客户或企业，可以在一个相对宽松的环境中得到实践锻炼的机会，使自己在分析、陈述、谈判、沟通等等方面的技能得以大大提高。

- 充分利用就业服务办公室提供的专业服务。参加其中的个人简历陈述和面试技巧培训小组，可以对个人陈述和模拟面试进行录音，以供自己参考。同时，还有更重要的事情需要讨论，即关于你的就业计划，征求他们的意见。参加他们的职业评估测试，请他们帮助分析你的个人和职业目标，请他们预测你将来在这一领域可能取得的最大成就和可能遇到的挫折。如果是在校外进行上述咨询服务，价格会非常昂贵。因此，你不应该放弃校内这种免费咨询的机会。
- 未来的雇主会很看重你除法律知识之外的其它技能。你在大庭广众下的讲话技巧、谈判技巧、写作技巧、应付客户的能力，和你所掌握的法律专业知识，这些都会对你的未来产生重大影响。因此，在掌握学术知识的同时，应该使自己的相关能力得到锻炼和提高。可以考虑参加法学院以外的培训班，尤其应该留心商学院是不是提供这样的机会。
- 参加当地或全国律师协会。如果想结识活跃在某一领域的律师，你就应该积极参加相关委员会的活动。为了树立自己在这一领域的形象，尽量向协会的刊物供稿。抓住这个机会，你可以使自己的声望和技能都得到提高，同时也不会被别人视为潜在的对手。
- 参加当地或全国的与自己学习领域相关的行业协会。例如，你所专长的是生物技术法，那么，加入相关的生物技术行业协会，它使你有机会结识该行业的所有业内人士。你可以加入其中，或以某种方式发挥自己的作用。同时也应该注意到，在大多数行业期刊上发表文章是比较容易的。如果再聪明点的话，可以和自己潜在的客户和雇主建立联系。在法律事务所，年轻人发展客户可是出了名的困难。但如果你在读书期间这么做了，就已经比别人领先一步了。
- 对于那些打算在学校所在地区发展的学生，应该与同自己是校友的挂牌律师取得联系。本地的老校友最愿意接纳你的进步。即使在进入法学院之前，你就可以向他们征求建议，应该选择什么课程、哪个教授比较好、可能会需要掌握怎样的特殊技能，等等。读法学院的同时，与他们保持联系，他们很可能会为你提供兼职的机会，或在别的雇主需要人手时，首先想到你。毕业后，他们对你的帮助仍然很大。对你来说，在本地有一个广泛的关系网是非常重要的。

认真考虑将来的事业发展方向

潜在的雇主会把你和你的同学、甚至同等背景的法学院毕业生进行比较。在尽力成为尖子生（或法学评论杂志的主编）之前——想达到这一目的，必须放弃所有法学院可能提供的其它娱乐，投入全部的精力——明确自己的目标，弄明白实现自己的目标所要付出的努力。和就业服务专员谈谈，咨询一下你所选择的工作和雇主会对你提出什么样的要求，包括 GPA 成绩、选修课程、课外实践，等等。例如，如果你决定在大的律师事务所工作，那么与那些打算自己开设事务所的同学相比，你可能需要更高的考试成绩。（而对后者来说，GPA 成绩几乎毫无重要性可言。）但即使是最在意考试分数的雇主也不会仅仅看重你的学习成绩，因此，要注意提高自己其它方面的求职能力。

在法学院所进修的课程、你的学习成绩、课余实践、过去的工作经验，以及其他技能的最佳组合随求职领域的不同而变化。例如，如果你想在顶级法学院里当老师，教授反托拉斯法的课程，哲学博士的学位（同时也是法学博士）可能是你必备的资历，而在其他领域，它却可能无关紧要。同理，法律评论杂志编辑的资历对进入法律事务所来说，可能很有价值，但在其他情况下，可能毫无意义。比如说，如果你想从事家庭法，那么，与当地圈内人士的良好关系显然要比在法律评论杂志上发表文章要重要得多。

在进入法学院之前，你越清楚自己将来毕业后的去向，你就越可能把自己在法学院的课程安排得井井有条。根据自己对专业和雇主的选择，以及自己的背景和兴趣，认真考虑，制定最有利于你的发展计划。下表显示了不同就业兴趣的人在读法学院时努力的方向和精力的分配。其本身只是一个粗略的统计，目的在于说明不同发展方向的学生在法学院学习期间，应该根据自己的计划有不同的侧重点，而不是仅仅规定什么该做，什么不该做。实际上，在任何领域（包括下面表中所列），涉及具体行为以及由此带来的最合理的法学院学习计划方面，都存在相当大的出入。例如，在“家庭法”领域，George可能想接手国际儿童监护工作，而Martha却想代理离婚财产纠纷的客户。George可能需要选修与国际诉讼法和儿童监护权法相关的课程，他可能会想学习儿童心理学，熟练掌握第二外语对他也很重要，因此，在国外学习一段时间对他来说非常必要。另一方面，这些课程对Martha却几乎毫无意义。她可能须尽力去了解和掌握有关财务会计和财政金融方面的知识（还有普通离婚案、诉讼、调解等科目也是重点）。例如，她可能需要学习法律会计——资产跟踪。

关系网的营建

毕业时，你最宝贵的财富就是读法学博士期间建立起来的人际关系网。这个网络不但可以帮助你找到工作，而且还可以通过现成的信息和辅助渠道帮助你完成现在的工作。建立这样一个关系网的关键当然是广结朋友，避免树敌，与人合作，尽可能多地吸引别人。你需要给人造成的印象是聪明、刻苦、善于与人相处、可靠、有决断并且可以承受工作压力。换句话说，你在法学院的表现——以及能力——直接影响到你的关系网的建立和发展。切忌为了建立关系而走极端，因为过于迎合他人常常会引起别人的反感。

法学院学生最容易忽视的不是学校的人际关系网，而是校外的人际资源：校友，当地挂牌律师（和法官），商人（他们雇佣律师），商学院的学生（他们很快就会需要聘请律师）等等。

学会控制压力

刚刚进入法学院的几个月里，你将面临着非常大的压力。你身处陌生的环境，面对陌生的同学和老师，同时还得以从未有过的高效率完成学习任务。另外，你可能还不得不与以前没有遇到过的强劲对手

一旦确定了将来的职业发展目标，该如何安排法学院的学习与生活

拟设计的职业发展方向	最高的GPA成绩	法律杂志社	其它出版物	法学院校外课程	与本地区业界的联系	学生组织	实践课程	与教授的关系	兼职活动工作
诉讼律师(任职于大公司)									
家庭法(小的专业公司)	+ +	+					+ +		
法学教授			+	+	+	+	+		(+)
公益事业	+ +	+ +	(+)					+ +	
自雇佣	+	+	+		+	+		(+)	+

(+)有可能重要

+ 重要

+ + 非常重要

竞争。所有这些，连同对自己表现的过高预期，都会让你产生极大的压力。这种压力有它好的一面，也有坏的一面。一方面，这种压力可以成为你集中精力、努力学习的动力。另一方面，过大的压力也有可能压得你喘不过气，使你无法集中精力进行正常的学习和生活。

要避免压力过大导致的负面影响，就要注意**及早发觉这方面的征兆**。如果因为没有实现目标而感到惶恐，暴怒，感到身体不适（如食欲不振、暴食、酗酒、抽烟、肩背紧张等等），很有可能就是压力过大造成的。

确定压力产生的原因。这可能是两方面的原因导致的。第一，对自己要求过高。希望自己认真完成每个案例的阅读与分析，正确回答课堂上的每一个问题，甚至希望在整个法学院期间长胜不败，不受挫折。你应该现实一点，失望和错误是求学经历过程中无可避免的组成部分。第二，你应该注意到这样的一个事实：法学院故意给学生布置了永远也无法完成的功课量。

这两方面交织在一起，使得求学的道路艰难无比。正如我们在前面讲过的一样，你必须学会在避免把宝贵的时间浪费在无关紧要的内容上的同时，学会如何消化课程中需要重点掌握的知识。你必须仔细斟酌，断然做出取舍，哪些工作应该全力以赴，哪些工作可以一带而过。

另外，将每天的生活安排得井井有条：

- 按时运动。选一项自己喜欢的运动，保证每周五天都能挤出至少半个小时或一个小时的时间做运动。运动将为你的紧张、焦虑、烦躁和沮丧提供宣泄的渠道。
- 合理饮食。经常在深夜进食或总在课前匆匆忙忙吞下几口馅饼，日久天长会对你的健康和能量造成损害。
- 适量睡眠。确保每周有一天都可以额外多睡几个小时，以弥补平时睡眠的不足。
- 最后，不要为小事情斤斤计较。即使那些不值得较劲的人激怒了你，也要学会以诙谐的态度对付讨厌的人，更不必大动肝火。例如，某个司机在你上学路上抢了你的路，大可不必因为没有休息好，心绪不佳而和他大叫大嚷。受这些事情的干扰程度越高，积累起来的压力就会越大。

参加社交活动

融入校园生活。参加几个俱乐部，进行一两项运动，结识你的同学和教授。如果你已婚，尽可能和你的配偶一起活动，因为这样可以将你新的经历和真正理解你的人一起分享。他/她也会高兴和你一起享受美好时光，而不会因你完全融入新的生活、忽略了对方的存在而恼恨你。

第十七章

筹措资金

内容概要

计算成本

■

考虑课程以及获得经济资助的可选择性

——*学校与学校之间的助学金发放政策存在非常大的差异，正确的选择可以节省一大笔开支*

——*资金筹措的方式很多，但只有早早动手才有可能赢得胜利*

■

不要因为眼前的利益，而做出错误的选择

——*读法学院是一项长期的投资：你应该选择最具价值的、而非最便宜的课程*

读法学院的代价是高昂的。特别是当你读的是私立法学院、而又没能获得助学金资助的情况下，三年的花费将高达125，000美元。即使是进入Michigan这样的公立大学——按照当地居民的标准缴纳学费——至少也需要100，000美元。这些数字所代表的，还仅仅是攻读法学学位的**直接成本**，而间接成本也同样不可小觑。**机会成本**——或者说必然要放弃的收入——是指，如果你不因攻读法学学位而放弃原先的工作（或在大学毕业后，直接就业）可能赚到的钱。同理，如果你的配偶因你的变迁，而不得不接受较低薪水的工作或转换职业，这也是一种潜在的机会成本。

尽管数额巨大，但从经济角度讲，进入某所**精心挑选**的顶级法学院学习，攻读法学学位显然会是一项非常不错的长线投资。历史已经证明了这一点。再看看现实社会（受雇于私人企业的律师们的起薪正在大幅上涨），法学文凭的价值也是水涨船高。

这么一来，如何筹措到读法学院所需的资金就显得尤为重要了。不过，有关如何填写助学金申请表格之类的小问题，就不是我们的讨论范围了。这里，我们将一起来研究可供你采用的、与你将来的择业紧密相关的、不同的资金筹措策略。

计算成本

通过下面的公式，你可以计算出读法学院可能需要的经济资助：

读法学院的总成本 - 预计（家庭）可能承担的费用 = 资金缺口

读法学院的高昂费用从来都不是什么秘密。学校在发送的申请材料中，就已经为申请者提供了大量有关成本方面的信息（这些数据是学校根据在校学生的花费进行计算而得出的）。例如，Duke法学院为一名单身学生在1999-2000学年度制订的财政预算是：

学费	$ 25，500
住院保险	778
卫生保健费（强制性的）	444
Duke校内律师协会会费	60

政府税收	19
活动经费	50
书抄费（一次性）	30
租赁/住宿费	4，200
伙食费	3，400
书/日用品	1，200
其他杂费	2，500
交通费	1，050
总 计	$ 39，231

当然，这还只不过是一个大概的数字。真正的花费还取决于其他许多因素，如，学习期间，你打算过得如何地奢华，打算探几次家(以及每次探家的费用是多少）等等。因此，关于你所能承受的开支的底线，务必要做到心中有数。

总地说来，读法学院的直接成本主要由学费、当地生活消费指数以及你个人的生活方式所决定。每年的学费和杂费可能在7，000美元到26，000美元不等，其中，顶级的私立法学院一般收费很高。根据校方估计，一个单身学生的其他开支（包括：住宿，伙食，书籍，个人消费等）可能在10，000美元到16，000美元不等。已婚的学生，和那些已经有了孩子的学生，开支会更大。以下是两所公立学校和一所私立学校的花费清单，可以进行一个粗略的比较（单位：美元)：

	Texas	Berkeley (BOALT HALL)	NYU
住校生的学杂费	$ 7，498	$ 10，864	
非住校生的学杂费	$ 15，478	$ 20，668	$ 27，540
预算总额：住校生	$ 18，598	$ 24，914	
预算总额：非住校生	$ 26，578	$ 34，718	$ 45，950

很明显，每年总的花费既可能只有18，000 - 20，000美元，但也可能高达45，000美元，甚至更高。

预计（家庭）可能承担的费用

▶ 如何计算自己可能需要承担的费用

读法学院的“标价”是一回事，但你实际所需支付的金额却是另一回事。你可以申请助学金（奖学金）、贷款，或者通过半工半读来获得经济上的补助。不过，法学院和联邦政府——法学院学生的两大主要经济资助来源——在发出每一笔助学金（奖学金）或贷款之前，都会考虑让申请者自己承担整个费用的百分比数。

法学院一般希望你最好能先获得政府的资助（也有例外，比如下文中，我们将提到学校根据你的学习成绩而颁发的奖学金问题）。因此，你的首要问题是，**联邦政府**会借多少钱给你。

联邦政府的借款金额取决于你的需求，通过“Free Application for Federal Student Aid”（即“FAFSA”——联邦学生经济资助免费申请表格，可以登陆www. fafsa. ed. gov 进行查找）计算出来的。可能你在中学毕业后、申请大学的过程中就已经对此有所了解了。你个人需要承担的部分将根据你拥有的资产（包括银行存款，家庭净资产，汽车等）和薪资收入来计算。配偶的资产和收入也会计算在内。每年，能够申请到的联邦贷款可高达 18，500 美元——当然，它最终取决于你所能向有关部门证明、你确实需要获得资助的金额。

一旦联邦贷款还不能满足你的需求时，该怎么办？还不是向法学院伸手的时候。法学院此时仍然希望你能通过银行或其他贷款机构（见下面所列的可能提供贷款的机构名单）获得**私人贷款**。**法学院希望你在向他们伸手之前，先弄到每年约 21，000——25，000 美元的贷款，只有这样，他们才愿意为你补足最后的差额。**第一部分的 18，500 美元的学费可以来自联邦政府，其余的数千美元则应该是来自私人贷款机构。

最后，当你通过联邦政府和私人贷款机构，筹到的资金差不多能够满足学校基本的学费和生活费要求时，你可能也就具备了向该校申请助学金的资格。现在，轮到**法学院**来评估你自己应该承担多少份额的时候了。他们的评估方式与联邦政府所采用的方式非常相似，但还是存在两个比较大的不同点：第一，许多情况下，他们会对你父母的经济承受能力进行评估。（但这并不意味着，学校就会要求你的父母为你上学掏钱。相反，校方会从你所需要的资助金额中减去你父母可能承担的部分。然后，他们会让你根据自己的选择，去借贷或赚取那部分的费用，而不是请你的父母来替你掏腰包。）

第二，学校要求你另外填写他们专门为助学金申请者准备的申请表格。最常用的申请表格是由美国大学委员会（The College Board）开发的 Financial Aid Profile（“经济资助申请表格”——可登录www. collegeboard. org下载）。此外，还有一种较为普遍采用的申请表格是 Need Access Application（“需求评估申请表格”——可登陆www. accessgroup. org下载）。这两种申请表格的运作方式基本相同：填表，付费，并将之寄给学校。正如办理其他助学金申请手续一样，一定要保证申请提交的及时性。要知道，这些机构要想把你的申请表格发送到你所申请的每一所学校，可能会需要长达一个半月的时间。

▶ FAFSA，Profile，Need Access 估算模式的演练

FAFSA，Profile，Need Access 的计算错综复杂，不在本书谈论范围之内。不过，你应该收集必要的信息，在上述网站上进行在线填表练习。这样做的好处非常多：

- 可以获得个人（和家庭）大约需要承担费用的具体金额
- 可以收集到真正填表时所需的信息
- 可以在读法学院前，通过“如果……，会怎么样?”的假设来对自己的财政结构做出调整。例如，是出售所持股票来支付公寓的抵押贷款呢，还是留着它上法学院用？是否应该将自己手中的10，000美元转入父母或是兄妹名下？（这是免于纳税的、可转让的最高金额。）

前一种缩洗资产的方式（支付抵押贷款）是有效的，因为大多数学校并不会对申请人的现住房价值进行评估。后一种方式（在家庭成员间进行资产转移）也行得通，因为法学院在对申请人父母的资产进行评估时的折算比率要比评估申请人本人的资产的折算比率低。这是两种最主要的资产缩洗方式。当然，还有别的方式可以采用。通过模拟计算，你可以决定哪种方法更适合于自身的情况——哪种方式可以最大限度地保证你的个人利益。

申请经济资助的准备工作

及早动手。一些学校由于资金有限，因此资金的发放遵循先来后到的原则。这样，即使你是在截止日期前一个月提交的申请表格，还是有可能拿不到助学金。申请助学金的过程中，常常会碰到这样的情况，申请学校贷款也同样如此。因此，不要等收到录取通知书后，再提交 FAFSA 和其他可能需要填写的表格。

每年的 1 月 1 日以后，**尽早缴纳你的个人收入所得税**，因为学校会要求你将回执的复印件寄给学校，同时，FAFSA 表格上也要求填写税收回执单上的相关信息（要留存副本）。

决定是否提交助学金申请。在许多学校，所有学生都有资格申请助学金。仔细了解你申请的每一所学校，看看自己是否有必要提出申请。

注意向联邦政府和法学院**分别提交必要的文件**。联邦政府的助学基金是基于你（和你的配偶）的需求发放的，与你父母的经济状况无关。配偶的收入和资产将被计算在内。而法学院的助学基金，不仅将你和你配偶的收入和资产计算在内，还将包括你父母的资产和收入。

如果只申请贷款（政府贷款或私人贷款），应该提交的材料包括：

- FAFSA 表格
- 由本人签名的、最近期的联邦政府税收回执
- 由配偶（如果有的话）签名的、他/她最近期的联邦政府税收回执

申请学校发放的助学金等其他形式的经济资助，都要求在提交一般申请所需材料之外，再提交一份 Profile 或 Need Access 报告。

可能需要提交的、大量的其他文件，包括：

- 现有银行账户清单
- 抵押贷款情况
- 医疗费用的支付
- 商业消费支付清单
- 股票，证券及退休金账户
- 贷款记录（包括此前申请过的教育贷款）

经济资助的种类

▶ 贷款

法学院提供的大部分经济资助是以助学贷款的形式发放的。正如上文所提到的，对那些只申请基本生活补助（非奖学金）的学生，学校通常首先要求他们通过其他途径先取得一定量的贷款——每年在22，000 - 24，000美元之间——之后，才考虑为其提供助学金，或半工半读的机会。在顶级法学院，只有很少一部分学生可以享受奖学金的待遇。也就是说，有相当多的学生为了读法学院而背负着沉重的债务。（事实上，约有1/4的法学院学生是靠借贷上学的，对他们来说，毕业时平均负债额约在80，000美元左右。）

对信用状况（见方框）有着良好记录的人来说，借这样一笔钱一般不会很困难。当然，究竟要不要借钱就是另外一回事了。毕竟，贷款上学不仅会影响到你未来的财务状况，还会影响到你事业的发展前途。如果毕业时背负沉重的债务，也许你就不会在之后的几年中，接受像社区大学督导这样薪水较低的工作职位了。

- **贷款项目**

  四种面向法学院学生提供的教育贷款：联邦贴补低息贷款（Federal Perkins），联邦资助的史丹福贷款（Federal Subsidized Stafford），非联邦资助的史丹福贷款（Federal Unsubsidized Stafford）和私人贷款。美国公民或持永久居留证的居民可以申请各种联邦贷款。

  * Federal Perkins **贷款**。Federal Perkins贷款由大学和联邦政府联合发放。这是一种长期贷款，为教育贷款提供最优惠的条件，利息率为5%，学生在校期间利息累计还可延迟进行。（学生离校9个月后开始偿还贷款，故该贷款基本上属于无息贷款。）要想获得申请该项贷款的资格，你必须是表现良好的全日制学生。Federal Perkins贷款分配给每所学校的贷款数额是有限的，所以，学校只向最需要的学生提供该项贷款。一般来讲，最高金额为5，000美元。
  * Federal Subsidized Stafford **贷款**。也属长期贷款，并得到政府不成文的担保，但却是由金融银行、储蓄贷款机构和其他放贷机构组成的。其利息率相当于90天短期国债利

率上浮 2. 5%，最高上浮 8. 25%。收取 3% 的佣金（origination fee）和 0 - 1% 的保证金（取决于具体机构）。学生在校期间以及毕业后 6 个月宽限期内，由政府支付所有利息。法学院学生每学年可能拿到的最高金额是 8，500 美元。

* Federal Unsubsidized Stafford **贷款**。该贷款的成本和 Federal Subsidized Stafford 一样。不同之处在于，政府不支付学生在校期间和 6 个月宽限期内的利息。法学院学生每年可申请的最高数额是 18，500 美元，但要减去该生通过 Federal Subsidized Stafford 获得的贷款。
* **私人贷款**。许多私人贷款通过现有教育放贷机构发放。这些私人贷款主要包括 Citibank、Norwest Bank，Nellie Mae（基本属于私人贷款机构），以及 Access Group。值得注意的是，所有上述机构都要求有信用评估报告和良好的信用记录。可以通过一个比较简单的途径来测定自己是否可能通过这些私人贷款机构的评估：和贷方取得联系，比如 Access Group，就可以尽早获得评估。只要将你的相关信息提供给他们，他们就会进行信用评估并通知你他们最后的决定。如果你合乎要求，你可以继续填写他们的贷款申请，也可以暂放宽心，因为一旦需要，你是可以马上申请到贷款的。

信用记录的重要性

必须注意，所有给学生提供的贷款，不论是政府发放的、还是私人发放的，都取决于你的信用记录。如果你拖欠贷款，延迟支付信用卡等等，你的借贷资格就会受到限制。应该确保自己有一个良好的信用记录，或有必要开始清理原来的不良借贷记录。要想获得一份你自己的信用报告，可以联系下面的信用调查机构：

* Equifax（800）685 - 1111
* Experian（原 TRW）（800）682 - 7654
* Trans Union（800）916 - 8800
* CSC Credit Services（800）759 - 5979

- **贷款的选择**

  学生应该按照上述罗列的先后顺序来申请贷款：首先考虑 Federal Perkins 贷款，如果不够，可以再申请 Federal Subsidized Stafford 贷款。如果还不够，就考虑 Federal Unsubsidized Stafford，最后才考虑向私人借贷机构贷款。一般情况下，Perkins 和 Stafford 贷款不能满足申请人支付全部学习费用的要求，所以，学生也通过借私人教育贷款来获得所需的资金。

  对不同贷款进行比较时，应该同时考虑佣金（origination fee）或保证金和利息率。佣金或保证金从你开始支付或偿还贷款时就开始计算。不管选择哪种类型的贷款，都应将之纳入考虑范围之内。私人放贷的利率很少是固定不变的，其利率以短期国债或基本利率为基础，同时另加几个百分点的上浮。就是说，实际贷款利息率会随着上述市场利率变化而浮动。当然，最便宜的贷款就是以 90 天短期国债利率为基准利率，或完全根据基准利率来计算利息率的贷款。如果放贷方同时使用短期国债利率和基准利率，想将之与其他贷款进行比较就不太容易。想要确定哪个更加合算，可以查阅当前相关的短期国债利率和基准利率，然后再加上相应的百分点即可。(尽管短期国债利率和基准利率之间的关系不断变化，但前者一般都比后者要低。)

  尽量向曾经给予你教育贷款的同一家放贷机构借贷。这样，你的借贷记录很连贯，而且利于偿还。实际上，即使你申请的是 Federal Stafford 贷款，你还是会发现许多提供教育贷款的放贷机构都参与其中。因此，只向一家放贷机构申请借贷，是完全可行的。

- **贷款的偿还**

  * **宽限期**。大多数私人贷款，以及 Federal Stafford 贷款，都有一个自毕业时起算的、为期 6 个月的偿还宽限期。在此期间，你不用支付任何费用。而 Federal Perkins 贷款的宽限期还可长达 9 个月。

  * **偿还金额**。下表提供了为偿还某笔贷款、每月需支付金额的具体信息。通过该表，先确定你借贷本金的数额。(注意，不享受补助的贷款的利息在你求学期间将自然累加，这也就是说，你需要偿还的本金数额增加了。)

然后，在下表中查出你贷款的期限和贷款利率。表中的相关数字会显示每月你需要为偿还**每 1000 美元本金**所支付的金额。例如，如果你以 10．0%的利率借了 20 年期的贷款，金额为 20，000 美元，那么，每 1，000 元你就需要支付 9．65 美元的利息。因此，你每个月需要偿还的总额就是 193 美元（即 20×9．65 美元）。如果以相同利率借了相同数额的贷款，只不过是 10 年期的，那么你每个月就需要偿还 264．5 美元。

	利率					
贷款年限	5.0%	8.0%	9.0%	10.0%	11.0%	12.0%
5		20.28	20.76	21.25	21.75	22.25
10	10.61	12.14	12.67	13.22	13.78	14.35
15		9.56	10.15	10.75	11.37	12.01
20		8.37	9.00	9.65	10.33	11.02
25		7.72	8.40	9.09	9.81	10.54
30		7.34	8.05	8.78	9.53	10.29

想要准确地计算出自己需要偿还的贷款金额，可以咨询下面的贷款计算机构：

www．salliemae．com

www．usagroup．com

- **贷款偿还援助项目**（LRAPs）

偿还学生教育贷款可不是件简单的事，特别是如果你毕业后选择了低收入的工作。因此，许多顶级法学院设立了贷款宽免机制，以帮助那些选择进入相对收入较低的领域工作的学生。这些领域包括：本地区、本州或中央政府的机关；为公众服务的、非赢利性的私人机构；为那些呼声较低的选区服务的、低收入的私人法律事务所；以及学术研究机构。

下面列出了 Stanford 贷款偿还援助项目的主要信息，以使大家对此类具有代表性的救助项目有个大概的了解。之后，是一系列表格，显示各顶级法学院在这些方面的区别。**为了避免误解，有必要做几点说明：**第一，为了将复杂的事情简单化，表格不可避免地略去了许多细节的东西。表格不是用来说明某一所学校是如何操作的；相反，其目的是希望通过说明顶级法学院的政策，以供有兴趣申请的学生查阅其相关信息。第二，某些顶级法学院并没有列在表中。其中，有的是因为直至本书出版前夕相关信息还不完全，也有的是因为他们本身没有 LRAP 计划（例如 Texas 法学院）。如果某所学校并不能归入表中的任何一类，我们就将其撇在一边，做另案处理。第三，同当前助学金的发放项目一样，这些项目也正处于不断的变革中。通过竞争，较差的救助项目会得到加强，申请条件会得到改善。

- **Stafford 贷款偿还援助项目**

* **符合申请援助项目要求的职业。**毕业生选择的职业必须与法律相关，并且从事的是公益服务方面的工作。“与法律相关”是指该职业要求从业者大量应用其在学校学到的法律知识和技能。公益事业是指服务于免税组织、政府机构（外国政府机构也可）或私人法律事物所——要求该事务所至少有 50% 的法律服务是以低价或按照法院指定的费用收取。

法院的实习书记员不符合申请条件。（理由是，一年或两年的书记员经历是为将来获得收入更高的工作打基础。）当然，对那些在实习期结束后仍决定从事公益服务事业的人来说，却是例外。

从事一般性教学工作也不符合条件，除非是具有实际意义的法律会诊教学工作。

* **收入核算后的资格**

LRAP 政策	核算后收入
< $20,000	提供月付的全额贷款
$20,000 – $52,000	提供在月收入 15% 以内的全额偿还贷款
$50,000 – $75,000	不提供贷款，但此前提供的 LRAP 贷款可以延期偿还
$75,000	不能得到任何援助

收入的核算：

1 **配偶收入：**毕业生将被视为与她/他的配偶具有同等或更高的收入，或占家庭共同收入的一半份额。

2 **受赡养者免税项目：**每名未成年子女可以享有

5，000美元的免税收入份额。

3 **资历**。从事公益事业的工作每满一年，就可以享受1，000美元的核算免除。

4 **资产**。20，000美元以下的存款、中档汽车、以及100，000美元以内的家庭资产净值不计入收入。

5 **额外收入**。任何自然而得之收入将被视为额外收入。

6 **半日工作**。根据实际工作时间按比例核算。因此，LRAP项目在计算一名只工作半天的毕业生的收入时，将按其实际收入的两倍计算。

* **符合援助条件的贷款项目**。用于满足基本需求的教育贷款符合该援助项目的标准。（“满足基本需求”就排除了“学生应承担份额”部分的贷款。）用于大学本科教育、法学院教育、攻读其他研究生学位以及律师资格考试和准备律师考试的相关花费的贷款也都符合援助条件。拖欠的贷款不在LRAP项目的考虑范围之内，同时，在决定是否给予该生奖学金时，也不会对欠款予以追究。
* **其他符合援助条件的情况**。如果拖欠原来的教育贷款，毕业生将不能享受LRAP项目。不过，一旦贷款偿清，法学院就可受理其LRAP的申请。
* **贷款免除**。在公益事业部门服务够一定年限以后，符合LRAP条件的贷款可予以免除。

符合条件的工作年限	免还本金的份额
1	0%
2	0%
3	25%
4	50%
5	100%

- LRAP 项目一瞥

  * 满足 LRAP 项目的职业

	法律事务所	公诉辩护律师	地区/州律师	非赢利性组织	政府	法庭书记员	私人企业	其他
UC Berkeley (Boalt Hall)	x	x	x	x	x			
Chicago	x	x	x	x	x			
Columbia	x	x	x	x	x	x		
Cornell	x	x	x	x	x			
Duke	x	x	x	x	x			
Georgetown	x	x	x	x	x			
Harvard	x	x	x	x	x	x	x	学术机构
Michigan	x	x	x	x	x		x	学术机构
Pennsylvania	x	x	x	x	x		x	与法律无关的职业（某些）
Southern California	x	x	x	x	x	x		
Stanford	x	x	x	x	x	某些	x	
Vanderbilt	x	x	x	x	x			
Virginia	x	x	x	x	x			
Yale	x	x	x	x	x	x	x	与法律无关的职业

- 收入资格认可

	最高收入
UC Berkeley（Boalt Hall）	$ 37，500
Cornell	$ 41，000
Duke	$ 45，000
Harvard	$ 72，000
Southern California	$ 37，500
Stanford	$ 52，000
Vanderbilt	$ 35，000

如果核算后的收入超过上面金额，那么，你就不能申请 LRAP 项目。注意，不同学校的 LRAP 项目在以下两方面存在较大区别：第一，在如何计算配偶（以及家庭成员）收入方面，有些学校只是简单地将其收入和她/他配偶的收入平均计算；有些则取两人中的高收入或平均后的收入作为毕业生的收入。第二，在确定纳入收入核算（扣除）的具体项目上也不一致。争议的焦点主要包括：以前的教育贷款的偿还状况，配偶或家庭成员的债务偿还状况，受赡养者扣除，子女抚养费用，生活消费以及医疗花费等等。

一些学校的 LRAP 项目根据服务年限而提高收入上限。一般是每年增加 1，000 美元。

* 符合援助要求的贷款项目

贷款种类

	大学生	研究生（非法律专业）	法学院（公立）	法学院（私立）	律师资格考试	家庭/朋友
UC Berkeley（Boalt Hall）			x	x		
Chicago			x	x	x	
Columbia	x		x	x		
Cornell			x	x		
Duke			x	x	x	
Georgetown			x	x	x	
Harvard	x		x	x	x	
Michigan			x	x	x	
New York			x	x	x	
Pennsylvania	x		x	x		
Southern California	x	x	x	x	x	
Stanford	x	x	x	x	x	
Vanderbilt			x	x	x	
Virginia			x	x		
Yale	x		x	x	x	

1 获得双学位的毕业生应该注意考虑一下非法律专业的那部分助学贷款是否也可适用 LRAP 条款和待遇。

2 注意，LRAP 不适用于从家庭和朋友那儿获得的借贷。

3 对许多学校的毕业生来说，如果他们贷款本金余额达不到某一特定总额，他们也不能享受 LRAP 项目。例如，在 Duke 大学，还贷本金余额必需至少为 20，000 美元。为达到这个总额，本科学习时申请的贷款或攻读其他学位时的贷款都可以计算在内（但是，贷款宽免仅适用于其中法学院的教育贷款部分。）

* 贷款免除

	免除起始年限	免除终止年限
Chicago	3 年以后	5 年以内
Columbia	3 年以后	10 年以内
Harvard	1 年以后	10 年以内
Pennsylvania	3 年以后	5 年以内
Southern California	3 年以后	6 年以内
Stanford	3 年以后	5—10 年以内
Virginia	3 年以后	8—10 年以内
Yale	1 年以后	10 年以内

* 当前享受 LRAP 项目的毕业生数目

UC Berkeley (Boalt Hall)	11
Chicago	109
Columbia	27
Cornell	34
Duke	106
Georgetown	253
Harvard	55
Michigan	247
Pennsylvania	35
Southern California	21
Stanford	90
Vanderbilt	4
Virginia	25
Yale	226

各校参加 LRAP 项目的学生数目非常重要。如果某所学校参与该项目的学生数目很多，就说明该校 LRAP 实施的效果很好。同时，也可以说明 LRAP 在该校已经实施了一段时间。另外，这个数字还可以粗略反映该校毕业生就业时选择从事公益工作的人数。但在有些学校，申请加入该项目的人数较多则意味着，很可能导致你所申请的金额下降。比如，在 Duke 大学，该项目的基金总额只有约 150,000 美元，如果申请人数增加二三十名，那么每名受益人的援助都将减少。而在 NYU 大学，该项目的预算超过 1,600,000 美元，即使再增加几十名受益人，也不会产生像 Duke 大学那样的影响。

- **LRAP 项目：总结**

由于各校 LRAP 政策方面存在的差异性，使你有必要明确自己将来的就业方向（成为选区律师？还是进入专门从事公益事业的私人事务所?)，同时，你还必须弄清楚，哪些因素对你来说是最重要的。政策方面的差异，以及随之而来的无数烦琐的问题，使你不得不非常认真地审视每一个 LRAP 项目。烦琐的细节可能令人迷惑，但并不会妨碍你找到最适合自己的方案（当然，前提是，你真的非常想成为一名律师）。

* **警告：**

在许多顶级法学院，大多数学生在入学时都声称将来会从事公益法律工作，但实际上，只有 5 – 20% 的人最后坚持了自己的初衷。因此，在选择学校的时候，不应该过分强调该学校 LRAP 的质量，同理，也不应将希望寄托在

LRAP项目上，把它当作是把你从繁重的债务中解脱出来的救星——除非你铁了心，一定会从事公益法律事业，并且已经在现实中一步步地实现着这个梦想。

* **参考资料**

NAPIL（The National Association for Public Interest Law 国家公益法协会）

2120 L Street，NW，Suite 450

Washington，DC 20037

Tel.（202）466－3686

Fax（202）429－9766

www. napil. org

NAPIL，即全国公益法协会，是一个致力于推动公益法发展的组织，可提供用于填写LRAP表格的许多资料。这是一个非常有价值的信息库，可提供公益法实习或从事全职公益工作的机会，还提供有关奖学金和贷款偿还项目等方面的信息。如果你对从事公益事业饶有兴趣，一定要充分利用该组织丰富的信息资源。

多数情况下，各法学院也都单独印刷宣传小册子，详细介绍其LRAP项目的实施情况。

负债的最高限额

一般规律是：学校越好，你将来赚得越多——不管是刚刚毕业接受第一份工作，还是在以后的整个事业发展过程中，都是如此。因此，读一所较好的学校比读一所差些的学校使你具有了更高的债务偿还能力。

不过，负债多少才算适宜，得根据你个人的情况而定。如果你打算在毕业后接受薪水相对较低的公共部门的工作，75，000美元的负债对你来说，可能就是天文数字了。另一方面，如果你在毕业时进入纽约某著名的律师事务所工作，年薪高达140，000美元，甚至更多，那75，000美元的负债对你来说，就算不了什么。由于这样的事实，而导致你的择业观的改变，可能会是件麻烦的事，也可能是无所谓的事情。假如在选择工作时，为了偿还贷款，而将薪水和奖金置于首位予以考虑，你可能会在择业的过程中，降低对具体工作、特定法律领域、特定事务所、城市、将来事业前景等方面的要求。倘若如此，这就是债务压力所带来的不良后果了。

让我们用长远的眼光来看待借贷问题。从你必须偿还的角度讲，某毕业生以8 - 10%的利率借贷10年期的75，000美元的贷款，其每月的债务偿还额大约是900 - 1，000美元。这就要求该生的年收入应该在65，000 - 70，000美元之间。这一收入标准大大低于大多数顶级法学院毕业生的起薪，但不包括那些进入低收入的公益部门工作的学生。还有人以相同的8 - 10%的利率借贷了10年期的50，000美元的贷款，他每月只需要偿还600 - 660美元，年薪只须在48，000 - 54，000美元即可以满足。这些数字说明，资助一名学生，满足他/她的基本开支而发放的贷款数额，与该生获得学位后赚钱多少之间并无多大联系。

▶ 助学金

法学院可提供两种形式的助学金：

- **满足最基本的需求：**所有法学院都可以提供。不过，值得一提的是，只有在学生已经获得了指定数额的贷款之后，才可以申请该助学金。比如，一些学校对列入候补名单中的学生就不提供此类助学金。（有关此类助学金的更多相关限制，详见下文“经济资助政策”。）
- **奖学金：**相当一部分法学院，但并非所有法学院，都采用这一方式来吸引“尖子生”。不过，不同学校对于“尖子生”的标准也不尽相同。导致不同标准的因素包括：学校的声望和地位（对North Carolina来说是尖子生，对于Georgetown可能就不是），申请各校的学生组成（可能许多前驻外人员会申请Washington大学这样位于华盛顿特区的大学，但申请Chicago大学的学生中，上述人员会很少。），学校希望招收的学生（如果Michigan大学想要加强其知识产权法系生物工艺法领域的实力，也许它更愿意为曾是某一大型制药公司生物工艺师的学生提供额外的奖学金）。此外，不同的标准还受到其他诸多因素的制约。

  许多法学院都有校内的或是校外的赞助人，他们不希望别人谈论其奖学金资助政策的透明度。关于奖学金问题，是比较复杂的，涉及到以下一些因素：

- 即使在实行非常积极的奖学金资助政策的学校，其内部行政机构和教学机构之间也存在矛盾。

- 学校更倾向于对外宣称该校是如何地好，又如何地受到申请者的青睐，以至于他们并不需要通过提供奖学金来吸引申请者。
- 许多学校不愿具体说明奖学金和满足基本需求的经济资助的涵盖范围，而是将它们混为一谈，一并称为“助学金”。（因此，尽管某些学校宣称自己并不提供奖学金，但他们实际上却是这么做的。）
- 许多法学院正不断地完善其奖学金资助政策。

  遇到上述情况，你就不能指望会从顶级法学院得到关于他们奖学金资助政策的明确解释。只有通过学校提供的实际待遇，你才可以了解这方面的一些信息。（欲知更多详情，见下文有关“讨价还价”的部分。）
- **关于奖学金的一点小小建议：**为了最大限度地争取到奖学金，一旦被录取，就应该尽早向校方表明你进入该校学习的热情与决心。
- **社会机构提供的助学金**

  社会上有大量的组织和机构为法学院学生提供普通或专项助学金。这些组织包括有：基金会、俱乐部、兄弟会、劳工会、教会等等。（欲知更多详情，参见本章“社会机构提供的助学金的作用”一节结尾部分所罗列的参考资料。）

公共服务奖学金

一些学校，如 Columbia，Georgetown，NYU 和 Pennsylvania 等，在提供 LRAP 项目（详见前文关于 LRAP 项目的介绍）的同时，也提供公共服务奖学金。此类奖学金通过使学生在校期间背负一定的债务来鼓励他们毕业后选择低薪的公益事业。该奖学金面向那些已经承诺或已经从事公益事业的学生。获得奖学金的学生通常在校期间要选修某些特定的课程，参加大量的公益活动。另外，此类奖学金还要求学生毕业后从事一定年限的公益事业，一般为 3 年或 3 年以上。

在校期间的兼职工作

确实需要经济资助的学生除了可以接受一揽子贷款，通常还会有半工半读的机会。学校提供的勤工俭学的机会多是在图书馆里帮忙，或是帮助教授搞科研项目等等，报酬通常是8－10美元/小时。在大多数位于市中心的法学院，在律师事务所兼职赚得要比勤工俭学多得多。因此，只有在偏远的学校里，在学校里半工半读才是赚钱的最好选择。（当然，帮助教授进行某项科研项目也是很有帮助的，但这并不是单单从赚钱的角度来讲的。）

▶ 地理位置的平衡

一般来讲，如果学校坐落在生活消费水平比较低的地区，那么，学生每学年通过兼职赚取的收入也不会太多。例如，Charlottesville的生活消费比纽约市要低，同理，纽约市的律师事务所兼职的薪水比Charlottesville（夏络特斯维尔，位于美国弗吉尼亚州）的薪水肯定要高得多。如果你不打算在读法学院期间做兼职工作，那么对你来说，选择Virginia大学肯定比NYU或Columbia更加合算。另一方面，如果你决定在二年级或三年级开始做兼职，那么，Charlottesville就不是个明智的选择，因为在其他地区，你的薪水足可以弥补高消费的开支。这再次说明：你对法学院的选择在很大程度上取决于你打算在读法学院期间干些什么。

	兼职学生的百分比	报酬（美元/小时）
UC Davis	N/A	12－26
George Washington	75%	10－45
Georgetown	75－80%	N/A
New York	N/A	13－60
North Carolina	15－20%	7－10
Pennsylvania	<5%	8－45
Stanford	20%	30－60
Virginia	<5%	14－15
William & Mary	10－15%	10－25

通过上表可见，位于不同地区和城市的学校的差异性也非常明显。在纽约市、华盛顿特区、Palo Alto（帕洛阿图市，硅谷的发源城市）等地区兼职，每小时所得的报酬比在Chapel Hill（查珀尔希尔市，

位于北卡罗来纳州）和 Williamsburg（威廉斯堡，位于北卡罗来纳州）要多得多。但更加值得玩味的是，从事在校兼职工作的学生所占的百分比。华盛顿特区的学生兼职人数所占百分比如此之高，有可能是因为是华盛顿特区的学生比其他地区的学生更感拮据，因此要多多打工(但也有另一种可能，那就是，华盛顿特区的这些学校对学生的经济资助政策较为吝啬。)；另一方面，更有可能是因为华盛顿特区的兼职机会（报酬）比其他地区要多得多，在这种诱惑面前，才有如此多的法学院学生选择兼职作为大学生活的一部分。的确，学生之所以兼职，很可能是出于取得一种经历的需要。从这个角度出发，对 Georgetown 和 Stanford 进行比较，是非常有趣的。与 Georgetown 的学生不同，尽管 Palo Alto 的律师事务所酬劳不菲，但 Stanford 的学生中却很少有人在校期间担任兼职工作。

▶ 兼职的限制

美国律师协会（ABA）规定法学院全日制学生每个星期的总工时最多为 20 小时。所有的顶级法学院都遵守这一规定，如果校方获悉你超出了规定的工时，一定会加以干涉。但实际上，并没有任何学校对自己的学生在律师事务所中的兼职情况进行监控。事实上，上表中之所以只包括为数不多的几所法学院，就是因为很少有学校了解自己的学生到底有多少在兼职，他们到底赚多少钱。因此，对你兼职时间的真正限制，其实是你自己的时间和学习安排，而不是法学院或 ABA 的某项规定。

补充资料

- 推荐一个可以获取经济资助信息的综合性网站：www. finaid. com，该网站同时还提供许多其他同类网站的链接。

- 可以通过下面的地址获取 FAFSA（联邦政府学生经济资助免费申请表格）：
Federal Student Aid Programs
P. O. Box 84
Washington, D. C. 20044
(800) 433 - 3243
www. fasfa. ed. gov

- 提供贷款的机构及其联系方式：
Access Group (800) 282 - 1550; www. accessgroup. org
LawLoans (800) 984 - 0190; www. salliemae. com
Citi Assist (800) 692 - 8200; www. studentloan. com
TERI Loan (800) 367 - 8848;
www. teri. org/loanlink. htm
Key Education Services (800) 539 - 5363;
www. keybank. com/education

- 查询少数民族学生申请奖学金的信息，请联系：
Council on Legal Education Opportunity
1420 N Street NW, # T - 1
Washington, D. C. 20005
(202) 785 - 4840

经济资助政策

每个学校都有自己的经济资助政策。根据这些政策，如为了享有与当地居民同样的优惠学费的政策而获准你成为当地的居民，可能会对你能否申请到经济资助以及可以申请到的金额产生相当大的影响。当然，是否会受现存政策的影响，取决于你个人的情况。我们将以下政策单独提出，是因为它们很有可能对你的申请产生重大影响。仔细阅读，看看其中哪些最有可能对你产生不利影响，而哪些对你又是非常有利的。

经济资助的决定是否取决于对你的录取决定？

除非你是国外留学生，否则，所有顶级法学院在做出录取决定时，是不考虑你是否需要经济资助这一因素的。许多学校都希望多接受外国留学生，但苦于资金的短缺，通常对那些可以自己支付学费的留学生给予一定的关照。

▶ **招生委员会和经济资助主任谈经济资助需求对录取决定的影响**

学生是否需要经济资助与学生是否能被录取之间毫无关系。

Shelli Soto, Texas

学生是否需要经济资助与学生是否能被录取之间不存在任何直接的关系。

Janice Austin, Pennsylvania

我们在决定是否录取某位申请者时，根本就没有考虑他是否需要经济资助。

Albert R. Turnbull, Virginia

经济资助和录取之间完全是两码事。我们根本不知道任何一位申请者的经济状况。

Erica Munzel, Michigan

在经济资助与录取决定之间，就好像真的存在一道防火墙，两者没有任何的联系。

Katherine Gottschalk, Michigan

▶ 在入学后第二年，获取居民身份

公立大学对有当地居民身份的学生收取较低的学费，因此获取当地居民身份可以在很大程度上减轻沉重的学费负担，在加州的大学，第一年以非居民身份被某学样录取，第二年和第三年可以轻易的获取居民身份。不过，在其他州却非常困难。事实上，通常需要通过与当地有居民身份的人结婚来实现。因此，在 Michigtan、Virginia 或 Texas 州，若要享有与同当地居民身份的学生同等的学费待遇，就需要在入学前取得当地居民的身份（参见附录四中关于居民身份的讨论）。

入学后第二年，获取居民身份的学生的百分比

UC Berkeley（Boalt Hall）	> 90%
UCLA	100%
Michigan	< 5%
Texas	< 5%（注意：Texas 为其非本州学生减免 90%的学费——如：该校认为 90%的外来学生为“本州居民”）
Virginia	< 5%

▶ 与父母的关系

- **申请人何时可被视为脱离父母，而自己独立?**

习惯上，法学院都将申请人视为，至少在一定程度上视为，受到父母的资助。这是因为，现实状况表明，法学院的学生一般都是从本科毕业后直接升学或间隔很短时间就进入法学院学习的。现在法学院平均入学年龄已经开始接近 25 岁，所以许多法学院开始改变它们的政策。有些法学院将自己的学生视为经济上独立，而有些则正好相反。大多数法学院都立场中庸，但都采用不同的标准来确认学生是否经济独立。有的从学生的年龄考虑，有的从学生本科毕业的时间来确定，有的看学生是否有子女需要抚养，也有的看学生是否服过兵役，还有些学校是根据你没有被父母申报免税的年限来定。Harvard 大学就采用了好几种测试标准。在过去七年中，如果符合如下条件，则可被视为经济上已经独立：

- 不再被父母申报为收入免税对象；
- 每年在父母家中居住少于 6 个月；
- 从父母处得到的补贴不高于 10，000 美元；

判断申请人是否经济独立的标准

	申请人不曾独立	申请人一直被视为非经济独立的	申请人到一定年龄即可视为经济独立	根据申请人的实际独立年限而定	注释
UC Berkeley (Boalt Hall)		(x)			除非他们目前仍在资助你，否则将不予以评估
Columbia	x				
Cornell				4	
Duke	x				
Georgetown	x				
Harvard				7	
Michigan				5	
Northwestern				4 *	* 从大学你毕业后算起。偶尔可视为独立
New York	x				
Pennsylvania			30		
Stanford				6 *	* 独立三年后开始计算，父母的资助逐年递减
Texas		x			
UCLA			30	7	或是退伍老兵，或是有孩子需要抚养
Virginia			26		
Yale			29 *		* 27 – 29 岁之间，对父母资产的 50% 进行评估，否则父母需要承担部分费用

有些学校采用的方法是，将父母在该学生读研究生期间的资助也计算在内。比如，Yale 大学要求父母对 27 岁以下的子女提供全额

（其具体数额根据学生的财政需求分析进行计算）的资助，27－29岁之间的子女提供一半的资助，29岁及29岁以上的子女才可以免于经济资助。与此类似，Stanford 大学要求父母对独立不到3年的子女提供全额资助，对独立3年的提供75%的资助，4年的提供一半，5年的提供25%，6年就可以不提供资助。Northwestern 对具有数年工作经验的学生青睐有加，鼓励具有工作经验的人报考他们学校。如果是在大学毕业二年后报考该校的研究生，父母可能要承担50%的费用，如果是三年后报考，只有25%，而四年后报考的话，父母就不需要负担经济援助了。

注意，实际上，父母并不需要真的提供相关数额的学费：通常，学生可以通过自己办理借贷或打工赚取的方式来补足这部分经费。

- **对非监护人身份的父/母的资产评估**

  对于父母已经离异的学生，有的学校仍然对非监护人父/母进行资产评估（如果他们认为你还没有独立），而有的学校则不对非监护人父/母进行评估。例如，Michigan 大学就对非监护人父/母进行资产评估——如果其父母离婚时间超过10年，则可例外。

对非监护人父/母的评估

	长期（申请人已经独立的除外）	有时	从不
UC Berkeley (Boalt Hall)		x	
UCLA			x
Columbia	x		
Cornell	x		
Duke	x		
Michigan		x	
Northwestern			x
New York	x		
Pennsylvania		x（要进行评估，除非离婚5年以上）	
Stanford			x
Texas			x
Yale	x		

▶ **校外助学金的作用**

除了法学院以外，其他一些校外渠道也提供一定量的奖学金。通常，这些奖学金颁发的根据是该学生是否为当地居民、某一种族的成员、亲人在武装部队中服役、某一公益组织的成员或对某一特定法律领域感兴趣等等。但是，不要指望得到的奖学金数额会足以改变你的决定：这类性质的奖学金数额一般很少。另外，一些法学院还将这部分奖学金从学校提供的助学金中扣除，也就是说，这笔奖金对你的实际价值可能非常有限。不过，即使如此，这类奖学金作为金钱以外的价值要大于其金钱本身的价值。其中的一些奖学金会引起你将来可能的雇主的兴趣，所以，单从这一点上讲，你也该努力去争取。

不过，不必花钱专门请人去对此进行调查。这一行当臭名昭著，到处都是招摇撞骗的家伙。

校外奖学金的影响＊

	减少贷款	减少贷款和助学金
UC Berkeley（Boalt Hall）	X	
UCLA	X	
Columbia	X	
Cornell	x	
Duke	x	
Harvard	x	
Michigan	x	
Northwestern	x	
New York	x	
Pennsylvania		x
Stanford	x	
Texas	x	
Virginia		x（如果所获奖学金超过＄500，则助学金会被削减掉75%）
Yale	X	

＊注：某一学校对待校外奖学金的态度常常取决于其数额。一笔数额很小的奖学金（比如100美元）常常忽略不计；一笔大额奖学金（如100，000美元）会促使校方取消对你的其他资助，包括学校的奖学金。在本表中，为了方便起见，校外奖学金的数额取中间数5，000美元。

你可在以下网址免费搜索、查询校外奖学金资助的信息：www.finaid.org/finaid/awards.html

http://scholarships.salliemae.com

或者参阅：

- Daniel Cassidy, The Graduate Scholarship Book: The Complete

Guide to Scholarships, Fellowships, Grants and loans for Graduate and Professional Study

- Debta M. Kirby, Scholarships, Fellowships and Loans
- Franklin A. Williams and Mark Fischer, The Law Student's Guide to Scholarships and Grants
- Law School Admissions Council（法学院招生委员会）, Financial Aid for Law School: A Preliminary Guide

▶ 国外交流项目

如果你参加了国外学生交流项目，出国学习一个学期或一年，你可能需要向你原来的学校（美国国内），而不是国外的学校支付一定金额的学费。某些情况下，到底应该向哪所学校支付学费，取决于你的交流项目是由原来就读学校的校际协议规定的，还是你自己“找到”的。你原来就读的学校的奖学金是否“跟随”你，也是比较麻烦的问题——这也要视具体情况而定。国外学校的学费可能比你原来就读学校的学费高得多或低得多，因此，到底应该向谁交纳学费，也关系到你的切身利益——同时，应该留意是否仍有合适的奖学金可以申请。仔细查阅自己就读学校的相关资料，看看是否有合适的交流项目供你选择。

国外交流项目学费的交纳情况

	交纳给自己的学校	交纳给国外学校	交纳给学费较高的一方
UC Berkeley（Boalt Hall）	x		
UCLA	N/A（就读期间不允许出国）		
Columbia	x		
Cornell	（无固定模式——依特例而定）		
Duke	x		
Harvard	x		
New York	x		
Northwestern		x	
Pennsylvania			x
Stanford	N/A（没有国际交流项目）		
Yale		x	

▶ 美国国内交流项目或第三年插班入学

在美国某法学院上学的中途想转入另外一所法学院学习，也面临着和外国交流项目相类似的难题。举例来说，如果你现在正就读于Yale大学，但是将到另外一所美国法学院进修一个学期或一年，那么，你应该按照哪所学校的收费标准来支付自己的学费呢？原来你在Yale的奖学金和助学金会“随你”而转到新的法学院吗？

如果你的配偶因工作或求学的原因搬迁，而你不得不随之搬迁，这种情况就很可能也会导致上述的难题。你可能通过已有的交流关系在别的学校找到了相同的专业。（这方面的可操作性，详见第14、16章中的相关讨论。）你也可能出于经济方面的考虑而需要转学。如果你想在毕业后在某州从事律师工作，而该州有一所相当不错的法学院，同时该法学院对本州居民收取低廉的学费（你本身可以取得居民身份），那么你可能会希望最后一个学期转学到该校就读。这么做的潜在成本是：

- 你可能不会遇到同样优秀的导师以及原来所学的、相同的课程。
- 你可能不能再接触同样的科目、学报或参加原来的圈内组织。
- 你可能会思念原来的朋友，并感到孤独——因为新学校的同学已经处在法学院的最后一个学期，他们中间很少有人还想着去结交新的朋友。
- 可能会丧失获得奖学金的机会。

但另一方面，潜在的收益也相当可观。

- 如果你已经完全掌握Yale大学开设的、对你将来的事业最有价值的课程，那么你的新学校可能会为你提供其他有价值的课程。
- 可能支付较少的学费。（特别是如果你已经修完大部分的学分，而该州的学校和大多数法学院一样，按照同样的方式来计算学分。）
- 可能会赚取比原来高得多的薪水。
- 可以开始在当地着手建立自己的关系网（尤其是从事像家庭法这类在当地圈内相互紧密联系的法律领域），包括在新的事务所树立你的信誉。
- 你的学位仍然由“Yale”颁发。

因此，对那些可以在转学后找到一所相当不错的法学院，并按照当地居民标准支付学费，又可以在当地事务所工作的学生来说，他们是该项目的最大受益者。也有些人不太适合考虑这个选择，比如，他们因某种原因（比如为校刊服务）不得不继续在原来的学校学习，或者是将来的工作要求他们必须将与校方的联系保持到最后一刻（比如，需要某位教授强力的推荐，才能在今年或今后两年内，成为法院的职员——如联邦巡回法院或最高法院这一级的职员）。

交流或转学的学费交纳情况

	通常交纳给原来的学校	通常交纳给新的学校	交纳给学费较高的一方
UC Berkeley（Boalt Hall）		x	
UCLA		x	
Columbia		x	
Cornell		x	
Duke			x
Harvard	x		
Michigan		x	
New York		x	
Northwestern	x		
Pennsylvania			x
Stanford		x	
Texas		x	
Yale		x	

▶ 就读期间学生收入的评估

如果没有向校方明确汇报，大多数法学院都将学生就读期间的收入忽略不计，尤其是第三学年。除非在法学院校内做兼职，否则法学院一般不掌握学生在此期间的收入情况。另一方面，Michigan 大学要求学生对自己此类的收入承担责任——一旦经校方查明——而你事先并没有对自己的此类收入向校方做出说明（见附表）。那些对在校期间的收入根本不予以评估的学校通常是希望以此调动学生工作的积极性，也有些学校会觉得学生利用自己的业余时间，放弃参加许多校内活动的机会，这样本身就是一种牺牲，不应该再受惩罚。但在那些仅仅忽略学生在第三学年的兼职收入的学院，每个学生的财政需求评估一般是根据上一学年的收入计算的。（所以，等到第三学年的收入可被计算在内的时候，你的法学院学习已经结束了。）

这种情形导致许多有趣的可能性。有可能据此，将你在第二学年和第三学年中每个学期的学分安排进行调整。比如，你想在第二学年得到最高的 GPA，那么你可以在第二学年选修一些稍简单的课程，然后在第三学年再选修难度较大的课程。（律师事务所的招聘决定在第三年的9月就已做出，所以第三学年的成绩远远没有第二学年的成绩重要——而第三年的成绩对那些打算从事公益事业方面工作真正就业始于第二年的晚春时节的学生，或今后一旦需要转换工作、需要提供所有成绩的学生来说，仍然是非常重要的。）但是，如果想将短期内收益最大化，你可以选择在第二学年安排难度较大的课业负担，很少或完全不从事兼职工作。这样，到了第三年，课程就会很轻松，主要时间都可用来兼职。（根据美国律师协会规定，应该每周最多不超过20小时——但实际上，没有人对你兼职的时间进行监控。）学校在第三学年开学时就已经决定了对你的经济资助，所以你在第三学年的收入（在大多数学校）不会影响到学校为你提供的经济资助。

至于奖学金，许多学校在颁发奖金时，并不在乎你在法学院期间收入的多少。因此，你学习期间的收入和学校为你提供的资助是不相干的。

当前，法学院学生越来越多地参与到律师事务所的实际办案工作中。比如，在Cornell大学，在Ithaca大学，即便在学期中，一些学生也仍在为那些他们暑期曾经为之工作过的、位于纽约或洛杉矶的大公司工作（不过目前尚不清楚，利用因特网和电脑进行交流是不是会成为律师事务所日常工作的基本特色）。而Pennsylvania大学的一些学生，在纽约城做兼职时，总是尽量保证星期四和星期五没有课，这样每周都有几天可以呆在曼哈顿。不过，还有一点：Yale大学的学生在校期间很少为本地事务所工作。无疑，不打算毕业后留在New Haven，是造成这种情况的原因之一。

就读期间收入情况的评估

	对第二年的收入进行评估	对第三年的收入进行评估	忽略不计
UC Berkeley（Boalt Hall）	x		
UCLA	x		
Columbia			x
Cornell		x	
Harvard			x
Michigan			x（如果你主动申报，则会进行评估）
New York			x
Northwestern			x
Penn	x	x	
Stanford	x	x	
Texas	x		
Yale	x	x	

▶ 暑假收入的评估

在计算对学生提供的经济资助时，许多法学院将学生在暑假期间的工作收入记入其中。数额大致在1，500美元到3，000美元之间，即使你整个暑假期间都是在海滩上晒日光浴，这笔钱也会转嫁到你的头上。现在，暑期收入很可能高达30，000美元，所以，掌握这个数据，对你很有帮助（同理，由于许多学校在颁发奖学金时，并不在乎你在法学院期间收入的多少，因此，你的学期内收入和对你的资助是不相干的）。有时，这一数额是通过计算得出的。例如，Virginia大学要求将学生净收入的70%减去1，500美元，所得结果即为对该生的资助额。而Stanford大学则要求，学生至少承担1，000美元，再加上学生超过5，000美元的收入部分的一半。

一些学校还将学生工作的时间“标准化”。例如，他们假定你暑假期间工作10周，并据此来估算你的收入。估算出你的大致收入以后（根据学生平均水平），从中扣除税收和生活消费的部分，其差额被视为存款，用以支付法学院的开销。如果你工作超过10周，超过部分的收入则不被计算在内，但如果你工作不足10周，仍然要按照10周的时间来计算你的收入。（那些根本没有工作的学生，必须按照平均数额自己支付这部分资金。）

暑假收入的评估

	对第一年的暑期收入进行评估	对第二年的暑期收入进行评估	不进行评估	注释
UC Berkeley (Boalt Hall)	x			
UCLA	x	x		
Columbia			x	
Cornell		x		
Harvard	x	x		（如果工作超过12小时，则12小时以外的收入不计算在内。）
Michigan	x	x		
New York	x	x		（如果收入超过$12，000，则要进行评估。）
Northwestern			x	
Pennsylvania	x	x		
Stanford	x	x		
Texas	x			

▶ 被列入候补名单的申请者可享受的待遇

毫无疑问，那些被列入候补名单的申请人的命运各不相同。他们完全有资格向各法学院申请满足基本需求的助学金和贷款（无论是政府贷款，还是私人贷款）。但等到他们确认自己已被某所法学院录取之后，这些学校可以提供的助学金很有可能已经所剩无几了。许多学校的助学金早已被用在那些他们希望能从其他学校吸引过来的、理想中的人选身上了。

被列入等候名单的申请者的助学金申请资格

	有申请助学金的资格	有申请助学金的资格，但可能已经全部发放出去	只能申请贷款
UC Berkeley (Boalt Hall)	x		
UCLA	x		
Columbia		x	
Cornell		x	
Duke		x	
Harvard	x		
Michigan	x		
New York	x		
Northwestern			x
Pennsylvania	x		
Stanford	x		
Texas	x		
Virginia		x	
Yale	x		

▶ 转校生可享受的待遇

一些学校给予转校生的待遇与正规录取的学生（即法学院在第一学年就录取的新生，而不是第二学年才转进来的学生）一样。而在实际操作过程中，情况完全不是这么回事。一些学校不为转校生提供助学金，即便有，也只是少数特殊情况。那些不为转校生提供助学金——即便只是满足最基本需求的助学金的学校，不愿意让自己看起来好像是在用助学金作诱饵，从邻近的学校吸引学生（许多学生从某所法学院转入邻近的另一所、更好的法学院）；况且，他们也用不着为了这些转校生而出价过高。

从目前的状况来看，顶尖法学院之间并不存在为争夺转校生而展开的激烈竞争。但随着争夺优秀人才的竞争的升温，这种局面可能会有所改变。对人才的竞价也会随之产生。

转校生申请助学金的资格

	申请助学金的资格	限制性的助学金申请资格	只能申请贷款
UC Berkeley（Boalt Hall）	x		
UCLA	x		
Columbia			x
Cornell		x（第三年可以有资格申请）	
Duke			x
Harvard	x		
Michigan	x		
New York		x（只能申请满足最低需求的助学金，不能申请奖学金）	
Northwestern			x
Pennsylvania	x		
Stanford	x		
Texas			x
Virginia		x（但经常出现助学金发放完毕的现象）	
Yale	x		

▶ 国际学生可享受的待遇

国际学生所面临的是与美国本土学生完全不同的经济资助政策。国际学生不具有申请联邦贷款的资格，另外，在没有美国公民/具有永久居留权的外国人的担保的前提下，国际学生也不容易在美国申请到私人贷款。以下有两种情况是例外，这两个项目都是由 NYU 最近专门为有担保人的申请人设立的。（在有美国担保人作担保的前提下，国际学生可以申请到的私人教育贷款包括有：Access Group’s Graduate International Student Loan，CitiAssit，LawEXCEL，PEP，以及 Signature Student Loan 等项目。）一些学校也为国际学生提供助学金，但声明，该助学金只在申请人已获得 $20，000 以上的贷款（而该贷款有可能是申请不到的）的前提下才可以提供，而 $20，000 是满足该申请人基本生活和学习的最低费用。只有极少数的学校为国际学生提供奖学金。少数学校会通过学校内部的慈善贷款，来弥补国际学生不能申请联邦贷款的遗憾，但这样的机会真的非常罕见。一些学校会为其二年级和三年级的国际学生提供有限的助学基金，但一年级的国际学生是绝对没有机会的。

有鉴于此，国际学生必须表明自己有能力负担至少一年的学费，有时甚至是完成全部学业的费用——直到学校能为你签发一张申请相关签证的资格证书。因此，国际学生在申请法学院之前，有必要认真考虑一下自己的财政状况。

国际学生可申请到的慈善助学金的可能性

	慈善助学金	慈善贷款（代替联邦贷款）	在有人担保前提下的私人贷款
UCLA	x		
Columbia	x		
Cornell	x		
Duke	x		
Harvard	x	x	
Michigan	x	x	
New York	x		x
Northwestern	x		
Pennsylvania	x		
Stanford	x		
Yale	x	x	

▶ 其他经济资助政策

法学院的许多经济资助政策都可能影响到你助学金的申请。比如说，一些学校会把你的经济资助寄托于你的配偶身上（要求他/她承担一定的费用），不管他/她是否真正工作。如果你的配偶没有外出工作，而是在家带孩子的话，那情况可就糟透了。另外还有一种情况，涉及到孩子的抚养费用：只有少数学校准许减免孩子的入托费用。此外，其中的教训也是深远的：不管你个人的景况是怎么一回事，都务必考虑到你所选择的学校的各项政策可能对你造成的影响。

估算你所获得的经济资助包——争取更多

▶ 估算并比较不同学校提供的奖励包

对各学校的经济资助包进行估算、比较，并与学校进行协商。在对某一经济资助进行估算时，或是对不同学校提供的经济资助进行比较时，进行决策，判断哪一个是最有价值的。其中有6个基本要素需要考虑：

- **助学金 –“自筹”基金：**有两所学校，以完全不同的方式满足你在资金上的需求。其中一所为你提供全部所需＄30，000助学金的50%；而另一所学校只提供15%的助学金，剩余部分则要求你自己去贷款。

- **贷款的偿还问题**：并不是所有的贷款都是以同等条件获得的。对于资助性的贷款，政府和慈善借贷者会替你偿付你在校期间的贷款利息，而非资助性的贷款则不享有这样的优惠了。含佣金（origination fee）的贷款比那些不含佣金的贷款更具有优越性。
- **校外奖学金**：如果你已经申请到一年的校外助学金，并希望下一年还能申请到的话，比较一下各学校对这笔奖学金是如何进行处理的。
- **暑期及兼职工作的收入**：请注意各学校在发放助学金时，是否把这些收入考虑在内。同时，确认该收入是只会减少你的贷款金额呢，还是也会影响到你的助学金的申请。
- **若想获得经济资助，是否还存在一些你个人表现方面的要求**：较之于固定的、三年制的助学金和贷款，非三年制的助学金和贷款具有不确定性。考虑到潜在的奖学金的变数，你必须要考虑，由于在法学院学习期间，你收入的增加——或者是你配偶/父母收入的增加——而使得你的奖学金数额可能会减少。

  此外，你还必须考虑，学校是否会基于你在校期间的表现，而不再为你提供助学金。请查看一下为了保持该助学金，你所必须保持的平均成绩。记住，不要按照你大学的GPA的考虑法学院的GPA成绩。尽管竞争更加激烈，评分标准也更加严格，但你很可能还会像在大学时那样，努力保持在法学院的优秀。在你查看了该校根据学分而折算的、所要求的GPA成绩之后，你会明白，其实你完全不必这么做。如果学校要求你的GPA成绩保持在2.7分，而学校的平均成绩却在2.85分，那你将面临失去助学金的危险。
- **配偶的收入**：在你读法学院期间，如果你的配偶为了照看孩子而没有工作，学校依旧会让他/她承担一部分你的学费吗？

▶ 讨价还价

20世纪90年代中期以前，那些顶级法学院的申请者在与学校进行经济资助的讨价还价过程中，从来没有得手过。如果说Penn提供给你＄2，000的助学金和＄14，000的贷款，那你只有两种选择：要么接受，要么走人。而那个时代已经过去了。

近几年来，学校开始接受那些他们极欲招收的申请者的讨价还价

——完全是暗中进行的。这股讨价风始于那些知名度较低的学校，后来也被那些真正大腕级的法学院所采纳。其基本准则是，既然学校打算发放助学金，与其只根据经济资助的需求进行发放，不如在一定程度上予以公开，使得大家能够有一个协商的机会。这也就是说，Harvard，Yale，Stanford 等大学就是交易者。（尽管这其中暗示着他们曾经都以自己的财政资源为诱饵，吸引过那些他们非常想要招收的学生。）尽管也有少数几所学校坚决抵制学校与申请者之间关于经济资助的、赤裸裸的讨价还价，但绝大多数学校还是在一定程度上采用了这种发放助学金的方式。

在这过程中，没有既成的规则，如果你的讨价还价未能成功，你就失败。如果说 Penn，NYU，Columbia 以及 Chicago 都录取了你，那么选择你认为最好的一个提议，然后以此为筹码，看看其他学校是否愿意提供比这更好的待遇给你。当然，他们会试图说服你，告诉你，不论是从经济，还是从其他方面来看，你将最终从他们为你准备的提议中受益。尽自己可能去理解其中的含义，或许他们说的是对的。但仍有可能，你可以从他们那儿获得更多的经济资助。（至于他们会如何与你辩白，不要去理会它。）

别指望所有的学校都会对你感兴趣。如果你在录取名单中排名越前，则你手中的筹码就越大。你可能在 Penn 录取名单中的排名最后，却在 Boston 或 Vanderbilt 的录取名单中排名第一。结果，Penn 不大可能会实现他们原先对你的承诺。实际上，即便你排在 Penn 录取名单的头号，学校也不一定会有压力，觉得应该把他们为你准备的待遇提高到与 BU 或 Berkeley 看齐。因为，Penn 相信，无须以钱做诱饵，仅靠学校的声誉和/或课程特色，就足以把吸引住你。

录取你的两所学校的知名度越是相近，在你手中的筹码也就越大。（所以，你可以同时申请多所知名度差不多的学校。）然而，如果遵循这样的原则去选择学校的话，那你离自己的目标也就相去甚远了。尽管你在其他学校可以算得上是个人物，但可能你在 Penn 毫不突出，那就别指望 Penn 会对你热情有加地邀请你加盟该校。要知道，没准你本身还不如学校经济资助官员在你身上浪费的时间值钱呢。举例来说，如果你与 Chicago 有密切的联系，并且对 Penn 的某一项非常优秀的课程毫无兴趣，那么，Penn 的经济资助官员肯定不会把时间花在你身上。

讨价还价已成为法学院经济资助项目中非常重要的内容。毫无疑问，这股风必将随着各法学院对人才的争夺而愈演愈烈。Texas 以极大的坦诚（请参看方框）表明，他们不仅会提供相等的，甚至是更优厚的条件给他们想要招收的人才，同时认为，竞争对手们也会这么干的。其他许多的顶尖法学院虽然在表述上不如 Texas 直白，但实际也都存在有这样的竞争。这股讨价还价的风气始于大学，但现在，有越来越多的法学院也开始采用这样的一种申请经济资助的方式；这必将加速法学院人才的争夺战。在此，我最后再进一言：在你最终判断有哪一所法学院可能会愿意试试这其中的水深之前，一定要记住，那些新上任的法学院的校长们都极有可能通过提高其学校的奖学金基数，来改进他们所招收的学生的整体素质。这一点，你务必要把握。

Texas 经济资助项目

Texas 为那些已被该校录取的，并已从下列法学院获得经济资助的学生提供奖学金：

UC Berkeley (Boalt Hall)
UCLA
University of Chicago
Columbia University
Cornell University
Duke University
Georgetown University
Harvard University
University of Michigan at Ann Arbor
New York University
Northwestern University
University of Pennsylvania
Stanford University
University of Virginia
Yale University

“通过这一项目，Texas 为那些已被录取的学生提供奖学金。这样，被录取的学生只要提供与上述学校相比同样多的，甚至是更少的资金和教育贷款，就可以到 Texas 法学院学习……要通过此项目申请到奖学金，需要递交你的 Financial Aid Notification (FAN)，或者与此相关的官方文件，证明你所需的学习成本，以及由 Texas 奖学金颁发委员会提供的助学金金额、奖学金的金额和贷款金额。”

（本文引自 Texas 大学的宣传材料。）

经济资助的申请策略

▶ 基本策略

尽早开始，给自己留有回旋的余地。其关键在于确立自己未来的职业目标，以及为实现这一目标、你打算如何利用你在法学院的时光。选择一所能够充分满足你这方面需求的学校。举个例如果你打算在法学院学习期间，还要尽可能地打工挣钱，那么，选择一所不对学习期间的个人收入进行资产评估的学校，而且最好该学校所在的城市的兼职报酬比较高。利用前几页中的图表，可以帮助你更好地理解各学校的经济资助政策，并据此选择一所最适合自己的学校。

此外，其他策略还包括：

1. 入学之前，进行储蓄。(这也是为什么要求你在上法学院之前，努力工作的又一原因。)
2. 把学校用于计算奖学金基年的收入进行转移。尤其当学校在一开始就提供三年奖学金的情况下，更应该如此。尽可能争取到基年前的“Christmas Bonus（圣诞公包)”——或者是基年后的“New Year’s Bonus（新年红包)”，或者其他方式，但不是以打工的形式赚取薪水。
3. 考虑将你的个人资产转移给父母或兄弟姐妹。
4. 抓住任何你可能申请到的校外补助金。
5. 考虑重新调整你和父母之间的关系，因为与其他来源的经济资助相比，他们提供的经济资助受到的各方面的限制，以及资格条件方面的要求可能要少得多。
6. 如果你父母有自己的收入或资产，而你却没有，则应该考虑摆脱自己在经济上对他们的依赖。或者向学校证实，你在经济上是独立的，不依靠父母的资助。
7. 获得你所要就读的公立法学院所在州的居民身份。
8. 进入一所准许学生在第二、第三学年交纳与当地居民相等的学费的州立法学院。
9. 如果你未来的伴侣可能会使你的个人资产和收入增加的话，考虑推迟婚期。这对于你打算在第一学年更多地学习，而不是工作的情况来说，非常有意义。
10. 法学院读书期间，生活简朴，这样可以为你节省数千美元。

11. 争取到学校根据个人表现好坏而颁发的补助金。顶尖法学院都为那些表现一流的学生给予奖励，如那些“模拟法庭陈述的最佳陈述人”，或者那些“第一学年成绩最优秀的学生”都会受到奖励。
12. 尽可能利用暑期多打工。尤其是第二年的暑期，那些法律事务所更愿意为你提供丰厚的报酬，更应如此。
13. 考虑到少有学校会将你的兼职收入计算在资产评估中去，考虑在当地出价不错的法律事务所里苦干一翻。但要注意，报酬的高低应地区的不同，而存在巨大的差异。因此，如果你打算利用业余时间打工的话，一定要注意学校所在地区的选择。一般说来，三年级的学生可以挣得不菲的收入，所以，在第二学年时，完成那些负担较重的课程。这样，第三学年时，你就可以有足够的时间去打你的工了。
14. 在最后一个学期的时候，转到学费较低的或者国外的某所法学院。
15. 如果你打算毕业后继续从事该专业的话，选择某一可以减免法学院开支税收的专业。(参见方框)

除了上述建议之外，所谓的为了少花钱而选择某所次一等的学校，而放弃一所需要你支付全额学费的好学校，这样的说法是不可靠的。上法学院本来就是一个长期的投资项目。所以，不要只考虑价钱，更重要的是，要考虑它的价值。

▶ 让所有的花费都在自己的控制之中

• 入读法学院之前

法学院在计算你可能承受的学费负担时，不会只考虑你的储蓄，他们还会对你的收入状况进行分析。因此，在进入法学院学习之前，那些无谓的金钱浪费是没有意义的。在申请法学院之前，仔细分析一下，学校会如何计算要求你个人承担的学费部分，这样，你就能做到心中有数，不至于今后为眼前的、毫无节制的消费计划而懊悔。

另外，切记不要让自己的信用卡透支，也不要因为眼前的消费而让自己负债累累。一方面，筹集学业所需的花费是件不容易的事情，另一方面，如果你无法自己支付其中的一部分学费，则你会失去申请联邦贷款或私人贷款的机会。此外，务必确认你已妥善处理现存的教育债务。(这些债务可能会是你大学期间或是研究生期间积累下来的。)拖欠，甚至延期不付，都会限制或是使你失去申请新的贷款的资格。

法学院税收的减免

根据新的国家税法，所有人都有权申请研究生教育的终身学习信用贷款（目前最高额度为＄1，000，2002年以后可以达到＄2，000）。而且，有少数人可以申请减免法学院的全部费用。其基本要求是，你有意在入读法学院之前任职的专业领域继续从事相关工作，并且毕业后，你也的确是回到了该领域。因此，如果你曾为公益事业的组织工作过，并且毕业后依然从事该项工作（可能还是受雇佣于同一雇主），虽然你的水平已有所提高，但你却仍做着与原先同样的事情，那么，你就有申请减免全部费用资格。类似地，如果你在读法学院之前，是某个州的贸易代表，或者是政治学的教授，毕业后又返回到了原来工作过的领域，那么，你的学费是可以减免的。当然，记得与你的私人会计或律师协商。其中的规则比较复杂，所适用的法律条文也是杂乱无章的，所以，你不可能得到国家税务局关于究竟能否减免该项费用的十分确切的答复。在这种情况下，究竟是否应该申请减免费用所存在的风险是不确定的因素。

还有，不仅你就读法学院的费用可以减免，申请法学院的各项费用也同样是可以减免的。

- **法学院就读期间**

  尽量避免奢华的生活，过得简朴一些。如果你在法学院期间，生活奢华，没有节制，将非常不利于贷款的偿还。但如果你能有所顾忌，这显然对你毕业后能过上更好的生活会有所帮助。此外，你所负的债务越少，那你职业的选择灵活性就越高。如果说你的债务达到了＄100，000，那么，即便你在一家高薪的大公司里，或者为某一可以享受LRAP计划待遇的、从事公益事业的组织工作，你依然会感到压力重重。

▶ 保证你的融资策略与你未来的职业目标保持一致

在考虑如何为法学院的教育筹集资金时，认真思考你的融资策略。保证你的融资策略与你在法学院期间的表现保持一致。别指望自己既能为某一家当地的律师事务所每周工作20个小时，同时还能在校刊当个编辑什么的。如果你想为自己积累一些公益服务方面的资历（公益事业的暑期工通常待遇少得可怜），那就别指望暑期里挣太多的钱。同样，你也必须确保自己的融资方式与你毕业后的职业目标保持一致。有鉴于此，如果你打算在毕业后从事教学工作的话，千万别让自己债台高筑，让自己背负近$90，000的债务。

为了让你的融资计划更为有效，你务必要对自己的未来有一个清晰的想法：你打算怎样度过法学院的学习生活，你打算在哪一个法律领域内有所发展，你打算从事的行业领域，融资过程中不要漫无边际。相反，你应该尽早有所计划，看看如何为自己筹集就读法学院的经费。

应该为了省钱，而降低对学校的要求吗？

什么情况下，你可以为了得到某一笔奖学金，而放弃一所更好的，但需要支付全额学费的法学院，而选择一所可以提供奖学金，但实力较差的学校？什么情况下应该放弃一所实力较强的私立学校（当然，其学费也更高），而选择一所费用较低的州立学校？有关这些，需要考虑多方面的因素：

- 两所学校在教学质量（声誉）上的差异有多大？
- 两所学校所提供的课程以及其他你认为非常重要的因素（如，地理位置和学校的氛围）之间有什么不同？（参见本书第3章关于这些因素的讨论。）两所学校可提供的暑期和学期中的兼职机会以及可赚取的收入之间存在怎样的差异？
- 学校可以提供的奖学金数额？
- 你对三年都能获得经济资助的把握性有多大？
- 毕业后，你打算从业的领域？你对此有多大的把握性？如果你打算从事公益事业，则要考虑两所学校关于LRAP计划实施的可能性有何不同。对于那些不需要支付较高费用的专业（如教育），你享受LRAP待遇的可能性就很小了。（当然，像Yale这样的学校不包括在内。）尽管你对雇主的诱惑力取决于你所就读的学校质量，但债台高筑可能会阻碍你进入该领域任职。

- 你进入某一高薪领域的可能性越大，你毕业后可能承受的债务负担的压力也就越小。
- 注意，在好学校学习，你个人表现方面的压力也就越小，因为，你在班上的排名对你的就业不会有太大的影响。在Harvard，你只要保持在班上中等偏下的水平，就不用担心找不到满意的工作。同样的工作机会，对于就读于稍差一点的学校的学生来说，只有校刊的编辑才有可能获得。与你希望谋得职位的雇主交谈，看看他们从不同的学校都雇佣怎样的人才。

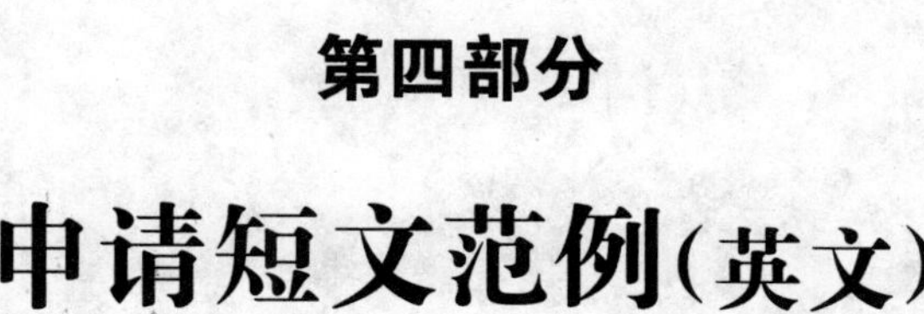

第四部分

申请短文范例(英文)

Thirty-one actual applicant essays are included in this book, all but one in Part IV. (The other one is included in Chapter 8.) The majority of these are personal statements. The other essays include those written for scholarships, explanations for past problems (such as brushes with the law or questionable grades), optional pieces written for schools allowing more than one essay, and a transfer essay.

Thus, you have a full menu of essay types in front of you. In fact, the range is even greater than you might yet think. The personal statements and other essays reflect the diverse experiences and interests of the applicants writing them—and a diverse lot they are. There are ten men and ten women. Six are Hispanic or African-American. Several were born and raised abroad. Their experience ranges from zero to ten years of full-time work, at jobs ranging from paralegal to journalist, naval officer to psychologist. Several have done substantial graduate work. They applied to the whole range of leading schools. We did not indicate for which school a given essay was written—since similar essays were generally submitted to multiple schools—except in the case of those written in response to a very specific question. Some of the essays describe applicants' formative experiences, including looks at their families; some discuss their academic interests; others describe what they intend to do after law school; still others provide think-pieces about law, society, citizenship, and the like.

There is no magic essay topic, so do not feel compelled to choose what one of these applicants wrote about. In fact, this wide-ranging selection of essays is meant to send an opposite message: What makes a given topic an excellent choice for one applicant is likely to make it a bad one for another. The comments that follow the essays are meant to provide assistance in this regard, pointing out what did and did not work—and why—for each applicant.

Use this section to help you find what topic will work best for you, given your experiences, interests, strengths, and weaknesses. In other words, consider the lessons from Chapter 8, "Marketing Yourself," and those that follow concerning your desired positioning, your reward-risk ratio, and so on. Keep in mind also that some topics will not need to be covered because they may already feature in your recommendations.

Not all of the essays are brilliantly written, but each demonstrates at least better-than-average writing quality for those admitted to the top schools. If you wish to read particularly well-written essays, regardless of subject matter, consider those of Maura Wilson, Sacha M. Coupet, David P. White, and Bill.

Note how much more interesting the essays become as you proceed through this section. The essays are placed in order of the applicants' experience, with the college seniors' essays coming first, followed by those with more (and more) experience. Even though various of the essays written by inexperienced applicants are good, the lack of experience tends to shine through. The gap in experience, maturity, self-knowledge, and understanding of the career choices available—from the college seniors to those with real career experience—is dramatic.

To get the most out of this section, do three things:

- Read the best examples—those of Maura Wilson, Sacha M. Coupet, David P. White, and Bill—to see how professionally someone can market him- or herself. These are textbook examples of good applications.
- Refer back to the discussion in Chapter 8 of overall marketing principles and the Chapter 9 analysis of specific essay topics, while looking at the essays.
- Then look at the efforts of the people who most resemble you in terms of their backgrounds, their chosen topics, and so on.

You will probably not want to read page by page through this whole section. The charts on the following pages are meant to facilitate your picking and choosing whatever is of greatest interest to you.

One last note: Some of the applicants wanted their full names used whereas others wanted only their first names used, or even wanted their identities lightly disguised by our using a different first name. The first four applicants, in fact, wanted no details given as to their identities. Thus there is no uniform policy followed here, except that of honoring the wishes of the applicants. A minority of the applicants were clients of *Degree of Difference:* I leave it to you to figure out which were and which were not.

APPLICANT	JOB	YEARS EXPERIENCE	COLLEGE	SUBJECT (MAJOR)	GPA	GRADUATE EDUCATION
Lisa	N/A	0	Harvard			
Tuan	N/A	0				
Julie	N/A	0	Princeton			
Lawanda Nowlin	N/A	0	Spelman	English Literature	3.7	
Jarrett Epstein	N/A	0	Univ. of Virginia	American Government	3.5	
Judith	Paralegal	1	Columbia	Philosophy	3.8	
Tori	N/A	2				
Jon Queen	Assistant to handicapped woman	2	Cornell	Economics	3.5	
Antonio	Paralegal college counselor (for Community Organization)	1+ 1+	Yale	Molecular Biophysics and Biochemistry		
Garth Morey	High school teacher, Special projects coordinator, Philadelphia Empowerment Zone Field coordinator, Democratic Party	1 1 ½	Yale	Ethics, Politics, and Economics	(Summa cum Laude)	
Maura Wilson	Program analyst, Office of Inspector General, U.S. Department of Commerce	3	Univ. of Washington	International Studies	3.6	
Brendan	Capital markets analyst	3+	Yale	History	3.3	
Amy Crawford	Legal aide, Equity Derivatives Trade Desk	3 1	Univ. of Virginia	Double Major —Sociology —Afro-American Studies	3.4+	
Sacha M. Coupet	Clinical psychologist	4+	Washington University	Psychology	3.4	M.A., Ph.D., Univ. of Michigan (Psychology)

David P. White	Executive director, Community Org.	4+	Grinnell	Political Science		Oxford (Philosophy, Politics, and Economics)
Thomas	Naval officer	5	Berkeley	Economics	3.75	
Oluwabunmi Shabi	Journalist, *Business Week*	6	Univ. of Chicago	History		
Bill	Religious meditator	10	Yale	Philosophy	3.6+	
Noah Pittard	N/A	0	Univ. of Georgia	Philosophy	3.0	1st year, Hastings Law

Applicant	LSAT	Essay Topics	Other
Lisa		Cultural influences	Native of South Africa
Tuan		Immigration and experiences leading to interest in law	Native of Vietnam
Julie		Experiences with injustice leading to interest in law	
Lawanda Nowlin		Family experiences leading to interest in law	African-American
Jarrett Epstein	166	Experiences in Britain's House of Lords and European Parliament leading to interest in law	
Judith	178	Original interest in law confirmed by experience as legal assistant	
Tori		Influence of grandfather	
Jon Queen	168	1) Experience as home aide 2) Public service essay: Interest in public service and Penn	
Antonio	160	Talent and training in science and communications leading to interest in law	Hispanic
Garth Morey	169	Importance of community interaction to success of democracy—and his own experiences with this notion	

APPLICANT	LSAT	ESSAY TOPICS	OTHER
Maura Wilson	165	1) Interest in internationalism and international law 2) Contribution to diversity essay: Applicant's courage and tenacity evident in breaking traditions at a young age 3) Way-you-think essay: Benefits of "children's" literature for adult readers	
Brendan	168	Interest in Latin America and economic development	
Amy Crawford	165	Observations on discrimination and her civil rights work	
Sacha M. Coupet	161	Experience in psychology and children's advocacy, leading to interest in law	African-American (First language: French)
David P. White	158	Experience in foster parenting and as leader of community agency, tied to his interests in law and urban development	African-American (Rhodes Scholar) (Truman Scholar)
Thomas	164	Experience as Mexican-American beneficiary of Affirmative Action, and as naval officer	Hispanic
Oluwabunmi Shabi		Discussion of candidate's Brooklyn neighborhood as extension of herself	Reapplicant: Wait-listed year before
Bill	176	1) Discussion of applicant's study of meditation and interest in law 2) Way-you-think essay: Examination of Buddhist teaching 3) Note on employment history 4) Note on undergraduate grades 5) Note on arrest history 6) Scholarship essay 7) Scholarship essay 8) Optional essay: Why candidate wants to attend Northwestern	
Noah Pittard	165	Why applicant wants to transfer to Boalt Hall (Berkeley) from Hastings	Transfer Applicant

LISA

The day will stand out in my mind for the rest of my life. I know it will because it was one of those series of moments when past and present fit together with great significance, one of those series of moments when you stop to take mental photographs so as to absorb each minute one at a time. It was at the short acceptance speech delivered by President Nelson Mandela on my campus of Harvard University only a few short weeks ago that the trajectory of my life flashed before me. I shivered with pride when Mandela alluded to his Long Walk to Freedom. Time raced backwards in my head as I thought of the long walk of my own family which began on the same soils of South Africa. As I recalled thoughts of people, places and experiences, I began to think of my life not so much as one linear road, but as a puzzle, a conglomerate of separate pieces which somehow fit together to shape the person I have become . . .

A blurry red haze hangs over the deep clay South African soil, the soil of my birth and the base of my puzzle. Emigrating at the age of one, I would learn to love another distant soil in the United States before I would understand my African roots. Time and distance erased homely smells of milliepap and damp cool air. Yet African rhythms would always ring deep in my soul. I was connected to that land somehow. My parents tried to explain to me why near the red soil of Africa, black pieces did not fit with white pieces. They too struggled to handle the stark separation. To them, Africa meant rolling mountains, blue skies, and green trees—colors and curves, not straight edge monochromatic pieces. One day the pieces would match more smoothly, they told me. Until then, Dallas, Texas would become my new home.

In Dallas, I began to discover the world through my one eyes, and in my spirit grew a Texan pride—a reciprocal love of a new home so welcoming to my family. A warm sunny climate translates to warm friendly people in the southwest, and through my progression from elementary school to high school to university, I have forged friendships of binding ties. This is because people take time for one another in Texas. These days I take time to listen to the fascinating stories of my fellow Harvard students, who come from all over the world and each have their own interesting stories to tell. In Texas I was also exposed to the beautiful Latin culture, to the soft roll of the Spanish language, to spicy Tex/Mex food, to happy mariachi music, and to a light-hearted spirit which seeks only the enjoyment of every precious moment of life!

A soft yellow glow emanates near the center of my puzzle and sheds rays of light over all the other pieces. This is the glow of Judaism represented by a symbolic pair of candles lit in my household each Friday to welcome in the Sabbath. Friday evenings in my home are special times. The house is warm with rich smells of roasted chicken and challah bread toasting in the oven, and the calmly dancing candles spread an aura of peace over the house. It is a family time, when my mom and dad, my brother and I sit round the finely decorated Sabbath table to discuss news, events of the week, our individual hopes and dreams, and our goals we hope to achieve together. Judaism touches all the pieces of my puzzle because it touches every part of my existence. My close family ties, my strong system of values and ethics, my search to elevate my life beyond the trivial and mundane, and my appreciation for beautiful things in nature, art, music and literature, in some way all find their derivation in Judaism.

My heart rang with nostalgia and longing when the full resounding voices of the Harvard Kuumba singers sang Ngosi Sikale le Africa—a song my mom used to sing to me when I was a small girl. Mr. Mandela did not see my mouth, but as his lips formed the shape of the words, so did mine. We were singing together, he and I, and I cried. As Mr. Mandela graciously accepted the award of an honorary doctorate of law with a dignified bow and an elegant smile, I smiled too as he reaffirmed for me that day, that hard work and persistence can bring the sweetest rewards.

COMMENTS

What this candidate achieves here is difficult for most applicants of similarly "exotic" backgrounds. The applicant applies a poet's touch and reveals a believable spirit that is not affected or contrived. Many applicants who might wish to convey a similar message would be unable to pull off this kind of essay, the main idea of which is nothing greater than "I am a product of my diverse inputs." The detail about each of the influences—South Africa, Texas, and Judaism—help to solidify the essay's believability and impact. In fact, it comes as a surprise midway through the essay that the applicant is Jewish; we expect her to be black, and the upsetting of that expectation adds to the essay's multicultural message.

TUAN

In the summer of 1978, on a small, overcrowded ship carrying two hundred Vietnamese refugees, a seven-year-old boy forever lost his innocence. Separated from his parents and alone with his thirteen-year-old cousin on this journey, he stood silently while the ship was attacked by pirates who robbed and raped many of the passengers. Terror struck his soul and tears filled his eyes as he witnessed bodies being thrown overboard. He simply could not comprehend the senseless killings. But the nightmare did not stop; dissatisfied with the gold and jewelry plundered from the passengers, the pirates forced everyone overboard in order to seize the ship. The sea tossed and turned as people panicked and fought one another for empty gasoline tanks and water containers to use as flotation devices—it was a quarter of a kilometer to shore. The young boy and his cousin were fortunate; they both knew how to swim. The sight and sound of desperation and death sent chills down his spine, but all he could do was swim. To this day, the memory of a young girl calling to her drowning mother for help still haunts his dreams; and sometimes a deep sense of guilt overwhelms him for having survived when over half of the passengers perished.

I was this young boy. Two years later, I was reunited with my father and eldest sister in the United States. But life in a new country was terribly difficult. For nine years, my father, sister, cousin and I struggled to earn enough to send home to my mother and two sisters in Vietnam while trying to keep our heads above water. The situation was such that I had to sew piecework for the garment industry after school to supplement my father's small income. As a result of his perceived inability to provide for his family, my father resorted to alcohol to escape the loss of dignity and sense of shame. Racial intolerance also added to our difficulties. Derision such as "chink" and "gook" by fellow classmates induced feelings of inadequacy and self-hatred on my part; and because of my poor English skills, I responded by fighting, which further exacerbated the problem. In addition, an assault on my father by three youths who told him to "go back to China" and the subsequent burning of my sister's car forced us to move from our apartment. Such experiences reinforced my resolve to succeed in school in order to escape both poverty and the stigma of being a foreigner.

With the arrival of my mother and two older sisters to the United States in 1989, after eleven years of separation, my financial obligation to the family was eased slightly, which enabled me to concentrate more on my studies. However, the dual necessity of work and commuting to school did not allow me to take advantage of extracurricular activities provided by organizations on campus. Nevertheless, I did gain extensive experience working as a self-employed commercial artist during my undergraduate years. Unable to find a job suitable to my school schedule, I decided to put my artistic talent to work. I bought ads in local Vietnamese newspapers offering my services of designing and painting posters, signs, and advertisements at half the price of competitors. Most of my jobs are on a small scale that include painting windows and banners, and designing menus and advertisements for Vietnamese businesses. While working within the Vietnamese community, I became aware of the pressing need by small businesses as well as individuals in the community for affordable legal assistance. Because of their immigrant background, many Vietnamese lack an awareness of their rights and obligations in American society, which often lead to misunderstandings, confusion, and insecurity. Given the opportunity to attend law school, I hope to alleviate some of the friction and distrust that Vietnamese immigrants have in the law by broadening their knowledge of the legal system.

COMMENTS

This essay starts off well with a jarring story that emphasizes the applicant's background and the difficulties he has had to overcome to get where he is today. The story of the applicant's struggle against discrimination and insecurity also helps to show his attraction to the legal profession. The essay would have been substantially strengthened, however, if he had gone much further into his current work to show that his sentiments are sincere enough that he will indeed play the role he imagines, helping Vietnamese immigrants deal with the legal system. Not only could he have made stronger, more concrete connections between his experiences and observations and his legal future, but he could also have worked in nonlegal capacities to help fellow immigrants. (The failure to do so is a weakness of his application, albeit not of his essay.)

JULIE

Meet, first, my grandmother, Lea. She's eighty-six now and lives across the street. By leaving Germany in 1935, when the public schools of her hometown were closed to Jewish children, she escaped the Holocaust. She treasures American liberties; her favorite song is "God Bless America"; and she reminds me . . . I don't know how good I have it.

Now let me introduce you to the classmate who changed my high school campaign posters from "Vote Julie" to "No Jews." Then to the Neo-Nazis who sporadically demonstrate in front of the synagogue three blocks from my house. Next to Representative David Duke, selling *The Hoax of the Twentieth Century* in my backyard. These are some of my neighbors, and they have caused me to examine those rights which theoretically will prevent Lea's story from becoming my own.

My focus is the freedom of the press: its allotted latitude and resulting ability to shape social discourse. I observe, for example, in my research for my senior thesis, disturbing trends in the coverage of Mr. Duke's senatorial campaign. *The New Orleans Times Picayune* runs article after article on his growing support, his charisma, his nationwide sources of funding. It is only in mid-August that I read of racist and anti-Semitic comments made as late as 1989. The *Picayune*, I discover, has known of these remarks for ten months. For nine months, as the campaign gained momentum, they weren't considered newsworthy. A staunch opposer of censorship, I wonder: Should there be some guidelines for what is and is not printed?

My own journalistic experience reinforces my concern. I worked as a stringer for the Associated Press. I know that its editors will accept a story on Princeton's nude olympics and reject one on Louis Farrakhan. They realize that Farrakhan has caused one of the largest controversies on campus this year, they say, but he's doing it for the publicity. Don't cover it. I also know that *The Bridgewater Courier-News*, a *USA Today* subsidiary, isn't interested in the speeches of Catharine MacKinnon or of Abba Eban or of the American ambassador to El Salvador, but will pay me for ten to twelve inches on Princeton's cheerleaders.

I complement my interest in the societal influences of the media with close studies of our legal and judicial systems. My junior independent work, awarded more than once and published by the New Jersey Department of Higher Education, concludes that women should not turn to the judicial system for protection from the sadistic sexism of hard-core pornography. This semester I chair a Woodrow Wilson School policy conference that examines alternative means of dispute resolution, asking whether the current system truly provides justice. I direct the efforts of eighteen juniors toward a cohesive policy statement which we will present to the U.S. Senate Judiciary Committee.

I do not confine my analysis of the functioning of the law to the classroom. Summer work with the prosecuting office of the District of Columbia taught me that the system is easily manipulable. I answered motion after motion by defense attorneys who knew that if they delayed long enough, the case would be dropped for want of prosecution. I prepared cases with the knowledge that because they were going before Judge X* instead of Judge Y*, the fifth-offense drunk driver would be dismissed with minor penalty.

Back at Princeton, my term on the University Discipline committee offers a different perspective on justice. Four students, along with a group of faculty and administrators, hear charges of violations ranging from plagiarism to alcohol policy infractions to vandalism. I benefit from a view of, and a say in, yet another level of judicial structure.

Law school is a natural extension of these experiences. My professional goal is both to practice public interest law and to continue as a writer of social commentary. It is a goal that allows me to assure my grandmother: I not only value "what I have," but I aim to protect and to strengthen it.

COMMENTS

This candidate's approach is to paint quick portraits of her experiences with "justice," and then draw the conclusion that she belongs at law school—a natural extension of her interests and pursuits to date. This is a valid strategy. Furthermore, the initial stories she tells grab our attention and sympathy. The problem is that she over-gilds the lily. Even the first two paragraphs are rendered a bit melodramatically; they make a reader feel that the writer might be crassly taking advantage of her Jewish roots, trying to win over the admissions committee with a simplistic claim to felt discrimination. After that, Julie demonstrates a basic intolerance of others, which cannot help her cause. Even though any one of the foes she targets could be lambasted, the net effect of objecting to all of them suggests that she is a shrill, neurasthenic sort. It is one thing to object to Farrakhan, another to insist that you have the only acceptable way of dealing with him. Thus, insisting—as a journalistic intern, no less—that your paper must report his activities in full rather than ignore him sounds a bit strident. Similarly, announcing that any and all speeches of Catherine MacKinnon

---

*Actual names were used in the personal statement, but for legal reasons I have withheld them here.

are newsworthy, and that pornography is sadistic sexism against women, is painting with a very broad brush, indeed.

Julie should have eliminated some of her complaints and tempered her portraits with an admission that she realizes discrimination against Jews is not actually common at Princeton (her current home) or at the top law schools to which she is applying. In addition, she could have altered her tone a bit to sound less naive or incredulous that such acts of discrimination indeed occur to this day.

Julie is all too ready to see injustice and evil everywhere, with herself all too often the victim of it. She comes across as immature and lacking in the perspective that real-world experience would provide. Compare her overdone tone, and the limited nature of what she personally has had to confront, with the personal statements of David P. White and Tuan. They faced much more substantial difficulties, weathered them with more grace, and reported them more matter-of-factly. The results are much greater reader sympathy and respect.

LAWANDA NOWLIN

I consider myself fortunate because I do not suffer from the affliction of uncertainty that plagues so many undergraduate students. There has never been a time in my life, since I have been aware of professional goals, that I have not wanted to be a lawyer. I now search my memories for the answer to the question, *Why law?* Perhaps there was something in my family experience that ignited this flame. . . .

I have many fond and vivid memories of my family gatherings. The smell of southern fried chicken and candy yams simmering in the air, and my mother's laughter bouncing off every wall in the house. At these gatherings, many stories were told about the past, but one story in particular that always seemed to dwell within my memories was the story of when Uncle Jerry was, or how my grandmother labels him, a *hero*. In the early 60's, my uncle had a job at a local gas station as a gas attendant, one of the few jobs available for blacks in Lake City, South Carolina under the strict Jim Crow laws. One day, while he was pumping gas, a middle-class, young white male parked his car at the gas station. A few minutes later, a young black male walked over to his car, and my uncle overheard their conversation. The white driver of the car told the young black male "if you don't stop leaning on my car, I'm gonna shoot you, boy!" At this point in the story, my uncle with excitement flashing in his eyes, would laugh as he saw the anxious faces looking at him. "Then, before I knew it," my uncle would cry, "I heard a gun shot and that black boy was lying on the ground dead as a rooster." As the only witness to the crime, my uncle was subpoenaed to appear in court. Moreover, in order for the white driver to be found guilty, Uncle Jerry had to testify. My grandmother often recalled how frightened she and other members of the family were from the death threats they were receiving from the whites in our town. A white man being sent to jail for killing a black man was absolutely unheard of in the little town of Lake City! Nevertheless, my uncle did testify in court, despite the many death threats, and the driver was indeed sent to jail.

My uncle is a hero, not only in my family's eyes, but also in the eyes of the black community. What was so extraordinary about his actions was that he used the law as an instrument for social change during a time when the law was used as a vehicle for subjugation and social control over blacks. It is because of this experience that I am certain of my life goals: I want to be an attorney. My special interest is in civil rights law. It is an interest grounded in my desire to effect change. As a civil rights lawyer, I will be a living voice for those who have otherwise been mute. I will fight for the child who was discriminated against by his school because he is infected with HIV! I will provide a safe haven for the woman whose human rights were violated by genital mutilation! Moreover, as I work to effect these changes, I will do so with PASSION!

Perhaps, one day at a family gathering when the smell of fried chicken and the sound of my mother's laughter are interlocked in the air, one of my family members will begin to tell stories of my family's experiences. Of course, amongst these tales will be my uncle's story. However, I also hope to be a topic within this discussion—not only as the daughter, the granddaughter, and the niece, but as Lawanda, "the heroine!"

COMMENTS

Here is a well-written piece describing the candidate's reasons for choosing law as a profession. The story of her uncle is compelling and dramatic, although not overdone or lacking in authenticity. Even though another candidate using this kind of story may have been better off bringing herself into the story about a family member, Lawanda used her uncle as a tool to explore her own goals and dreams, explaining how her uncle's use of the law as an instrument for positive change has affected her.

Lawanda's essay, although interesting and well written, is not entirely convincing because she fails to show that she has made a major commitment to civil rights work or something comparable—which, lacking full-time work experience, is very difficult to do. Experienced admissions officers might regard this as a fine essay, and thus evidence of her writing ability, but they would probably give odds of two or three to one against her ever becoming a civil rights lawyer.

JARETT EPSTEIN

I had finished my last final during my second year at University a few days before I arrived in London. I had recovered from jet lag, and even was lucky enough to catch a glimpse of Queen Elizabeth II and her husband, the Duke of Edinburgh, during their procession to Parliament for the Queen's Speech. I woke up early that morning, having been too excited to sleep much the night before. Today was the day prearranged to meet Lord Michael Cocks, whose office I was to be interning in for the next three months. I arrived at the Palace of Westminster early for the appointment, not chancing the London Tube's sporadic schedule. I made a left at the main lobby and was in the Lord ante-Chamber. I did not realize until after I had been working in the Palace for some time that the carpet changed from green to red. Throughout the Palace, I would later learn, the color of carpet signifies whether you are in the House of Lords or the House of Commons.

I sat in the ante-Chamber, waiting for the steward to inform Lord Cocks that I had arrived. While I was waiting, the Lord Chancellor's procession led by Black Rod entered the chamber. As I watched the procession, I failed to see the rather plump, bald-headed gentleman with bushy eyebrows approach me. A cockney accent, from what seemed out of nowhere, said "Mr. Epstein, I presume," startling me. Lord Cocks then gave me a grand tour of the building, introducing me (as his new American slave) to many of the "great and the good" of the United Kingdom.

One of the immediate lessons I learned was that Lord Cocks harbors virulent anti-European Union views, which often bordered on xenophobia. I am a government major, read newspapers regularly, and have been involved in Model United Nations since high school, but all I really knew about the European Union was a vague memory of the French, barely passing the Maastricht Treaty a few years before. Little did I know, I was about to be given a crash course on Britain's relationship with Europe. Lord Cocks, sensing my ignorance on the subject, told me to spend the next few days reading the original transcripts from the debate on Britain's entry to the European Union in 1973. I learned a lot the next few days, both from the Hansards, the official transcripts of parliamentary debates, and from various textbooks. I learned that Lord Cocks was not so xenophobic. Being against the European Union, or Euroskeptic as it is known, is rather popular in Britain.

After Lord Cocks was convinced I was better informed about the European Union, he assigned me to do research on Britain and Europe. One of the manifesto commitments of Britain's newly elected Labour Government was the incorporation of the European Convention of Human Rights into domestic law. Lord Cocks was against the proposal and asked me to do research on the topic. The loss of national sovereignty and erosion of Parliamentary supremacy were the two main arguments I suggested Lord Cocks use, in arguing against the incorporation of the European Convention of Human Rights into domestic law.

I spent the next year doing a lot of reading on the European Union and took the sole course offered at my University, but it really was not enough. Even with the emergence of Economic and Monetary Union this January, and imminent introduction of a single currency in 2002, the European Union is still unfortunately relatively unknown in the United States. For my last University semester, I decided to immerse myself in the topic, by spending the semester interning in the European Parliament.

I considered myself knowledgeable about the European Union by the time I arrived in Brussels (at least more so than when I first encountered Lord Cocks the previous summer). I was assigned to work for Angela Billingham, a British Member of the European Parliament from the Eastern Midlands. My main tasks in the office were drafting responses to constituent queries, and following the Economic, Monetary and Industrial Affairs Committee (EMAC), of which Ms. Billingham is a member. The three months I closely followed EMAC provided me an opportunity to expand my knowledge of the European Union. The gamut of EMAC, luckily for me, coincided with my interests in the European economy and the European Union's relations with the United States. Debates on the birth of the Euro, competition policy and transatlantic relations dominated the agenda during my stay. Though the United States often got bashed in committee debates, most Members of the European Parliament (MEPs) recognized the importance of having a strong relationship with the United States, Europe's largest trading partner.

During my stay in Brussels, Ms. Billingham was appointed rapporteur of the parliamentary report on a proposed Commission Directive updating regulations on car heaters. While the subject of car heaters is rather mundane and technical in nature, I enjoyed the opportunity to see the European Union's legislative process from such an inside perspective. While it is obvious that companies now compete in a global marketplace, it was still surprising to see the number of American companies, such as Ford and Chrysler, attempting to lobby Ms. Billingham. I sat in on meetings with Ms. Billingham and members of the European Commission and even given a chance to meet with a few lobbyists one on one.

My other main responsibility in the office was researching and drafting responses to constituent queries. The most immediate lesson, which should not have been entirely surprising, is that, despite their posh accents, not every one in Britain is entirely normal. The letters that came into the office were not surprisingly an eclectic mix of subjects and requests. From the amount of coca in chocolate to the production of condoms, the letters were rarely boring. By the time the internship was over, I was fairly knowledgeable about a grab bag of subjects affecting the daily life of a Brit.

I am fascinated by the legislative process and am particularly interested in the emerging body of laws of the European Union. My experiences in London, working in the ornate and regal House of Lords with Lord Cocks, introduced me to this emerging government based in Brussels. The time I spent in working for the European Parliament further convinced me I want to continue studying European Law.

COMMENTS

The main benefit of this kind of essay is that the candidate shows himself to have received a taste of a legal system other than our own. Jarrett demonstrates some knowledge gleaned from his internships in Britain's House of Lords and in the European Parliament, useful for positioning himself as a candidate interested in studying European law.

The candidate erred a bit in the second to last paragraph of the essay. First, he misses an opportunity to entertain the reader—he should have expanded on the types of inquiries he was asked to research, thereby giving readers some real "food for thought" on his findings regarding chocolate and condoms. He could have left some memorable trivia with the reader and balanced the relative heaviness of the rest of the material in the essay, giving it the perfect feel. In addition, Jarrett should have avoided the statement that "not everyone in Britain is entirely normal." It makes him look a bit naive (to expect that all Britons are stuffy because of their accents) and immature. Despite this minor shortcoming, the essay works well.

JUDITH

"Then they know for certain that all of us are called, and each of us meditates on the extravagance of having a separate fate."　Czeslaw Milosz, *Capri*

I am spending the year after my graduation from an Ivy League liberal arts college working in a large New York City corporate law firm. While hundreds of recent college graduates accept such positions of indentured servitude in order to taste the expensive pleasures of living in the Big Apple, I did not need to go corporate to experience New York. After four years of living and working in the city, I easily could have found myself a more creative and interesting job; of all the jobs my undergraduate friends managed to obtain post-graduation, mine is by far the most mundane. One might think that I took the job because I had romantic visions of behind-the-scenes Wall Street (I had seen the movie, perhaps, and thought it would be all glitz and glamour and Michael Douglas), but in fact, I knew exactly what the job would entail. My mother works as a corporate securities lawyer, and I had worked the previous summer in a San Francisco corporate law firm, so I knew the work would be largely organizational and detail-oriented and would involve long hours. Knowing this, and knowing too that in this diversity-obsessed age I almost certainly would improve my chances of getting into law schools if I chose to do something a little less typical, I nonetheless decided to work in the Corporate Finance practice group of Shearman & Sterling. What motivated my job choice in these circumstances warrants, I believe, some explanation.

The American liberal arts education prepares its participants for everything and nothing. Unlike European institutes or pre-professional schools, the goal of the American liberal arts education is neither quantifiable knowledge nor a specific technical skill, but rather a necessarily imprecise "ability to learn." Spit out of such a system into the wilderness of American capitalism, the liberal arts college graduate is overwhelmed by career options (if not always opportunities). If one can identify what it is one wants to do and then do it well, there are almost no limitations on the American job market. Thus the post-collegiate assessment of one's future includes not simply availability but possibility. The more options one has, the more flexible a system is, the more personal one's choices become. If one can do anything, then what one chooses to do must be what one wants to do. Obviously, of course, character and circumstance inevitably narrow one's options, and for many, I am sure, defining preference is the least of worries. For myself, however, and for many other recent graduates I know or have encountered, pinpointing what it is that one wants to do is the essential post-graduation issue.

What, then, prompted me to become a legal assistant? Am I mad or was I just too afraid to do something more adventurous? I do not think I am either mad or chicken. It has been my experience that it is when I am least occupied and least challenged that I best know what I want and where I want to be going. In college, I was stimulated, interested and involved; and I probably gave less than two hours thought to what I wanted to do with the rest of my life. I thought I wanted to go to law school. The professor of my senior seminar in philosophy, Akeel Bilgrami, espoused a theory of self-knowledge in which he claimed that persons should not be held responsible for acts committed unknowingly (for example, a son committing acts of hatred against a father he thinks he loves), but should be held responsible for not bothering to acquire the self-knowledge that would explain such acts. I agree, and I think therefore that in applying to law school it is my responsibility to make sure that, to the best I can, I know what I am doing. As a legal assistant, I have had the time to question my college conclusions, to wonder whether I really do want to practice law. As a legal assistant in Corporate Finance (working primarily for a partner with a specialty in enhanced equipment trust certificate offerings), I have had a chance to think about law school in an environment that would turn many off of law entirely: not only is the particular field I work in esoteric, but the hours are long and the work is often tedious. Neither my thinking nor the environment, however, has dissuaded me from applying to law school. In fact, I now feel confident that law school is something I very much want to do.

I have always felt attracted to law as a more practical branch of philosophy, and my time at Shearman & Sterling has served to increase this attraction. As a philosophy major, I loved the logic, the systematic thinking and the precision of my subject, but I was frustrated by the ethereality of its goals. The minutiae of metaphysics, the angels on the head of a pin, I found meaningless. Yet immersed in a similarly esoteric side of law, I find that I do not mind the details. As long as the overall goal is a tangible one, the mechanics, however tedious, are bearable. I find too that I enjoy working within a comprehensive (albeit changeable) system; law is the underlying structure of all civic life in our society, and although my day to day work has little direct influence on this structure, I can at least contextualize and interpret my work against it. Although equipment financing in and of itself is not scintillating stuff, if I can relate particular projects to a larger sense of the influence of corporate law on our economy and everyday lives, the details and the precision and the long hours gain interest and meaning and become almost palatable. Thus my experience as a corporate finance legal assistant has not only allowed me the time to assess my future and reflect on what I wanted to do, but it has reinforced my college intuition that I am actively interested in law. Without elevating this year's work into some pseudo-spiritual search (I did not find "myself" as a legal assistant), I think it is fair to say that I attained enough self-knowledge to know that I want to go to law school and that I want to practice law.

COMMENTS

Anytime a college-aged applicant discusses "why I want to go to law school," she takes a risk. Few inexperienced applicants have anything interesting—or even credible—to offer on this topic. Judith, on the other hand, scores well with her confessional essay. She admits that law is "boring," "unadventurous," and the like, and that she purposefully took a job where she would be "least occupied" and "least challenged." She thus risks offending the admissions committee in the way she discusses the practice of law. Judith's candor and honesty ultimately work to her benefit, however. Her knowledge of the profession is indeed real; her desire to check out her potential future is certainly sensible. The result is an essay that reflects her purposeful career exploration.

TORI

My grandmother says that to the day my grandfather Ted died, she could still see my cousin Anita's pink handprint smeared across his right cheek. After Ted had a stroke and a heart attack in the same week, my family and his doctors decided to let him die a peaceful death staring with a half-opened eye at a silent flickering television hanging from the hospital ceiling. Anita returned early from a European vacation just in time to witness the impending death that the rest of my family had grown to accept, and when she entered Room 204, she walked right over to my grandfather and smacked him in the face. As his face burned, Ted ate food again for the first time in days and decided not to die.

Ted lived twenty years after that slap. My family spent half of every other weekend visiting my grandmother and him, bringing them food. Many of my earliest memories are of the way my face felt against a cold vinyl backseat of a car as I slept through the Lincoln Tunnel on the way back home to New York. I would only be a fraction of the person I am now had Anita not been courageous enough to hit her uncle as the nurses gasped in astonishment.

When I was young, Ted used to tell me all the things we would do together when he recovered from his paralysis. He taught me to imagine the two of us walking through art museums and sharing blankets at cold football games. I always knew that his fierce desire to walk again was what got him out of bed every morning. Bruises and cuts were commonplace as Ted would pull himself up from his chair, take one step, then tumble forward until his face hit the cement floor. I used to wonder what he thought each time in the instant between the fall and the landing, knowing not enough of his limbs worked well enough to break his fall.

As I grew up our conversations gradually shifted from what we would someday do together to what I was doing without him. He taught me to live a life passionate enough for both of us, to perform enough good for both of us, to have enough fun for both of us. When his nightly phone call would interrupt my dinner I'd feel embarrassed if I had nothing noteworthy to tell him. When I left for college, he cried and told me to learn enough for him to feel his own enlightenment.

The summer after I graduated from college, Ted pulled himself up from his bed in his nursing home and tried one last time to walk. He fell sideways to his left, and his paralyzed left arm could not protect him from the floor. His left leg twisted grotesquely but painlessly and one of its bones snapped in half. Lying in the hospital afterwards, he no longer could convince himself that he would be able to walk again. When he died soon after, I realized that after heart attacks and strokes, diabetes and seizures, a broken leg killed my grandfather.

My favorite image of my grandfather is one I've only seen abstractly. When my mother was a girl Ted would bring her to the same park bench every night to stare at the Hudson River. Every night all the other men from their apartment building would hover around him and listen to his jokes and stories. My mother calls those his nights of holding court: they were probably the best times my grandfather ever had. In all the smiles I ever saw on my grandfather's face, the left side of his mouth fails to rise along with the right, but what I actually remember are all of my grandfather's teeth shining, big like an easel, like he smiled by the river as a painless and hopeful young man.

I saw my grandfather hold court in nursing home after nursing home. He'd sit in his wheelchair next to the nurses' station surrounded by other men and women in their wheelchairs. The other residents would hear stories about all the things he and I were going to do when he got well once more. They told me that when I wasn't there he'd talk about all the things I was doing, how I was living a life, in his words, grand enough for both of us.

The day my grandfather died, I went from the hospital to his nursing home to retrieve his belongings. Every person there, from cooks to residents to visiting volunteers, asked me how he was, and it invariably sounded like the most important question they would ask anyone that day. When I told them he died, and I saw their eyes water, I also saw my grandfather's handprint across their cheeks. I realized how profound an impact my grandfather had on everyone he met. As my cousin succeeded in doing twenty years ago, my grandfather tried to slap life into everyone around him, and I lie awake at night hoping he is no longer held captive inside a body.

COMMENTS

This is a nicely wrought essay about a rather ordinary and commonplace influence on a young person: that of a close family member. This essay helps us learn several things about the candidate: She is dedicated to her family, she is compassionate and humane, and she is capable of forging connections with and learning from others. The "handprint" theme (developed in the first paragraph and returned to in the final one) helps make this essay memorable.

The problem with this essay is that the candidate is not center stage; indeed, we can infer only a limited amount about her. If there were serious questions about her compassion and humanity, then this essay will have helped her substantially. Otherwise, she will have done relatively little to advance her positioning efforts. It is a safe conclusion that this topic was chosen for lack of anything better, a sure sign that we have a young, inexperienced applicant.

JON QUEEN

"Why are you not packing up my house? I am leaving tonight, and you have to pack everything up right now," Diane yells at me as I try to fade into the wood floor—not an easy task for someone six foot six and two hundred fifty pounds. Later, I will bathe her and change her clothes after she has another biological accident. It is Sunday night at the Pogson house, and I must remind myself why I remain here.

Not very long ago, I was one of a large pool of ambitious graduates with big dreams of entering law school, learning the necessary tools, and contributing something positive to this world. However, at that time the closest I had come to the pressures of real life was the semester I spent interning on Capitol Hill. I felt ready for new challenges, a proving ground other than the traditional classroom. I opted to make it on my own for a while, prove that I was self-sufficient, and recover my focus as a student. What I never anticipated was that during this time, working as a home aide for a disabled woman, I would face challenges that would define my character and test my dedication to its fullest.

I had little inkling of the emotional commitment necessary to care for an elderly lady with multiple sclerosis. I was unprepared for her dementia, incontinence, or confrontational personality. In fact, her husband had committed suicide two years earlier, and the turnover rate for her home aides was very high. Recently, her son casually mentioned that I am the one thing delaying Diane Williams from entering a home, and that touched me deeply. So every night I clean up her excrement, and listen to her disjointed commands and angry outbursts. To further complicate matters, she has been unable to compensate me for the past week due to her financial situation.

Working with Diane has taught me many important lessons. Through her, I have learned the value of a positive outlook on life. I have also learned that in life, challenges never disappear; they merely change shape. I now regard the world from a different perspective, from the viewpoint of a contributor who has faced life's harsh realities, and has done his best to shield another from them. I feel that this new insight will serve as an excellent complement to the knowledge I will gain in law school. In addition, I have proven that I have the tenacity to overcome adverse and stressful situations, a skill that will help me excel in school as well as in life.

I am two years older and ages wiser than I was as a fresh graduate. Although I found my work as an economics major meaningful, I have grown much since then. I have learned the importance and satisfaction of contributing in a real world, one of poverty and disability. After all, life provides a different kind of education, and such experiential knowledge enriches classroom study and conceptual mastery.

COMMENTS

This essay explains how the applicant has spent his time since college, and helps position him as a compassionate and mature adult with more perspective on life than the usual college graduate. Jon benefits from the uniqueness of his experience as a home aide for a disabled woman, and is wise *not* to try to grope for specific connections between his job duties and his future as a lawyer. An applicant would be hard-pressed to group the two careers into a single framework, unless he or she had had other serious exposure to working with the disabled or disabilities law, and thus was better able to forge a natural link between these pieces.

Jon illustrates that he has both the heart to try to help others and the willingness to work hard at unpleasant tasks. The implicit message is that this combination can be powerful; also, that one can trust that he will indeed enter public interest law practice.

University of Pennsylvania Public Interest Scholarship Essay: To support your application . . . provide the Scholarship Committee with a brief description of any experiences, activities, and/or employment, demonstrating a commitment to public interest work and any other information which you feel would qualify you for the scholarship.

Public service has always played an integral role in my life. From an early age, my parents involved me in community programs. As I grew older, I took the initiative, volunteering one day a week in high school for MANNAH (low income housing provided in Washington, D.C.) and The National Children's Museum. Currently, I assist an elderly handicapped woman with her activities of daily living, and provide physical therapy to a polio survivor. Now that I am in the process of choosing a law school, it is important that the institution have a proactive public service program.

The Public Service Program at Penn Law School is the most credible among all of the schools that I have looked at. The school's urban location in Philadelphia provides students with a unique opportunity for community exposure; this affords the students a multitude of potential fields in which to serve, from child custody cases to drug counseling.

My desire is to serve an important role in the public sector after graduation from law school. My success in achieving this end rests primarily on two factors: the excellence of my law education and the quality of my public legal service up to that point. Penn Law provides the perfect marriage between both.

Although my desire to serve the community is a driving force behind my decision to enter law school, I am not merely some naive philanthropist whose heart is larger than his head. I am fully aware of the academic rigor and high level of performance associated with Penn Law. As my undergraduate record indicates, I can successfully balance the obligations of school, work, and athletics. I relish a full load, and some of my best work has been done under pressure.

In closing, I will firmly posit that Penn is my first choice among all of the schools I am considering. I hope that the admissions department will recognize my tenacity, dedication, and work ethic. The University of Pennsylvania embodies all that I am looking for in a law school, and I know that I am not the only hopeful candidate to share in this sentiment. What sets me apart from my fellow candidates is the quantity of my tangible contributions to society; I practice what I preach. I hope that I have effectively presented the strength of my candidacy through this application, and the reason why I desire to attend Penn Law School through this brief statement.

COMMENTS

Jon was wise to focus on the relative substance of his own "tangible contributions" to public service thus far. The bit of personal history he relates makes even more credible his professed commitment to public service.

ANTONIO

Our family gatherings were always full of entertainment provided by the youngest attendees. Cousin Alby was the magician. His brother Nelson was the contortionist. Our cousin Maria from Hartford was vying to be the next Celia Cruz at nine years old. The family talent shows that would spontaneously erupt at each barbecue, christening, or birthday kept the children occupied and allowed the adults to appreciate the spoils of parenthood. My contributions did not involve pulling a rabbit out of a hat, wrangling my legs behind my head, or singing salsa songs octaves too high. I had the gift of enthralling my family members by answering correctly any scientific question posed to me.

"How many planets are in the solar system?" "Why is the sky blue?" "Name the parts of the human digestive system." These were (and still are!) the classics of my repertoire, and year after year my animated answers became a lot more entertaining than the prosaic explanations offered by textbooks and teachers. I developed a sense of identity around my ability to explain everyday observations and occurrences simply and completely. More education brought increasingly sophisticated answers to the same questions and resulted in my characterization as The Scientist. When important conversations during college invited a perspective from the natural sciences, I reveled in being able to contribute substantively.

These very conversations made me question, among other things, my identity, and compelled me to find answers by continuously striving to build community among Latinos at Yale. Much hard work was involved in overcoming the barriers to sustaining that community, and I developed an ability to assess my surroundings more critically than ever before as I became more committed to student activism. Ultimately, I turned this critical eye to the study of science, and realized the profession would not highly value or productively use some of the personality traits that I would bring to it. While Antonio the Scientist fit in well within the confines of the laboratory, Antonio the Communicator did not.

I saw that, like me, most scientists valued communication, but very few cared to interact with individuals outside their own specialty, much less with non-scientists. I lamented the absence of undergraduate scientists in the broader discourse at Yale, especially in those areas that were most important to me, such as the diversity of Yale's student body. This often made me feel isolated, and the ramifications of that feeling, once understood, prompted self-examination and the exploration of alternative career paths. I left college with a greater appreciation of how important it was for me to communicate science to non-scientists, and to urge those that I left behind in the laboratory to do the same. The maturity I gained during this process made me value the exchange between the lay and technical, not for the validation I could receive from relatives or employers, but rather for the larger impact that I could have by being the intermediary between these two groups.

Although I left Yale with the tools for life-long learning, I did not leave with a crisp personal vision. This has developed during the two years since I finished college, and is due in large part to my experience at [large Wall Street law firm]. Here, I have found that the law will allow me to be the communicator that it is natural for me to be, and that the law provides an audience that is interested in communicating about technology's growing impact beyond the laboratory. I have seen that lawyers employ an even more rigorous standard for truth than scientists that fits in well with my technical background. And I also see that the unexpected ambiguities and unanswerable questions of the law will keep things interesting.

I have not even started working as a lawyer, but I already have the feeling that my impact is significant. I have awoken several mornings in the past eight months to hear the first public announcement of the deal on which I was working the previous evening. As one of a handful of paralegals who work on intellectual property due diligence at the firm, I play a role in most "high-tech" deals for which it is necessary. Assisting with patent prosecution and litigation has given me an inside-out view of the law while enhancing the technical competency of the firm's work product. My internal sense of accomplishment has been reinforced by the feedback I have received from the attorney with whom I work, and I can confidently say that the firm looks at me with an eye to the future.

With this experience has come a renewed confidence and desire for academic success, which, in turn, leaves me with an unclouded vision of the type of impact I can make. I am excited about the prospects of taking a biotechnology start-up public, securing protection for a large pharmaceutical company that allows it to post industry record profits, negotiating licensing contracts for a university that allows it to increase the size of its financial aid awards, or acquiring the international influence to figure prominently in developing countries' enjoyment of the full promise of the AIDS triple therapy. All of these are possible in my lifetime.

To borrow a phrase from microbiology, I am in the "logarithmic-phase" of my career. That is to say, the incremental steps in my development as a lawyer over the next several years will lead to explosive leaps in ability to contribute to the profession. In the process, Antonio the Communicator will become Antonio the Advocate. Three years at [law school X] will be an ideal start to that transformation.

COMMENTS

The majority of law school applicants have backgrounds in the humanities or social sciences. Those with science backgrounds automatically stand out a bit, albeit not always to their advantage if they suffer from the archetypal problems associated with scientists/engineers: poor communication and social skills. Antonio does a fine job in positioning himself: He shows that he is indeed a scientist, whose work makes him a natural for intellectual property law (a very hot field at the time of his application). He avoids the negatives associated with his science background, moreover, by showing his desire to be part of a field that requires substantial communication skill.

Despite this fine effort, however, one major problem remains: It is unclear why Antonio wishes to go to law school. After all, even if he wants a career in which communication skill is crucial, he could more readily choose a field other than law. For example, he could opt for scientific journalism or biotech marketing.

GARTH MOREY

The symbol of modern citizenship is the single voter, alone behind a curtain, silently pulling levers. In the face of a distended society, wrenching economic shifts, and transformed mediums of communication, individuals have become increasingly isolated from each other and from their communities. Citizenship has been divorced from community—we emerge momentarily to vote, to be citizens, and then scurry back to our private lives.

For our democracy to succeed, we must shift its symbolism, understand that citizenship depends not only on the vote, but also on participation, discussion, and debate. The synergy of individuals is one of democracy's greatest assets, and that synergy only develops when citizens actively engage with each other. Through the interchange of ideas, participation gives decisions better direction and credibility. More importantly, participation engenders collective commitment to a community. New outcomes become possible through cooperation, and the political community gains intrinsic value for its residents.

These principles are on display in my own life. At the Empowerment Zone/Enterprise Community Taskforce, applications poured in from around the country, vivid testimony to the deprivation faced by America's inner cities. HUD could never have hoped to fund all the worthy projects. Many of the applications, however, noted a new resource, already in hand, rediscovered through the process of neighborhood strategic planning. This resource was community and a shared commitment to the revitalization of a neighborhood's enduring distress. Communities that failed to earn a cent from the competitive grant process still maintained their planning boards and resident councils, capitalizing on the energy and commitment found in the community. In their newly reactivated citizens, they found a momentum that escapes the dependency on cash and government assistance.

The politics in Scranton, Pennsylvania are similar to the coal industry that established the region: hard, dark and self-consuming. During the Presidential campaign, to bring the divided Democratic Party together, I learned that my greatest assets were my ears and the table in my office. With discussion and honest listening, most constituencies learned to ignore, overcome, or avoid their differences. Pro-life Democrats walked door to door with ardent feminists; environmentalists made phone calls from the Building Trades Union hall. By providing a forum for discussion and encouraging individuals to share their concerns as citizens of the same city, I created a forge of Democratic cooperation.

In my classroom, I let students lead the academic process, let them learn through exploration and discussion. In a circle, they struggled with the twin challenges of algebra and adolescence. Together, they came to understand both the immediate material and the more durable lessons of process, reason and analysis. More importantly, they learned to interact with and rely on each other. Through the academic institution, my students explored the citizenship and community, and they developed a set of common ethics and relationships that will be their foundation for years to come.

Intellectually, I recognize participation as the crucial ingredient of a revitalized political sphere. Personally, I gravitate toward inclusion and engagement, toward the interplay of discussion. So I espouse and encourage active citizenship. If we are bold enough to talk to each other, to sit discussing our plans and our dreams, then we can renew the relevance and the energy of our various democracies.

COMMENTS

This is a nicely done exploration of an intellectual idea—relating to the law and citizenship of the United States—that moves the candidate. It is a relief that Garth does not resort to quoting someone else on the topic, but does all the thinking for himself, showing that he is confident and capable of relying on his own intellectual powers. He also does a nice job of focusing on this one theme while also bringing in a discussion of his experience (at the Empowerment Zone/Enterprise Community Taskforce and for the Democratic presidential campaign).

Garth could have improved this essay by giving the reader more context about the two personal experiences to which he refers. Although he laid out the context of his work experiences in the "data sheets" accompanying his applications, it would have been useful to have this information right here, so that readers could avoid having to flip back to other parts of the application while in the middle of the essay. In reading this essay, an admissions officer might wonder what the Empowerment Zone/Enterprise Community Taskforce is. (Where is it based? Is it a federally funded project? What is its specific mission?) An admissions officer might also wonder for which presidential campaign Garth worked, and what his position on the campaign was.

MAURA WILSON

I shifted my feet uneasily as I listened to President Reagan's "evil empire" speech. That evening my six-year-old world was dark, and the yellow glow of our kitchen light did not dent the long ominous shadows that lurked outside our windows. I slowly continued setting the table, the television flickering, and I learned to fear people half a world away, whom I had never seen. My fear made me angry because I was not used to such feelings. I was an independent, confident child, accustomed to facing my few problems directly. The fact that I could not talk to the leaders and citizens of the Soviet Union, and explain to them that Americans were really very nice, infuriated me. I wanted to make things better. I hated being afraid.

Seven years later, elation pumped my heart as I sat in that same kitchen and watched sections of the Berlin Wall come down. I had never been to Berlin, or touched that wall, but the legacy of the Iron Curtain was burned into me. Every current map that I had ever seen of Europe was half red: half feared, half evil. I never considered that it would be any different in my lifetime. Yet there, right before my eyes, concrete slabs were cut and the world swirled with change.

I became an international studies major because I was so excited by this new world we had entered. I chose to focus on United States diplomacy and security because I was intrigued by the opportunities of the post-Cold War era, and I was concerned by the many knotty problems that had emerged out of the disintegration of the formerly bi-polar world. The rules of the Cold War no longer applied, but what would the new rules be? The legacy of the decades-long standoff allowed the world to return to an era of fragmentation and militant nationalism, yet it also provided an unprecedented chance for countries to join together in positive political and economic agreement.

During college I worked for Gensler, an international architecture firm, to learn about the realities of operating a modern global operation. Gensler faced many challenges with its large Pacific Rim clientele. To open an office in Japan, it had to form a business alliance with a Japanese *keiretsu,* one of the powerful families that control economic operations in Japan. It also had to address corporate culture issues, such as altering marketing presentations for Asian clients, who prefer to see very detailed, full-color mock-ups of buildings before they will agree to close the deal. The company learned to carefully navigate the many obstacles, misunderstandings, and difficulties that are a regular part of operating a successful international operation.

After graduation I chose to work for the Department of Commerce because I wanted to help the American government operate more efficiently, especially on a global scale. Among other issues, the Commerce Department is concerned with international trade, along with world-wide problems such as the maintenance of the oceans and atmosphere. I performed in-depth research and reviews of Commerce agencies and programs to identify any operational deficiencies or violations. I reviewed a program within the International Trade Administration that helps American companies to expand their operations overseas. I also evaluated an agency that performed most of the research on the El Nino phenomenon—a topic that could not be effectively and completely examined without input from scientists around the world.

Our home planet is a much smaller place than it was ten years ago, or even ten months ago. Helping the federal government to react and adapt to the increasingly interlinked world we are creating was a very valuable experience. I now look forward to utilizing that experience in obtaining a legal education and practicing law. To ignore the increasingly international scope that law must encompass is unreasonable.

The uncharted political and economic intricacies of the post-Cold War era have created a cacophony of legal viewpoints. This confusion is compounded by the advent of the Internet age, whose international legal ramifications have barely begun to be addressed. I am so excited by the possibilities of international law. I hope that those who create and enforce it can eventually form a set of regulations, precedents and institutions, where lasting and fruitful political, social and economic understandings (instead of wars or decades-long stand-offs) can be forged.

The University of Michigan Law School offers exactly what I want: an excellent, innovative education in international law. The opportunity to meet and learn from law professors from around the world through the Center for International and Comparative Law is unmatched. The comprehensiveness of the program's curriculum expresses a deep understanding of how the future of society, economics and the law are inextricably moving towards a global society that requires international legal expertise. The University of Michigan Law School would shine with the addition of my experience, intelligence and zeal.

At a very young age, an international conflict touched my life with fear. But as the world left the Cold War behind, I left my fear with it, and emerged with a dedicated interest in international relations. The legacy of that fear sparked my concern for protecting and maintaining our efforts in forming a global community. I do not want to slip back to a time when the menace of an "evil empire" is broadcast into our kitchens. The law is a very important caretaker for this exciting, hyper-linked new world, and I want to be an essential part of shaping and caring for it.

COMMENTS

Maura does an excellent job making sense of her interest in internationalism and the law. Her opening paragraph—showing her as a young child watching Reagan's "evil empire" speech on her kitchen TV—is memorable, and helps her to set up the trajectory that would cause her to become an international studies major, work for an international corporation, perform research for the Department of Commerce, and now prepare for a career in international law. Notice the deft way that she placed her work at Gensler into this "thematic" build up. Rather than writing off that experience as unmentionable here (as some, viewing it as "architecture" or "design" work, might have), Maura realized the potential to utilize that job to further explain her understanding of our globally connected world.

Michigan Optional Essay #1. "This essay should focus on aspects of your background and past experiences that will contribute to the diversity the Law School wishes to foster. This essay should offer information not included in your personal statement."

My stomach felt like it was somewhere in the middle of my chest, and it threatened to move further up at any moment. What had I done? What was I thinking? I had chosen to attend St. Ignatius Prep, a previously all-male institution that had gone co-ed. I would be one of the 175 freshman girls, who would buck an over-century-long tradition, and mingle with the 1000 or so boys that roamed S.I.'s halls. I was terrified.

I had attended an all girls' elementary school, and not had a class with a boy since pre-school. Yet I chose to continue my education with hundreds of them, many of whom did not like the idea of females entering their enclave.

High school is tough, and my decision to go to Saint Ignatius made it tougher, but I have never regretted it. Besides being an excellent school, S.I.

taught me that I could rely on my intelligence, quick instincts, and sense of humor to get me through many difficult situations. The first few weeks were the most awkward. Girls were greeted in the halls with quick, intense gazes that ranged from hostile and affronted, to amused at our novelty. I discovered that meeting these gazes directly would make my male classmates at least stop staring. With that victory, I faced the rest of my time at S.I. in the same direct manner.

I endured cat calls and whispers every time I entered my freshman science class, where, due to a scheduling glitch, I was the only girl. I discovered that consistently doing excellent work, and providing intelligent answers to questions, eventually earned me respect in that class. I had my first surprising encounter with a urinal, in the hastily converted women's bathroom, and decided they were nothing to fear. I was quietly amused that the girls' locker room was painted pink. The transition had its bumps, but by the end of my freshman year, we had smoothed the way for all the other girls to come.

At thirteen years old, I stormed a tradition, and stretched my comfort zone to unprecedented proportions. My high school experience had the usual highs and lows, but I treasure the uniqueness of my four years at Saint Ignatius. The self-confidence and maturity that I gained there will be with me for my entire life.

COMMENTS

For a white "mainstream" applicant who has had a fairly ordinary life, the topic Maura chose works well. Since she has no tales to tell about a harrowing immigration journey to the U.S. and no cultural or ethnic "tags" by which to sell herself, she is smart to focus on her courage and tenacity, especially as they were evident as she "stormed a tradition" by entering the first class of females to attend a formerly all-boys school. The little details—the pink painted walls in the girls' locker room, for example—help to make this effective. So, too, does the sense of perspective she brings to her history—the fact that she can smile about what happened, and see how she benefited from it.

Michigan Optional Essay #2. This essay "should reveal, in a way that an LSAT score or a grade point average cannot, something about the way you think. For example, you might choose to discuss an intellectual or social problem you have faced or a book or film that has particularly affected you."

I disagree with the concept of "children's literature." A book that is well-written and compelling appeals to me, regardless of the section of the book store where one can find it. I can still curl up with E.L. Konigsburg's *From the Mixed-Up Files of Mrs. Basil E. Frankweiler* and thoroughly enjoy myself. I love reading about the exploits of Eloise or Madeline. I still get chills when I revisit *A Wrinkle in Time.* These books were my friends when I was growing up, and as an adult I have not forgotten them. Today, I have an even greater appreciation for the skill and deftness with which my favorite early writers serve their craft.

They never patronize their readers, and with just a few phrases, they can translate complicated ideas and feelings into something equally meaningful to a child or an adult.

These excellent qualities are found in the increasingly popular Harry Potter series. J.K. Rowling has created a wonderful world, with complex and interesting characters. She employed the clever trick of creating a fantasy world that parallels and mixes with the world that we already know. She makes it easy to believe in witches and wizards, flying broomsticks, and a boarding school that teaches magic. Her descriptions are brief and vivid, and she always leaves her reader wanting more.

The media is shocked by how widely embraced Harry is. It is a "children's book" after all. I read a discussion of Harry in which the reviewer admitted embarrassment about reading the book in public. He kept his laptop close at hand to prove to any passers-by that he was working. I would read Harry Potter in public with pride! I have read plenty of recently best-selling, and critically acclaimed books that were boring, awkwardly written, or just plain tedious. Rowling not only entertains but also challenges her reader. Averaging around 300 pages, the books are much longer than most written for kids, the vocabulary is advanced, and the plots are complex "who-done-it puzzles," with wonderfully unexpected twists and turns.

Children and adults love the Harry books because they are exciting and funny. But adults also enjoy them because the books give them access to a kid's world. This is a world no less confusing, complex or heart-wrenching than an adult world—it is often more so—but often out of reach for adults. The fantasy, imagination and pure joy of the series inspires nostalgia in adults for their own childhoods. At the same time, adult readers can create a connection with children who are experiencing Harry Potter.

I hope that those adults who eagerly anticipate and enjoy each new Harry installment will branch out and sample some of the many other quality books that children have loved for years, and that too many adults quickly forget. These books can help adults to connect to their pasts, as well as their present situations.

COMMENTS

This is a refreshing way to write about "the way you think." Maura decided to write not on an international concern or political issue but a fairly simple idea close to her heart: adults' enjoyment of so-called "children's" literature. She is sure to remain memorable with this, since it's highly unlikely any other candidate would have written on this same topic. (On the other hand, applicants who write on the importance of human rights, feminism, and other hot issues are sure to remain unmemorable to admissions officers.) The thoughts laid out here are not particularly complex, but they are fresh and compelling.

BRENDAN

For the past two years I have lived and worked in Latin America. I have seen firsthand both the potential for development that exists throughout the region, and the mistakes that foreigners make in Latin America for lack of local experience. However, I am also deeply attached to my home state, Rhode Island, and I believe in my responsibility to development opportunity locally. My aim is to find a way to connect the opportunities that exist in Latin America to the growth of my home state.

I was one year old when I made my first visit to Latin America—traveling with my parents to Mexico's Yucatan Peninsula. That trip marked the beginning of a lifelong fascination with South America. My formation as a Latin Americanist—my consciousness of the layers of society and history in the region, began within the ambient orientation of my family toward Latin America, and has been informed by my own experiences there since before I can remember.

From my earliest memories the region's language, art, food, and music were part of my growing up. As a teenager, I spent several summers in Mexico: traveling with my parents or staying with family friends in the slow, hot city of Kampuchea. When I was thirteen, my parents adopted my sister Maggie from Honduras and we spent the summer in the rainy, unrelenting poverty of Tegucigalpa. My childhood, in sum, was a steady exposure to the variety and contrasts of Latin American—the wealth of nature and ancient civilization, the poverty of the people, the army, the complexity of feeling towards the United States.

Since finishing college, I have been fortunate to experience unusual successes working in the capital markets at a time when these markets are fueling historic changes throughout the region. In the emerging markets of Latin America, the political, economic, and cultural lives of each country ebb and flow around the markets to a pronounced degree. In Buenos Aires a cab driver can tell you where YPF's stock closed the day before. A waiter in Sao Paulo will know the daily change in the Consumer Price Index. Because of these markets' central importance, I have had a glimpse of both where these countries are coming from, and where they are going.

I have observed that three core misunderstandings mark the missteps that foreigners, particularly Americans, make in Latin America. The first is the most obvious, yet poses continual difficulties for foreigners, especially in business: Latin America is not a monolith—cultures vary as widely between Latin countries as they do between the U.S. and any one Latin country, maybe more. Differences range in subtlety from racial and gender attitudes to simple use of language. Thus, Mitsubishi wasted months of effort and uncountable brand value trying to introduce its Pajero sport utility vehicle, which had enjoyed great success in Brazil, to Argentina. The company, in its monolithic view of Latin

America, didn't know that the word "pajero" has a sexual meaning in Argentine Spanish that it does not in Brazilian Portuguese.

Secondly, foreigners tend to mistake the meaning of their "rights" in Latin America. They often assume that the same ideas of contracts and obligations prevail in Latin America as they do in the first world, and that the courts occupy the same exalted place in society that they do in the U.S. They often fail to realize that in Latin America, possession is the chief determinant of ownership (thus the ferocity of land battles between peasants and landowners throughout Latin America). It follows that the prestige of the courts is often less than in the U.S. Power tends to rest much more directly in the hands of politicians and labor leaders. This has been the source of endless tension between the governments of the U.S. and several Latin countries, arising most recently with regard to the ownership of intellectual property rights. Governments in Chile and Argentina have questioned the American assertion that development of drugs and medicines connotes ownership, and that therefore cheap and easy replication by local firms should be prohibited.

Finally, Sam Rayburn's admonition to "go along to get along" holds special meaning in Latin America. The systemization of relationships that makes the U.S. a very efficient society does not yet exist in Latin America. Personality and background play a very important role in transactions ranging from social to official to professional. The importance of individual relationships, especially those arising from family background, is difficult to overstate. Personal relationships are the lubricant of business and society, and the failure to develop them is a principal mistake made by foreigners.

One of the benefits that I have derived from living and working in Latin America, and witnessing first hand the mistakes made and opportunities missed by others, is that I see how the mistakes can be avoided, and the opportunities seized. I hope that this knowledge will allow me to continue to be a part of the evolution and development of Latin America.

I have Latin America in my heart, and I have no doubt that my professional future lies in the region. However, I am from Providence, R.I., and I am strongly committed to the values of place and home. I feel bound by my family and my upbringing to the place of my childhood, and I believe deeply that opportunity is not to be followed elsewhere, but created locally.

One of the principal challenges that I foresee for myself in my professional life is to connect the dynamism and opportunity that the development of Latin America represents, to the stagnant Rhode Island economy. The way is far from clear. Rhode Island's areas of economic strength, tourism and oceanography, bear little relation to the needs of the Latin countries—infrastructure, telecommunications, financial services. As a market, Rhode Island, with fewer than 1 million inhabitants and little cultural attachment to Latin America, is too small and too remote to represent a great attraction to Latin exporters.

However, I am convinced that the flow of knowledge in the interconnection of the Americas will be two ways. Clearly, the Latin countries can learn much from the U.S. in terms of industrial and social organization, investment, etc. I believe that there are also important lessons that the U.S. can learn from the growth of Latin America as well. Examples abound of lessons learned by Latin countries during the course of their recent development that would be well applied in the U.S.

In the mid 1980s Chile privatized its state-controlled pension system. The result was fiscal havoc for the government for four or five years, but out of the chaos emerged a stable base of local capital that has financed the double-digit growth rates that Chile has experienced through the 1990s.

Similarly, in the early 1990s Mexico decided to finance the replacement of its aged highway infrastructure by selling toll-taking concessions to construction firms. In many ways the effort was disastrous (toll revenues failed to meet expectations for reasons that should have been easily avoided, and the concessionaires received a government bailout). However, a new infrastructure was built, and the government demonstrated that private capital and public need could successfully be joined for the benefit of both.

There are clear lessons for the U.S. to learn from the experience of Latin America during the heady growth of the early 1990s. I would like to see Rhode Island benefit from these lessons, and to begin to look beyond its own beverages for engines of growth. For my part, I intend to continue to seek a way of creating opportunity in my state by linking Rhode Island to the continuing development of Latin America.

COMMENTS

Overall, this is a compelling portrait of both the applicant and his passions, what makes him tick. He demonstrates substantial understanding about several topics: Latin American cultures, economic development, and so on. Similarly, his use of detail—in the discussion of the Pajero sport utility vehicle or his family's trip to Honduras, for example—brings the piece to life and helps to make him memorable. There is no doubt that admissions officers will remember "the candidate from Rhode Island interested in forging connections between his home state and Latin American development." This will likely describe no other candidate in the pool.

There are, however, two fundamental problems with Brendan's personal statement. He should have spelled out how he would attempt to link Rhode Island and Latin America, rather than just express a vague ambition to do so. In addition, he should have made clear that law school is indeed the right place for him. Frankly, from this essay one would think that the candidate should be planning to attend an MBA program instead. He should have explained, even in just a sentence or two, how a law degree would help him achieve his goals.

AMY CRAWFORD

I wish to attend law school in order to practice public interest law. This decision is based upon a number of influences and experiences, some of which go back to my childhood, others of which are of more recent origin.

I grew up in rural Southwestern Virginia, where my father was an attorney. My father's law practice is probably unique. It is not unusual for him to handle a divorce in exchange for a load of wood or to represent a client in a child custody case in return for having our house painted. Although my father has never been very financially successful, his work as a lawyer has always been characterized by a great and abiding generosity. Over these years I have seen in my father a genuine enthusiasm for helping people who would otherwise be shut out from the legal system.

In my hometown I also witnessed the silent divisions of our society along racial and economic lines. Why, for example, was the town's curfew only enforced in a neighborhood where the majority of the black community resided? Why did a public school divide kindergartners by their parents' social position or educational level, rather than by the children's capacities to learn? Why were students at one school offered a choice of four foreign languages for study, and students at another school, in a poorer neighborhood, offered only one? I later came to believe that these once puzzling questions are best addressed through social policy or litigation, and though shifts may seem small they can achieve profound and long-term consequences in a given community.

At the University of Virginia, I majored in Sociology and African-American Studies, with a special emphasis on the dynamic between social policy and law. I saw that the questions which had troubled me as a child in my hometown did indeed involve issues of discrimination and social and economic equality. I think that being one of the few white African-American Studies majors gave me an unusual opportunity to examine institutional biases based upon race, gender and class. While in college, I also worked in an alternative sentencing program which provided education, job training and drug abuse counseling to prison inmates. As an intern case manager, I was responsible for interviewing inmates to determine their eligibility for the program. The program was an innovative one, but it was realistic as well, and I saw the tangible benefits which the men and women who participated in it received. Just prior to graduating from college, I prepared an extensive recidivism study which was used to demonstrate to the Virginia Department of Corrections the real impact the program was having on the lives of the inmates after leaving prison and completing our program.

After graduating from the University of Virginia in 1993, I moved to New York City to work for the Legal Aid Society. For the past three years I have been a paralegal with the Legal Aid Society's Civil Appeals and Law Reform Unit. One of the first cases to which I was assigned at Legal Aid was *Jiggets v. Dowling*, a major affirmative litigation case in which Legal Aid challenged the adequacy of the shelter allowance paid to welfare recipients in New York City. The case has been pending for a number of years and has not yet been decided; however, the presiding judge granted the interim application of one family for preliminary relief while the decision is pending. Since the original grant of preliminary relief to one family, more than 25,000 families have applied for and obtained housing assistance and protection from eviction through this interim preliminary relief system.

A primary part of my work at The Legal Aid Society involves coordinating the efforts of Legal Aid attorneys and their clients to take advantage of this system of preliminary relief created by *Jiggetts* particularly in emergency situations. I am one of the individuals for the litigation team designated to contact New York State officials in Albany to ensure proper and immediate processing for relief in emergency situations. Legal service attorneys throughout New York City often ask me to assist them in applications for relief with evictions as imminent as the next day. I have conducted various seminars for Legal Aid and Legal Services attorneys, law school clinics and community based organizations on the benefits available through *Jiggetts.* I have also intervened on behalf of individual Legal Aid clients. For example, one client I worked with recently was a woman who had been a victim of domestic violence and who consequently needed help obtaining housing. First I advocated on behalf of my client pursuant to *Jiggets v. Dowling* by finding a home for her and her family—safe from the batterer. Then I was able to help her with other issues as well, such as correcting her disability payments and obtaining admission of her child to a gifted student program. I saw how the lives of this client and her children were materially improved, and it was significantly based on the judge's interim order of preliminary relief. My work with *Jiggetts* has confirmed my belief that through the legal process our society can be forced, albeit reluctantly, to confront the issues of injustice and inequality which blight the lives of so many individuals.

Another case I worked on at The Legal Aid Society which has demonstrated to me the power of the law to improve people's lives is *Rivera v. New York City Housing Authority,* an ongoing class action suit on behalf of mobility impaired tenants challenging the New York City Housing Authority's implementation of the Americans with Disabilities Act. In this case, I have been assigned to act as the informal liaison between the defendant's Law Department and Legal Aid's individual clients. I have seen first-hand how the lives of mobility impaired people and their families have been changed for the better by *Rivera.* For example, in the case of one family with a daughter confined to a wheelchair, I successfully argued that the family must be relocated because they lived in an apartment building with no elevator. This family's move to an accessible apartment improved the family dynamic by enabling the daughter to attend school independently and by granting her parents more freedom.

Outside of my work at The Legal Aid Society, I have also had to address issues of race, gender and class as a volunteer teaching a weekly class on Civil Rights and Race Relations to students in New York Civil Rights Coalition, which began in 1989 in the wake of the race riots in the Crown Heights section of Brooklyn. Volunteer teachers like myself go to public high schools in the five boroughs to initiate a dialogue about issues of racial and cultural bias with students. These discussions are frank, and range from specific experiences which students have had (e.g., what it is like to be scrutinized by a security guard in a store or to be ignored by a cab driver) to general concerns about discrimination in employment or housing. My experience as a teacher leading these classes has demonstrated to me that some of the same concerns which I had as a child in Virginia are still troubling the youth today. I hope that I have exposed students to the legal system's role in confronting their concerns.

Year by year, case by case, client by client, my commitment to public interest law has broadened and deepened. My passion is to serve disadvantaged and underrepresented people as an attorney advocating for their interests.

COMMENTS

Amy's approach is simple and direct, yet highly effective. She shows how natural it was for her to become a civil rights advocate by highlighting her interesting family background. Many candidates try to do this, in fact, but few succeed fully. The difference in her case is not that she has *written* more persuasively on this topic, but that she has *lived* more persuasively in this regard. She followed up her father's example by majoring in African-American studies, an unusual choice for a white person, as she notes here. After that, she stopped working in the corporate world after one year at Lehman Brothers in order to pursue her passion for civil rights work. In her case, the passion she expresses in this essay does not lack the necessary correlative for credibility: full-time work in the trenches.

It is easy to claim an interest in civil rights law, or other public interest fields, and even to walk that walk while in college. After all, few college students feel that they are making major sacrifices in college by spending a few hours a week in some volunteer activity. After college is when the crunch comes. Applicants who claim a great interest in lesser-paid public interest work are never entirely believable until they have indeed spent some years in the field.

Amy is particularly effective because she combines a lengthy history of involvement with an essay that conveys the nature of the lessons she has learned. The great detail she brings to the stories about her positions with the Legal Aid Society and teaching for the New York Civil Rights Coalition demonstrate both her commitment and the extent to which she will bring a well-developed perspective to the law school classroom (and clinical programs).

SACHA M. COUPET

Monique is a fourteen-year-old going on forty, a survivor of incest whose delinquent behavior is a plea for help. Jamie, barely five and in foster care, insists that he should be able to take care of himself and his younger siblings as he has done, he says, since he was "little" and living with his "forever mom." Sarah, four, was rushed to the emergency room three years ago, severely bruised and minus several teeth after her mother's boyfriend attempted to "discipline" her. Today, this same mother and boyfriend plead before the court for her return. In our legal system, who speaks for these children, too young to exercise any power or to comprehend the magnitude of the decisions that concern them? What is the fate of these children who face an adolescence in juvenile detention, a childhood in foster care, or worse yet, a childhood cut short? Who acts "in the best interest" of these children in whose faces we may see our own sons and daughters? I believe we are all vested with a moral responsibility to advocate for the needs of children and am eager to lend my voice.

My decision to pursue a legal education has emerged from my collective experiences as a psychologist, an advocate, a scholar, and an observer of society. Contrary to my colleagues in psychology who suggest that my decision to study law is tantamount to a defection to "the other side," I do not feel I am abandoning my field, rather I am incorporating it into another much in the way an artist might combine two media. I am a creative person, intellectually and artistically, whether in a classroom or at a potter's wheel, and welcome the challenge of improving on traditional methods by combining the best elements of many techniques. While the theory, language, and practice of clinical psychology and law differ, I do not believe these disciplines are at odds, but rather complement one another. On a micro level, clinical psychology focuses on the transformation of the individual psyche into a structure of operating and understanding one's world. The law is an expression of a similar process on a broader scale, with a focus on the transformation of societal values into social structures. In my experience, the most rewarding challenge has been examining the interface between psychological and legal issues, identifying the points of convergence and divergence, and integrating the two.

Although I began my undergraduate study with the intention of pursuing a career in medicine and complemented my high school curriculum with a number of medical-related volunteer experiences, I broadened my focus in the helping professions one year into college. After two grueling terms in a pre-med curriculum I declared a major in psychology. The research and practice in this discipline more closely reflected the way in which I understood and preferred to work with people, particularly those with socioeconomically disadvantaged backgrounds. Years later, in my graduate research, clinical work, and teaching, I continue to develop a more comprehensive knowledge of how sociodemographic and psychological factors influence the lives of marginalized, oppressed, or underserved populations.

While I admit to a fair share of idealism, my desire to successfully integrate a background in psychology with the study and practice of law has not developed from a visionary notion to right all injustice and cure every social ill, but from a number of positive experiences I have had in the real world. As a family and child therapist, I have counseled numerous persons whose lives have been profoundly impacted by events in the courtroom. Whether working with victims of domestic violence, child abuse, divorce and contested custody, assisting adults and children during prolonged legal disputes, or serving as a representative of the court, I have learned a great deal from observing and participating in the legal process.

Increasingly, as the court becomes the arbiter of America's most intimate family decisions, judges find themselves in need of input from a number of sources. Information gathered about a variety of psychological issues, including child development, parental capacities, attachment relationships, or family functioning has become critical in such legal decision making. From the beginning of my professional training I have had many opportunities to assist the court in searching for and providing this information. My interest and involvement in the legal process has only deepened since.

As a consultant to law students in the University of Michigan Law School's Child Advocacy Law Clinic, I assisted inexperienced attorneys develop an understanding of the psychological issues inherent in child advocacy, particularly as they relate to child protection, parental termination, permanency planning, and foster care. More recently, my work with the Child Welfare Law Resource Center has afforded me continued opportunities to share a psychological perspective with representatives of other disciplines interested in highlighting the importance of child welfare law. My dissertation research reflects this interdisciplinary theme as it combines legal and psychological issues in an examination of the impact of child welfare and foster care policy on family functioning. In addition, I continue to publish and present professionally in areas related to interdisciplinary work in child abuse and neglect.

I have faced each of these experiences within the legal system with the utmost degree of curiosity, excitement, and enthusiasm. I have grown both personally and professionally, having wrestled with philosophical elements of the law that have challenged me to think critically in my role as a psychologist and to flexibly adapt my skills to a legal context. As a psychologist in a legal arena, I felt at first like a foreigner in a new unfamiliar environment, uncertain of the climate, culture, or language. I developed a psychological index applied to the legal system that included such diagnostic categories as "adversarial angst" and "expert witness hysteria," conditions which I observed to afflict many persons whose professional obligations brought them, often reluctantly, into the courtroom. Fortunately, I was spared from such afflictions and found myself, instead, quite intrigued. While I learn from every new legal experience, each exposure has left me feeling particularly limited in my capacity to effect significant change because of my unfamiliarity with the law. Although cognizant of the changes I have helped to bring about in my work as a psychologist, I feel drawn to the broader level of change that a law degree would permit me. Having developed an extensive background in psychological theory and practice, I am now compelled to turn my efforts towards the pursuit of a legal education.

My long-term objective is to facilitate an integration of psychology and law with the goal of enhancing the lives of children and families. As an African-American female, I feel particularly invested in the plight of the growing number of poor and minority children who are over-represented in the child welfare system and intend to play a key role in developing both legal and psychological strategies to assist them. I have committed myself to remaining involved, as a community volunteer and a professional, with children and families whose opportunities in life have been much more limited than my own. While I am conscious of the fact that the course of my life has been significantly shaped by the privileges of a middle class upbringing, I am not too far removed from the experience of those for whom I seek to advocate. My parents were immigrants who left Haiti over a decade before I was born to find opportunities in the U.S. They arrived with few resources, but much determination to succeed. By their word and their example, they have instilled in me the virtues of compassion and respect for others, the importance of hard work and commitment, and an appreciation for all that I have received. With this, I feel it is incumbent upon me to give back to my community in every manner possible.

As a law student, I seek to be an active participant in an educational setting enriched by more than the practical elements of law, but also the philosophical, contextual, and social dimensions of jurisprudence. The University of Pennsylvania Law School is nationally recognized and respected for providing this kind of dynamic learning environment. My life experience, breadth of knowledge in psychology, and commitment to an interdisciplinary approach and public service would allow me to contribute greatly to the diversity and the strength of the University of Pennsylvania student body. I possess the intellectual capacity, perseverance, and maturity to meet the challenges of a legal education and a professional career and look forward to continued opportunities to work on behalf of children like Monique, Jamie, and Sarah.

COMMENTS

This is a superb essay, created from Sacha's wealth of knowledge about her former field of psychology and extensive experience with child advocacy and family law. In one coherent essay she shows:

- Her passion for serving the interests of children
- How and why she got into psychology
- The evolution of her career

- The depth of her involvement and expertise (she presents and publishes in the field)
- How she will contribute to this field in the future, with the addition of her law degree (She does a particularly good job of showing that she is not so much changing careers as adding another dimension to what she already does.)
- Her reasons for wanting to attend Penn

Her personal statement is well-balanced, giving the right amount of space to each aspect of her presentation. It is also easy to follow her intellectual journey; she uses detail to make her points memorable and believable, without cluttering up the flow of her material.

Sacha's statement shows how convincing an applicant with real expertise in a related field can be. There is no doubt that she really knows her field. Similarly, it is clear that she will stay in this field and make more of a contribution with a law degree than she can without. She will have no trouble finding relevant employment, given her experience to date. In addition, her experience has presented her with ample opportunity to make sure that law is the right field for her.

Not only admissions officers would find her an appealing candidate; so, too, would career services officers. After all, they know that they will not have an unemployable person on their hands in three years and, far more important, they will not have an emotional wreck to handle. Sacha has sufficient relevant experience to know what she is getting into, and to know that it is right for her.

DAVID P. WHITE

My older brother is a drug addict. On April 4, 1995—two months before I took the LSAT—this fact changed my life. After returning from my first vacation in years, I came home to a frantic phone message stating that my brother had disappeared. "What are we going to do with the kids?" my mother's message asked. As a young Executive Director of a youth and family-empowerment organization, my response was immediate: "I have room at my place—I'll take the youngest two." Now 28, I have been the physical and legal guardian to Adam, now eight, and Taylor, now five, ever since.

With the humor and insight that distance provides, those first months with the kids almost seem nostalgic. There were dirty faces to wash, walks in the park to take, stories to read and many lessons to teach to these new little people in my life. But I also remember the trauma. My agency, born of grassroots movement, nearly closed down because of my reduced work schedule. Every day, at 5:30 p.m.,

I went home, no questions asked. I quit playing the saxophone and I resigned from several boards of directors on which I served. Money became a scarce commodity and my non-work life was a blur of cooking, cleaning, laundry and discipline. At times, I was bitterly resentful of my brother and his ex-wife's inability to get their lives together. When asked by others, "how are you handling all this?" I used to tell them, "there are dark nights." Day after day, through laughter and pain, we trudged through.

Now, after nearly two years of heroic effort, my brother has pieced together his life and will regain custody of his children soon. Sometimes, as I sit in the nearby park cheering for Adam's soccer team or as I scold Taylor for practicing her gymnastics on our furniture, I can scarcely believe that time has moved so quickly. Our family has actually benefited from the experience. Through a collective determination to keep our children out of state custody, my oldest brother (who also took two kids), mother and extended family members have become part of a stronger family unit. Following the shock of losing his children, my brother has successfully arrested more than a decade of behavior infested with drugs and violence. Most importantly, four of my nieces and nephews have been given a chance to succeed in life without the fetters of a childhood devoid of love and commitment.

For me, parenting my brother's children has never felt extraordinary. As a student of philosophy, I have the tendency to view life's events as connected to each other, as part of a fuller mosaic where each act is understood only within the context of the whole. This belief, that somehow the storm front of my new parenting responsibilities—and the opportunities in my life which I was subsequently forced to delay—would one day make sense to me when placed within the matrix of my whole life, was often the only thread on which I could hold. This belief was also critical to my success in my first job experience. My position as Director of Y.O.U. was a major undertaking which few of my friends expected me to survive. I was chosen from a national group of 52 candidates and was by far the youngest and least experienced of the group. As it turns out, my selection was due more to my lack of political relationships and connections than to anything else; the previous two years of the agency's history had been filled with tension, closed relationships and a visible lack of progress on any programmatic front. In fact, Y.O.U. was not even an agency at the time but rather a network of community-based organizations and activists who were openly divided along racial, financial and neighborhood lines. Apparently, they wanted a fresh start and, with a 24-year-old, cherub-looking face, I represented that.

The first several months were difficult. Few members of the network showed up for the first steering committee meeting that I organized. Many of them wanted me to visit them on their own turf in order to check my "grassroots credentials" before they would accept me as their new staff person. One of those who did show up brought his morning newspaper, whose pages he flipped and read throughout the meeting. It was the first of many frightening experiences and by the third month I was so demoralized that I was ready to resign.

I did not resign, however, and instead took a bold step: I hired staff and started to construct programs. It occurred to me that we could fulfill the original intent of the grassroots movement that had established the Y.O.U. network by molding the stated priorities of the steering committee into a coherent mission statement and a set of non-traditional services. So we did. The result was both unexpected and remarkable: success. Within a short period of time, and through a combination of politics, begging, will-power and luck, we built an organization that merged together the various agendas of opposing committee members into a full-blown initiative, one that could contribute to the larger system of youth and family services in our area while providing direct services to a number of young people.

I have been with Y.O.U. for nearly four years now. During my tenure, and by working with a host of others, I have overseen the development of the following: an incorporated agency in the state of Kansas; four community-/school-based programs; a core of professionally trained staff; an active Board of Directors; and a budget that has tripled in size and that now includes funding from public, private and contractual sources. In a move that could never have been foreseen before my arrival, the original network of agencies opted to become members of a larger coalition that has grown to over 100 members. In addition to providing services to over 500 youth and families annually, Y.O.U. received an award from the Governor of Kansas in 1994 for "Outstanding Community Service" and in that same year was described by the Kansas Office for Community Service as a "pillar" in the field of service-learning. Our success has included something as large as a transportation project that successfully transported 400 youths to jobs and enrichment-related activities, to something as localized as developing an academically failing, clinically depressed youth into a frequent public speaker and school leader through the sustained guidance of our leadership programs. We have accomplished much with the simple concept that agencies make better decisions regarding their services when they work together, and that our whole community is improved when our agencies make better decisions. Ironically, this is the basic idea that stood behind the establishment of the original network long before I arrived but it took a political novice to help them achieve it.

The past four years have been a time of relentless activity and significant accomplishment. Now, looking towards the future, I believe it is time to move forward and to build new skills. I plan to do this in two phases. First, I have recently accepted a position at the Chapin Hall Center for Children, a research and evaluation agency associated with the University of Chicago, to help initiate a citywide project that focuses on youth development through large collaborative efforts. The position is for six months only and begins in early 1997; my role will be to develop the strategy by which the sponsor organizations can implement their expansive vision. My time at Chapin Hall will also serve as a period of reflection and transition into the second phase of my plan, which is to attend law school in the fall of 1997. I have looked forward to entering law school for some time now and believe that I can significantly enhance my professional abilities through the process of earning my law degree. The method of thought, the actual content of the information taught and the chance to review the accumulated statutes and thoughts that have shaped our society—all of these are things that excite me and that will improve my ability to bring about positive change in the world around me. In particular, I want to expand my understanding of how laws are constructed, interpreted, enforced, marketed to and understood by the public in urban areas across the country. As one who expects to be intimately involved with children's issues and urban community development throughout the duration of my life, I firmly believe that my experience in law school will help me become a better advocate for issues of concern and, ultimately, a more effective man of action.

Aristotle teaches that there is a path to success in life, one that involves a constant dialogue between hardship and joy, family and career. To date, my experiences have confirmed his teachings; my joy and sense of accomplishment have been the direct fruits of a determined struggle to overcome the obstacles in my family and professional life. Now it is time to take these experiences and build on them so that I can continue to contribute to a society that, I believe, is capable of being a safe, humane place for all of us. It simply needs constant advocacy and pressure from those of us who care. I do and I look forward to the challenge of law school which I believe will provide me with the tools to continue to contribute in ways that make a positive difference in the lives of others.

COMMENTS

This essay is remarkable in several ways. First, of course, the writer's remarkable family tale overwhelms readers. Second, David succeeds in tying together his adult life history with his career to date and his future. Few applicants to law school have as interesting a personal history to relate, or as clear a professional impact to offer, let alone personal histories and professional efforts that work in concert—and that show where they will head after law school. Third, David conveys this in a matter-of-fact tone that does not ask for readers to pity him, or indeed to admit him because of unusual circumstances. His positive, understated approach actually gets the most mileage from his position. Most applicants would overplay their hands, risking a negative reaction from admissions officers in so doing.

This essay "should reveal, in a way that an LSAT score or a grade point average cannot, something about the way you think. For example, you might choose to discuss an intellectual or social problem you have faced or a book or film that has particularly affected you."

In the 1980s, "Africanism" moved again from its position as a social undercurrent to grab the center stage of both intellectual and street culture within Black communities around the world. Broadly defined, the term refers to the efforts made by Black people to reassert the broken ties between the African continent, its people, and its scattered progeny around the globe.

The issue is replete with controversy and more than a few have had their racial identities challenged due to their feelings about the subject. At Oxford, we debated about whether or not non-African Blacks (jokingly referred to as NABs) had any claim whatsoever to Africa. We do, I argued, despite the regrettable fact that most outspoken NABs don't know whether Kenya is on the left or the right side of the continent. Our connection includes a complicated mix of blood lineage, shared cultural characteristics and a common legacy of oppression. Together, these things form a heritage for people of African descent that spans over four centuries, a heritage that is as legitimate as it is profound. It is, admittedly, also more complex than our so-called intellectual movements tend to make it.

No matter. Our failings are superfluous to the essence of what Africanism sets out to accomplish. The mere attempt to connect our origins with those of all Black people represents an effort, sometimes successful, to give strength and comfort to a people who still largely feel as if we are on the outside of society looking in.

COMMENTS

This think-piece on being black and separated from Africa has some positive, and some negative, impacts. It is heartening to read an essay on the topic of blackness without traces of bitterness. Similarly, it is nice to see an international perspective on the topic, along with an admission that most non-African blacks have no understanding of Africa. These positives are partially offset, however, by the irredentist notion that "NABs" have a claim on Africa. By the same token, arguing that blacks feel as if they are still on the outside looking in seems very much at odds with the current African experience, where white colonial rule is certainly a thing of the past. Given that black Africa is ruled by black Africans, isn't the claim that blacks feel like they are not on the inside of society actually evidence that NABs are in fact separate from Africa—that they do not reflect much, or understand much, about the actual African experience?

THOMAS

Though always curious about the law, my keen interest developed out of an undergraduate course I took in law and economics. I was amazed at how the extensive unpredictable social and economic effects of a particular law could be great enough to overshadow the original intentions of that law. This unpredictability is due to the complex nature of the minute-by-minute decision-making process of every American where nearly every decision is made taking the potential legal, and subsequent social and economic ramifications into account. Understanding this process and the factors decision makers weigh is paramount to obtaining the expanded foresight necessary to interpret and design laws more efficient in managing and improving society. The keys to understanding, which I am unique in having, are a diverse background, varied work experiences, and a broad education.

Though my desire to positively impact society is commonplace for my generation, my experience as a student in Mexico and later as a naval officer gives me a unique perspective and insight into the mentality of the average American that most students, scholars, and intellectuals do not have. Living and studying in Mexico as an Hispanic, I was able to genuinely become part of Mexican society. This enabled me to view America and the American people from an outsider's standpoint. For the first time I objectively saw everything strong and beautiful and weak and ugly about American society and realized what aspects of it I wanted to help improve. Motivated, focused, and believing anything was possible, I was still plagued by naivete. This was quickly remedied by the traumas I experienced as a young naval officer.

Serving aboard a very small ship, I led over twenty men for two years and advised and counseled them on every matter from the handling of debt to child care. I had to discern what their desires and motivations were, what brought them to work every day and what sent them home satisfied. It was a slow and very painful process learning that they work to live and not live to work. The difficulty of this realization did however provide me with the understanding of basic American values necessary to interpret laws written for the basic American. Designing policies and managing these men to complete complex tasks within the very restrictive framework of a large bureaucracy tempered my desires to improve society with the realization of what was possible.

Insight into basic American values was particularly important as neither of my parents have traditional American backgrounds. As a teenager, my father and his family emigrated from Canada to the Midwest for religious reasons. My mother, though born in America in a rural Hispanic town in Colorado, did not learn English until she was fifteen. She joined the Air Force at eighteen for the job training and in an attempt to raise her socio-economic standing. Though not wholly meager, my background was not the fast track to a potential opportunity to attend a high caliber law school. I was the beneficiary of an excellent Utah public school system, the NROTC scholarship program (as I did not have the resources to attend Berkeley without it), and the affirmative action program at Berkeley. Though not absolutely certain, I believe I was admitted to Berkeley under this program. My high school GPA and ACT score of 28 would not normally have gained me admission and certainly would not have predicted the academic record and achievements I eventually posted.

Though my above comments and statements are very important and are what guide and affect me, I want to study law because I find it excruciatingly fascinating and overwhelmingly powerful. I feel my background, experience, and sincerity would make a fine contribution to the student body at Stanford.

COMMENTS

This essay certainly gives us meaningful insight into Thomas's life and helps admissions officers put his candidacy and achievements into the proper context. Much of what is compelling here is the writer's truthfulness about the naivete of his initial draw toward the idea of wanting to improve American society, and his admission that, although now more experienced and realistic in his ideas, he is still somewhat naive and hopeful. His sincerity about perhaps being admitted to Berkeley solely because of his race is also compelling, but only because he can note that he did indeed achieve impressive results at Berkeley, thereby removing the potential sting and stigma of being admitted under an affirmative action program.

Thomas's essay could have been improved with a bit more detail—some more tangible material into which readers could sink their teeth. The second paragraph on Mexico, for example, would have more impact with some examples of what he finds "strong and beautiful and weak and ugly" about America, especially from an outsider's perspective. The theme of identifying with the common man in America laid out in the third paragraph is appealing and could have been further built upon.

He could also have improved the essay by a more careful use of language. He is not, in fact, "unique in having . . . a diverse background, varied work experiences, and a broad education." Claiming that he is unique in this regard, which overstates the matter, weakens his case rather than strengthens it. "Paramount to obtaining the expanded foresight necessary" is another example of an awkward phrase that could stand improving.

OLUWABUNMI SHABI

This time I decided to take my usual jog uphill past the tennis courts and the playground and straight to the tall obelisk that sits at the center of Fort Greene Park. Out of breath, I squatted against the monument and thought about how the array of colors of the Brooklyn/Manhattan skyline had never been seen by the soldiers who fought here during the Revolutionary war. I also wondered what the skyline must have looked like when Ralph Ellison sat in this park and crafted his novel *Invisible Man.* Focusing my eyes on the Williamsburg Bank clock tower, I realized that it was nearly 7:00 p.m. I snapped myself out of the daze and started the jog home.

I began thinking about how much the neighborhood and I have changed since my awkward and nerdy days at Brooklyn Technical High School on Fort Greene Place. The blocks that were once filled with dilapidated buildings and crack addicts are now filled with coffee bars and young black professionals. But somehow, the neighborhood has been able to maintain its indelible Brooklyn edge, which consists of one part hospitality and two parts attitude. Maybe that's why someone like Spike Lee—who could afford posh midtown digs—chose Fort Greene as his company's home base.

As for myself, I cannot say that my own transition has been as dramatic. There are the usual superficial changes that accompany the shift from adolescence to adulthood. I went from donning bright green coke-bottle glasses to sporting contact lenses. My 16-year-old size six body has become a svelte size eight (or at least I'd like to think so). And of course there are the obligatory Generation-X transitions from chocolate milk to caffe latte and from being an omnivore to being a vegetarian. But beneath the surface the changes have been much more significant. The sure-footed vigorousness, with which I used to argue black and white ideals on my high school debate team, has become an understanding and an appreciation for the complex nuances that envelop even the smallest of issues. My grasp of world politics has shed some light on why in high school my Muslim Egyptian friend and my Jewish Israeli friend were constantly at each other's throats. And my teenage cockiness and self-congratulatory spirit that were often dependent on making good grades or hanging out with the coolest kids, have transformed themselves into a self-awareness and an inner-confidence that is part of me regardless of how I do on my next exam.

Over the past couple of years, much of my worldly deliberations have taken place at a local Fort Greene coffee shop, the Brooklyn Moon Cafe. When I walk in I am greeted by friends and acquaintances. Everyone from artists and musicians to bankers and lawyers patronize the place. They muse over their existence or take a break from the burdens of work and life that await them outside this safe haven. The burgeoning writer exchanges numbers with the up-and-coming actress, and the recent MBA grad conspires with cohorts about starting up a new business. This, I think to myself as I sip my cappuccino, is the new Harlem Renaissance.

There are even times when Brooklyn Mooners can act as a very opinionated surrogate family. While sitting in the Moon after Sunday brunch, I pull out some of my pictures. I had just returned from an eight-week trip to Paris, Cairo, and Lagos. It was the first time I had left the country since I was ten years old. I talked about how my trip had opened my eyes. I discovered the extent to which millions around the world are suffering. But unlike my old days on the debate team, I had decided that my energized words must be followed by decisive action—hence, my desire to practice international human rights law. I speak about the fact that though I love business journalism, I believe the true vehicle of change lies in the law. This of course begins a dispute among dilettantes. But I can't complain. As much as I enjoyed humus in Cairo and crepes in France, there was something comforting about returning home to heated conversation over spicy fries.

But even Fort Greene is not without its own share of distress and tragedy. The neighborhood is occasionally mentioned in the news. It is the location of the funeral procession of Christopher Wallace, a.k.a. rap artist Biggie Smalls. It is the site of the electronics store that was robbed at gunpoint several times over. Fort Greene is also the neighborhood where a 12-year-old, who was molested by her stepfather, had lived. But it is also where I had my first kiss. It is the neighborhood that has the McDonald's where I spent countless afternoons with classmates. And it is, of course, where I take my daily run.

These days I see many who are fleeing the high costs of the near-by Park Slope and lower Manhattan for the more affordable Fort Greene. This neighborhood may just go from being a tree-lined haven for a young community of artists and professionals to a gentrified, watered down version of Greenwich Village. Who knows? But as with all neighborhoods and people, in another few years both Fort Greene and I will be something else. Maybe something completely unexpected or something highly predictable—but most definitely something else. As I walk home each day and acknowledge this uncontrollable spirit of change, my only hope is that some day someone will stand in front of my building as she takes a breather from her evening run and muse about what my skyline must have looked like.

COMMENTS

The applicant uses her neighborhood of Fort Greene (Brooklyn) as a lens through which to examine herself—an interesting and effective way of discussing one's self and one's own development while also making connections with larger movements and developments of local, national, or international importance.

The weakness of her effort is in claiming that she will practice international human rights law, a future that she apparently discovered during a single trip abroad. This of course is not convincing; in addition, it sits poorly with an essay devoted to her local neighborhood.

BILL

For between five and ten months of each of the past nine years, I have lived in Buddhist monasteries and retreats, devoting myself to the cultivation of insight and moral strength. During these periods, I have maintained silence—speaking, as a rule, only to teachers for ten or fifteen minutes two or three times each week. During these periods, I have given up many pleasures, including movies, television, and music, in order to focus more fully on this contemplative labor. I have sought the kind of wisdom that comes from looking within, from paying attention to and staying aware of the immediate experience of life, of the body, feelings, thoughts, etc. This particular type of introspection, which has been practiced in Buddhist monasteries for more than 2,500 years, has also been taught in medical centers throughout the United States, at Monsanto Company, and to the Chicago Bulls; it will soon be taught at Yale Law School. My goal has been to learn what can be learned, to develop the kind of understanding that comes from a calm and concentrated mind's studying life as it unfolds moment by moment. I have aspired to live, in the words of one famous lawyer, "with malice toward none; with charity for all."

Doing so for so long has not been easy. I have had to find the courage to live by my convictions and to follow a path seldom tread; I have not pursued wealth or prestige. I have had to endure the inconveniences of subsisting on very modest means and not having a home of my own. I have had to persevere without the support of my society's culture, the dominant American culture. I have had to find the strength to face life directly—even when it was unpleasant or boring—without distraction and without the dullness that comes from alcohol, drugs, or refusing to acknowledge the truth.

As a result of my efforts, I now more often feel happy and peaceful, more often feel good, than I did before—even when circumstances were trying. I face adversity with greater strength. Feelings of laziness, fear, and discouragement less often defeat me, less often slow me down or sway me from my course. Less often than before do I find myself the servant of loneliness, envy, or craving, acting at their behest, following their dictates. I more quickly notice my own feelings and less often am driven blindly by anger or ill will to speak or act in harmful ways. Even when provoked or insulted, I am more likely to recognize any feelings of hurt, sadness, or shame, and so retain the freedom to choose how to respond. I am less likely to become a slave of anger, immediately and unthinkingly striking back with spiteful words, for instance, heedless of the consequences. Not only do I enjoy greater self-awareness, but also I observe others more perceptively than I did before. My commitment to acting ethically is stronger than ever, and so is my ability to honor that commitment.

Some who have devoted themselves to seeking wisdom now live as monks. Others, including many Westerners, have married and now work in a wide range of fields, as professors, writers, lawyers, political activists, etc., leading dynamic lives that contribute visibly to society. I have decided to become a lawyer.

Embarking on a voyage of legal education appeals to me. I wish to exercise and further strengthen my powers of precise thinking, analyzing, and reasoning, of careful reading, and of persuasive writing and speaking. I believe that knowledge of the law will aid me greatly. I look forward to the opportunity to study and think about the resolution of conflict and the American legal system.

However, I am applying to [law school X] not only because I want a legal education, but also because I wish to have the professional opportunities that a law degree brings, because I believe that a JD will help me find work that is meaningful and satisfying to me and beneficial to others. I enjoy paying attention to detail and being thorough. I am capable of excellence in analyzing, reasoning, reading, and writing. Working as a lawyer will allow me to use my talent. Though I am not yet sure exactly which of the paths that leads from law school I will choose to take, several of them appeal to me, especially employment in the not-for-profit or government sectors.

Since high school, I have felt a strong pull towards public service. During college and after, I felt drawn in two directions to help prevent and alleviate causes of suffering and happiness, and sharing my understanding with others. In the past, my interest in political matters led to my being elected and serving as Chairman of the Liberal Party of the Yale Political Union. I spent time inviting, listening to, and questioning guest speakers about political issues and exploring and debating policy questions with my fellow students. Also in college, in a spirit of public service, I founded and directed a program to bring Yale student tutors into the New Haven public schools. I learned first-hand about education in the inner cities and succeeded in convincing dozens of Yalies to use their time and intelligence to help poor children learn. After college, I worked for Greenpeace. There I had the opportunity not only to learn to train and manage others, but also to go from door to door, from living room to living room, speaking with strangers about my concerns about the environment, informing and educating them, and persuading them to act by donating money, writing letters to their political representatives, and continuing to learn. I encountered some people who were hostile, and others who were sympathetic; I met some who were interested, and others who were not; I engaged and spoke persuasively even to some of those initially skeptical or unfriendly. More recently, I founded a religious not-for-profit corporation and organized six-week retreats with Sayadaw U Pandita, a highly respected Burmese Buddhist monk. This demanding work allowed me to make available, in the United States, opportunities to cultivate insight under the guidance of one of the world's foremost teachers in this field.

Whatever direction my legal career takes—whether I choose to safeguard the environment, protect children, or help in some other way—I will bring to my work a keen intelligence and a certain eloquence, as well as the qualities developed in my rare training: character, strength, compassion, and awareness. Much of the understanding I have is the result of a sustained encounter with, reflection on, and testing of teachings of the Buddha as well as an extensive observation of the human mind. These teachings and the particular form of introspection that I have engaged in are, to the legal profession, largely unexplored sources of knowledge and wisdom. To the discussions of a profession troubled with relatively high levels of dissatisfaction, depression, and alcoholism, I hope to bring interesting ideas, drawn from these sources among others, about which conduct and mental habits contribute to happiness and which to suffering. In a profession sometimes portrayed as dishonest, greedy, and selfish, I hope to swell by one the ranks of those who live with integrity, kindness, and altruism and inspire or convince others to live likewise. To interaction with clients, negotiations, and attempts to resolve disputes, I hope to bring a valuable sensitivity to unspoken needs and to the inner sources of conflict and disagreement. And in a society and to a profession that lavishes affluence and prominence on those who honor their duty of zealous advocacy on behalf of clients, especially rich clients, even if those advocates neglect their duty to third parties and to society, I hope to bring a strong dedication to justice, fairness, and public service.

My commitment to academic excellence is much stronger now than when I was in college, when much of my time, energy, and interest were drawn to the search that led me after graduation into monasteries and retreats. I feel ready to devote myself to the study of law. And I look forward to developing the skills, acquiring the knowledge, and earning the credential that will help me find a position as a lawyer to help many, to share the fruits of my quiet cultivation of wisdom and virtue in action for the welfare of others.

COMMENTS

Although a bit long—a shorter statement would have been more effective—this does a good job of putting the candidate's "alternative" lifestyle into perspective. It is important for someone with big gaps in his or her employment record—in Bill's case, the result of a commitment to Buddhist retreat practices and his philosophical quest—to explain the record to admissions committees. Bill does so by using his knowledge quest as the single most important theme in his profile. He does a good job of explaining the unique difficulties of his passion while also making it known that he is not "loony"—indeed some corporations and mainstream groups have begun to cultivate similar practices in their ranks. Incorporating his interest in public service (which is backed by significant tangible evidence of that commitment) makes sense because it is somewhat related.

Michigan Optional Essay #2. This essay "should reveal, in a way that an LSAT score or a grade point average cannot, something about the way you think. For example, you might choose to discuss an intellectual or social problem you have faced or a book or film that has particularly affected you."

Pali is the ancient Indian language, closely related to Sanskrit, in which is preserved the oldest extant record of the teachings of the Buddha. The *Dhammapada* is a collection, in Pali, of teachings of the Buddha in poetic form. Verse 348 of the *Dhammapada* contains the lines, "Let go in front, let go of behind." Verse 421 speaks of a person who clings to nothing "in front [or] behind." The ancient commentary explains that, in these instances, "in front" means the past and "behind" the future! Usually we think of the future as in front of us, as what lies ahead, and the past as behind. What might the Buddha or the commentators have been thinking?

We can see what is in front of us. Similarly, we can "see" what has already happened. *Marbury v. Madison* was handed down in 1803. Pearl Harbor was attacked on December 7, 1941. We cannot see what is behind us, and we do not know all the future will bring. Who will be elected President in the year 2000? What will a share of Microsoft cost in 2013? Thinking of the past as in front of us and of the future as behind us, unfamiliar though such thinking may be, thus makes some sense. But can viewing time in this way have any effect?

Thinking of the future as behind us, of ourselves as backing into the future, can remind us of our vulnerability. When walking backwards, we do not always know what we will bump into. Living today, we do not always know what tomorrow will bring. On the evening of April 15, 1986, did the residents of Chernobyl have any idea how the next day would change their lives? On the morning of January 30, 1948, did Mahatma Gandhi know he would be killed? Tragedy can strike at any moment, with little or no warning, just as a child walking backwards can hit herself on a table she does not see.

Is there any benefit to be gained by remembering that life is, in certain ways, unpredictable, that we are, for instance, always vulnerable to sudden changes in fortune? Yes. Such awareness can sometimes help us avoid speaking words and performing deeds that harm others and cause us remorse—can help us find the strength to act considerately. Would we, in a moment of anger, speak hurtfully to someone we loved if we knew that he, she, or we would die that day? Probably not. We would be less likely to do so than if we continued dully in our usual way, forgetting that we might not have the opportunity to apologize later, that our angry words might be the last that our loved one ever hears from us, the last that we ever say to him or her. Even if we had to struggle with the anger, even if we felt like saying the injurious words as much as an exhausted man feels like lying down on a soft bed—even then, if only we remembered the uncertainty of life, we might find the strength to resist the malicious impulse. Might not a political prisoner, scheduled to be executed at noon, act magnanimously towards his cellmate in the morning?

Some who have remembered that death can come at any time have chosen to live in an especially beautiful and noble way. They have endeavored to avoid harming others near or far. They have cared for and tried to assist not only friends and family, but also strangers and even enemies. Verse 6 of the *Dhammapada* reads: "Those who do not remember, 'We in this world must all die" continue to quarrel. Those who do remember cease to quarrel." Quarreling with none—with, in the words of Abraham Lincoln, "malice towards none; with charity for all," some strive to end conflict, to resolve disputes, to bring peace. Whether our compassion extends near or far, whether we struggle against the violence of war or of unkind words in our own families, thinking of the future as behind us, remembering there is much we cannot foresee, can help us act wisely in the present.

COMMENTS

Bill's essay is a risky think-piece that sheds light on his philosophical views while also suggesting that his unusual perspective might be highly valuable in class.

As a full-time meditator for the last decade, Bill has a limited number of potential essay topics available to him. Therefore, writing a thought-piece represents less of a risk than it might for another applicant (who would have other, useful topics available). Bill needed to show himself to be a valuable class participant without seeming too odd to fit in. This essay helps by showing his interest in jurisprudence and international affairs without denying his unusual background, his lengthy pursuit of meditation. The essay is as interesting as can be on such a topic, which helps avoid the worst possible result of a thought-piece: boredom.

Note on Employment History (Added to nearly all applications)

As I mention in my personal statement, I have chosen to spend much of the past decade in Buddhist monasteries and retreats. When not in retreat, I have sometimes worked and sometimes spent time with family and friends. After graduating from college and before heading off to monasteries and retreats, I sometimes chose to work and sometimes chose to take time off to read and think about what my next step would be. Some of these jobs felt significant to me (like working for Greenpeace) and others did not (like chopping vegetables for a French caterer). As a result of my choices, now, even when I list all my jobs, gaps in time remain. And to me it seems that some of my jobs are not worthy of mention. It is not the case that I am trying to conceal any period of my life because I was fired. With the possible exception of the French caterer (who liked me personally, but thought I chopped vegetables a bit too slowly), all of my employers have been quite happy with both my work and my character. (Likewise, I have never served time in prison, and I do not have any other blemishes on my record.) Gaps, even chasms, in my employment history are the innocent result of my search for wisdom, which search I write about in my personal statement.

Note on Undergraduate Grades (Added to nearly all applications)

Although I graduated magna cum laude from Yale, I experienced a "senior slump." Also, I tended to do less well in my major, philosophy, than in other fields. I believe that my undergraduate record neither fully reflects my intellectual strength nor accurately predicts my academic performance in law school.

While an undergraduate, I began to long for a kind of wisdom that I could not find in my classes. My thirst for understanding was strong enough to lead me after college to Buddhist monasteries and retreats for much of a decade. My interest was strong enough during college that I did not devote much time or energy to some of my course work, especially to assignments in my philosophy and senior year classes. I vowed in 1987 not to return to school until I knew clearly why I was going, until my commitment to academic excellence was again strong, and until I was prepared to work diligently. Now, after having spent a considerable amount of time on my quest, I am eager to dedicate myself of the study of the law.

My undergraduate grades are more than ten years old. I attended college in the mid 1980s. Now, in the late 1990s, I am more mature and harder working than I was then.

I believe that my LSAT scores of June 1990 (48/48) and June 1998 (176/180) more accurately predict my law school performance than do my undergraduate philosophy and senior year grades. My February 1998 LSAT (170/180) was my first important academic or intellectual test in eight years; perhaps I was a bit rusty.

Note on Arrest History (Added to nearly all applications)

In 1986, I was arrested in connection with a completely non-violent act of civil disobedience intended to persuade Yale to divest from its portfolio holdings in companies that did business in South Africa. I was one of a group of perhaps 20 or 40 arrested for sitting outside an administration building. I pleaded guilty to a minor violation—probably "simple trespass" or "creating a public disturbance." As punishment, I was required to make a contribution of about $25 to a not-for-profit organization. When a period of about one year elapsed without my being arrested again, the incident was expunged from my record.

COMMENTS

All three of Bill's "notes" provide useful information to the admissions committees, so he was wise to include them. The last (on his "arrest history") is an especially nice touch; because the incident was officially eliminated from his record, he was not required to include this, but it actually helps to position Bill as a passionate, yet nonviolent activist, someone who is willing to sacrifice himself for higher goals and ideals. This bodes well for his claims to a future in public interest law.

NYU Dean's Scholarship Essay

Five of the opportunities available at NYU particularly interest me. First is the opportunity to study with NYU's faculty. NYU seems determined to attract outstanding law professors; I hope to feast at the table that has been—and is being—prepared. Second is the opportunity to study at a school seriously committed to public service. I expect to benefit from the Public Interest Law Center and NYU's excellent public interest faculty. I expect, too, to benefit from my fellow students. Finding like-minded classmates in an environment as demanding as law school can make the experience of school not only more enjoyable, but also richer, as a result of friendly discussion. NYU's commitment to public service, its generosity in supporting those committed to public service, and its reputation as a school dedicated to public interest law insure that NYU's class will contain more than the usual percentage of people dedicated to such work. The third opportunity at NYU that particularly interests me is the opportunity to participate in NYU's excellent clinical education program. I intend to make clinical education an important part of my legal education. Fourth, the opportunity to study the law in New York City interests me greatly. The opportunities in New York for internships and for studying with adjunct professors who are leading practitioners are unsurpassed. Much of my family and many of my friends live in New York. Also, though a JD from NYU should serve me well wherever I go, law degrees seem to be somewhat more geographically sensitive than medical or business degrees. Since I think it likely—though not yet certain—that I will settle in New York, can I do better than attend law school there? Fifth is the opportunity to receive an outstanding legal education. I would rate the likelihood of my seeking a job at Cravath as *extremely* low. Still, I know that such jobs are highly sought after. Some research revealed that an unusually high percentage of Cravath lawyers were NYU alumni. While speaking with an attorney who was once an associate at Cravath, I mentioned my discovery and hypothesized that the NYU network at Cravath was particularly strong. No, he corrected me, it is not just that the NYU network is strong. Rather, the partners found that, as a rule, NYU graduates have been trained exceptionally well. Though I expect to serve different interests than Cravath's lawyers, I do seek excellent training. NYU can provide me with that.

COMMENTS

Bill's Dean's Scholarship Essay for NYU is nicely, albeit simply, constructed. There is no room for creativity here, so it is best to state one's argument clearly and succinctly. A nice touch is Bill's incorporation of the information gleaned from research at Cravath—arguably New York's most prestigious firm—despite the fact that this is a path he personally is unlikely to follow. It shows him to be active in learning about the school. It also shows him to be in touch with the real world of law, which is particularly valuable for someone who has been off meditating for the last decade (and is therefore vulnerable to a charge of not knowing much about the real world, let alone legal practice).

University of Michigan Darrow Scholarship Essay

My personal statement explains more thoroughly than this essay does why I am interested in law school and how I hope to contribute to society. I ask the Darrow Faculty Committee to read carefully that personal statement and to regard it as an essential part of my writing on the Darrow topic. In this essay, I will focus mostly on matters not addressed in that one.

I am interested in law school and have decided to devote three years of my life to the study of the law because I believe that a legal education and a law degree will allow me to put to good use my education, intelligence, and other talents. I am convinced that a JD provides many opportunities and powerful means for helping others. Furthermore, many of the particular opportunities that a law degree offers interest me. For instance, a law degree should help me find work that allows me to use reasoning, persuasive writing, and negotiation to effect change, prevent and resolve disputes, and secure justice. Also, with a law degree, I will be in a good position to protect children or the environment, to name just two possibilities, against unlawful conduct.

My decision to study the law is not a whim. My interest in law school is deeply rooted. In 1982, in my college application essay, I expressed a desire to become a lawyer. In 1990, I first took the LSAT and gathered some of the materials that I would need to apply to law school. Though, until recently, I did not act on my desire to become a lawyer, but pursued another interest first, my present commitment is not a sudden fancy, but a welcome return. Also, my recent decision to apply comes after a period of many years of study, discussion, and reflection about my vocation. I have tested the ideas, the beliefs, which have led me to apply to law school, and the more I read, speak with others, and think about the matter, the more confident I feel about my choice of a professional path.

In an educational environment in which I would thrive, there would be a commitment to intellectual rigor in the service of the prevention and alleviation of suffering. The student body would be bright and interesting, and there would be a relatively friendly atmosphere. The faculty would be excellent and somewhat accessible. (Professors would be outstanding, but not standoffish.) Where appropriate, as in the area of child welfare and advocacy, to name just one example, scholars would seek contributions across the boundaries of academic disciplines. The school would offer good opportunities for clinical education. There would be genuine support for public service. And the school would provide both an excellent professional training and the opportunity—even encouragement—to consider issues such as justice and public policy.

I feel confident that I would receive an excellent legal education at Michigan.

Northwestern Optional Essay

Both the excellence of education available at Northwestern and the quality of the academic community attract me. Clearly Northwestern's law school is one of the finest in the country, and Northwestern itself is one of the finest universities in the country. No law school can enjoy the reputation that Northwestern's does without being endowed with an outstanding community of legal scholars. Yet Northwestern's faculty is not only impressive but also accessible. The low student–faculty ratio contributes to students' having many opportunities to become acquainted with professors. Faculty members' commitment to teaching insures that not only will legal scholarship advance but also students will learn. Northwestern's interviewing applicants and valuing personal qualities besides intelligence increases the likelihood that one will want to meet one's classmates and will benefit from doing so; the small class size increases the likelihood that one will be able to thoroughly enjoy the feast of one's fellow students.

The special opportunities for study at and location of Northwestern's School of Law also appeal to me. I feel drawn to public service and so may not have the same opportunities for training after law school that those who head to wealthy private firms may have; therefore, the strength and size of Northwestern's clinical programs are important to me. The work of the Institute for Policy Research interests me—especially its work in the fields of poverty, race, and inequality and philanthropy, voluntarism, and nonprofit organizations. The various lecture series also attract me. Finally, Chicago is one of the great American cities; so long as one has a warm coat and boots, who wouldn't enjoy living there? For all of the reasons mentioned above, I would consider myself fortunate enough to be able to earn my JD at Northwestern University's School of Law.

COMMENTS

Both the Darrow and Northwestern essays, though perhaps not quite as convincing as the NYU scholarship essay—because of their lesser detail—are nicely wrought.

NOAH PITTARD

Transfer application

While I am pleased with my first-year performance at Hastings and fully aware of the advantages accruing to me as a result of it, I am convinced that transferring to Boalt Hall would create opportunities and yield benefits that are simply not available to me at Hastings.

Primarily, I would prefer to attend a smaller law school with a more intellectually driven student body. I write this not as a first-year applicant filled with brochure ideals, but as a rising "second-year" who has just completed his first year at a large, academically multifarious institution. I do not suggest that Hastings lacks bright, exceptional students; indeed, a substantial portion of my section consistently contributed to a vigorous dialectic, both in and out of class. This notwithstanding, I believe Boalt Hall's higher admissions criteria are bound to produce a materially higher percentage of students who share my interest in legal scholarship.

Secondarily, because I arrived at law school with a successful background in entrepreneurial business, as well as a keen interest in the law of commerce, I cannot over-state the appeal and value of student-level access to Boalt's nationally recognized business faculty. Although I would very much enjoy taking more classes with my first-year Hastings professors, I am more excited by the prospect of enrolling in corporations and international business classes with Professors Mel Eisenberg and Dick Buxbaum, to name but two. Furthermore, Boalt's curriculum includes a number of programs (e.g., financial services) that Hastings' does not.

In sum, my decision to apply to Boalt Hall is compelled by a strong preference to be part of a law school where interested, intelligent students, and a dynamic faculty, are the rule. This past year I learned the difference between mere competitiveness and competition, and it is the latter that I hope to find—and contribute to—at Boalt Hall. If admitted as a transfer student, I am confident that I would make as meaningful a contribution to your second-year class as I made to my own first-year class at Hastings.

COMMENTS

Noah was wise to focus intensely on a few reasons for wanting to transfer, rather than discussing each and every benefit of Boalt. Going overboard—using a laundry list approach—would have diffused his message, making him a less appealing candidate as a result. He is also smart not to insult his current school. It is better to discuss the attractions of your prospective school than to criticize your current school. For one thing, your prospective school wants to believe that you will be a full and enthusiastic supporter of it down the road.

Noah did miss one important trick, however. He is clearly attracted to business and should have used this as part of his rationale for seeking out Boalt. Hastings, his current law school, has no business school affiliated with it whereas Boalt's sister school is Berkeley's highly ranked Haas School of Business. (In fact, he later applied to Haas to do a joint JD–MBA.) His successful entrepreneurial experience would have been especially valuable in this context. He should have elaborated on it and explained exactly how he planned to take advantage of Boalt's and Haas's resources in this regard. This would have fitted well his basic argument that he was hoping to transfer to Boalt because it offered much that Hastings did not.

尖峰国际教育咨询丛书(全三册)

《如何跨入世界顶尖法学院之门》
《如何跨入世界顶尖大学之门》
《如何跨入世界顶尖商学院之门》

图书在版编目（CIP）数据

如何跨入世界顶尖法学院之门 /（美）蒙托克著；尖峰国际教育策划顾问组译．—西安：陕西师范大学出版社，2002．9
（尖峰国际教育咨询丛书）
ISBN 7-5613-2500-2

Ⅰ．如… Ⅱ．①蒙…②尖… Ⅲ．①留学生教育—概况—美国②高等学校—简介—美国 Ⅳ．G649．712．8

中国版本图书馆 CIP 数据核字（2002）第 077284 号

原书名：HOW TO GET INTO THE TOP LAW SCHOOLS
作者：RICHARD MONTAUK
原出版者：Prentice Hall Press
Copyright©2001 by Prentice Hall
陕西省版权局
著作权合同登记号：图字 25-2002-416

图书代号：SK248500

如何跨入世界顶尖法学院之门
翻译：尖峰国际教育策划顾问组
责任编辑：周　宏
特约编辑：张　勤
出版发行：陕西师范大学出版社
（西安市陕西师大 120 信箱　邮编：710062）
印　　刷：北京毕诚彩印厂
开　　本：787×1092　1/16
印　　张：35.75
版　　次：2002 年 10 月第一版
印　　次：2002 年 10 月第一次印刷
ISBN 7-5613-2500-2/G・1798
定　　价：68.00 元